改进与创新

2024年度铁路思想政治工作优秀案例集

中国铁路职工思想政治工作研究会　编

中国铁道出版社有限公司
CHINA RAILWAY PUBLISHING HOUSE CO., LTD.
北京

图书在版编目（CIP）数据
改进与创新 ： 2024 年度铁路思想政治工作优秀案例集 / 中国铁路职工思想政治工作研究会编 . -- 北京 ：中国铁道出版社有限公司，2024.12. -- ISBN 978-7-113-31814-7
Ⅰ. D412.62
中国国家版本馆 CIP 数据核字第 2024EN2377 号

书　　名：改进与创新——2024 年度铁路思想政治工作优秀案例集
作　　者：中国铁路职工思想政治工作研究会

责任编辑：张　彤　付巧丽　弓维桢　　编辑部电话：（010）51873179
封面设计：刘　莎
责任校对：安海燕
责任印制：高春晓

出版发行：中国铁道出版社有限公司（100054，北京市西城区右安门西街 8 号）
网　　址：https://www.tdpress.com
印　　刷：北京盛通印刷股份有限公司
版　　次：2024 年 12 月第 1 版　2024 年 12 月第 1 次印刷
开　　本：710 mm ×1 000 mm　1/16　印张：26　字数：351 千
书　　号：ISBN 978-7-113-31814-7
定　　价：108.00 元

前言

为有效发挥铁路思想政治工作优秀案例的示范带动作用，依据铁路政研会章程和《2024年铁路政研会工作要点》及重点工作安排，我们在全路开展了2024年度铁路思想政治工作优秀案例推介活动，收到案例104个。这些案例坚持正确的政治方向，有效展示了铁路基层思想政治工作守正创新的实践成果；坚持问题导向、目标导向、效果导向，具有较强的示范作用和推广价值。现择优选取65个案例汇编成册，期望大家认真学习借鉴，做深做实做新做准铁路思想政治工作，努力为加强和改进铁路思想政治工作、率先实现铁路现代化展示新作为、作出新贡献、取得新成效。

编　者

2024年11月

目录

001 创建“312”思想政治工作体系　为推动高质量发展蓄势赋能
中国铁路哈尔滨局集团有限公司齐齐哈尔工务段

007 以“说悬事、找陋习”筑牢职工安全思想防线
中国铁路哈尔滨局集团有限公司哈尔滨工务段

012 强化闭环管理　压实主体责任　切实解决职工急难愁盼问题
中国铁路沈阳局集团有限公司政研会

017 做强“新时代·沈铁榜样”品牌　持续壮大先进典型群体
中国铁路沈阳局集团有限公司政研会

024 抓在经常　融入日常　不断开创青年职工思想政治工作新局面
中国铁路沈阳局集团有限公司政研会

031 紧贴实际　精准发力　常态化开展“思想政治工作一线行”
中国铁路沈阳局集团有限公司政研会

038 聚焦关键环节　活化形式载体　以高质量主题宣讲凝聚高质量发展合力
中国铁路沈阳局集团有限公司政研会

046 创建“典型引领工程”　为企业高质量发展赋能增效
中国铁路北京局集团有限公司党委宣传部

054 “三个视角”抓实做好思想政治工作
中国铁路北京局集团有限公司天津车务段党委

060 实施“四加”“一人一事”思想政治工作法　厚植企业高质量发展内生动力
中国铁路北京局集团有限公司邯郸车务段

067 实施“3+3+1”大学生培养模式　为供电事业蓬勃发展提供人才保障
中国铁路北京局集团有限公司石家庄供电段

073 创新思想政治工作　让青工成才为企业发展注入“一池活水”
中国铁路北京局集团有限公司北京工务段党委

080 红色讲台：让党的创新理论“声”入人心
中国铁路太原局集团有限公司山西铁路装备制造集团有限公司

087 用好“知、谈、访”机制　精准做好“一人一事”思想政治工作
中国铁路太原局集团有限公司太原北站党委

094 “‘码’上心声”：“码”上说马上办
中国铁路太原局集团有限公司侯马北车辆段党委

101 深化思想政治工作一线行　推动职工思想问题多元化解决
中国铁路太原局集团有限公司湖东车辆段党委

107 职工讲师团：用铁路故事讲好党的创新理论
中国铁路太原局集团有限公司太原客运段党委

114 “三个课堂”：让党的创新理论滋养职工心田
中国铁路太原局集团有限公司侯马北机务段党委

120 相册里的思想政治工作
中国铁路太原局集团有限公司侯马北工务段党委

127 搭建“连心桥”　做好“暖心事”
——做好做实职工诉求和思想问题“双闭环”工作
中国铁路呼和浩特局集团有限公司

134 “思想政治工作一线行” 把思政工作落到基层一线
中国铁路呼和浩特局集团有限公司党委

139 打造“桥头堡”宣讲队 提升口岸站思想政治工作品质
中国铁路呼和浩特局集团有限公司二连站

144 强化示范引领 聚焦创新驱动 努力加强和改进新时代基层思想政治工作水平
中国铁路呼和浩特局集团有限公司集宁车辆段党委

150 用好红色资源 做实思政教育
中国铁路郑州局集团有限公司郑州机务段党委

157 用好“1775”工作法 稳定职工队伍推动车站发展
中国铁路郑州局集团有限公司商丘车站党委

163 打造“双向奔赴” 擦亮思政品牌
中国铁路郑州局集团有限公司新乡供电段党委

170 发挥“家书”作用 凝聚发展合力 搭建推动高质量发展干群关系“连心桥”
中国铁路郑州局集团有限公司洛阳机务段党委

175 “缠访户”递交入党申请书的背后……
——关于国铁安防公司党委开展“一人一事”思想政治工作的调研
中国铁路西安局集团有限公司党委宣传部

181 聚力网络思想诉求平台 把“一人一事”思想政治工作做实做深
中国铁路济南局集团有限公司政研会

186 “联考”压实思政责任 “一站”化解职工难愁
中国铁路济南局集团有限公司淄博车务段党委

193 精准施策 突出实效 推动职工政治理论学习走深走实
中国铁路济南局集团有限公司济南西工务段党委

200 职工移动服务平台 让思想政治工作落地见效
中国铁路济南局集团有限公司日照车辆段党委

208 做实功　求实效　不断提高新形势任务教育质量
中国铁路济南局集团有限公司淄博工务段党委

213 搭载体　建机制　强运用　不断提升职工思想动态分析质效
中国铁路上海局集团有限公司党委宣传部

216 运用“五化”方法　推动基层思想政治工作提质增效
中国铁路上海局集团有限公司芜湖工务段党委

220 建制度　强宣传　重传承　推动先进典型培树工作不断走深走实
中国铁路上海局集团有限公司杭州客运段党委

223 量身定制“半月谈”套餐　推动思想政治工作走实走深更走心
中国铁路南昌局集团有限公司福州动车段

231 打造优质“青年夜校”　助力青年成长成才
中国铁路南昌局集团有限公司南昌客运段

237 以“实透新细”思政工作法为载体凝聚奋进合力
中国铁路南昌局集团有限公司南平工务段

244 最美广铁人：推动身边先进典型层出不穷
中国铁路广州局集团有限公司党委宣传部

250 “企业号”掌上家园：夯实基层思政工作质效
中国铁路广州局集团有限公司党委宣传部

256 深入学习贯彻习近平文化思想　推动铁路文博事业高质量发展
中国铁路广州局集团有限公司融媒体中心

262 娄底工人理论小组：推动思想政治工作走深走实
中国铁路广州局集团有限公司怀化机务段

267 “三三制”工作法：抓实改革中的思想政治工作
中国铁路广州局集团有限公司怀化电务段

274 “客服V”团队：推动思想政治工作实时“在线”
中国铁路南宁局集团有限公司南宁机务段党委

281 “职工有话说”平台 推动问题矛盾化解在基层、解决在萌芽
中国铁路南宁局集团有限公司柳州机务段党委

288 织密“亲情网格”：用心、用情、用力服务职工
中国铁路南宁局集团有限公司桂林车务段党委

294 培育“最美南通人” 激发企业发展内生动力
中国铁路南宁局集团有限公司南宁通信段党委

301 干部驻站住夜包保：推动“思想政治工作一线行”走深走实
中国铁路南宁局集团有限公司百色车务段党委

308 “马上学习”讲堂：推动党的创新理论学习走深走实
中国铁路南宁局集团有限公司南宁供电段党委

314 “流动红旗”思政讲堂：为职工开展自学辅导“加油”
中国铁路南宁局集团有限公司柳州电务段党委

320 “全过程”思政：做好重点时期职工思想政治工作
中国铁路南宁局集团有限公司桂林车站党委

326 坚持守正创新 聚焦职责重塑 深化职工思想动态调查与分析研判处置
中国铁路成都局集团有限公司党委宣传部

332 创新“3+”模式 确保“三个到位” 打造高质量党性教育主阵地 助推思想政治工作取得新成效
中国铁路成都局集团有限公司党校

339 关于提升职工政治学习质量的实践与思考
中国铁路成都局集团有限公司成都车辆段党委

344 建好示范点优化工作面 不断夯实高质量发展的思想根基
中国铁路昆明局集团有限公司政研会曲靖工务段政研分会

351 巧借平台“活化”思想
中国铁路昆明局集团有限公司政研会昆明机务段政研分会

357 **用好“三字诀” 画好“同心圆” 推动思想政治工作走深走实**
中国铁路昆明局集团有限公司昆明车务段读书铺站党总支

364 **打造“三个课堂” 助力思想政治工作提质增效**
中国铁路昆明局集团有限公司玉溪供电段动力设备车间党总支

370 **实施“三心”工程 推动思想政治工作走深走实**
中国铁路昆明局集团有限公司昆明北车辆段读书铺运用车间党总支

377 **压实责任 靶向发力 全面推动基层思想政治工作提质增效**
中国铁路兰州局集团有限公司党委宣传部

380 **定制关心关爱“套餐” 传播思政工作正能量**
中国铁路乌鲁木齐局集团有限公司乌鲁木齐西站党委

384 **打造“微矩阵” 夯实青工思政工作**
中国铁路青藏集团有限公司政研会西宁电务段政研分会

390 **精心打造“设晓理”学习品牌 推动党的创新理论走深走实**
中国铁路设计集团有限公司党委

398 **善用“瀚思堂”思想教育平台 推动思想政治工作走深走实**
中国铁路设计集团有限公司线路站场枢纽设计研究院党委

创建“312”思想政治工作体系为推动高质量发展蓄势赋能

中国铁路哈尔滨局集团有限公司齐齐哈尔工务段

创建“312”思想政治工作体系，即以创新理论武装、形势任务宣讲、职工思想动态分析的三个工作法，以“互联网+”新媒体为支撑，以构建“大思政”格局、一体化落实工作机制为保障，通过整合资源、发挥优势，有效提升思想政治工作的吸引力、感召力和内驱力，进一步涵育思想政治工作良好生态，为推动高质量发展蓄势赋能。

一、创新“三个工作方法”，着力提升政治素养，增强思想政治工作的引领力

（一）创新“三融工作法”

1. 融入生产过程。以生产为主线，将政治理论学习作为一项生产任务排摆到生产计划中，以月计划、周细化的方式组织落实，班组根据这张清单能够检索出政治理论学习的具体时间、落实要求，为班组集中学习提供时间保障。紧贴生产实际，根据生产组织变化动态调整政治理论学习计划，利用早交班、晚收工会等碎片化时间，开展分散式集中学。

2. 融入培训体系。在专业干部、职工技术业务、经营工作等各项培训

中增设思政课，统筹制订培训计划，在预接收大学生培训、专业干部培训、工班长培训、党员培训等培训班中，开设“四史”等内容的思政课，从源头保证思政课与业务培训相结合。开展“送课”到现场，深入偏远地区车间班组，邀请劳模结合人生阅历和对党的深厚感情，为青年职工上好思想政治教育课。

3. 融入考核体系。将政治理论学习情况纳入党建工作考核、经营考核、标准化规范化建设等各类考核体系中，明确考核标准和考核指标。实行政治理论学习“月度考核、季度讲评”方式，每月对三分之一车间、班组的政治理论学习情况进行系统检查，每季度进行全面总结、考核、讲评，保障政治理论学习质量。

（二）创新“三讲工作法”

为进一步增强宣讲的引领力、影响力，注重时效传递、形势解读和实事聚焦，积极探索“三讲工作法”，将“想让职工知道的”和“职工想知道的”统筹起来讲深讲透讲活，让党的创新理论入脑入心，凝聚职工思想共识，为高质量发展汇聚磅礴思想力量。

1. 紧扣主题，开展分众式宣讲。紧盯学习需求、受众主体，运用分众化方式组织宣讲。组建由领导班子、包保干部、青年骨干等构成的多元主体宣讲队伍，丰富宣讲队伍构成，为开展分众式宣讲提供人力支撑。举办理论培训班，从政治理论、宣讲构思、语言表达等方面授课，组织“改革创新展作为、提质增效立新功”主题宣讲比赛，多方面培养和挖掘宣讲人才，为做好形势任务宣讲奠定基础。根据领导班子、党员干部、普通职工的理解程度、工作特点等因素，分解宣讲内容，进行差异化、针对性宣讲，现场征集职工生产生活困难问题。

2. 聚焦需求，开展定制式宣讲。拓展职工思想分析、见面工程、检查调研等多种渠道，全面收集职工思想疑惑事项、关心关注热点问题。坚持“一月一主题”“一事一宣讲”原则，开展定制式宣讲，用“小事例”讲出“大道理”。筛选“职工想知道的”问题，联合相关专业科室编撰宣讲提纲。如通过举例子的方式算好安全、经济、亲情“三笔账”，并将整治安全陋习作为每期宣讲提纲的固定宣讲内容，引领职工树立正确的安全观；针对职工反映强烈的津贴补贴标准问题，采取问答方式解惑释疑。

3. 创新方法，开展指尖式宣讲。突破“一人讲、众人听”的传统宣讲方式，利用微信平台作用，制作及转发政策解读新媒体作品，增强干部职工落实工作的行动自觉。发挥融媒体优势作用，打造指尖上的“宣讲”，相继制作“争当好铁路网民”“加快发展新质生产力——为推进高质量发展蓄势赋能”“做了后悔！一定要牢记这些铁路知识”“涉及5万多名干部职工一定要注意”等系列微课5期，受到职工的欢迎。

（三）创新“四化工作法”

1. 畅通“多元化”渠道，解决“闭门造车”问题。改变以往单一依靠车间党总支书记每月上报思想分析的做法，多渠道、全方位收集职工意见，在班组划分若干个网格，随时掌握职工思想动态，避免“闭门造车、想当然”地分析职工思想状态。打通线上线下结合的主渠道，各车间党总支每月对照项点收集职工思想动态和办公室来信来访事项，上报到段党委。同时注重做好段微信公众号后台的职工留言收集归纳。采取“座谈+调研”“见面+跟班”的辅助渠道，班子成员及各级干部深入现场调研、与职工面对面谈心、到车间进行任务宣讲等多种形式，从职工谈话中提炼出有价值的思想动态。

2. 体现“个性化”差异，解决“僵化脱节”的问题。坚持职工思想分析系统融入中心工作，建立“常态+专项”思想分析方法，解决以往固化分析与实际工作脱节问题。常态，即将职工思想动态信息分为安全意识、队伍稳定、技术薄弱、家庭困难、身体健康等九个方面，进行日常职工思想反映收集分析。专项，即针对重点工作、突出风险、重点岗位等实际开展专项分析，动态准确掌握思想变化。针对节日期间职工思想活跃、单岗安全风险较大的实际，组织开展关键岗位、单岗作业职工思想分析；针对施工全面展开、防护作业风险较大的实际，开展防护员专项思想分析。

通过“常态+专项”，使职工思想分析更加贴近中心工作，贴近职工思想实际。

3. 搭建“智能化”平台，解决“管理粗放”的问题。依托信息化平台，在办公网开发职工思想分析显性化数据系统。每月车间党总支书记对照项点逐项录入职工思想信息。平台可以进行智能统计分析。既可以划分车间统计查询，也可以按照类别统计分析，哪个车间职工思想有倾向、哪个项点职工思想有波动、哪个问题需要解决，一目了然，为精准掌握职工思想动态提供数据支持，同时也为探索不同项点、不同车间职工思想动态变化及趋势化分析提供基础数据支撑，有效解决以往靠人工汇总工作量大的问题，提高了工作效率和精准度。针对各车间职工对收入的思想问题较多，组织劳人科对收入分配进行检查指导，开展政策解读和思想引导，保证职工思想稳定。

4. 推进“一体化”落实，解决“自我循环”的问题。将职工思想分析结果运用到实际工作中，利用书记办公会、党总支会、党支部会议等形式，系统研究职工思想分析结果，预测下月思想动态倾向，制订防范性措施，推进思想政治工作与中心工作一体化，解决职工思想分析“自我循环”“单摆浮搁”等问题。

二、提供一个有力支撑，着力发挥新媒体优势，增强思想政治工作的吸引力

坚持人在哪里，思想政治工作就跟进到哪里。着眼于传播方式、职工阅读习惯等变化，坚持围绕中心、贴近职工，做精原创作品，做强主流舆论，加强新媒体建设，进一步增强思想政治教育的吸引力。

1. 厘清脉络，明晰“路线图”。准确把握融媒体建设工作思路，突出把握好三个环节。一是健全制度。建立健全融媒体工作室、网络平台、兼职信息员等管理办法，明确具体标准和工作流程，为规范运作提供基本遵循。二是把握方向。把企业和职工两个“舆论场”作为新媒体创作的“发

力点”，让过去层层传达才能获得的信息，通过微信平台迅速直达职工，成为职工了解政策、参与管理的重要渠道。三是精心策划。坚持每月召开融媒体策划会，研究确定选题，探讨作品表现形式，明确责任分工。遇有重点策划，党委副书记亲自组织，统筹资源提供采编支持，协调解决难点问题，从源头上提升作品质量。

2. 体现特色，用好“导向棒”。积极创作具有企业特色、贴近职工需求的作品，潜移默化引领干部职工思想。一是展示企业形象。利用媒体设备，多角度、全方位动态跟踪重点工作过程，超前积累素材丰富、形式多样的“资源库”。相继制作反映段标准化规范化建设的《启航》《实施一体化落实工作机制》等纪实片，在哈尔滨局集团公司工务系统标准化规范化建设现场会上展播。二是凝聚职工合力。把镜头聚焦一线，用作品引发共鸣。制作《先锋》《铁道线上一抹黄》等宣传片，让草根英雄更加鲜活。及时关注微信平台职工留言，从中摸清职工思想脉搏，为领导决策提供信息。三是补足学习供给。针对各时期工作重点，制作以不良安全行为解读为核心的《工机具使用管理》《规范操作防意外伤害》等“漫”说安全系列作品 4 期，丰富学习供给。

3. 优化资源，做强“助推器”。持续优化人才、设备等资源，助力融媒体建设。一是整合团队。建立“1+20+25”工作机制，即 1 个融媒体工作室、20 个车间、25 名兼职信息员。在全段挖掘具有文字功底、视频采编、漫画绘制等特长人员，倾力打造融媒体人才“蓄水池”。二是提升素质。采取“送培 + 挂职”方式，进一步拓宽信息员视野，提升工作能力。先后选派 6 人参加融媒体采编技能培训班，3 人到融媒体中心交流学习，4 名车间信息员到段媒体室挂职锻炼。三是强化支持。配齐配强编辑器、录音台、提词器等专业采编设备。建立激励机制，每年对优秀信息员奖励额度达十余万元，已有 2 名信息员自学了摄影等相关技术课程。

三、强化两项制度保障，构建“大思政”格局，增强思想政治工作的内驱力

1. 明晰责任，构建“大思政”格局。完善思想政治工作责任清单，明确各层级落实任务，清楚做什么、如何做、取得什么效果，引导落实“一岗双责”，形成党委统一领导、党政齐抓共管、宣传部门组织协调、专业部门分工负责、党支部书记主体负责的局面，增强各级干部做好思想政治工作的主动性和自觉性。

2. 深度融合，推行一体化落实机制。“以三个一”为基本遵循，从源头上解决思想政治工作与中心工作“两张皮”的问题。即一张清单同部署，就是整合安全、生产、经营、思想政治工作等年度工作统一制定一张任务清单，明晰段党委、车间党总支、班组党支部三级委员职责分工和责任清单，实现目标同向、部署同步，从职责分工上为思想政治工作融入中心工作提供支撑，解决了各层级责任同步的问题。一个计划同落实，就是以生产任务为主线，按照“月计划、周细化”的方式统筹安全生产与党内活动、政治理论学习等任务，形成月、周计划清单，明确“何时干、谁来干、干什么、怎么干”，为各层级落实工作提供依据，解决了抓落实同步的问题。一体考核同奖惩，就是建立一体化考核模块和考核标准，实施思想政治工作与业务工作双向考核评价，思想政治工作与中心工作月考核、季讲评同时进行，实现考核奖惩同步兑现。

（执笔人：元金彪、董传国、田丽颖）

以“说悬事、找陋习”筑牢职工安全思想防线

中国铁路哈尔滨局集团有限公司哈尔滨工务段

习近平总书记高度重视安全生产工作，作出一系列关于安全生产的重要论述，如，“树立安全发展理念，弘扬生命至上、安全第一的思想”“要牢固树立发展决不能以牺牲安全为代价的红线意识”。在铁路企业，安全生产更是关系职工生命安全和铁路运输安全。为了切实提高职工的安全意识，整治安全思想及作业陋习问题，让职工从内心深处树立起“安全第一”的理念，哈尔滨工务段通过开展安全案例分析、安全知识讲座等活动，持续不断抓好安全思想教育。同时，探索安全宣传教育的新方式，把“说悬事、找陋习”宣教载体融入安全管理之中，使安全宣传教育入脑入心。

一、基本情况

在抓职工思想教育上，哈尔滨工务段坚持用科学的理论武装铸魂、用灵活的宣教方式凝心、用贴心的思想工作聚力，以宣讲和思想政治工作为主线，创新植入“说悬事、找陋习”活动载体，引领干部职工“让标准成为习惯，让习惯符合标准”，以保安全实际行动维护线桥设备良好运行，为推动铁路事业高质量发展贡献力量。哈尔滨工务段先后荣获“火车头奖杯”，国铁集团、集团公司“两级”思想政治工作示范点，集团公司先进单

位和宣传思想工作先进单位等荣誉。

二、主要做法

（一）精准把脉，在挖病灶上聚力

1. 深入联系点、跟班作业与调研检查。充分利用深入联系点、跟班作业以及调研检查等时机，开展安全主题宣讲。各级干部深入一线，直接了解职工的工作实际情况，拉近与职工的距离，增强职工对安全工作的重视程度。在这个过程中，各级干部以安全为主题，把职工最关注的内容作为切入点，用“唠家常”的亲切方式与职工进行面对面、心贴心的交流。这种交流方式能够让职工放下心理负担，更加坦诚地表达自己的想法和困惑，从而为发现安全问题提供更多的线索。

2. 发现问题与根源。通过深入了解职工的思想动态和工作实际，更加准确地找到问题根源。比如，在与职工的交流中，了解到部分职工由于对规章制度理解不透，产生了“无知者无畏”的心理。这种心理在作业中表现为违章指挥、盲目抢活、简化作业程序等安全陋习和不良行为。一些职工因为缺乏对规章制度的系统学习，对安全风险认识不足；还有一些职工受到工作压力和任务进度的影响，忽视了安全操作规程。

3. 精准教育与引导。针对发现的问题，采取精准的教育和引导措施。一方面，通过组织安全培训、专题讲座等形式，加强职工对规章制度的学习和理解，提高职工的安全意识和业务水平。在培训中，结合实际案例进行分析，让职工更加直观地认识违章作业的危害。另一方面，建立“一对一”帮扶机制，由经验丰富的职工对安全意识淡薄的职工进行指导和帮助，共同提高安全作业水平。开展安全知识竞赛、技能比武等活动，激发职工学习安全知识和提高技能的积极性。

（二）综合施治，在祛顽疾上发力

1. 用好“说悬事、找陋习”活动载体。在开展宣传教育过程中，巧妙植入“说悬事、找陋习”活动载体，在全段范围内广泛征集虽未酿成事故但回想起来能吓一身冷汗的“悬事”。这些“悬事”看似不起眼，却蕴含着巨大的安全隐患，如果不引起重视，很可能在下次作业时就会酿成严重的事故。通过引导大家深刻剖析思想根源、管理行为和作业习惯等方面存在的陋习，并追溯制度漏洞和管理缺陷，职工能够更加深刻地认识到安全的重要性。

2. 做好案例剖析与筛选。对征集上来的93件“悬事”，逐一剖析思想方面的深层原因，筛选出“呼啸的打磨机碎片”“防护距离过远，太险了”等52个具有代表性、危害性、易被忽视的案例。这些案例涵盖了不同的作业环节和安全问题，具有很强的针对性和教育意义。通过对这些案例的深入分析，职工更清楚地认识到自己在工作中存在的安全隐患和不良习惯，在以后的工作中及时加以改正。

3. 多形式宣传与教育。利用漫画、新媒体作品等形式在段微信公众号上推送典型案例，以此唤醒职工安全责任意识，使之自觉摒弃安全陋习。同时，将这些案例纳入班组日常学习补充内容，让职工在日常工作中不断强化安全意识。

（三）敬畏安全，在守规章上助力

1. 精心制作警示教育短片。精心梳理与工务相关的事故案例，制作了人身、作业、设备事故案例警示教育片。采取还原事故现场、分析事故原因、总结经验教训等方式开展安全警示宣讲，让职工深刻认识到安全事故的严重性和遵守规章制度的重要性。在制作警示教育片的过程中，邀请事故当事人或家属进行讲述，让职工更加真切地感受到安全事故的严重危害。

2. 深入一线开展“背包教学”。组建宣教小分队，把部分“悬事”写入课件，采取“背包教学”的方式深入23个车间，与职工面对面进行案例分析，共同算清“三笔账”：算政治账，让职工认识到安全事故不仅会影响个人的职业发展，还会给单位带来不良影响；算经济账，让职工了解到安全事故会导致经济损失，影响家庭生活质量；算家庭账，让职工体会到安全事故会给家人带来巨大的痛苦和沉重的负担。通过算这三笔账，职工更加深刻地认识到遵守规章的重要性。

3. 实践转化确保安全。通过对“悬事”的深刻剖析和反思，职工安全思想认识明显提升，在作业中更加严格遵守规章制度，营造了浓厚的安全文化氛围。全段安全信息发生率大幅降低，设备维护质量明显提高，职工以往“干惯了、看惯了、习惯了”等麻痹思想和不良作业习惯逐渐减少，各类工单问题较上年同期减少了21.5%。

三、工作启示

1. 深入基层，精准把脉是关键所在。领导和管理人员深入一线跟班作业以及调研检查等深入基层的方式，是摸清职工思想动态的有效手段。职工对规章制度理解不透可能有“无知者无畏”的心理，进而在工作中出现违章指挥、盲目抢活、简化作业程序等不良行为。只有深入基层，才能像医生精准把脉一样，准确找出这些“病症”，为后续的“治疗”提供依据，从而增强了职工对管理人员的信任和认同感。领导和管理人员走进车间、班组，与职工共同劳动、交流，会让职工感受到被关注和重视，拉近彼此距离，使职工更加信任管理人员，有利于提高职工队伍凝聚力和执行力。

2. 创新载体，综合施治是有效途径。“说悬事、找陋习”活动载体的巧妙植入，为宣传教育工作注入了新的活力。通过征集“悬事”，职工深刻认识到那些看似不起眼的行为可能造成巨大的安全隐患。剖析思想根源，有助于从根本上解决问题，利用多种形式推送案例，则能更加生动地唤醒职工的安全责任意识。创新宣传教育载体，采取综合施治的方法，在安全管理方面，开展发现安全隐患问题有奖竞赛、安全知识有奖问答等活动，激发职工参与安全管理的积极性。职工在参与竞赛和问答的过程中，会更加主动地学习安全知识，提高安全意识。这样的安全思想教育，不仅生动有趣，而且能够促进职工技术业务水平的提升。

3. 强化敬畏，助力守规章是根本保障。组建宣教小分队，制作警示教育片，深入车间进行案例分析，这些举措的目的在于强化职工对安全的敬畏之心，让职工深刻认识到遵守规章制度的重要性。规章制度是工作顺利进行和实现目标的根本保障，只有让职工认识到规章制度的重要性，增强敬畏之心，才能促使他们自觉遵守规章制度。定期组织规章制度培训是一种有效的方式。通过培训，职工可以熟悉各项规定和要求，明确自己的职责和义务。同时，加强对规章制度执行情况的监督检查，对违规行为进行严肃处理，能够起到震慑作用，让职工不敢轻易违反规章制度，进而将安全思想教育成效转化为确保安全的内动力。

（执笔人：孟宪明、孙建国、寇智超）

强化闭环管理　压实主体责任
切实解决职工急难愁盼问题

中国铁路沈阳局集团有限公司政研会

一、基本情况

2016年4月19日，习近平总书记在网络安全和信息化工作座谈会上强调，让互联网成为我们同群众交流沟通的新平台，成为了解群众、贴近群众、为群众排忧解难的新途径，成为发扬人民民主、接受人民监督的新渠道。沈阳局集团公司党委宣传部牢记习近平总书记关于“民心是最大的政治”的重要论述，认真贯彻落实国铁集团党组加强和改进新时代基层思想政治工作的部署要求，始终将对职工的关心关切摆在突出位置，主动聚焦矛盾热点，依托沈铁在线企业号建立“诉求信箱”平台，拓宽职工诉求渠道，加强诉求问题征集办理、解决回访，用心用情用力解决职工急难愁盼的诉求问题，营造了心齐气顺劲足的和谐稳定环境，凝聚起同心实干、拼搏奋斗的磅礴力量。

二、主要做法

1. 实施闭环管理，建立诉求解答解决受理机制。深入开展职工诉求解答解决情况专题调研，针对部分基层单位诉求受理、答复跟踪不到位等问题，研究制定了《关于进一步加强职工诉求解决解答的通知》及职工诉求问题处置反馈单。依托沈铁在线企业号搭建直通一线职工的“诉求信箱”平台，涵盖提交诉求、联动办理、回复公示、问题查询等功能，通过网上收集诉求问题、面对面答疑解惑、上下联动协作解决问题等多种形式，面向职工收集意见建议，让职工有话可说，有求可诉。明确沈阳局集团公司党委主抓，党委宣传部具体负责，机关部门、基层单位党委密切配合的职工诉求解答解决责任体系，进一步规范完善诉求办理闭环流程、跟踪调查回访和内部考核通报制度，以及每周公示回复、每周跟踪回访、每月考核通报、动态督导推动机制，并实施涉事单位和部门负责人明示化管理，切实厘清管理链条，进一步夯实职工诉求解答解决的管理基础。

2. 多方联动协作，压实诉求解答解决主体责任。按照“定内容、定措施、定时限、定责任人、定反馈意见”的原则，沈阳局集团公司党委宣传部指定专人每天登录“诉求信箱”收集职工网上诉求，梳理形成“职工诉求问题处置反馈单”，流转通知机关主管部门、涉事单位，由主管部门按照归口管理的原则，及时了解掌握职工诉求，组织涉事单位共同研究确定解答口径和解决措施。党委宣传部动态对诉求职工进行电话跟踪回访，征求职工对解答解决结果的意见，对职工认为有异议、不满意的问题，再次向主管部门、涉事单位反馈，指导进一步做好答疑解惑、矛盾化解工作。坚持每周集中梳理职工诉求解决回复情况，统一网上公示。每月按照实际问题、政策咨询、意见建议、投诉举报、情绪表达进行分类分析，会同机关部门共同确认每件诉求的解决情况，对需要沈阳局集团公司解决的问题，研究解决方案和答复意见，形成《职工诉求解决回复情况报告》，为沈阳局集团公司科学决策提供依据。2021 年以来，形成专题报告 45 期，解答解决职工诉求 2000 余件。将职工诉求解决回访情况纳入季度宣传思想文化工作通报和党委书记履职考核，对调查不深入、解决回复不及时、职工满意率低的 6 个单位分别给予通报考核，职工满意率由 77%提升至 94.1%。

3. 精准把脉疏导，释放诉求解答解决正向效应。坚持把做好职工诉求工作、切实解决急难愁盼问题，作为推动干部作风转变、关心关爱职工、打造企业与职工命运共同体、提升企业管理水平的有效手段。将职工诉求问题纳入思想预警处置系统，通过采集诉求问题、职工满意度反馈等信息进行评分预警，精准确定重点人员，建立“一人一档一策”措施，实施分层分类包保帮教。2024年以来，累计包保转化重点人员149人次。针对职工关注的铁路乘车证办理、工资收入、异地通勤、休息休假等诉求咨询，开展专项宣讲6次，举办职工心理释压讲座12场次、法治教育讲座65场次，受众10万余人，通过对调方式解决职工异地通勤164人。加大职工健康维护力度，增加5个地区定点体检医院及肿瘤筛查体检套餐，完成职工健康体检7.8万多人。将原苏家屯行车公寓改造为青年职工公寓，解决68名青年职工住房难问题。针对职工反映生产用车少的问题，沈阳局集团公司物资部购置88辆业务保障和生产用车，完成全局4641台汽车卫星定位系统安装工作，改善职工生产用车条件。将职工反映的突出诉求纳入主题教育专项整治和“我为群众办实事”重点实事项目清单，组织各级干部深入开展谈心调研，广泛征集诉求意见，确定沈阳局集团公司层面40件重点实事项目，带动基层单位办理实事项目2036件，推动解决了一批发展所需、改革所急、基层所盼、民心所向的问题，汇聚起奋力谱写勇当服务和支撑中国式现代化的“火车头”沈铁篇章的强大合力。

三、工作成效

沈阳局集团公司建立“诉求信箱”平台，能够及时掌握职工所思所想所盼，着力解决职工急难愁盼问题，针对性做好“一人一事”思想政治工作，持续推动职工诉求闭环管理机制落实落地。“诉求信箱”平台的推出，深受职工欢迎，这一有效做法写入沈阳局集团公司党委印发的《关于进一步加强职工思想教育和人文关怀的通知》（沈铁党函〔2023〕35号），在全局推广运用。目前，沈阳局集团公司所属各单位普遍在内宣新媒体平台开设了“诉求信箱”，实现职工心声有人听、诉求有人管、疑惑有人解、困难有人帮。通过解决职工思想和实际问题，消除了职工的后顾之忧，充分调动了干部职工立足岗位作贡献的积极性，职工的获得感、幸福感、安全感持续增强。2024年以来，沈阳局集团公司运输安全总体稳定，客运基本实现进度不欠，同比有增；货运随着货改效果的逐步显现出现回暖势头，非运输业务利润实现超进度，支出总体可控，兑现沈阳局集团公司上半年动态盈亏目标。

四、强化职工诉求闭环办理存在的问题

通过办理职工诉求，发现个别单位、个别管理人员在收集和解决职工诉求方面的一些问题。主要表现在以下几个方面。

1. 诉求渠道不够畅通。个别单位对职工提出的诉求渠道变化没有认真研究，沿用传统的诉求热线电话、职场诉求意见箱等渠道收集职工诉求，而没有根据当前职工使用手机进行学习阅读的习惯，及时通过本单位新媒体平台开通诉求信箱，导致职工反映诉求不便捷、渠道不畅通。

2. 宣传解释还不到位。个别单位在出台有关绩效考核、工资收入、福利待遇、岗位调整等涉及职工切身利益的文件时，没有做好深入细致的政策宣传解释工作，没有向职工讲清有关文件出台的背景、与职工相关的变化点和考核点、需要职工遵照执行的重点等事项，导致职工产生了思想疑虑，进而引发个人诉求。

3. 问题解决不够积极主动。个别管理人员收到职工提出的诉求问题后，缺乏事不过夜的精神，工作作风不实，没有第一时间帮助解决。遇到职工提出的诉求问题较为复杂烦琐，需要协调相关单位、部门解决时，存在绕着问题走的现象，调查了解不够深入，协调相关单位、部门不够主动，导致答复解决的质量不高。

五、工作启示

1. 要进一步畅通诉求渠道。充分认清全媒体不断发展导致舆论生态、

传播方式发生的深刻变化，契合当前职工热衷指尖阅读、指尖表达的实际，在微信、微博等新媒体平台开设互联网信箱，广泛征集职工对生产生活的意见建议，畅通职工诉求表达渠道，真正掌握职工的所思所想所求所盼，切实改善基层单位存在的沈阳局集团公司办理诉求多、本单位办理诉求少的“倒三角”问题。

2. 要加强倾向性问题宣传解释。组织各单位在出台涉及职工切身利益的文件规定时，深入细致开展风险评估，充分研判职工可能提出的诉求问题，针对性做好宣传解释工作，廓清职工思想疑虑。定期梳理职工诉求中的倾向性问题，作为职工思想状况调查分析的重要参考，提出相应对策措施。特别是针对职工反映的苗头性、趋势性、全局性、典型性思想问题作出预警提示，下发“职工思想动态预警提示单”，加强工作指导，制定统一的政策宣传口径，组织包保干部开展面对面的集中宣讲、座谈讨论，及时将影响职工队伍稳定的各类问题消除在萌芽状态。

3. 要做好“一人一事”思想政治工作。充分运用职工思想预警处置系统，采集诉求职工性格、具体问题、解决满意程度、工作表现、家庭状况等信息，建立个人档案，逐项赋分评价，对影响职工思想的因素进行精准定位。对照责任心不强、技术薄弱、两纪松散等九类人员作出分类，精准化制定“一人一档”“一事一策”的包保措施，通过在思想上解惑、精神上解忧、问题上解难、心理上解压等多种方式，化解思想矛盾，理顺思想情绪。

4. 要切实解决职工实际问题。坚持思想问题同实际问题一道抓，认真分析职工诉求背后存在的实际问题，了解掌握职工的真实困难。深入践行以人民为中心的发展思想，巩固“我为群众办实事”实践活动成果，抓好问题督办，强化闭环管理，用心用情用力解决好职工急难愁盼问题，增强职工获得感、幸福感、安全感，着力构建更加牢固的企业与职工的命运共同体。

（执笔人：常效东、黄玉昆）

做强“新时代·沈铁榜样”品牌
持续壮大先进典型群体

中国铁路沈阳局集团有限公司政研会

一、基本情况

2024年9月，国铁集团召开的铁路基层思想政治工作推进会强调，“要强化典型引领，大力宣传铁路职工中劳动模范、优秀共产党员、道德模范、技术能手等模范人物的先进事迹，持续深化‘最美铁路人’‘新时代·铁路榜样’等选树宣传。”沈阳局集团公司党委深入推进先进典型选树宣传工作要求，自2018年以来，始终坚持“千千万万普通人最伟大”“幸福都是奋斗出来的”工作导向，持续开展“新时代·沈铁榜样”选树宣传，形成了典型辈出、群星璀璨的生动局面，营造了崇尚先进、学习先进、争当先进的浓厚氛围。截至2024年10月，已培育出5名全国劳动模范、4名“最美铁路人”、11名“辽宁好人”“吉林好人”、11名“新时代·铁路榜样”、25名“最美沈铁人”、200名“新时代·沈铁榜样”，在路内外产生了广泛影响。

二、主要做法

（一）建立机制，推动选树宣传常态化

开展“新时代·沈铁榜样”选树宣传工作，是落实习近平总书记关于牢牢把握“千千万万普通人最伟大”“幸福都是奋斗出来的”的工作导向。加大先进典型选树宣传数量和频次，有利于全面加强先进典型的发掘、培养、选树、表彰、宣传等工作，有利于让先进典型集群的凡人微光形成燎原之势，遍布各领域和各层面，有利于营造崇尚先进、学习先进、争当先进的浓厚氛围。沈阳局集团公司党委宣传部紧紧抓住培育和选树这个根本，重新制定《“新时代·沈铁榜样”“最美沈铁人”选树宣传实施办法》，包括指导思想、总体要求、评选条件、实施步骤、保障措施等五部分内容。

1. 明确评选小组。成立先进典型选树宣传工作领导小组，沈阳局集团公司党委书记、董事长，总经理任组长；沈阳局集团公司党委副书记、工会主席任副组长；组员为沈阳局集团公司25个机关部门和融媒体中心。

2. 明确评选类别。将沈铁榜样分六个类别开展评选，分别为“安全标兵、服务明星、创效达人、技术能手、道德模范、管理精英”。

3. 明确评选频次和数量。每年开展4个季度评选，每季评选60名季度“新时代·沈铁榜样”，每年评选60名年度“新时代·沈铁榜样”、10名“最美沈铁人”。

4. 明确实施步骤。季度评审，采取站段推荐提名、网络投票、沈阳局集团公司机关部门系统投票、沈阳局集团公司领导小组综合评审的形式，评选季度“新时代·沈铁榜样”60名，并下发文件进行表彰。年度命名，每年12月，沈阳局集团公司选树宣传工作领导小组召开年度评选会，优选出60名年度“新时代·沈铁榜样”。采取网络投票、沈阳局集团公司机关部门系统投票、沈阳局集团公司领导小组综合评审的形式，从60名年度“新时代·沈铁榜样”中评选出10名“最美沈铁人”，由沈阳局集团公司

党委印发文件进行命名表彰，并优先作为沈阳局集团公司年度“先进生产（工作）者”推荐表彰对象。

5. 明确奖励标准。对季度“新时代·沈铁榜样”、年度“新时代·沈铁榜样”、年度“最美沈铁人”，分别奖励2000元、3000元、5000元。

6. 明确先进典型宣传方式。利用沈阳局集团公司职代会契机举办“新时代·沈铁榜样”“最美沈铁人”颁奖晚会，广泛宣传先进典型事迹。高质量制作展示“新时代·沈铁榜样”“最美沈铁人”全媒体宣传产品，不断扩大先进典型的影响力。

（二）搭建平台，自下而上参与典型评选

本着让榜样家喻户晓、让职工广泛参与的原则，积极搭建典型选树宣传的平台。

1. 设计投票系统。依托“沈阳铁路”App客户端，开发网上投票系统。系统具备自定义投票规则、展示人物工作照片和简要事迹、投票顺序随机呈现、公示投票总数和排行榜等多项功能，有效调动了广大职工参与典型选树的积极性，也增强了先进典型选树的覆盖面和影响力。

2. 开展网上投票。在各单位报送推荐人选后，沈阳局集团公司党委宣传部根据工作岗位、主要事迹、荣誉分量等情况，每季度择优挑选90名“新时代·沈铁榜样”候选对象，将其基本信息、事迹简介、工作照片等内容导入网上投票系统，制作成投票微信产品，通过沈铁在线企业号发布，组织广大干部职工开展投票评选。

3. 组织机关部门投票。沈阳局集团公司党委宣传部将90名“新时代·沈铁榜样”候选对象制成投票表，组织机关25个部门进行投票。综合职工网上投票、机关部门纸质投票两种方式，沈阳局集团公司评选小组综合评定60名季度“新时代·沈铁榜样”，通过沈铁在线企业号进行公示。在此基础上，沈阳局集团公司党委宣传部依据评选出来的“新时代·沈铁榜样”，每年开展一次“最美沈铁人”暨年度“新时代·沈铁榜样”评选活动，通过网上投票、机关部门投票、沈阳局集团公司党委研究确定的方式，

区分“敬业奉献、助人为乐、见义勇为、诚实守信、孝老爱亲”五大类别命名表彰“最美沈铁人”。比如霍林郭勒运营维修段白音华南综合运用车间主任齐铁桩，1987年通霍线开通运营时首批进线，至今已在艰苦的自然环境下坚守了36年，用满腔热血和执着奉献书写了沈铁人的忠诚；长春高铁基础设施段桥梁工赵孝强，十载披星戴月，历经无数风霜雪雨，精心守护哈大高铁，确保了8万多趟动车组安全运行；入路6年、练就一身本领的沈阳电务段裕国信号车间技术员吕俊良，以梦为马、不负韶华，用奋斗为青春涂抹了最亮丽的底色；在青藏铁路公司对口支援、挂职帮扶的沈阳车辆段技术科科长刘晨亮，克服强烈的高原反应，忘我工作，在青藏高原立起沈铁人的精神旗帜；响应惠农助农号召的沈阳车务段铁岭西站党支部书记李松，带领乡亲们汗洒沃土收获致富梦想，让乡亲们的日子越过越红火；山海关站车站值班员孟庆福，胸怀大局，日夜坚守在岗位上，与电话和行车操作指挥台为伴，办理接发车作业趟趟安全、批批正确；危难之际救人的退伍军人、大连货运中心内燃起重机司机唐乃栋，临危不惧、见义勇为，用英雄壮举弘扬浩然正气；长春车务段客运员徐彦恒，用38年的爱心之旅，扶危帮困、志愿服务，用无私大爱传递人间温暖；照顾患病哥哥17年的锦州供电段轨道车司机马超，用手足亲情浇灌美德之树根深叶茂，用铁肩挚爱为父母和兄长撑起了一片希望的天空，也点燃了人们心中的那束光等。所有榜样人物个个有故事、个个都很感人。

（三）强化宣传，全媒体展示典型先进事迹

“新时代·沈铁榜样”是一个宣传载体，而不是新开的表彰项目；是先进事迹发布仪式，而不是先进人物表彰大会。基于这样一个定位，沈阳局集团公司党委宣传部精心制定“新时代·沈铁榜样”宣传方案，将宣传“新时代·沈铁榜样”的工作大张旗鼓地开展，坚持把版面留给榜样、镜头聚焦榜样，开展全方位、立体式的宣传展示。

1. 组织融媒体中心统筹沈阳局集团公司全媒体平台，设立“新时代·沈铁榜样”专题专栏，组织记者采取跟班写实、蹲点采访等方式，深入挖掘“新时代·沈铁榜样”的先进事迹，编制长篇通讯、图文故事、微信产品、新闻特写等全媒体宣传产品，沈阳局集团公司党委宣传部对每个作品都进行审核把握，通过全方位、多角度的宣传展示，大力弘扬劳动精神、劳模精神、工匠精神。《心有繁花满庭芳》《不负青春写华章》《平凡岗位不凡坚守》等一批思想精深、事迹精彩的通讯报道一经推出，就受到干部职工的广泛好评。

2. 每年3月至11月，《沈阳铁道报》头版头条平均每周就推出一位榜样人物，涵盖人物档案、长篇事迹通讯、记者采访手记，同时，以四版整版的形式集中推出图片专题报道。《沈铁新闻》在头条推出新闻报道，沈铁在线企业号以头条或者单条推送。

3. “1+104”矩阵同步发力，组织各单位利用新媒体平台转发榜样事迹，利用职场大屏播放榜样视频，基层网评员撰写大量的网评文章，推动榜样宣传成为“现象级”传播。

4. 坚持每年编辑1本《先行风采——“最美沈铁人”“新时代·沈铁榜样”先进事迹集》，汇编刊印“新时代·沈铁榜样”的先进事迹，集中展示运输生产、客货服务、经营创效、工程建设、思想品德等各个领域的优秀代表，进一步发挥典型的示范引领作用。

5. 举办“最美沈铁人”暨年度“新时代·沈铁榜样”发布仪式2场次，制作播放25位“最美沈铁人”的先进事迹视频短片，从不同角度、不同侧面讲述他们的工作经历、生活感悟和价值追求。组织干部职工并邀请职工家属通过沈铁在线企业号、“沈阳铁路”抖音号、“沈阳铁路”微博号、“北斗融媒”App等平台同步观看，并采取线上交流体会、线下撰写感言等方式畅谈收获和感受。收看过程中，干部职工被一个个明大德、守公德、严私德的动人事迹打动。

6. 延续重大典型专题宣传的传统做法，先后印发向最美铁路人唐云鹏、刘博、刘晓云同志学习的文件，策划系列学习宣传活动，举办先进典型事迹报告会，提升“仪式感”，增强重大典型的引领力、影响力、辐射力。

三、工作成效

1. 营造了典型成长的良好环境。通过开展“新时代 · 沈铁榜样”选树宣传，有效调动了所属各单位党委选树先进典型的积极性。所属各单位党委把培养和选树典型作为日常开展工作的重要内容，结合典型的发展潜质和工作需求，个性化制订文化知识、职业技能和职业道德等方面的培训计划，采取定向培养、因材施教等方式，持续提高典型的综合素质。

2. 扩大了典型的示范效应。通过加强“新时代 · 沈铁榜样”宣传报道，利用沈阳局集团公司报台网等全媒体平台，刊发长篇通讯、播放专题片、开办榜样系列专栏等形式，形成了全方位、立体化的宣传模式，扩大了典型的知名度，让典型“活起来”“火起来”，在职工心灵上引发震动和共鸣。

3. 形成了见贤思齐的生动局面。通过将“新时代 · 沈铁榜样”的先进事迹纳入班组政治学习，组织职工开展集体学习和互动讨论，激发了干部职工学习先进、奋勇争先的工作热情。有的职工深有感触地说：“‘新时代 · 沈铁榜样’的事迹使我深受鼓舞，他们都是一线岗位的普通职工，却凭着内心的信念与执着，在平凡岗位上取得了不凡成绩，展示了铁路人不怕苦累、拼搏担当、无私奉献的时代风采。我要以他们为榜样，时刻牢记安全职责，用立足岗位扎实工作的实际行动，为确保运输安全贡献力量，实现自我价值。”

4. 增强了宣传干部的“四力”。组织融媒体中心记者和所属单位宣传助理走近榜样，进行跟班作业、蹲点采访，把聚光灯对准榜样、把笔墨留给榜样，更加深入细致地挖掘榜样的闪光事迹，总结推广感人故事，写出了“沾泥土、带露珠、冒热气”的精品力作，使“新时代 · 沈铁榜样”栏目成为沈阳局集团公司全媒体平台的拳头品牌，宣传干部的脚力、眼力、脑力、笔力也在深入基层一线的匆匆步履中、快速发展的观察比较中、全面立体的深入思考中、恰到好处的精彩呈现中不断增强。

四、工作启示

1.要坚持群众认可，提升典型的公信力。在选树典型的过程中，要充分听取广大职工群众的意见建议，采取自下而上推荐、网上投票、部门测评等多种形式，引导干部职工主动挖掘、推荐心中榜样，通过实实在在的“海选”，推选出干部职工真正认可、信服的沈铁榜样，确保选出的典型叫得响、立得住、过得硬。

2.要深入学习交流，提升典型的引领力。要组织开展先进典型学习教育活动，引导干部职工对照典型找差距、查不足、定措施，不断扩大典型的示范效应，增强干部职工立足岗位争创佳绩的积极性，进而达到“一花引来百花开，万紫千红春满园”的效果。

3.要大力宣传推广，提升典型的感染力。要充分借助报纸、电视、新媒体等全媒体平台阵地，大力宣传先进典型的感人故事，召开典型命名表彰大会、交流研讨会，广泛交流典型经验，不断增强先进典型的影响力和感染力。

（执笔人：黄玉昆、周立冬）

抓在经常 融入日常
不断开创青年职工思想政治工作新局面

中国铁路沈阳局集团有限公司政研会

习近平总书记在党的二十大报告中指出："全党要把青年工作作为战略性工作来抓"，并强调要"用党的科学理论武装青年，用党的初心使命感召青年，做青年朋友的知心人、青年工作的热心人、青年群众的引路人。"当前，社会环境和网络环境复杂多变，青年职工接触社会面广、获取信息量大，思想意识、利益诉求和精神文化需求日趋多元多样，做好青年职工思想政治工作直接关系到青年职工个人成长成才和企业健康发展，其重要性尤显突出。

一、基本情况

近年来，沈阳局集团公司青年职工比例逐年上升，截至2023年底，沈阳局集团公司35周岁及以下青年职工已达4.5万人，占总人数的27%。对此，沈阳局集团公司党委出台加强新时代青年职工队伍建设实施方案，把做好青年职工思想政治工作作为重点，坚持抓在经常、融入日常，引导广大青年职工立志做有理想、敢担当、能吃苦、肯奋斗的新时代好青年，自觉主动为企业高质量发展、奋力谱写勇当服务和支撑中国式现代化"火车头”的沈铁篇章奉献青春和智慧。

二、主要做法

1. 深化理论武装，树牢理想信念。坚持不懈用党的创新理论凝心铸魂，帮助青年职工系好政治成长的“第一粒扣子”。依托团支部“三会两制一课”、职工政治学习等载体，组织广大青年职工深入学习习近平新时代中国特色社会主义思想和党的二十大精神，特别是习近平总书记在同团中央新一届领导班子成员集体谈话时的重要讲话精神，加强对广大青年职工的思想引领。在主题教育中，依托主题团课、座谈交流、演讲比赛、参观学习等载体广泛开展活动400余场次，开展青马宣讲52场次，组织18个地区联动开展主题团日活动，108个建团单位2000余名优秀团员通过唱团歌、朗诵、青马讲师宣讲等形式，引导青年职工更加深刻领悟“两个确立”的决定性意义，更加自觉增强“四个意识”、坚定“四个自信”、做到“两个维护”。依托沈铁在线企业号“学习进行时”栏目，开展在线答题，采取积分累计、月评奖励形式，引导青年职工踊跃参与。2023年12月以来，累计通报奖励青年职工“学习之星”30人。广泛开展“党课开讲啦”活动，2023年党员青年职工录制的40部党课视频被沈阳局集团公司评选为优秀党课，特别是注重发挥“理论微课365”品牌效应，聚焦青年职工关注的理论热点，制作推出“依靠学习走向未来”“如何把握‘能’‘行’‘好’的辩证关系”等微课产品25期，引导青年职工更好地学懂弄通做实党的创新理论。深化“书香沈局·我喜爱的好书”读书活动，精心设计打造书香列车和书香驿站，引导青年职工养成多读书、读好书的习惯，由青年职工自编自演的《读书点亮未来》读书宣传片在新华社客户端发布，引发良好社会反响。深入开展“四史”宣传教育，组织青年职工在建军节、国庆节和“九一八”等特殊时间节点，到红色教育基地参观学习56场次，引导发扬铁路优良传统，传承光荣使命，立志成为敢于担当、甘于奉献的时代新人。同时，坚持发展党员倾斜政策，在确定积极分子和发展对象时，着力向青年职工骨干倾斜，帮助青年职工在政治上成长成熟。2023年，从青年职工中发展党员1126人，占发展党员比例65%，广大青年职工听党话、跟党走的自觉性和坚定性得到有效加强。

2. 加强典型选树，强化示范引领。把培养和选树青年职工典型作为职工思想政治工作的重要内容，在“新时代·沈铁榜样”典型选树宣传中，加大青年职工的当选比例，大力宣传青年典型的闪光事迹，用榜样的力量鼓舞人、激励人。2023年选树宣传30名“新时代·沈铁榜样”，其中大连供电段接触网作业车司机刘洋、沈阳轨道车辆公司调度员翟凤山等11名青年职工当选，沈阳局集团公司全媒体平台报道了先进事迹，在青年职工中引起良好反响。举办“奋斗的青春最美丽”青春故事分享会，来自不同领域的8名优秀青年职工上台分享了自己的奋斗故事，用身边典型的成才经验传递“人人皆可成才”“奋斗创造精彩青春”的价值导向，持续营造崇尚踏实做事、崇尚苦练本领、崇尚贡献越大越光荣的浓厚氛围。组织开展“两红两优”评选和“沈铁青年榜样”评选，24个集体21名个人受到全国铁道团委表彰，青年职工参与的80个立项攻关项目被沈阳局集团公司党委评选为优质立项攻关项目。

3. 统筹线上线下，加强法治教育。针对青年职工容易发生违法犯罪和被电诈案件的问题，广泛开展法治教育和反诈宣传，编印《法治教育典型案例选编》，并将《中华人民共和国宪法》《中华人民共和国刑法》《中华人民共和国民法典》等法律法规纳入职工政治学习并开展常态化集中学习讨论，引导广大干部职工知法、懂法、守法。邀请沈阳铁路运输中级法院录制预防电信网络诈骗、预防职务犯罪等4期案例教育讲座，发放至各单位组织学习观看，增强青年职工防范意识。组织青年职工以自编自演微电影、情景剧等形式，在沈铁在线企业号推出《远离网络赌博》《无证之“罪”》等系列专题片、《这七种心理，最易导致微信泄密》《她转光了同事银行卡的钱》等微信产品7期，通过沉浸式情景式的普法宣传教育，引导青年职工在工作生活中心存敬畏、行有底线，有效减少违法犯罪案件发生。

4. 加强人文关怀，厚植爱企情怀。运用“四下基层”工作方法，深化“接诉即办”机制，依托沈铁在线企业号搭建诉求平台，倾听青年职工意愿呼声，解决解答青年职工思想问题360余件，切实把温暖送到青年职工的心坎上。如：针对青年职工反映的婚恋问题，举办100场单身青年交友联谊活动，创造跨行业交友机会，3600余名青年职工参与，200余对青年职工成功牵手；针对青年职工反映的异地通勤问题，利用沈阳局集团公司人力资源调剂平台，发布缺员岗位用工需求，为双方搭建信息平台，促进内部劳动力合理流动；针对青年职工反映的住房问题，加大保障性租赁住房建设和改造推进力度，推进沈铁天山新居新建项目、沈铁青年职工家园改造项目，为青年职工提供住宅300套，有效提升幸福感和获得感等。聚焦青年职工关心关注的安全生产、工资收入、福利待遇、休息休假等切身利益问题，按月开展思想动态分析，针对青年职工关注安全管理、工资收入、社会保障、职业健康等实际情况，先后开展政策宣讲11次，解答热点问题，廓清思想疑虑。同时，坚持把心理健康作为关心关爱青年职工的重点内容，先后邀请中共辽宁省委党校、吉林大学、大连交通大学等权威专家开展《人间取舍——创造健康、平静、幸福生活》《情绪的惊人力量——跟随内心的指引》等讲座26场，并在沈阳、大连、长春等10个地区举办12场心理抗压专题辅导，引导青年职工释放心理压力、塑造阳光心态。

5. 丰富形式载体，形成宣传强势。以青年职工为主体，组织开展“凝心铸魂跟党走 团结奋斗新征程”演讲比赛，20名青年职工结合工作实际和身边典型事例，诠释了沈铁青年深入学习习近平新时代中国特色社会主义思想和党的二十大精神的体会认识，引领青年职工积极投身服务和支撑中国式现代化的火热实践。举办“学习二十大　永远跟党走　奋进新征程”主题征文活动，800余名青年职工用饱含深情的笔触，讴歌新时代新征程铁路的发展变化、干部职工立足岗位无私奉献的崭新风貌以及广大青年职工积极投身铁路发展，勇当服务和支撑中国式现代化“火车头”的信心和决心。同时，加强媒体融合发展成果运用。结合标准化规范化融媒体工作室创建，命名10个标准化融媒体工作室示范点，打造青年感兴趣、受关注的"能量矩阵"。结合"改革创新展作为、提质增效立新功""勇当'火车头'、先行作贡献"等主题宣讲，开展优秀短视频宣讲展播活动，组织各单位制作宣讲短视频120余期，通过沈铁在线企业号展播《勇当"火车头"在中国式现代化建设中奋楫争先》《青春逐梦人》等宣讲作品20余期，激励青年职工立足新岗位，展示新作为。

三、工作成效

通过做深做实青年职工思想政治教育，广大青年职工爱党爱国、爱路爱企的政治自觉、思想自觉、行动自觉有了进一步增强。

1. 广大青年职工加深了对党的热爱之情，增强了听党话跟党走的坚定性和自觉性。通过坚持不懈用党的创新理论凝心铸魂，广大青年职工进一步增强了对党的领导、党的历史和党的路线方针政策特别是党的创新理论的政治认同、思想认同、理论认同和情感认同，坚定了传承"始终听党话、坚定跟党走"铁路红色基因的信心和决心。广大青年职工普遍表示，要积极响应党的号召、听从党的指挥，拥护"两个确立"，做到"两个维护"，坚守人民铁路为人民的宗旨，立足岗位多作贡献，为推动铁路高质量发展、更好服务和支撑中国式现代化再立新功。

2. 广大青年职工加深了对企业的热爱之情，增强了命运共同体意识。贯彻党组落实《新时期产业工人队伍建设改革方案》的实施意见，完善职工创新激励机制，鼓励职工岗位技术创新，通过加强青年职工职业技能培训，积极开展劳动竞赛、岗位技术比武等活动，为广大青年职工成长成才搭建广阔舞台。同时，深入实施"十四五"改善职工生产生活条件规划，加强"三线"建设和保障性住房建设，持续改善职工生产生活条件。广大青年职工普遍表示，切身感到了铁路"大家庭"的温暖，深刻认识到企业高质量发展是实现职工切身利益的重要保证，企业与职工是紧密相连的命运共同体，获得感、幸福感和职业荣誉感显著增强。

3. 广大青年职工加深了对岗位的热爱之情，增强了干好工作的积极性。通过开展形势任务宣讲，让广大青年职工对铁路改革发展辉煌成就，对国铁企业在党执政兴国、全面建设社会主义现代化国家中肩负的使命担当、面临的形势任务特别是当前的重点工作有了更深刻的了解，进一步强化了作为国铁企业一员的荣誉感、自豪感和使命感。广大青年职工普遍表示，作为新时代的铁路人一定要跑好手中的这一棒，更好地肩负起服务保障国家重大战略、推动铁路高质量发展的重大政治责任和社会责任。2023 年以来，在主题教育、铁路安全隐患排查整治、防汛救灾、客货营销创效、电煤保供专项行动等重点任务中，广大青年职工自觉将学习成效转化为攻坚克难的动力，立足岗位、主动担当，形成了上下同心、团结奋斗的生动局面。

四、工作启示

1. 必须层层压实责任，强化组织保障。充分认识加强新时代青年职工思想政治工作的重要意义，将其作为战略性工作，纳入职工队伍建设总体部署，坚持党委统一领导、各职能部门分工协作、相关单位与部门各司其职，建立多元化投入保障机制和常态化联系青年职工机制。特别是要明确各级管理人员做青年职工思想政治工作的责任，督促各级管理人员认真落实“一岗双责”，抓好任务落实，为青年职工加快成长和更好发挥作用创造良好条件。

2. 必须稳步推进实施，推动扎实开展。各级组织要按照职责分工，聚焦中心工作，深入调查研究，按照节点有序推进实施。特别是要充分发挥工会联系职工群众的桥梁纽带作用和共青团的组织动员作用，激励广大青年职工立足岗位建功立业、拼搏奉献，要发挥基层单位主体作用，积极稳妥推进青年职工队伍建设，制订完善青年职工培养计划，加强青年职工专业技术培训，全面提升青年职工队伍思想政治素质和职业道德素养。

3. 必须广泛宣传引导，营造良好氛围。大力宣传加强新时代青年职工思想政治工作的重大意义、目标任务、主要举措，宣传基层单位推进中的先进典型、经验成效，营造关心支持的良好舆论氛围。同时，要坚持解决思想问题与解决实际问题“两手抓”，始终用信任欣赏发展的眼光看待青年职工，加强对青年职工的关怀爱护，重视并创造条件帮助青年职工解决生产生活实际问题，定期组织医疗体检、心理咨询活动，加大对基层一线、关键岗位的关心和激励力度，大力宣传青年职工先进典型事迹，更好地激励动员广大青年职工心往一处想、劲往一处使，为推动铁路高质量发展作出更大贡献。

4. 必须加强检查指导，确保取得实效。学习借鉴主题教育中的好经验好做法，建立完善推进情况的监督检查和信息反馈制度，认真总结经验，研究存在问题，制订相应措施，确保各项政策措施落到实处。逐级落实督查指导责任，确保项项有落实、事事有回音，推动青年职工队伍建设工作机制落实落地、见行见效。

（执笔人：张平、阿都沁）

紧贴实际　精准发力
常态化开展“思想政治工作一线行”

中国铁路沈阳局集团有限公司政研会

一、基本情况

沈阳局集团公司党委认真贯彻落实《国铁集团党组宣传部关于开展“思想政治工作一线行”的通知》（党宣函〔2023〕10号）部署要求，加强统筹谋划，压紧压实工作责任，积极破解难题，不断巩固工作成果，持续推动思想政治工作走深走实。2023年以来，围绕“思想政治工作一线行”，沈阳局集团公司及所属单位8个典型做法在《铁路宣传》、《人民铁道》报推出；通过《沈阳铁道报》《宣传动态》推广交流63个单位的经验做法；呈报的《职工诉求情况月度报告》，解决回复职工诉求问题504件，沈阳局集团公司党委书记、董事长，沈阳局集团公司总经理，党委副书记共19次作出工作批示，有效地推动了思想政治工作见行见效；沈阳局集团公司党委加强青年职工思想政治工作求真务实的做法被国铁集团宣传部通报表扬；《强化闭环管理　压实主体责任　切实解决职工急难愁盼问题》的工作案例在铁路宣传工作培训班上进行书面交流。

二、主要做法

（一）坚持问题导向，深入一线找方法

1. 现场调研摸实情。沈阳局集团公司党委组织党委宣传部、党委组织部、工会、团委召开会议，专题研究“思想政治工作一线行”工作，聚焦“干什么、怎么干”根本问题，细化制订实施方案。沈阳局集团公司党委书记、董事长利用月度电视电话会议，对“思想政治工作一线行”进行专门部署，有效推动了思想政治工作走深走实。

2. 清单管理促落实。区分党委领导人员、车间党支部委员、宣传战线及工团组织骨干明确4项重点任务12项落实措施，开列班组政治学习、思想动态分析等6个方面28项任务清单。同时，沈阳局集团公司党委宣传部指导各单位围绕思想政治工作责任清单、思想政治工作六项制度、车间班组思想政治工作规范，结合实际进一步细化完善推进方案，形成了沈阳局集团公司党委宣传部主抓、所属单位党委推动、党支部承接落实的三级联动机制。

3. 以点带面强整改。以迎接基层思想政治工作示范点复验检查为契机，沈阳局集团公司党委副书记组织党委宣传部和沈阳客运段、苏家屯机务段等4个基层思想政治工作示范点的相关人员召开专题会议，针对复验检查中发现的问题开展“回头看”，结合《基层思想政治工作标准化测评体系》中的46个项点逐一制订整改措施，对做好“一人一事”思想政治工作的4项重点任务12项落实措施，以及抓好政治学习、思想分析等6个方面28个任务项点提出细化要求，并以《宣传动态》形式印发全局，切实将“问题清单”转化为可学习、可推广的工作指引。召开全局思想政治工作现场会，组织各基层单位到沈阳客运段、苏家屯机务段现场观摩学习，同时在沈阳局集团公司全媒体平台开设“思想政治工作一线行”专栏，交流30个沈阳局集团公司思想政治工作示范点的典型做法，不断提升示范点创建工作标准化规范化水平。

（二）发挥各自优势，贴近一线抓引导

1. 集中宣讲聚共识。印发沈阳局集团公司主题宣讲工作机制，建立以领导人员、专业部门人员、理论骨干、先进典型等沈阳局集团公司、站段两级宣讲团，组织分层全覆盖宣讲。围绕学习宣传党的二十大、党的二十届三中全会精神等内容，深入一线车间班组开展宣讲5万余场，引导干部职工统一思想、凝聚共识。

2. 走访谈心解疑惑。推广“谈心家访＋思想动态预警”工作法，每季开展专题性、普遍性职工思想动态预警分析2次。2022年以来，形成分析报告18期，各单位谈心家访重点人员5000余人次，包保转化近1300人。

3. 心理疏导释压力。招募心理健康服务志愿者340余人，建立基层单位心理健康服务室114个，累计为600余名职工提供心理问题咨询。邀请专家开展心理释压、法治教育等讲座27场，帮助职工释放心理压力，积极塑造阳光心态。

（三）聚焦急难愁盼，服务一线办实事

1. 打通堵点，畅通诉求渠道。深化“民呼我为，接诉即办”工作机制，紧盯职工群众急难愁盼问题，完善诉求办理闭环流程、跟踪调查回访和内部考核通报机制，实施涉事单位和部门负责人明示化管理，对沈铁在线企业号“诉求信箱”平台进行功能完善，实现职工诉求编号备案、问题清单一键下载、办理进度全程追溯、回复内容自助查询，增加每日收集频次和答复数量，切实为一线职工解难题、办实事。2022年以来，梳理并形成《职工诉求月报》31期，沈阳局集团公司党委主要领导批示27次，帮助职工解决异地通勤等急难愁盼问题1207件，职工满意率达到97.1%。

2. 破解难点，增强工作实效。2024年4月，围绕基层一线减负开展问卷调查，收集梳理基层单位党委书记、党委副书记、宣传助理、党支部书记、一线职工填写调查问卷553份，针对“通过微信工作群部署临时性工作较多”等30个问题，制定下发减负措施61条。针对一线职工反映政治学习内容多，多个部门提要求、下任务的问题，沈阳局集团公司党委主管

领导召开专题会研究，明确职工政治学习由宣传部统一归口管理，有效破解政出多门、分散管理的症结。

3. 聚焦热点，强化人文关怀。围绕解决物流改革可能带来的现实热点问题，开展专项问卷调查，收集梳理职工关心关注的各类问题和意见建议12项，组织专业部门深入现场答疑，指导相关单位做好“一人一事”思想政治工作，凝聚改革发展合力。针对青工比例逐年上升和职工关注精神需求、心理关注等实际，围绕“加强和改进职工思想政治工作”开展网上问卷调查，深入19个单位进行现场调研，形成《关于青年职工思想状况的调研报告》，并印发《沈阳局集团公司加强新时代青年职工队伍建设实施方案》《进一步加强职工思想教育和人文关怀工作的措施》2个文件，相关部门制定细化措施39条，做到责任到人、落实到岗。

三、工作成效

1. 进一步抓实了基层思想政治工作。组织党委领导人员、车间党支部委员、宣传战线及工团组织骨干，在主题教育中深入学习习近平总书记关于“四下基层”的重要批示精神，学习运用好“四下基层”工作方法，深入开展“思想政治工作一线行”。指导各单位总结好运用好“思想政治工作一线行”的经验做法，结合实际建立长效化工作机制，常态化组织专兼职思想政治工作人员深入一线、贴近职工，开展调查研究、帮助指导、示范带动，抓实各级党委思想政治工作责任清单、车间班组思想政治工作规范的落实落地。利用党建工作检查、意识形态检查契机，深入车间班组开展调查研究，掌握影响和制约思想政治工作的难点问题，从主题教育的生动实践中寻找解决办法，让职工切实感受到思想政治工作的成效。

2. 进一步压实了各级管理人员责任。用好党委责任清单和党支部工作规范，组织各级党组织把思想政治工作作为基本职责，认真落实好职工政治学习、思想分析、形势任务教育、重点群体思想引导、“一人一事”思想政治工作等各项重点任务。强化检查指导，督促把责任落到具体部门具体人，确保每一条措施都有人抓落实、都能落到位。坚持以中心工作成果和职工队伍稳定为准绳，用基层反响和职工评价来衡量思想政治工作责任落实，切实推动思想政治工作走深走实走心。组织好“思想政治工作一线行”成果推广。组织各单位梳理“思想政治工作一线行”中发现总结的典型经验、优秀成果，精选不同群体不同层面的经验做法，利用《宣传动态》、全媒体平台宣传推介。

3. 进一步增强了思想政治工作的针对性实效性。以落实党委责任清单和党支部工作规范为重点，抓好重点任务落实。把日常集体学习、组织理论考试和职工自学很好结合起来，拓展企业微信在线答题功能，运用“积分 + 奖励”的形式，调动职工参与政治理论学习的积极性主动性。坚持不懈开展形势任务教育，发动各级领导人员带头讲、理论骨干解读讲、先进典型示范讲，特别是组织车间管理人员、班组长经常性开展微宣讲、组织微讨论，推动主题宣讲活动常抓常新。契合职工倾向网上表达、快餐式阅读的特点，充分运用新媒体平台，畅通职工诉求渠道，收集和研判职工思想动态，运用职工思想分析预警处置系统加强重点人排查包保，推动“互联网 +”思想政治工作有的放矢、精准发力。继续开展思想政治示范点申报复验、命名授牌工作，示范带动思想政治工作标准化建设不断提质量、上水平。对在“思想政治工作一线行”中发现的思想政治工作开展扎实、效果突出的单位开展深入调研，适时组织分片区开展思想政治工作现场观摩活动，积极发挥好示范带动作用，助力全局思想政治工作水平整体提升。

4. 进一步强化了思想政治工作队伍建设。按照政治强、业务精、作风正的要求，建立健全由党委领导人员、党群干部、车间支部委员、工团组织骨干组成的基层思想政治工作队伍，做强做实党委统一领导、各级组织齐抓共管、宣传部门组织协调、各部门分工负责、各方合力共为的思想政治工作大格局。通过举办培训班、现场背包教学、学习观摩等形式，加强业务培训、实践锻炼、作风锤炼和岗位交流，提升思想政治工作者的素质和能力。加强思想政治工作队伍中先进典型的选树宣传，示范引领广大思想政治工作者坚持思想政治工作与管理工作、业务工作同部署、同落实，带着感情去做好思想政治工作，带着责任解决好职工群众的急难愁盼问题，形成心齐气顺、干事创业的良好氛围。

四、工作启示

1. 要始终坚持党对思想政治工作的领导。各级党组织必须把做好职工思想政治工作作为落实党建工作责任制和意识形态工作责任制的重要任务。党组织书记切实履行第一责任，加强对职工思想政治工作的调查研究，结合实际制定落实措施。各级管理人员要认真落实“一岗双责”，做到管人管事管思想。要把职工思想政治工作制度落实情况纳入月度安全经营一体化考核，真正与工资分配、评先晋级、提拔使用挂钩。

2. 要充分发挥宣传思想文化阵地作用。加强媒体平台以及站段史馆、荣誉室、警示教育室、融媒体工作室等宣传文化阵地建设和管理，确保宣传阵地可管可控、导向正确、立场鲜明、作用突出。车间党总支（支部）要管好、用好文化设施，特别是要管好、用活互联网工作群组，拓展宣传、教育、引领和服务职工的途径，提升队伍士气，激发职工潜能。

3. 要不断创新思想政治工作方法。积极探索“互联网＋思想政治工作”新途径，研究铁路思想政治工作特点规律，瞄准职工群众需求，坚持“面对面”“键对键”“屏对屏”有机结合，供给健康向上、喜闻乐见、形象生动的宣传教育产品。充分运用大数据分析等手段，加强思想动态分析，做到对职工思想重大问题有正确预判、对个性问题有准确掌握，促进职工思想政治工作真正落实到人头。继承铁路思想政治工作优良传统，运用互联网思维、大数据技术、信息化手段，创新方式方法，推动职工思想政治工作更加适应时代要求和铁路改革发展需要。

4. 要更加注重思想政治工作队伍建设。按照政治强、业务精、作风正的要求，加强队伍培养和管理，形成专兼结合、数量充足、素质优良的工作力量。加强业务培训、实践锻炼、作风锤炼和岗位交流，提高思想政治工作者的脚力、眼力、脑力、笔力。从政治上、思想上、工作上、生活上重视、关心、支持和爱护思想政治工作者，积极解决他们工作生活中的实际问题。要把思想政治工作实务纳入领导干部和管理人员培训、党支部书记培训、班组长培训课程安排，切实从源头提升做思想政治工作的能力和水平。

5. 要着力构建职工与企业的命运共同体。坚持围绕中心、服务大局原则，紧扣安全稳定、运输经营、改革发展、党的建设等中心任务开展思想政治工作，坚持中心工作与思想政治工作同谋划、同部署、同落实、同考核，努力实现协调联动、互促共进。落实全心全意依靠职工的方针，把职工作为推动企业发展的主体力量，用信任、欣赏、发展的眼光看待职工，把安全经营的难点作为职工思想政治工作的重点，把握职工心理特点和情绪变化，运用科学的教育引导方法理顺情绪、化解矛盾。坚持尊重职工、关爱职工，畅通诉求表达渠道，倾听职工意愿呼声，切实解决职工生产生活实际问题，体现组织关怀关爱，构建职工与企业的命运共同体。

（执笔人：阿都沁、黄玉昆、周立冬）

聚焦关键环节　活化形式载体
以高质量主题宣讲凝聚高质量发展合力

中国铁路沈阳局集团有限公司政研会

一、基本情况

习近平总书记强调，“中国特色社会主义进入新时代，必须把统一思想、凝聚力量作为宣传思想工作的中心环节”“做好新形势下宣传思想工作，必须自觉承担起举旗帜、聚民心、育新人、兴文化、展形象的使命任务”。作为国铁企业，沈阳局集团公司坚持把围绕中心、服务大局和统一思想、凝聚力量有机结合起来，深入开展形势任务教育，激发建功新时代新征程的拼劲干劲。沈阳局集团公司党委宣传部坚持把开展“改革创新展作为、提质增效立新功”主题宣讲作为加强职工形势任务教育的重要载体，聚焦关键环节，精心策划、创新载体，深入推进、注重实效，有效凝聚起全面深化改革创新、奋力推动铁路高质量发展的思想共识和强大合力。

二、主要做法

（一）聚焦分层宣讲，引领主题宣讲持续深入

印发沈阳局集团公司主题宣讲工作机制，组建由领导人员、专业部门

人员、理论骨干、先进典型组成的集团公司、站段两级宣讲团，组织分层全覆盖宣讲。

1. 领导人员带头讲。围绕学习贯彻国铁集团、沈阳局集团公司工作会议精神，沈阳局集团公司两级领导班子成员深入车间班组，面对面向干部职工宣讲2024年形势任务、目标举措、责任使命。沈阳局集团公司党委书记在全局306名所属单位“一把手”、1275名副处级干部政治能力提升研修班，以及5000多名新入路大学毕业生培训班上带头作宣讲报告，引导干部职工把学习成果转化为攻坚克难、干事创业的强大动力。18个机关部门负责人录制权威访谈，深入包保站段开设大讲堂，面向职工深入宣讲会议精神、系统重点任务200余场次。

2. 先进典型示范讲。精心举办沈铁先进典型巡回宣讲报告会，组建曾获“最美铁路人”“最美沈铁人”等荣誉的15人宣讲团，以“讲述事迹+文艺演绎”方式生动诠释典型精神，让职工学有榜样、做有标尺、赶有目标。

3. 宣讲骨干深入讲。围绕学习贯彻党的二十届三中全会精神，抽调宣传部、党校、融媒体中心等18人组成党的二十届三中全会精神宣讲团，分赴沈阳、长春、吉林、锦州、大连、通辽6个地区作专题讲座，组织116个单位和36个机关部门、906名宣讲理论骨干，深入包保车间班组开展答题式、互动式宣讲2800余场次，推动全会精神入脑入心、走深走实。

4. 扎实开展主题宣讲比赛。精选106名宣讲骨干参加7场片区宣讲大赛，评选42名优秀宣讲个人成立7个宣讲团，分赴19个站区开展巡回宣讲，激发干部职工投身改革创新、提质增效的强大信心和坚定决心。

（二）聚焦分众讨论，增强主题宣讲思想共识

聚焦不同时期重点任务，精心设计讨论课题，以车间班组为单位开展分众化讨论，引导干部职工明确目标要求、找准差距短板，形成团结一心立新功的思想共识。

1. 围绕重点工作开展讨论。围绕全年重点工作和推进措施，细化确

定“如何挖掘干线通道、枢纽节点潜力，实现路网整体效益最大化？”等92个课题，以班组为单位，广泛开展学习讨论1.2万余场次，进一步强信心、聚共识、增动力。

2. 围绕构建“六个现代化体系”开展讨论。组织干部职工学习集团公司实施方案，编制“提升经营质量和效益　促进集团公司高质量发展”等理论微课6期，引导干部职工结合自身岗位谈感受、说启发、定目标。

3. 围绕安全大检查开展讨论。结合安全大检查，广泛开展“安全生产大家谈”“以案说法”活动，组织干部职工集中观看“以高水平安全保障铁路高质量发展”理论微课、“安全生产　责任在肩”警示教育片，并结合本系统、本单位发生的典型事故案例，认真反思查摆思想、管理、作风、落实等突出问题，强化干部职工对安全生产的敬畏和警觉。

（三）聚焦分类实践，提升主题宣讲实际效果

结合安全、服务、经营等阶段重点任务，开展“岗位建功”主题实践活动，着力破解改革发展难题。

1. 组织立项攻关。开展客运提质增收、货运增运补欠立项攻关，客运围绕旅游热点、“周末经济”，丰富产品供给，高效配置运力，客收同比增长6.1%；货运围绕加大营销力度、优化运输组织、加强专用线建设等方面细化24项具体措施，强力推进重点营销增量项目落实落地，货收环比增长3.7%。经营开发围绕做大规模、做实利润立项攻关，深化运输业与非运输业融合发展，抓实重点项目，清理风险债权，非运输业务利润同比增加2761万元。

2. 开展“金点子”征集活动。2024年上半年集团公司共征集“金点子”1062个，表彰奖励“将轨道车铁鞋纳入GYK（轨道车运行控制设备）管理”等“金点子”72个，使“金点子”成为技术创新的“金项目”。

3. 加强思想政治工作。坚持把主题宣讲与常态化开展思想政治工作一线行相结合，开展集团公司“十件实事工程”政策阐释和宣传报道，通过“诉求信箱”及时解决职工实际问题357件，并开展暑期“送关爱、送

文化”活动，有效提振士气、鼓舞斗志、汇聚合力，推动集团公司高质量发展。

三、工作成效

（一）广大干部职工加深了对习近平新时代中国特色社会主义思想的理解和把握，进一步强化了使命担当意识

通过开展主题宣讲活动，习近平新时代中国特色社会主义思想更加深入人心，广大干部职工对其理解和把握也更加深刻。

1. 筑牢了思想根基。通过专家讲座、互动研讨、案例分析等多种形式，帮助干部职工深入学习宣贯习近平新时代中国特色社会主义思想的核心要义、精神实质和实践要求，深刻领会新时代党的指导思想的核心要义和实践要求，特别是围绕党的二十届三中全会精神开展的专题宣讲，使干部职工对新时代中国特色社会主义的发展阶段、主要矛盾、战略目标等有了更加清晰的认识，进一步增进了对习近平新时代中国特色社会主义思想的思想认同、情感认同，为更好地履行职责、担当使命奠定了坚实的思想基础。

2. 激发了责任意识。在主题宣讲中，通过讲述新时代中国特色社会主义的伟大事业和人民群众的殷切期望，讲述国铁集团党组、沈阳局集团公司党委在中国式现代化建设中的地位、发展目标、重点任务，干部职工深刻感受到了国家铁路、人民铁路在中国式现代化建设中的战略定位、职责使命，明确自身在推动铁路高质量发展、率先实现铁路现代化建设大局中的历史使命和时代责任，极大地激发了积极性和创造性。干部职工纷纷表示，自己是新时代中国特色社会主义建设的重要一员，立足岗位多作贡献，奋力走好新的赶考之路。

3. 提升了实践能力。通过宣讲活动与实际工作的紧密结合，广大干部职工在实践中不断加深对习近平新时代中国特色社会主义思想的理解，同时也不断提升自己的工作能力和业务水平。这种理论与实践的相互促进，使得广大干部职工在推动铁路事业发展中更加游刃有余。

（二）广大干部职工加深了对新时代铁路改革发展的理解和把握，进一步提升了铁路先行自觉

通过主题宣讲，广大干部职工在多个关键方面加深了对新时代铁路改革发展的理解和把握，进一步提升了铁路先行自觉，为铁路事业的蓬勃发展注入了新的活力和动力。

1. 明确了铁路改革的战略目标。通过深入宣讲新时代铁路改革发展的构建现代化铁路网、提升运输服务品质、推动铁路智能化发展等战略目标，干部职工深刻理解了这些战略目标的重要性和紧迫性，意识到这些目标不仅关乎铁路自身的未来发展，更与国家的经济社会发展大局紧密相连。如宣讲中提到的沈白高铁、吉林枢纽西环线建设，让干部职工深刻认识到，这不仅是铁路建设的重大工程，更是促进区域协调发展、实现人民美好生活愿望的重要支撑。

2. 理解了铁路改革的重点任务。宣讲活动进一步明确了铁路改革的重点任务，包括深化铁路管理体制改革、推进铁路科技创新、加强铁路安全风险管理等。通过对这些任务的详细解读和实例分析，干部职工对这些任务有了更为深入的理解。例如，在推进铁路科技创新方面，组织苏家屯机务段张兴宇等 8 名科技创新代表，介绍了机车机修、联锁试验、钢轨焊接等前沿技术的应用，让干部职工看到了科技创新在提升铁路运输效率、保障行车安全方面的巨大潜力，让干部职工更加坚信铁路事业的未来充满无限可能。

3. 提升了服务意识和创新能力。通过宣讲分享铁路服务创新的成功案例，干部职工深刻认识到了服务创新在提升旅客满意度、增强铁路竞争力方面的重要作用。他们开始更加注重旅客需求，努力提升服务质量，积极寻求服务创新的新思路和新方法。例如，长白山、延吉西等车站精心打造企业文化，设置暖暖屋、读书吧等休闲娱乐场所，为旅客出行提供了高品质的候车环境。沈阳、长春、大连客运段等单位，在节假日组织文艺骨干上列车，与旅客互动联欢，大大提升了旅客的出行体验。

（三）广大干部职工加深了对岗位责任使命的理解和把握，进一步汇聚了团结奋斗合力

通过开展分众化宣讲和组织讨论，不断激发广大干部职工对岗位责任使命的理解和把握，为铁路高质量发展汇聚了强大合力。

1. 强化了安全生产意识。宣讲中，铁路安全风险管理的重要性被反复强调。通过分析安全事故案例，向干部职工传达了“人民至上、生命至上”的理念。干部职工深刻认识到，安全是铁路事业发展的生命线，任何时候都不能放松对安全的管理。他们开始更加注重安全风险的识别和防控，积极参与安全培训和应急演练，努力提升自身的安全意识和应急处理能力。截至 2024 年 9 月 29 日，实现全局无责任一般 A 类及以上铁路交通事故 1632 天。

2. 增强了企业归属感。通过宣讲“保安全、保稳定、保落实”考核激励办法，宣讲集团公司持续深化“我为群众办实事”实践活动，基层减负工作，调高职工伙食和节日慰问标准，增加法定假日伙食补助等惠民举措，并坚持在宣讲中征集职工思想困惑和诉求问题，解答解决了一批职工思想和实际问题。大家认为，作为新时代的沈铁人，工资连年增长，福利越来越多，工作环境越来越好，这是实实在在的幸福，作为沈铁人备感自豪。这些福利待遇都与保证安全、完成收入、节支降耗紧密联系，要更加增强对本职岗位的热爱，增强与企业同呼吸、共命运、心连心的思想自觉与行动自觉，同心协力画出企业与职工发展的“最大同心圆”。

3. 激发了奋斗精神。在先进典型巡回宣讲中，15 名先进典型分享自身成长事迹和经验，不仅为干部职工树立了榜样，还激发了他们的奋斗精神。干部职工在学习的过程中提升了自己的业务能力和素质，更加坚定了为企业发展贡献力量的决心和信心。沈阳机务段新入路大学毕业生毕兴旺说：“想要成为一名合格的‘大车’，前面的路还很长。我会认真学习专业知识，在师傅们的教导与培养下，紧握手中闸把，为保障旅客列车的安全运行贡献青春力量。”

四、工作启示

要做好基层干部职工宣讲工作，设计要“精”、内容要“准”、形式要“活”、效果要“实”，才能实现从“入眼入耳”到“入脑入心”。

1. 抓实顶层设计。深入开展主题宣讲，就是要解决好干部职工以知促行、知行合一的问题，宣传部门要发挥好牵头抓总的作用，加强整体统筹谋划和全过程督促指导，精心制定方案、明确责任分工，把握重要节点、有序组织推进。充分发挥各系统、各单位的作用，细化各层级、各部门的落实措施，把需要完成的每项任务落到具体部门具体人。广泛发动各级领导人员带头讲、理论骨干解读讲、先进典型示范讲，特别是组织车间管理人员、一线班组长经常性开展微宣讲、组织微讨论，推动形势任务教育天天见、天天新、天天深。坚持问题导向和目标导向，通过检查督导及时发现问题、推广经验做法，保证活动有序开展、走深走实。

2. 丰富宣讲内容。针对宣讲对象安排宣讲内容，把“我们想说的”和“职工想听的”结合起来，要抓住铁路春运、暑运、防洪抗汛等阶段性重点工作契机，积极开展形势任务教育，并作为主题宣讲的有机组成部分，使宣讲主题在阶段性形势任务教育中不断得到强化。要把围绕中心工作开展的安全思想教育、服务宗旨教育、经营理念教育、改革形势教育与主题宣讲有机融合，进一步统一思想、凝聚力量。要坚持目标导向、问题导向、结果导向相统一，聚焦广大干部职工的期待需求、疑问困惑，紧密联系职工群众的切身感受、身边事例开展主题宣讲，使宣讲接地气、有温度，让干部职工听得懂、能领会、可落实。

3. 创新形式载体。要紧密结合职工群体心理特点、新形势新任务新要求，将阶段性安全经营形势任务、工作部署与职工的生产生活、切身利益相结合，积极推进理念创新、内容创新、载体创新，确保主题宣讲与时俱进、常抓常新。要坚持线下与线上相结合，聚焦“谁来讲”“讲什么”“怎么讲”，采取集中宣讲、短视频宣讲、先进典型宣讲等多种形式，不断丰富宣讲内容、方式和载体。要把开展宣讲、组织讨论、岗位实践有机结合起来，教育引导广大党员干部职工不断增强思想自觉和行动自觉，做到以知促行、知行合一。要充分发挥“互联网 +”优势，强化“面对面”“键对键”有机融合，线上线下同步发力，充分调动干部职工参与积极性。

4. 坚持求实问效。宣讲不是单向的灌输，而是双向的交流。要坚持分众化、互动化原则，善于运用职工乐于参与、便于参与的方式，设计干部职工参与互动环节，鼓励干部职工积极参与宣讲过程，引导干部职工主动思考，与宣讲者进行深入互动和讨论，提出问题和意见，在增强干部职工的参与感和归属感的同时，还可以及时发现宣讲过程中的问题和不足，为今后的工作提供改进方向。通过探索开展宣讲大赛等方式，提升宣讲骨干理论水平、内容策划能力、宣讲经验技巧，确保主题宣讲真正落到实处，切实增强宣讲的实际效果和影响。

（执笔人：周立冬、黄玉昆、阿都沁）

创建“典型引领工程”
为企业高质量发展赋能增效

中国铁路北京局集团有限公司党委宣传部

一、创建“典型引领工程”的基本情况和背景

北京局集团公司始建于1953年，是以铁路客货运输为主的特大型国有企业，地处首都和全国路网中心，所辖线路分布在北京、天津、河北“两市一省”及山东、河南、山西省的部分地区。管内有京津城际、京沪高铁等17条高速铁路，京沪、京广等6条繁忙干线和丰沙、京通6条干线，营业里程10336.8公里，年发送旅客3.3亿人、发送货物3.5亿万吨，现有职工162159人。直接担负着服务党中央、服务首都的铁路运输任务。

北京局集团公司始终秉承培养、选树、弘扬先进典型方面的优良传统，从2013年下发《关于实施“典型引领工程”的通知》以来，持续开展了十大领军人物、十大杰出青年、十大安全标兵、十大服务明星、十大营销能手、十大技术能手、十大道德模范等评选活动，涌现出了全国最美奋斗者先进集体“毛泽东号”机车组、北京西站“036”、北京站“素萍服务组”、北京南站“润秋服务组”、京张高铁“雪之梦”服务组等一批先进集体，以及“高铁第一人”李东晓、“最美铁路人”刘钰峰等一批家喻户晓的典型人

物。北京局集团公司先后荣获了“全国安全文化建设示范企业”“全国企业文化建设优秀单位”“改革开放40年中国企业文化40标杆单位”等荣誉称号，2022年被党中央、国务院授予“北京冬奥会、冬残奥会突出贡献集体”称号。

1. 贯彻落实党中央决策部署，勇当服务和支撑中国式现代化的“火车头”面临新形势。旗帜鲜明讲政治是国铁企业的优良传统和最大优势。铁路人传承“始终听党话、永远跟党走”的红色基因，推进中国铁路实现由“跟跑”到“领跑”的华丽转身。先进典型是铁路职工的优秀群体代表，是贯彻落实党中央决策部署“先锋队”。新形势下，确保党对国铁企业的领导，建设现代化铁路治理体系，必须大力创建“典型引领工程”，充分发挥先进典型在推进铁路改革发展中的示范引领作用。

2. 实现京铁高质量发展，不断满足人们美好的出行体验明确了新任务。铁路高质量发展是当前和今后一个时期一项重要的政治任务，随着互联网、信息技术、大数据、人工智能等科学技术的飞速发展，铁路技术装备水平不断升级换代，铁路工作要求更加精准化、精细化、专业化。先进典型是铁路职工的优秀代表，在其身上充分体现了劳动精神、劳模精神、工匠精神。要构建现代化铁路体系，提升服务品质，增强运营效率，服务国家经济社会发展大局，就要弘扬劳动精神、劳模精神、工匠精神，通过发挥先进典型引领作用赋能铁路高质量发展。

3. 传承铁路优秀文化，提升职工精神文化生活品质提出了新要求。铁路有着悠久的历史和优秀的传统文化，在长期的实践发展中，形成了以“人民铁路为人民”为核心的铁路精神谱系，铸就了铁路人的根和魂。随着人们生活水平不断提高，职工对丰富的精神文化生活有更多期待。培育积极向上的精神文化，需要充分发挥先进典型在引领企业核心价值导向上的作用。

4. 打造高素质职工队伍，为服务国家战略展现京铁担当提供了新舞台。实现中华民族伟大复兴的宏伟目标，给新时代铁路职工队伍建设提出了更高要求。北京局集团公司地处首都，位于全国铁路路网中心，担负着服务首都，服务京津冀协同发展、共建“一带一路”等重任，完成好国家的决策部署，率先实现铁路现代化，离不开一支素质优良的京铁铁军。先进典型是看得见的标杆，是听得见的号角，是触得到的力量，发挥先进典型的示范引领作用，对于影响带动职工打牢思想之基，练就过硬本领，履职尽责担当，守好铁路人的政治红线和职业底线具有重要意义。

二、创建“典型引领工程”的具体做法

（一）明确典型培养方向，引领职工在急难险重任务考验中彰显使命担当

把准先进典型价值引领导向是实施“典型引领工程”的前提条件，结合北京局集团公司实际，坚持从四个方面出发选树先进典型。

1. 紧扣全年工作任务目标培育典型。每年国铁集团、北京局集团公司工作会议确定全年工作目标后，两级领导班子、机关干部带头深入“联系点”、偏远生产岗位，开展面对面、点对点的形势任务宣讲，把北京局集团公司全年工作目标、安全生产形势、客运提质、货运增量、铁路建设等重点任务讲清楚，组织职工围绕完成目标任务开展劳动竞赛，争创一流业绩，争当先进（生产）工作者。

2. 紧扣国家倡议培育先进典型。始终坚持胸怀“国之大者”，注重在服务国家战略中展现京铁担当，围绕服务京津冀一体化发展、乡村振兴、开行中欧班列、共建“一带一路”、打赢蓝天保卫战等国家倡议培育先进典型。先后选树了天津客运段京津城际列车长雷珊、优秀驻村第一书记张明、雅万高铁张跃等一批先进典型。

3. 紧扣急难险重任务培育先进典型。把急难险重任务作为评选先进典型的“试金石”，围绕打赢疫情防控阻击战、抗击百年不遇洪水、服务冬奥会冬残奥会、“三纵一横”安全标准线建设等艰巨任务，选树了值乘冬奥列车列车长“最美铁路人”吕盼、北京市门头沟区抗洪先进个人贠鹏、北京疾病预防中心 23 名女战士等一批先进典型。

4. 紧扣常态工作培育先进典型。大多数职工的日常工作都很平凡，但每天把平凡的事做好就是不凡。北京局集团公司注重评选“老黄牛式”、长期扎根偏远一线、择一事终一生的先进典型，先后推出了40年扎根青龙桥站的“新时代·铁路榜样”站长杨存信，33年工作在调车岗位的“最美京铁人”邯郸站驼峰值班员李世军等典型。

（二）厚植典型文化沃土，积极培育具有京铁特色的典型文化环境

充分挖掘先进典型的时代价值和历史价值，培育先进典型文化，让典型风采跨越时空不褪色，在新时代持续焕发生机活力。

1. 打造典型展馆。北京局集团公司有着悠久的文化历史，在改革发展中涌现出许多享誉路内外的先进典型，如丰台机务段“毛泽东号”机车，它诞生于1946年解放战争中，是以伟大领袖毛主席名字命名的一台机车。78年来，“毛泽东号”机车见证了新中国成立、建设和改革发展，先后跨越蒸汽、内燃、电力3个时代，连续安全走行1200万公里，被誉为“火车头中的火车头”，北京局集团公司深入挖掘“毛泽东号”机车“报效祖国，忠于职守，艰苦奋斗，永当先锋”的奋斗精神，打造了丰台机务段“毛泽东号”机车展室，被中宣部命名为全国爱国主义教育基地，每年接待路内外参观人员3000余人。同时，还打造了宋连娣烈士纪念馆、北京西站“036”精神展室、北京南站“润秋服务组”等一批展室，成为弘扬典型文化、涵养道德情操的精神高地。

2. 打造典型宣传板块。按照北京局集团公司、基层站段、车间三级打造先进典型宣传板块，北京局集团公司在“毛泽东号”机车展室设置荣誉板块，重点对建局以来全国劳模、全路大师工匠进行宣传。各单位站（段）史馆的荣誉部分，重点以获得局级及以上荣誉的劳模、工匠为主；各车间光荣榜以宣传当年的先进典型为主，让先进典型宣传随处可见，随处可学。

3. 打造先进典型文化标识。各单位因地制宜创作典型文化标识，增强了典型文化的引领力。如，北京局集团公司在北戴河疗养中心专门建立了劳模墙，将新中国成立以来北京局集团公司获得全国劳模称号的职工姓名、

照片刻在石墙上。唐山机务段建立了“群英苑”以园林小品的形式，把近十年获得省部级以上先进典型个人的荣誉称号和事迹在园中展示。北京动车段、衡水供电段等单位在段内建立“名星大道”。同时，集团公司每年还编辑制作《年度先进人物风采录》，利用局内刊物和管内大屏进行集中宣传，增强先进典型的荣誉感和自豪感。

（三）健全完善典型选树机制，打造“立得住、叫得响、推得开”的先进典型

坚持选好一个人照亮一大片的理念，健全完善典型选树机制，形成了先进典型脱颖而出的环境生态。

1. 健全机制。2013年下发《关于实施“典型引领工程”的通知》，在全局评选十大安全标兵、十大服务明星、十大科技人才、十大技术能手、十佳管理干部、十大道德模范等品牌，并在此基础上评选产生“北京铁路局十大领军人物”。2013年制定《北京铁路局“最美京铁人”道德模范评选表彰办法》，连续十年在全局开展“最美京铁人”评选活动，每年评选10名“最美京铁人”。与此同时，北京局集团公司还先后出台了《新时代·京铁榜样选树宣传办法》《“十大杰出青年”评选表彰办法》《关于先进（生产）工作者、先进集体评选表彰办法》《关于评选“毛泽东号”司机的通知》《关于评选客运服务明星的通知》等制度。广泛选树宣传“最美京铁人”“京铁工匠”“‘毛泽东号’司机”“十大杰出青年”等先进典型，不断推出在全路全社会具有广泛影响力的重大先进典型。

2. 层层推荐。坚持逐级审核把关，车间把好头道关，党内评先必须经党小组提名、支委会研究、支部大会表决通过，其他评先必须经过班组推荐、支委会研究、车间职代会代表表决通过。站段把好报送关，重点对选送对象在党纪和干部纪律、企业纪律、执行安全规章制度方面进行审核把关，防止“带病”推荐。北京局集团公司通过召开精神文明建设委员会对推荐的“最美京铁人”等进行审核研究，形成建议方案报北京局集团公司党委会研究确定。

3. 公开公示。北京局集团公司在选树先进典型的过程中，把真实性作为“生命线”，把干部职工的认可与否作为典型选树的“标准线”，做到“靠干部职工发现典型优中选优、树干部职工认可典型真实可信”，坚持党的群众路线，注重从群众中来到群众中去，对评选的先进典型进行公开公示，接受群众监督，让典型可感可亲可敬可学，不断提升先进典型的影响力和生命力。

4. 大张旗鼓表彰奖励。北京局集团公司党委坚持让典型受尊重、不让老实人吃亏的理念，对先进典型进行大张旗鼓的表彰奖励，每月对安全生产中防止重大安全隐患的给予万元重奖，每年召开“七一”表彰大会、“最美京铁人”表彰大会、“十大杰出青年”表彰大会、“六好班子”表彰大会，同时，还根据形势任务需要召开了“服务冬奥会冬残奥会”先进集体和个人表彰大会、“23·7 抗洪抢险”表彰大会等，让先进典型有里有面，充分激发调动职工学先赶先争先的积极性。

（四）深入挖掘先进典型事迹，用生动精彩的故事催生强局富工的强大动力

坚持线上线下方式，广泛宣传先进典型事迹，用身边人身边事教育职工。

1. 举办先进典型事迹报告会。每年组织“最美京铁人”先进事迹巡回报告会，成立年度“最美京铁人”先进事迹报告团，深入到管内 9 个铁路地区巡回宣讲 12 场次，现场聆听报告会的职工均在 2300 人左右。2023 年，为弘扬北京局集团公司百年水害抢险救灾精神，北京局集团公司举办了抗洪抢险先进事迹报告会，组织 7 名先进个人成立报告团，先后在天津、石家庄、北京等 9 个片区举办了 13 场巡回宣讲，并进行线上直播，6000 多名干部职工现场聆听抗洪抢险报告会。一场场巡回宣讲成为催人奋进的“思政课”，干部职工纷纷表示要以先进人物为榜样，锲而不舍推动铁路高质量发展。

2. 举办新老“最美”话初心活动。北京局集团公司党委宣传部联合客

运部等部门，在春运即将到来的关键时期，组织 9 位 2013 年以来获得“最美京铁人”称号的客运系统代表，在北京西站召开“新老‘最美’话初心、服务春运建新功”现场观摩交流会，围绕在岗位上践行初心使命、服务旅客的亲身经历、传承优良作风、更好地发挥示范引领作用、在春运中担当作为等主题进行了交流，向全局职工发出倡议。

3. 常态化宣传先进典型事迹。坚持镜头对准一线，围绕节假日运输、抗洪抢险、农耕物资运输、煤炭保供、公益慢火车、客运提质和旅游专列营销等题材，充分展示京铁人坚守岗位、优质服务旅客出行、推进铁路高质量发展的感人奋进故事，在《北京铁道报》、“京铁手机报”刊发“每周一星”，组织路内外媒体先后以《今天超 20 万旅客抵达北京西站，站台值班员日行三万步》《“郝妹妹”用心服务回家路》《高温下的坚守，铁路空调电工：为了旅客的清凉》《加强铁路巡检，应对暑运高温》《不畏“温度”只为“速度”——暑热下的机车“体检师”》《媳妇，我可能回不去了，记住这些人的名字》为题，报道了北京车辆段空调电工高温作业、丰台工务段职工巡热作业、天津机务段整备司机高温坚守并破解难题、北京西工务段副工长贠鹏组织职工抢修丰沙线的事迹，用一个个普通人的故事点燃了干部职工奋进新时代的热情。

三、创建“典型引领工程”的效果

十年来，通过持之以恒创建“典型引领工程”，在全局营造了学先进、赶先进的浓厚氛围，赋能北京局集团公司高质量发展。

1. 促进了职工队伍素质的提升。通过持续宣传先进典型事迹，开展各类先进典型评选工作，在全局形成了崇德向善的良好风尚，示范带动了职工队伍学技练功积极性。截至 2023 年底，北京局集团公司专业技术人员 19573 人，铁路工匠 12 人、京铁工匠 115 人，全路首席技师 2 人，集团公司首席技师 124 人，全路技能大师创新工作室 10 个，仅 2023 年就有 64 名职工获得全路技术能手称号，北京局集团公司在京津冀职业技能大赛中被评为了“北京市职工职业技能大赛特殊贡献单位”。高素质职工队伍为推进铁路高质量发展提供了坚强保证。

2. 在重大考验中展现京铁担当。通过深入宣传在急难险重任务中涌现出来的先进典型事迹，激发干部职工攻坚克难的干事热情，圆满完成了密集高规格的专运任务服务保障，轨道上的京津冀迈出新步伐，“三纵一横”标准线建设顺利竣工，高质量完成印尼、雅万高铁开通运营，沙特麦加轻轨朝觐运营任务，抗击北京百年不遇的特大强降雨取得胜利，展现了新时代京铁人的良好精神风貌，确保党中央决策部署在京铁落地见效。

3. 保证了各项目标任务的完成。通过持续实施“典型引领工程”，把干部职工焕发来的热情转化为推动京铁高质量发展的生动实践。北京局集团公司安全生产保持持续稳定，责任行车事故、责任行车设备故障、外部环境影响行车问题，分别同比下降 57.9%、28.2%、20.3%，实现连续安全生产 1660 天，运输任务圆满完成。津兴铁路等一批在建项目顺利完工投产。职工收入实现顶格增长，生产生活环境大幅改善，职工的获得感、幸福感、安全感不断增强。

（执笔人：马相林、韩强、孙鹏）

“三个视角”抓实做好思想政治工作

中国铁路北京局集团有限公司天津车务段党委

一、基本情况

天津车务段成立于1973年，是京津冀铁路运输枢纽的重要组成部分，承担着天津周边京沪、津霸、津蓟、北环、南曹、蓟港等13条干（支）线上的客货运输组织，并承担着天津至洛阳间K329/332次旅客列车的值乘任务，管内共有25个车站、7个线路所和1个客运乘务车间，总管辖里程335公里，拥有干部职工1100余人。在天津车务段管辖的25个车站中，除津蓟线的蓟州北站属二等站外，其余各站均为三、四等小站，远离市区、分散而偏远，且多与村镇毗邻，站区环境和作业条件不同程度受限。为了让思想政治工作更好地融入中心、发挥作用，天津车务段党委在总结梳理过往经验、广泛开展调研的基础上，将“解决职工群众急难愁盼的实际问题”作为综合分析、统筹推进的有形抓手，从老、中、青三个视角代入式考虑共性难题，并督促引导科室部门同一线党支部联动协作，扎实有效地推动思想政治工作开展，稳定干部职工队伍。

二、主要做法

1. 给予年长职工最大的尊严感和满足感。从年龄结构上看，天津车务段五十岁及以上人员共有482人（其中55岁及以上共有252人），占到全员总数的42.4%，而其中的“三类人员”就有156人占全员总数的12.9%。“50+”职工占比临半且“三类人员”较多，可以说这一群体的工作状态、思想状况，对于车务段的整体工作起着至关重要的作用。而恰恰也是在这一年龄阶段，记忆力体力同步衰退、家庭负担变重、健康问题开始出现，这些变量会直接触发情绪和思想上的波动，进而影响到作业安全及队伍稳定。为降低患病人员岗位作业风险，段党委组织相关科室部门，在充分调研的基础上，综合考虑职工通勤及就医等情况，按家庭住址就近进行调剂安排。考虑到重度糖尿病患者日常需要注射胰岛素，而乘务车间值乘日期跨度大，药剂不便低温冷藏，易造成变质影响使用的问题，遂尽量调剂此类人员到杨柳青、蓟州北、宝坻北三个客运站客运服务岗位工作；考虑到重度哮喘患者发病突然、急需救治的特点，通过比较蓟州北、宝坻北、杨柳青三个车站周边就医条件，选择就医相对方便的杨柳青站进行安置；考虑到脑梗与脑出血患者行动不便的特点，选择调配到安检查危等岗位。在调整安置前，段相关科室均会与老职工进行沟通交流，尽量按职工本人意愿进行调配。在调配后，由各党支部书记负责，随时关注身体不适人员岗位作业状态，遇紧急情况能够确保及时就医。

2. 给予中坚力量足够的松弛感和幸福感。在天津车务段管辖的25个车站中，距段部所在地最近的北仓、大毕庄两站，乘汽车单程最快也需半个小时，津霸线的永清站、北环线的北塘西站、津蓟线的蓟州北站，距天津中心城区都在百公里之外，对于正值上有老、下有小阶段的中年职工而言，长距离通勤带来的种种不便，大大拉低了大家的幸福感，职工常常得在“小家”与“大家”间无奈取舍。为了缓解这种压力，让职工能以更加轻松的心态去工作、去学习，段党委多次牵头组织相关科室负责人，到承德、唐山、秦皇岛等地区联合办公，到通勤职工、困难职工家中走访，由职能部门根据实际班次及家庭状况制订人员调配方案，并合理安排有实际困难的职工到离家较近，或者通勤方便的车站、车间工作。天津车务段北塘西站和其他管内车站相比，唐山地区的职工通勤较为方便，便将二十余名唐山地区退役士兵，优先安置在北塘西站工作。津蓟线宝坻站以北往返承德地区相对较近，就把承德地区职工陆续纳入津蓟线北段各站人员补充规划，以缓解因通勤不便而带来的思想问题和作业隐患，努力实现因需而调、因住而调、因病而调。在段党委的统筹协调下，各科室部门与一线党支部联动协作、力量聚合，共同解决影响职工思想波动的掣肘问题。以北塘西站通勤班车为例，起初通勤班车在西中环停靠，距离通勤职工乘车的滨海西站还有两公里距离，职工下车走过去时间很长，打车也不方便。后经党支部反馈，由段办公室与滨海西站联系沟通，允许班车在出站口附近短时停靠，大大地缩短了通勤职工在路上的时间。

3. 给予青年职工更多的价值感和归属感。当前，天津车务段“90后”青年职工共有281人，其中工作地与父母或家庭不在同一城市的共169人，占青工总数的60.1%。新疆、甘肃、陕西、内蒙古、东北三省等跨区域、长距离异地人员就有41人，短距离但通勤时间长、换乘不方便的（如河北省承德地区）人员也有23人。无论是租房还是购房，对于入职不久的“90后”青年职工来说都是不小的压力，“有房可住、有家可回”是他们当前阶段最渴望的关切。针对这一状况，段党委充分发挥支部作用，每年利用新职人员在段集中培训的一个月时间，由各党支部负责按照人员分配方案，与车站周边正规房屋租赁机构取得联系，就近挑选安全、经济、实用的房源，待学员分配入职后，再组织大家“结对合租”。不定期组织青年大学生见面会，面对面与本专科毕业生交流、座谈，介绍段（站）阶段性发展状况、后期工作思路及人才队伍培养方向，回答青年人提出的问题，解疑释惑。段领导班子、党支部书记通过网上信箱、日常交流等形式，以关注者、经历者、明白人的身份，推心置腹地沟通交流，准确把握其所思所想、所期所盼，并在潜移默化中及时化解思想疙瘩，缓解心理压力，让职工在受尊重、被理解的情况下跨过心坎。对于福利待遇、住房政策、积分落户等涉及职工切身利益的问题，段党委积极组织劳资、人事、财务等部门，采取电话沟通、进站交流、专题咨询、印发宣传册等多种形式，推进新政策解读工作。联合段工会、团委，积极组织团员青年参加主题知识竞赛、演讲征文、才艺展示、好书荐读等活动，让更多的青年职工有机会登台亮相、展示才华，让大家更轻松地融入我们的集体。

4. 科室与支部联动协作推进民生问题解决。段党委把职工思想动态分析作为解决思想问题的第一环节，每月组织专（兼）职党支部书记及相关科室负责人，围绕岗位所需和职工关切召开职工思想动态分析会，摸准职工队伍思想脉络，将涉及民生的问题摆在首要位置去追踪，科室联动逐项回应职工疑虑困惑及利益诉求。对短期能够解决的问题立行立改，对一时难以解决、需要持续推进的问题，明确负责人，限时推进。天津车务段津蓟沿线 7 个车站以及北环线的山岭子站、京沪线的汊沟镇站、曹庄站和南曹线的王秦庄站，由于供水设备管线老化、地方供水管网未覆盖、地域环境因素影响等原因，不同程度存在水源杂质多、有异味、颜色黄、铁锰含量超标等问题，车站职工担心长期饮用会出现身体健康问题，喝水问题成为大家的“难心事”。接到支部书记反馈，段党委随即成立工作小组，先后对有类似情况的 15 个车站（车间）进行实地调研、采水取样，通过对水质指标、地方供水管网布置等情况进行综合分析。在现场复查、征求使用车站意见的基础上，积极与天津市北辰区、武清区水务局联系沟通，研究确定管内双口、汊沽港、里澜城、汊沟镇、崔黄口等 5 个车站的水源接引方案，并对 29 处水质不达标岗点投入专项资金补充安装净水器，因地制宜解决了一线车站生活饮用水问题。由于天津车务段所辖车站、线路所多处于市区周边较偏远的村镇边缘，交通不便，日常垃圾处理也成为各站最为棘手的问题，很多生活垃圾只能在临近沟渠进行掩埋或焚烧，恶劣的环境、刺鼻的气味，严重影响大家的工作情绪和调休质量。段党委在接到支部问题反馈后，结合各站区不同状况，积极协调段办公室、综治内保科等部门，组织人员逐站区进行调研走访，并积极与当地所属街道、乡镇联系，逐站协商垃圾清运方案，根据垃圾产生量为各站增配大型垃圾桶，由街道、乡镇负责按周进行集中清运，站区环境得到明显改善。

三、工作成效

1. 一线车间“心齐气顺”的局面在逐步形成。时间是最忠实的记录者，也是最客观的见证者。面对安全生产的巨大压力，面对运输经营的严峻考验，全段上下认真贯彻北京局集团公司的决策部署。在面对百年不遇的暴雨洪涝灾害，迎战一轮又一轮降雪、寒潮天气的战斗中，干部职工把岗位当战场，不惧严寒、逆行而上，承责担当、奋勇攻坚，倾力保障运输秩序畅通和旅客生命财产安全，漂亮地打赢了一场又一场确保安全稳定、增收创效的攻坚战，段整体管理效能进一步提升，各项工作有序推进，现已实现十七个安全年。

2. 一线党支部的战斗堡垒作用日益凸显。求木之长者，必固其根本，段党委把提升职工群众满意度作为出发点和落脚点，坚持民有所呼、我有所应，推动管理部门到车间、进班组，着力解决职工群众身边的难事、烦事、操心事，了解实情、感受痛点，围绕问题找对策，围绕对策抓落实，实现了重心下移、力量下沉，形成攻坚合力，帮助车间党支部完成了很多想解决而没能解决的难题，支部建设工作质效明显提升，鲜红的党旗在基层一线高高飘扬。

3. 干部职工的参与度和归属感明显提升。段党委每月组织召开职工思想动态分析会，逐条逐项地去研究、敲定各种疑虑困惑和利益诉求的解决方案。在实施推进过程中，所涉及的职工群众、党员干部都会尽心尽力地参与其中，大家目标一致、步调一致地共破难题。在工作、生活环境得到切实改善的同时，大家也有了实实在在的获得感、归属感、荣誉感和幸福感，车间党支部影响力、凝聚力、战斗力明显增强。

4. 科室部门的服务意识明显增强。在积极解决职工群众急难愁盼问题的过程中，一线车间党支部与科室部门之间，已逐步搭建起“支部牵总、部门协作”的联动平台，科室部门管理人员下沉到一线车间党支部，帮助解决在安全、运输、经营等中心工作中以及职工队伍稳定中所存在的各种问题，列出问题清单并与支部共同面对、共同负责问题的化解，形成力量聚合，变分散式为抱团式，切实解决了一线车间在安全生产和队伍稳定方面的实际困难，党群干群关系更加融洽。

四、工作启示

1. 处理好职工健康与岗位作业关系是推动工作、稳定队伍的前提保障。职工身心健康是高效完成岗位作业任务、推进企业高质量发展的基石，二者相辅相成、辩证统一。当职工因患病不再适应原岗位作业强度时，要及时关注，并积极合理地制订调整方案。调整后职工可以根据自身身体恢复情况来调整工作节奏，不必再焦虑病情对工作的影响，以轻松心态专注于新岗位、新任务，逐步找回工作状态、提升工作效率，只有这样，才能真正实现职工个人价值与企业发展目标的共赢。

2. 改善站区环境及作业条件是推动工作、稳定队伍的关键所在。岗位作业环境的舒适度与作业效率紧密相连，一个整洁、有序、安全的作业调休环境，能让职工保持良好的身体状态和精神状态，减少因环境不适而产生的疲劳和烦躁情绪。舒适的环境能让职工感受到企业的温暖，当职工对企业有了强烈的归属感时，才会更加珍惜岗位积极主动地为企业发展贡献力量，进而提高工作效率和质量。

3. 提供“小家”与“大家”兼顾的条件是推动工作、稳定队伍的有力抓手。我们要积极引导职工正确处理个人家庭与工作之间的关系，时刻关注职工思想动态。职工家庭有特殊情况，比如孩子面临考试、老人身体欠佳时，党支部要主动靠前，引导其适当调整工作节奏并予以最大帮助，实现家庭与工作的平衡。

（执笔人：陈娜）

实施"四加""一人一事"思想政治工作法厚植企业高质量发展内生动力

中国铁路北京局集团有限公司邯郸车务段

一、基本情况

邯郸车务段隶属中国铁路北京局集团有限公司，位于晋冀鲁豫四省交会处，现管辖53个中间站、3个车间，设2个党总支、71个党支部，现有干部职工2207人，其中党员908名，领导班子成员9名，主要担负着京广线、邯长线、马磁线、沙午线的客货运输、列车编组和5对旅客列车的客运乘务任务。截至2024年10月22日，该段实现安全生产5640天，党员安全生产11602天，日均装卸车分别为1272车和2857车，货物发送量2156.09万吨，发送旅客352万人，运输收入16.13亿元。

2024年初，邯郸车务段党委组织相关人员围绕做好"一人一事"思想政治工作，确保职工队伍持续稳定课题，深入高邑、邢台、官庄、鸭鸽营等15个中间站开展调研，通过与干部职工座谈、一对一交流，了解到大多数干部职工思想稳定、干劲十足，但也有一些职工工作压力比较大、思想不够稳定，究其根本原因是一些干部对思想政治工作认识不到位，而且工作机制不完善、工作方法单一、解决职工实际问题力度不够，导致思想政治工作效果不佳。针对这一情况，邯郸车务段党委坚持问题导向，实施“四加”“一人一事”思想政治工作法，统一思想、凝聚力量、改进方法、化解矛盾，将思想政治工作无形的工作动力转化为有形的实际成效，为推动企业高质量发展提供了坚强思想保证。

二、主要做法

（一）教育上“加餐”，增强“一人一事”思想政治工作驱动力

1. 加强理论学习提认识。利用党委理论学习中心组学习、职工理论学习等时机，组织各级干部认真学习习近平文化思想和习近平总书记关于铁路工作的重要指示批示精神，用党的创新理论武装头脑，树立正确的立场观点，掌握正确的思想政治工作方法。针对部分干部对职工思想工作不重视等情况，段党政正职利用月度干部例会时机，讲解“一人一事”思想政治工作的重要性、方式方法，明确干部思想政治工作责任，引导各级干部廓清错误思想认识，积极主动做到“一手抓安全生产，一手抓思想工作”。

2. 开展培训教育提认识。先后 3 次组织各级干部及班组长收听收看北京局集团公司“思政课”云讲堂在线直播，学习“一人一事”思想政治工作先进经验，利用手机报交流体会 12 篇。举办专兼职党支部书记宣传思想文化工作培训班，邀请邯郸市委党校教师对全段 73 名党总支、支部书记讲解我党开展“一人一事”思想政治工作的历史及渊源，党委宣传部门讲解思想政治工作分级分类管理要求，使干部从党史中汲取经验，全面准确地把握做好“一人一事”思想政治工作的方式方法。

3. 开展案例交流提认识。在全段范围内征集典型思想政治工作案例 33 篇，利用《邯车信息》刊物和《邯车手机报》刊发优秀案例 12 个，利用手机报、微信工作群转发其他单位优秀案例 10 个，利用标准化规范化中间站建设暨宣传思想文化工作现场会时机交流工作经验 4 个，为干部职工购置思想政治工作相关书籍 144 本，纳入干部政治理论学习范畴，提升干部

做好“一人一事”思想政治工作水平。

（二）制度上“加固”，扎紧“一人一事”思想政治工作“篱笆墙”

1. 建立健全工作机制。按照《加强和改进新时代职工思想政治工作的意见》，结合《基层思想政治工作标准化测评体系》，健全完善重点人思想政治工作分级分类管理、思想政治工作责任清单、职工思想动态分析、职工诉求建议协调解决、“五必访、五必谈”等7项基本制度，坚持每月开展一次职工思想动态分析、每季召开一次职工诉求建议协调会议、每年开展一次“百名干部下现场、千名职工家属话安全”活动。建立健全由党委牵头、多部门配合，覆盖党委、党支部（总支）、班组的三级思想政治工作网络体系，明确各级干部及班组长责任，形成“一人一事”思想政治工作上下贯通、全面覆盖、共同治理的大格局。

2. 实施分级分类管理。明确段级、车间级思想政治工作重点人10项认定条件，组织开展面对面座谈会48场次，收集网络调查问卷1100余份、车间专题分析报告27份，组织摸底排查2次，梳理形成三级思想工作重点人名单。各党支部按照“一人一档、一人一策、一人一包”原则，建立健全重点人管理档案70个，一对一制定包保措施，段党委指导78名包保人员有针对性做好重点人日常思想疏导工作。按照“日常监管、动态调整”原则，明确党委各部门监管和指导责任，每季度对重点人包保教育转化情况进行检查、调整，进一步压实思想工作责任，用心用情用力把思想政治工作做到职工的心坎上。

3. 健全诉求解决机制。党委部门与信访部门搭桥联手，建立职工信访及诉求建议协调解决机制，明确微信公众号领导信箱、诉求电话等4种职工诉求反映渠道，完善登记、转交、办理、答复、跟踪回访5项办理程序，形成职工诉求建议解决闭环机制。2024年以来，共收到职工各类诉求建议22件，办结率100%，满意率达到91%。党委部门与工会部门联合开发职工合理化建议征集平台系统，定期研判会商解决职工意见建议，实现征集采纳职工合理化建议日常化、规范化。自2024年9月份系统开通以来，共采纳职工合理化建议 33 条。

（三）方法上“加料”，搭建“一人一事”思想政治工作加油站

1. 唠嗑式交流“摸实情”。针对一些职工对“一对一”正襟危坐式的谈心方法比较抵触、不容易打开话匣子的情况，教育引导干部深入一线与职工多“唠嗑”，引导职工讲真心话。磁山站一名调车长因连续违章受考核工作状态不佳，面对面式交流不畅，党支部书记通过午餐间隙唠嗑交流，得知其家庭发生变故，主动帮助其安排年休处理家务。该职工返回单位后精神状态良好，下半年因发现解决突出安全隐患获得小额奖励 4 次，带领班组成员夺得标准化调车组称号。2024 年汛期连遭强降雨，段机关干部深入现场与职工同吃、同住、同劳动，闲暇之余主动帮厨，赢得职工好感，并在与职工中“唠嗑”时征集意见建议 80 余条，完善安全管理制度 11 项、增加设备设施 34 处、改进作业方式 5 项。

2. 走访式交流“心贴心”。坚持“有喜事必祝贺，有白事必慰问，住医院必探望，有困难必帮助，有喜讯必传递，过生日必同贺”的传统，将思想政治工作做到家庭、做到职工心坎上。近一年以来，段机关干部共走访慰问职工 338 人次，与职工一同过生日 1600 余人次，帮助解决职工生活困难 58 件。坚持开展“学先进、当优秀、做榜样”活动，注重发现、培养、宣传各个层次各个方面的先进典型，组织“京铁榜样”等先进典型集体走访生产一线现身说法、传“经”送“宝”28 人次，使干部职工切实感到先进典型可亲、可敬、可信、可学，激发起全体职工“追星”动力。

3. 亲情式交流“筑防线”。坚持每年开展“千名职工家属话安全”活动，采取现场观摩和网上直播方式，召开职工家属座谈会，讲解铁路安全生产重要性，通报职工获得奖励情况，观摩职工工作生活环境，引导职工家属发挥第二道防线作用。在各站、车间建设“一家福”照片墙，职工衣柜上张贴亲情叮咛卡片，耳濡目染影响带动职工积极向上。2024 年以来，共召开职工家属座谈会 58 场次，邀请家属实地座谈、观摩 600 余人次，网上直播参与 1500 余人次，表彰铁路文明家庭 112 个。

（四）关爱上“加力”，打开“一人一事”思想政治工作金钥匙

1. 建设职工美好家园。坚持“环境影响人、环境造就人”的理念，以京广线、邯长线标准线建设和标准化中间站建设为契机，结合“五小工程”建设，优化站场作业环境。2024年以来，共整治13个中间站飞线4980米、外挂设备202台，拆除闲置房屋6间，房屋优化使用17间，室外环境硬化面积2130平方米，绿化面积3085平方米，职工教育培训基地建设完成3个，食堂整修11个。坚持企业发展与职工收入同步，做到工资收入向一线倾斜、向脏险苦累岗位倾斜，体现干多干少不一样、干好干差不一样。坚持实施关爱工程，做到冬送温暖、夏送清凉、日常送关爱，职工伙食费提升40%，干部职工获得感、幸福感、安全感持续提升，队伍凝聚力不断增强。

2. 点亮职工文化生活。坚持“劳逸结合、健康生活、快乐工作”的理念，统筹文化、文艺与文体三者协同发展，组建书法、绘画等全段性文体活动小组6个，新建篮球场、羽毛球场、文化活动室等场地16处，配备各类文化活动设备设施1568件，开展全段性文化体育活动7场次、车间级“小而精”文体活动86场次，开展青年交友联谊活动3次，6名单身青年成功“脱单”，用积极健康、丰富多彩的精神文化生活提振职工队伍精气神。

3. 搭建干群连心桥梁。坚持“干部服务沉下去，企业发展跑起来”的理念，连续两年暑期开展“我为一线办实事，我替职工干勾活”活动，让各级干部“接地气”，服务一线“零距离”。广大党员干部做到“四亲自、四主动”，即亲自为现场职工送一次清爽，主动送上一句暖心话；亲自替职工干勾活，主动体验一下职工的辛苦；亲自为现场办一件实事，主动帮现场解决一个实际问题；亲自替职工盯会儿岗，主动让职工吃一顿安生饭。活动开展以来，全段各级干部开展活动280余人次，为现场解决实际问题138件，下发通报4期，点名表扬干部22名、班子8个，通报批评活动开展不力科室、车间5个。

三、工作成效

自邯郸车务段实施“四加”“一人一事”思想政治工作法以来，领导干部亲自参与、带头落实，各级干部对思想政治工作的认识不断提高，思想政治工作水平不断提升，在全段形成上下联动、齐抓共管的良好局面，安全生产得到有力保障。2024年共妥善处置非正常500余起，党员“两违”率同比下降38.5%，汛期以来成功应对16次降雨预警，运输提效获集团公司嘉奖11次，日均卸车同比增长19.64%，旅发量同比增长8.3%。队伍稳定态势良好，思想政治工作形成一系列长效机制，确保了工作的持续性和稳定性。2024年以来，段级思想政治工作重点人转化3人，车间级思想政治工作重点人转化47人，分别占总人数的37.5%、39.2%，全年未发生职工违法推送案件。职工素质全面提高，2023年以来，该段职工先后取得集团公司车务系统车站值班员、助理值班员等4个工种6个名次，获得团体组第三名的好成绩，隆尧县站站长荣获国铁集团中间站长知识竞赛团体第一名。近年来，邯郸车务段先后荣获全路文明单位、国铁集团标准化规范化站段和集团公司先进基层党组织、建功立业先进单位、安全生产标准化站段、“六好”领导班子、宣传思想文化工作先进单位等荣誉称号，涌现出全国铁路劳动模范杨继革、王志强等一大批先进典型。

四、经验启示

1. 提升素质是基层思想政治工作者不断适应时代变化、履职尽责的基础。不论职工思维定式、价值观念如何多元发展，作为基层思想政治工作者，必须着重提高政治理论素质，不断自觉地学习党的最新理论成果，力求政治理论水平高于普通职工。要注重提高思想道德素质、文化素养和个人修养，保持思想上的先进性，以人格魅力带动和影响职工。

2. 以情感人是基层思想政治工作者坚持以人为本原则，锲而不舍的追求。以情感人力争做到“五心”。一是“真心”，与职工交流、谈心、既要

“身到”、又要“心到”。二是“热心”，热忱对待问题人，带着感情、带着热情、带着关爱与之推心置腹地沟通交流。三是“虚心”，虚心听取职工的意见、建议，善于听取不同的声音。四是“耐心”，与职工交流、谈心要有耐心，切忌急躁，善听“牢骚话”“难听话”，理解他们的怨言、诉求，语言温和婉转，如沐春风，和风细雨。五是“关心”，关心职工工作、生活，关注职工成长。

3. 有机结合是基层思想政治工作者善于寻找载体抓手、借力打力的途径。只有巧妙地把思想政治工作渗透到各项工作的各个环节，才能及时、有效地化解矛盾、理顺情绪、稳定队伍，才能更有效地调动职工的积极性和创造性。要把做好“一人一事”思想政治工作与安全教育工作结合起来，特别要关注存在简化作业程序侥幸心理、凭老经验干活习惯心理、赶急图快冒险心理的人员，通过思想疏通和谈心教育，提升安全风险意识和标准意识，保障安全生产，稳定职工队伍。

4. 建好制度是基层思想政治工作者在“常”字上下功夫、巩固成果的重要保障。所谓“常”就是要持之以恒，坚持经常。“一人一事”思想政治工作做的是人的工作，人的思想不是开一场会、谈一次话就能立竿见影发生改变的。因此，工作不能急于求成，不能怕“旧病”复发，要做到不抛弃、不放弃，反复抓、使长劲。要做到这一点，就必须以制度来保证。作为基层组织，一定要从实际出发，落实好职工思想动态分析、谈心谈话、诉求建议解决等机制，通过严格落实制度，强基固本，提供保证。

（执笔人：刘俊伟、秦新雷、张旺）

实施“3+3+1”大学生培养模式 为供电事业蓬勃发展提供人才保障

中国铁路北京局集团有限公司石家庄供电段

一、基本情况

石家庄供电段成立于1979年，隶属北京局集团公司，主要担负京广高铁、石太客专、石济客专以及京广、石太、邯长、阳涉等线路供水电设备的运行维护任务，全段现员2969人，设有11个职能科室、5个党群部门、6个辅助性生产机构、21个车间、147个生产班组。

近年来，“90后”“00后”本科毕业大学生逐渐走上工作岗位，这些青年职工一方面学历高、基础好、有精力，有较好的发展潜力；另一方面普遍家庭条件较好，思想前卫、自我意识强，“进步”意识不足。同时，受干部超员的影响，石家庄供电段选人用人的主要关注点集中在消化超员干部，忽视了潜在人才的挖掘和培养，后备人才培养措施不够有力，青年大学生长期处于“散养”状态，“成才率”持续低迷。截至2024年上半年，石家庄供电段有105名本科大学生“挤”在一线操作技能岗位。

分析以上问题的原因，主要有5个方面。一是人才识别机制不健全。选人用人主要靠组织人事部门的日常掌握、会议研究和综合考察，没有建立起公平、显性的优劣辨别机制，一些有发展潜质的优秀人才没有被纳入视野。二是人才培养缺乏针对性。对后备干部缺乏全面系统分析，培养目标不明确，培养措施可持续性不强，没有很好针对干部具体情况强能力短板、补经历欠缺，在因材施用、人尽其才方面还有掣肘。三是人才培养方向不明确。由于缺乏系统的职业生涯规划和有效引导，造成大学生入职后思想上产生困惑。在大学生座谈会上，很多人表示“自己也想进步，但不知道该往哪儿努力”“不知道该重点学习什么，每天都很迷茫”，在这种心态下，有的急于求成，反而适得其反，有的甘愿“躺平”从而随波逐流。四是人才培养阵地不够硬。大学生的分配使用更多考虑工区缺员、通勤方便等因素，站在提升大学生综合素质和丰富岗位经历的角度统筹谋划不够，在班组工作风气、学习氛围水平不一的情况下，有的大学生没有学到好的作风，素质能力提升不大。五是人才培养过程无监管。阶段性培养目标缺失，导致大学生学习没有压力，工作没有约束，进步快慢、成长多少全靠自觉，有的大学生工作一年多还不能熟练掌握安规。车间工区没有培养责任，主动压担子的积极性不高，有的大学生长期从事辅助性工作。

近年来，石家庄供电段党委在工作中愈发感到选人用人捉襟见肘，干部人才队伍后继乏人，亟须壮大后备人才队伍，特别是加强大学生培养力度。

二、主要做法

针对以上问题，石家庄供电段党委在广泛调研、深入论证的基础上，实施了“3+3+1”大学生培养模式，规范全日制大学本科及以上毕业生的培养使用管理，强化年轻干部接续培养，为供电事业蓬勃发展培养源源不断的后继力量。

1. 设定三个周期，规划成长“路线图”。遵循青年大学生成长规律，按“综合见习期、实践锻炼期、定向强化期”三个梯次设置成长周期，努力用5年半时间把新入职的大学生培养成一名合格的专业技术管理人员。一是综合见习打基础。在6个月的“综合见习期”中，前两个月以形势教育、安全教育、思想教育和岗前资格性培训为主要内容，开展集中培训，掌握供电基本知识，取得相应安全等级。后4个月以实作练兵为主、现场跟班学习为辅，令其掌握一般作业的安全、应急知识，取得相应安全等级，通过岗前资格性培训考试和职业技能鉴定，能够参加现场辅助性工作，为后续培养夯实思想、理论、现场和资质基础。二是实践锻炼抓全面。在3年半左右的“实践锻炼期”中，按照接触网专业、电力专业、变电专业、轨道车专业、给水专业进行分阶段定制培养，每个培养阶段需参加专业考试和车间鉴定，成绩合格方可转入下一个培养阶段锻炼。通过实践锻炼，使大学生熟练掌握设备的工艺及技术标准、管内设备分布及运行情况、现场作业基本流程等专业业务知识，能够分析、判断、处理常见设备故障。三是定向强化重管理。根据大学生的综合见习期和实践锻炼期的现实表现、性格特点、技术专长和个人能力，按照岗位性质、专业特点、作业班制、工作需要、个人意愿，择优选拔安排到适合专业的班组长岗位挂职任职，到工程工区、安全生产调度指挥中心等进行定向培养，以“双肩挑”形式到专业技术管理岗位学习锻炼，重点培养大学生专业管理、现场组织、协调指挥、施工管理等能力。

2. 实施三项措施，注入成长“助推剂”。采取“阵地制、导师制、积分制”三项措施，全过程指导、多方向助力、全方位评价，激发大学生成长成才动力。一是打造培养主阵地。根据大学生所属周期、所在阶段和所学专业，由专业科室、人事部门分区域选定29个工作风气正、学习环境好、工作氛围浓、工长素质硬的班组作为阶段轮岗锻炼主阵地，对新入职大学生进行集中培养锻炼，营造竞争成长氛围。二是选定导师解困惑。从领导人员、中层干部、技术骨干中选定培养导师，主要负责大学生培养周期内的思想引导和职业指导，一对一“全程伴飞”。通过定期沟通、谈心交流、解疑释惑，做好思想引导，解决道路迷茫、不知道学什么、干什么的问题，防止大学生随波逐流。三是积分排名作鞭策。将成长积分贯穿培养全过程，科学设置日常履责、安全生产、工作绩效、创新成果、技术比武、评优评先 6 个方面 30 项积分标准，每半年评定、公布积分排名，使大学生素质能力、贡献大小、工作业绩量化、显性化，激励先进、鞭策后进，同时将积分排名作为选人用人的重要参考，搭建公平公正、良性竞争的成长平台。

3. 落实一个方案，打造成长“孵化器”。落实“十个一批”培养方案，强化优秀年轻干部和专业技术人才选拔任用，为大学生创造有利成长环境。一是组织公开招聘。按照“岗位使用一批”的要求，坚持干部年轻化、人才来自一线的选人用人导向。2024 年 7 月，石家庄供电段组织管理和专业技术人员公开招聘，选拔了 37 名来自一线的优秀青年人才，其中 15 名大学本科毕业生以优异成绩脱颖而出，走上专业技术管理岗位。二是推进实践锻炼。综合考虑车间岗位缺员现状和岗位接续人选，坚持在任务繁重、条件艰苦的车间和班组长、业务指导岗位历练本领、充实经历。2024 年以来，石家庄供电段择优安排 13 名大学生挂职一般管理人员，聘任 6 名大学生担任班组长、5 名大学生担任副班组长，形成了“战训一体、学干融合”的良好态势，为后续成长打下坚实基础。三是实施人才孵化。强化“百千万人才”和专业技术骨干“师带徒”“老带新”学术传承方面的履职要求，有组织有计划地安排青年大学生以研修学员身份参与课题攻关、研习交流等活动，择优选拔 118 名（次）大学生参与 9 个重点科研项目、11 项管理创新课题、25 项大型施工，多种形式培养锻炼高素质优秀人才。

三、工作成效

自 2023 年底实施大学生早期培养措施以来，石家庄供电段在人才培养、工作落实等方面取得一些初步成效。

1. 后备人才培养呈现新气象。各项措施的推进，有效提升了领导人员和中层干部对潜在人才的关注和培养意识，“目中无人”“只管伸手要人、不管人从哪来”的现象得到扭转。多名优秀青年大学生岗位经历得到补强，符合各层级干部任职条件的人数不断增多，选人视野更加开阔，实现由

“无人可用、急用现抓”向“梯次递进、适时补充”转变。

2. 大学生培养打开新局面。随着一系列培养措施的落地，大学生队伍工作学习状态呈现向上向好的良性发展态势。大学生普遍感受到来自组织的重视，对个人发展充满信心，参与志愿服务、技术比武、施工筹备、作业组织、技术资料管理等活动和工作的积极性大增。在培养过程中，主阵地工作质量和大学生素质能力得到双促进、双提升，形成良性互动。

3. 大学生上进心得到新跃升。公开招聘和积分公示，极大激发了大学生的进取意识。目前，大学生队伍中具有 2 个及以上岗位经历的 37 人，取得安全等级 3 级的 11 人、4 级的 61 人，具备班组长任职资格的 36 人，通过中级职称资格考试的 11 人，递交入党申请书的 36 人、列为入党积极分子的 7 人、列为发展对象的 2 人，各项大学生培养措施初见成效。

4. 干部精神状态展现新面貌。后备人才队伍的不断壮大、素质能力的不断增强，有力激发了现职干部的危机意识，“重实干、重实绩”“能者上、庸者下、劣者汰”的导向深入人心，干部履职意识、工作落实力得到极大提升。在谋事干事成事的浓厚氛围中，各科室齐抓共管，变“结合部”为“责任田”，推动各项工作取得新成效。

四、工作启示

人才蔚起，国运方兴。作为国铁企业，必须把培养人才、用好人才作为长远战略，构建“大培养”格局，让“寻觅人才求贤若渴、发现人才如获至宝、举荐人才不拘一格、使用人才各尽其能”成为常态。

1. 要培育思想政治上的“大培养”格局。作为企业中的一个重点群体，在新时代，青年大学生有其独特的思维和行为模式，若不加引导，任其发展，势必会产生思想上的迷茫、行为上的偏差，进而“摆烂躺平”，在企业散播负能量。做好正向引导，帮助他们成长成才、事业进步，不但可以发挥大学生的聪明才智，促进企业治理取得更好成效，还可以涵养企业的清风正气，带动更多干部职工努力工作，形成良性发展。

2. 要构建齐抓共管上的“大培养”格局。人才是第一资源，要强化“一盘棋”思维，树牢“用人必培养”的意识，充分调动各部门、各车间抓大学生培养工作的积极性，努力形成齐抓共管的生动局面。要建立领导协调机制，明确组织、人事、宣传、安全、专业和培养阵地等部门职责分工，健全考核指标，压实工作责任。要围绕人才成长需求，做大学生的贴心人、联络人、推广人，着力提升服务质量。

3. 要树立人尽其才上的“大培养”格局。素质过硬、专业精通、作风优良的干部职工队伍，是企业安身立命之本。优秀的人干工作靠谱，能独当一面，铁路是个广阔的舞台，职工的成长进步，不但是职工自身能力的体现，更是一个部门、一个车间、一个站段的光彩。要有“功成不必在我”的胸怀和举荐人才的意识，当他们有更好发展机会时，要创造条件积极支持，不存私心、不设限制，让他们在更高的平台、更大的空间尽展其才。

（执笔人：杨雪龙）

创新思想政治工作
让青工成才为企业发展注入“一池活水”

中国铁路北京局集团有限公司北京工务段党委

一、基本情况

北京工务段现有35周岁以下青年职工421人，占全段职工总数的37.3%，其中京外异地通勤人数占到93.5%。

一直以来，北京工务段青年职工群体占比逐年增大，再加上北京工务段地处首都城市生活成本较高、工务工作艰苦，这些实际情况都给段思政工作和职工队伍的整体稳定造成诸多困扰。如何有效化解青年职工思想困惑，解决实际困难，将思想政治工作做到实处，让大学生职工“下得去、留得住、干得好”，始终都是摆在北京工务段面前的重要课题。近年来，北京工务段党委立足实际，坚持从目标导向和问题导向出发，准确定位，多措并举，不断探索创新青年职工思想政治工作，取得了积极成效。

二、主要做法

（一）强化思想引领，凝聚奋进力量

1. 固本培元“强信念”。坚持把为党育人挺在前面，从政治上着眼、从

思想上入手、从青年特点出发，常态化抓好职工政治理论学习。把习近平新时代中国特色社会主义思想和习近平总书记对铁路工作的重要指示批示精神纳入青年职工日常学习内容，大力弘扬劳模精神、劳动精神、工匠精神，利用党支部“三会一课”、班前会、政治理论学习会等形式，形成线上线下相融合、理论与实践相促进的浓厚氛围。将国铁企业“六个现代化体系”建设和铁路企业精神文化、铁路发展形势编入宣讲提纲，通过领导干部带头讲、专业科室权威讲、录制微课在线讲等多种形式，引导广大青年职工思想上深化共识，工作上明确坐标，行动上密切跟进，做到爱路爱企，勇担铁路先行使命。

2. 选树榜样“立标杆”。大力加强先进青年典型选树，利用段手机报、职场大屏等载体持续推动“京铁榜样”“最美京铁人”先进事迹传播，以身边事教育身边人，推动形成“个个争先进，人人当典型”的良好氛围。完善先进典型选树培育机制，制定《北京工务段“最美京工人”评选表彰办法》，推动青年职工学有榜样、做有标尺、干有方向。不定期组织参与雅万高铁、沙特轻轨运维等重点项目的归国青年召开优秀青年事迹报告会，引领广大青年职工崇尚先进、争当先进。

3. 精准把脉“零盲点”。扎实开展青年职工思想动态分析，要求各级组织以青年职工日常表现、个人喜好、婚姻状况等为重点，强化对青年职工的关怀与支持，积极倾听他们的声音，深入了解需求，全面掌握职工思想状态和家庭情况。灵活采用结对帮教、家庭走访、帮困救助、鼓舞激励等工作方法，以真挚的情感和实际行动温暖青工心田，助力他们解决实际困难。

（二）坚持问题导向，端正思想认识

1. 转变思想“促融入”。针对部分大学生认为在一线工作脏累险、不体面的思想认识，组织段业务部门技术骨干和青年班组长与大学生职工开展点对点、面对面的座谈，通过分享自身所感所悟，使“理论灌输”变为“故事感染”，讲清当前大学生一线岗位锻炼的相关政策要求，促使青年职

工端正对工务生产作业特殊性的思想认识，打通对基层一线认知的信息堵点，更加客观地了解工务一线的生产生活，认识到基层实践对于自身业务素质、履职本领提高的重要意义，做到“既来之，则安之”。

2. 多方联动“解难题”。针对工务点多线长，基层工区交通不便、夜班多、体力劳动强度较大的情况，段党委将解决思想问题与解决实际问题相结合，一方面，尽可能将大学生职工分配至离家近、易通勤的车间班组；另一方面，要求各级组织加强对青工生产生活困难的关心关怀，办公室、工会等部门大力加强“五小设施”建设和“夏送凉爽、冬送温暖”慰问关怀，改善一线职工生产生活条件。

3. 紧盯思潮“遏苗头”。针对近年来“00后”、高学历青年职工增多，进而出现“大学生去一线劳动是大材小用”的思想端倪，人事部门组织大学生职工开展专题讨论，明确高素质技术技能人才、能工巧匠对于铁路改革发展的重要推动作用，引导青年职工正确认识个人价值与岗位贡献的关系，强调无论岗位高低，都能在平凡中见伟大，在实践中成长，只有将学校期间所学的专业知识和工作实践紧密结合，在基层一线这个最广阔的“练兵场”苦干、实干、科学干，才能真正体现所学的价值，做到“学有所用”“才尽其用”。

（三）注重人文关怀，营造和谐氛围

1. 拓宽平台“显自我”。广泛开展“改革创新展作为、提质增效立新功”演讲比赛、七一唱红色歌曲等文体活动，组织青年职工充分挖掘百年京工精神宝库，并开展诗歌、漫画创作，在充分给青年职工创造展示自我平台的同时，有效加强了青年职工之间的交流与互动，增强凝聚力，同时采取通报表扬、颁发证书等形式，增强青年职工荣誉感和自豪感。此外，围绕青年婚恋交友需求，广泛联合路内外单位常态化组织交友联谊活动，积极发动干部职工为青年职工婚恋牵线搭桥，做好青年职工“娘家人”。

2. 主动干预“除隐患”。密切关注青年职工心理健康，开设段长、书记手机报信箱，重点盯住个人状态不佳、家庭发生变故、岗位调整变化等重点时段，对青年职工“多看一眼”“多问一句”，对重点人员确定联系包保干部，及时做好思想转化，帮助他们排解压力，确保青年职工在健康愉悦的环境中成长。在疏解职工思想情绪、解决实际问题上，坚持闭环管理，车间能解决的立即解决，车间解决不了的请求上级帮助解决，受各种因素影响暂时无法解决的，向职工做好解释工作，避免“小事拖大、大事拖炸”。

3. 正面宣传“好声音”。强化路内外宣传，充分发挥融媒优势，将镜头对准一线，让正能量成为职场环境的最强音。围绕青年职工在节日值守、施工维修、春运临客值乘工作中的工作事迹和在技能竞赛、技改创新取得的优异成果，将收集到的新闻素材、视频图文在《人民铁道》报、北京铁路微信公众号等各级各类平台进行推送，并协调中国青年网、《北京日报》等媒体进行采访报道，用心用情讲好青年职工故事的同时，增强青年职工的职业荣誉感。

（四）精心制订计划，系统开展培训

1. 跟踪培训“出实招”。采取微信小程序问卷调查的方式，对新入路职工性格特长、通勤距离等方面进行细致调查，建立青年职工信息库实现“精准画像”，打好思想“预防针”。采取“一条龙”的跟踪式培训，将党史路史段史作为必修科目，由党委书记为青年职工讲新职入路“第一课”，深入解析北京工务段的百年发展历程，引导青年职工明确自身职业规划，增强职业认同感和归属感。严把政治关、师德关、业务关，安排党支部书记、青马讲师等与新职工结对子，紧扣职业启航为青年职工当好解疑释惑的“思政好老师”，使思想政治工作这个“软指标”变成“硬任务”。

2. 集中座谈“解心结”。在新职工入路满一个月后，集中开展座谈，倾听大学生职工对铁路工作的“第一印象”，让青年职工“倒苦水”“诉心声”，由归口部门对大家见习期遇到的问题进行专业解答，并组织段领导干部和先进青年榜样现身说法，用自己的实践经历为青年职工传道授业，密切关注职工倾向性和个性化的思想问题，邀请心理专家为青年职工授课，做好负面情绪疏导，让青年职工解开心结、扶正思想、放下包袱、轻装上阵。

3. 丰富教学“开眼界”。在青年职工新入路一年内，由团委、关工委等部门立足北京市丰富的路内外红色教育、科技创新、人文教育资源组织青年职工进行参观研学、志愿服务等活动，让大学生职工破除城市疏离感，教育引导青年职工树立正确的职业观念，认识到自身工作的重要性和价值，顺利完成从“象牙塔”到工作岗位的角色转换。

（五）提升专业能力，畅通晋升渠道

1. 实作培训“强本领”。针对一些年轻职工在车间从事辅助性管理工作较多、接触现场机会较少的情况，北京工务段在常态化开展技能培训、岗位练兵、技术比武等多种活动的基础上，采取“3+2”的模式开展青年职工集中轮训。按照“缺什么、教什么、学什么、练什么”的原则，通过每周3天现场实作、1天理论+1天实作教学，大大提高了青年职工的业务水平，达到了“学技能、学管理、强体魄、强意志”目的，被青年职工亲切称为工务段的“黄埔军校”，吸引了青年职工的踊跃报名、广泛参与。

2. 实蹲真干“炼真金”。针对年轻干部，段制定落实《年轻干部任职一线工班长培养实施方案》，杜绝“挂职镀金”现象，采取“回炉锻炼、蹲苗培养”的方式，将已到车间副主任、管理或专业技术岗位但没有班组长经历的年轻干部，择优安排到一线工长岗位担负班组第一管理者的职能、责任，选取责任心强、素质高、业务精、有丰富现场实践经验和组织能力的现职工长改任指导工长，负责一对一指导年轻干部工作，为回炉锻炼的青年干部提供足够的管理空间，使其真正成为现场作业的“指挥官”，一线工区的“顶梁柱”。2023年以来共有22名管理和专业技术人员到班组长岗位蹲苗锻炼，这一形式有效提升了干部现场管理能力，并进一步密切了干群关系。

3. 举才纳贤“出活力”。突出“人才来自一线”的导向，打破“唯学历论”，畅通高技能人才向管理和专业技术岗位交流的通道，优化干部选聘方案，先后组织2场公开招聘，选聘24名一线班组长到管理和专业技术岗位，激发了广大青年职工学技练功、提升自我的主动性。同时，结合实际情况，北京工务段组织青年职工参与重点施工作业项目，让他们在实践中

增长才干，锻炼能力。此外，制定落实《关于年轻党员大学毕业生挂职生产一线党支部副书记工作办法》《挂职车间副主任培养措施》等制度文件，通过“换位”体验、“借岗”锻炼，进一步开阔视野，丰富阅历，提高干部综合素质和解决问题能力。

三、工作成效

经过一系列的实践与探索，北京工务段党委的青年职工思想政治工作取得了显著成效。青年职工的政治素养、理论水平、专业能力和实践本领得到了全面提升，以往家住异地的新职大学生报到后不久便选择离职的现象明显减少，青年职工在各级各类技术比武、文艺汇演中崭露头角的情况越来越多，现场检查、谈心谈话时听到的青年职工抱怨声越来越少，青年职工们“干好工作事、尽好肩上责”的意识越来越强。目前 4 期青年职工集中实训班的 109 名年轻大学生均已毕业返回原岗位，分布在线路、高铁、桥梁、探伤等车间，其业务水平显著提高，体能得到了充分锻炼，意志品质得到了进一步锤炼提升，有 19 名青年职工担任所在车间工班长，6 名青年职工被充实到安全调度指挥中心、测量组等关键部门岗位任职。在参加北京局集团公司组织的丰沙防洪抢险复旧、丰台西站设备整治等重点任务中，青年职工得到充分历练，受到上级领导的认可和兄弟站段的一致好评。在年中的青年思想分析专题调研问卷中发现，相对以往，青工职工们理想信念更加坚定，对自身定位更加准确，投身铁路事业高质量发展的信心更加充足，青年职工在实践中不断成长，为段各项工作发展贡献了青春的智慧和力量。

四、工作启示

1. 必须高度重视青年职工思想教育。青年人具有探索未知劲头足，接受新生事物快的长处，也具有思维敏感、情绪变化快、认知局限的缺点。正确的价值观和坚定的理想信念是青年职工健康成长必备的思想基础，北京工务段要深刻认识到当前时代加强青年职工思想政治工作的必要性与紧迫性，只有不断丰富和完善青年职工的思想政治工作，才能更好地激发他们的潜能，为青年职工搭建更广阔的舞台，为段可持续发展提供坚实可靠的人才支撑，实现青年职工自我价值与企业发展目标的共赢。

2. 必须立足实际，做到对症下药。思想政治工作的难点在于“千人千面”，也体现在“十里不同音，百里不同俗”。青年阶段是职业生涯的“拔节孕穗期”，最需要精心引导和栽培。不仅要根据不同的现实情况，把解决思想问题与解决实际问题紧密结合起来，真正做到扑下身子、把脉问诊，把深层次的、青年职工反映强烈的问题找出来，更是要通过对职工思想表现、性格特点等方面的摸排，做到因势利导，更要因材施教，使其保持其良好精神状态和干事创业的热情，不断发现并追求自己的兴趣点，增强职业的归属感和认同感，将个人的发展与铁路事业紧密相连，切实提高工作热情与效率。

3. 必须围绕中心，紧扣主责主业。青年职工是企业的新生力量，是企业发展重要的人力资源，更是企业中促进安全生产和经营管理的一支生力军。要想做好青年职工思想政治工作，就要坚持生产经营出题，思政工作破题，将破解生产经营、改革发展的重点、难点问题作为思政工作的出发点和落脚点，以工作实绩检验思政工作成效，让青年职工这个职场的“最大变量”成为推动工作提质增效的“最大增量”，实现青年职工成才与企业发展的“双向奔赴”。

重视青年和青年工作是我们党的一贯传统，充分体现在我们党各个历史时期的工作实践中。在创新青年思想政治工作的探索中，段党委从“心”出发，从“新”入手，主动倾听青年职工心声，关怀青年需求，解决青年实际困难，通过层层推进、步步落实，让青年职工感受到组织的温暖和关怀，激励青年职工向高标准看齐，盯着排头干、追着先进干，让百年京工朝气蓬勃，奋斗依旧青春！

（执笔人：申伟、孙璇薨、钟卓纲）

红色讲台：让党的创新理论“声”入人心

中国铁路太原局集团有限公司山西铁路装备制造集团有限公司

党的二十大报告指出，“只有把马克思主义基本原理同中国具体实际相结合、同中华优秀传统文化相结合，坚持运用辩证唯物主义和历史唯物主义，才能正确回答时代和实践提出的重大问题，才能始终保持马克思主义的蓬勃生机和旺盛活力”。党的二十届三中全会将推动理想信念教育常态化制度化作深化文化体制机制改革的重要内容，中国铁路太原局集团有限公司山西铁路装备制造集团有限公司党委始终坚持把学习领悟习近平新时代中国特色社会主义思想作为重中之重，着力搭建“红色讲台”品牌，推动党的创新理论“飞入寻常百姓家”，不断凝聚公司高质量发展的强大动力，引领干部职工在铁路勇当服务和支撑中国式现代化的“火车头”的生动实践中担当作为。

一、基本情况

山西铁路装备制造集团有限公司是太原局集团公司率先完成公司制改革的直属非运输企业。下属12个子分公司，覆盖铁路配件生产制造、维修保养、动客车吸污作业等多项业务。主打产品电液转辙机覆盖全国70%提速道岔，还销往中老铁路等多条海外线路，是一家集生产、制造、创新、研发为一体的专业化生产制造企业。近年来，公司探索打造“红色讲台”宣讲品牌，以党的创新理论引领企业发展、推动企业创新赋能。3 人列入太原局集团公司理论骨干队伍，3 件理论成果获省部级单项荣誉，2 个思政案例先后入选 2022 年、2023 年中国政研会基层思想政治工作优秀案例，其中 1 个思政案例获山西省基层思想政治案例一等奖。2022 年公司获太原局集团公司“经营创效金质奖杯”，2023 年公司党委获太原局集团公司“先进党组织”荣誉称号。

二、主要做法

（一）聚焦“三个认同”，讲出“真信”的共识

推动党的创新理论刻骨铭心进头脑，必须先解决对党的创新理论的认同问题，让干部职工由衷地热爱党、热爱党的事业。公司党委以“红色讲台”为载体，从百年党史、铁路红色基因、新时代伟大成就入手，开展形式多样的宣讲，不断增强职工对党的创新理论的思想认同、理论认同、情感认同，讲出“真信”的共识。

1. 百年党史讲出最大“公约数”。把党史知识纳入“红色讲台”常态化宣讲内容，立足微信公众平台，开设党史讲述专栏，组织青马讲师划分专题、创作备讲，采取每季线下专题讲，每月线上微课讲，每日推送党史日历故事的形式，开展专题讲堂深入讲，移动讲堂月月学，职工群众在主动学习党史中，持续增强思想认同，青马讲师自主编写创作的《别时容易见时难》党史宣讲竞演作品在太原局集团公司推广交流。

2. 红色基因讲出最大“同心圆”。深入开展以大秦铁路精神、青藏铁路精神为代表的铁路红色基因宣讲。把一代代铁路人在党的领导下接续奋斗历程搬上“红色讲台”，用好《铁路红色基因》《大秦铁路精神》等书籍，举办“我喜爱的好书—书香接力”宣讲会，全覆盖组织生产、经营、管理岗位的青年推介代表走上讲台讲述红色故事。邀请施俊明、王新凯等 27 名榜样典型走进班前会，面向一线职工开展“先锋力量”实践讲述，职工们

结合岗位实际交流学习感悟，分享心得体会，推动铁路红色基因融入血脉、化为行动。

3. 伟大成就讲出最强“行动力”。坚持聚焦习近平新时代中国特色社会主义思想，把握新时代以来伟大成就这个重点内容，认真落实“改革创新展作为、提质增效立新功”主题宣讲要求，组建理论骨干宣讲小组，开设“学习正当时”线上宣讲模块，围绕解读中国式现代化、高质量发展等核心关键词，阐释新时代铁路人的责任担当和奋斗方向，破题创作理论微课，通过宣讲理论要点、分析形势任务、解读目标方向，实现推动党的创新理论“飞入寻常百姓家”和凝聚“勇当服务和支撑中国式现代化的‘火车头’”行动合力的双重目标。

（二）突出“三个层级”，讲出“真学”的实效

公司党委坚持在发挥“红色讲台”宣讲学习成效、扩大宣讲覆盖面上下功夫，组建宣讲队伍，划分三个层级，抓实党的创新理论宣讲传播。

1.“第一方阵”讲出新思路。着力打造党委中心组宣讲“第一方阵”，突出学习习近平新时代中国特色社会主义思想这个核心重点，创新开展模块式宣讲，集中构建领学、讲学、研学“三学”机制。每年围绕专题学习内容，制订宣讲计划，结合党的二十大和二十届三中全会精神等理论重点，组织党委中心组成员围绕专题重点宣讲，邀请党校名师解读要点。机关各部室负责人、各党组织书记聆听宣讲、互动交流，让党的创新理论成为公司两级班子的理论“智库”，破解难点问题的“锦囊”，公司党委中心组关于开展理论宣讲的调研报告获太原局集团公司一等奖。

2.“支部之声”讲出大道理。立足党支部“三会一课”、班组政治学习，开设“红色讲台——支部之声”，制订支部书记备讲计划，纳入“一班组一方案”学习清单，结合《太铁月讲·悦读》内部刊物，每月选取与职工生产实际紧密的 1 ～ 2 个方面内容解读要点、阐释理论；按照每次不少于 2 人重点交流，其他人员随机交流的“2+N”微讨论单元，鼓励一线职工结合生产任务、实际工作谈体会、讲感悟、摆困惑、提建议，带动理论与实践相

结合，及时破解难题，推动经营创效。

3.“职工天团”讲出行动力。用好职工讲师团队伍，坚持用“接地气”的语言，把党的创新理论从书本搬到车间，让更多职工实现从“我学习”到“我践行”，从理解“理论指导我们干什么”到清晰掌握“具体应该怎么干”的转化。14名职工讲师紧密结合国铁集团党组、太原局集团公司党委部署要求、公司目标任务，开展“读讲编写”行动，坚持变“讲理论”为“讲故事”，变“一人宣讲”为“多人讲述”，变“口头宣讲”为“理论微课”，通过讲职工喜闻乐见的“理论超话”“思想新语”，进一步激发职工学习热情。

（三）打造“三个品牌”，讲出“真用”的力量

公司党委着力打造“红色讲台+”实践品牌，推动党的创新理论宣讲有形化，成为促进公司高质量发展的源头活水。

1.“骨干说”为创新代言。聚焦党的二十大和二十届三中全会精神、习近平总书记关于铁路工作的重要指示批示精神，打造“骨干说”宣讲品牌。召集公司生产、经营、创新等业务骨干开展“头脑风暴”，拟定具有公司特色的宣讲通稿，收集工作案例、视频素材，每月开展“骨干说”线上宣讲学习会，重点针对转辙机创新研发、技术服务、工务配件等核心团队进行宣讲，将党的创新理论进行“本地化”阐释，让技术研发服务人员产生更多情感共鸣。转辙机研发中心主任张伟、技术服务负责人关朋海等10名技术骨干走上“红色讲台”，在宣讲中创新赋能。转辙机研发工作室被评为“山西省劳模工作室”，骨干讲师张伟带领团队攻克了防水转辙机技术难关，成果运用于沪昆铁路等多条线路。

2.“榜样说”为文化代言。搭建“红色讲台—榜样说”品牌，组织27名星级榜样现身说“法”，每季度深入所属党组织，循环开展宣讲，讲透习近平文化思想，讲明铁路红色基因，讲出铁路基层工作者的使命担当。传递“从职工中来到职工中去”的文化理念，榜样文化氛围日益浓厚。

3.“青年说”为梦想代言。聚焦公司发展的后备力量，打造“红色讲

台一青年说”品牌。以“智汇树”创新团队为重点，讲好青年创新创效故事；以电液转辙机研发小组“青年文明号”为重点，讲好青年突击奉献故事。青年为自己代言的主人翁意识更加强烈，创新氛围更加浓厚，68 项青创成果上线应用，实现综合创效 450 万元，“智汇树”工作室被评为“全路青仝创新工作室”。

三、工作成效

“红色讲台”品牌从逐级创建、初步应用，到广泛覆盖、“声”入人心，公司党委始终坚持在实践中优化，形成最具吸引力、最富理论性、宣讲载体多、产品供给优、职工认可度高的宣讲品牌。从广泛调研、座谈交流、问卷调查收集到的数据来看，“红色讲台”已经成为干部职工理论学习“必修课”，“支部之声”“职工天团”成为职工喜闻乐见的学习载体，创新理论、山西革命故事、铁路红色基因等产品的代入感更强、更受喜爱，干部职工自发学习的意愿和理论武装的提升率达 85%以上，“红色讲台”的品牌影响力逐渐凸显。

1. 宣讲成果捷报频传。多形式、多层级的宣讲成果日益丰富，“支部之声”在基层班组党支部受到广泛认可和欢迎，5 名基层专兼职党支部书记从“红色讲台”走上公司年度优秀思政课舞台，优秀宣讲成果在微信公众号循环展播。“红色讲台”成为职工喜闻乐见的理论学习阵地，实现小舞台讲出大道理。

2. 宣讲学习“声”入人心。党委中心组示范带动各层级宣讲更加深入，职工讲师团创作的 7 部理论微课综合浏览量超 5 万，其中 4 件入选铁路正能量“五个一百”、太原局集团公司“五个十佳”正能量微课作品，宣讲做法在太原局集团公司作经验交流。公司以学赛讲、以讲促学的氛围日益浓厚，党的创新理论辐射成为公司主旋律、职工最强音。

3. 实践品牌数据亮眼。公司创新发展的内生动力持续增强，高质量发展的路径更加鲜明。干部职工学以致用、以学促干的精气神更足，取得的成果更亮眼。防水转辙机等 3 项攻关成果成功申报国家级专利，12 个人物故事登上主流媒体平台，起到“点亮一盏灯，照亮一大片”的激励效果。

四、工作启示

1. 思路：“顶层设计”是思政品牌的“生命力”。国铁企业创建的思政品牌要想做得实、叫得响、用得好，必须从创建思路上入手，做好“顶层设计”。公司党委在创建“红色讲台”品牌过程中，多次深入一线，广泛收集了各类问题建议、各层级职工诉求，最终固化形成了目标任务、内容供给、丰富载体、评价反馈的创建思路，构建了“以党的创新理论引领企业发展，实现企业创新赋能、高质量发展”的目标层；以“百年党史、山西革命故事及铁路红色基因、党的创新理论”的内容层；以“第一方阵、支部之声、职工天团”的载体层；以“骨干说、榜样说、青年说”与“职工问卷、年终积分”相结合的保障层，共 4 个层级，可固化、可借鉴、可引申、可创新的创建机制，从根本上提升了“红色讲台”宣讲品牌的内在价值和应用实效，如图 1 所示。

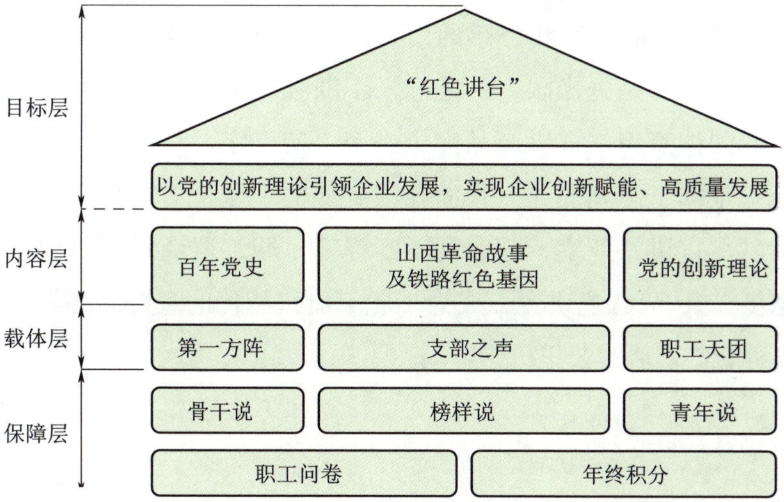

图 1

2.赋能：职工的“文化代言”是最强“榜样力”。先进典型是企业发展的书写者、企业事迹的承载者、企业精神的人格化。公司党委在“红色讲台”打造中，自上而下推动组建了一支先进榜样宣讲队伍，集“星级榜样”“技术骨干”“青年典型”“身边好人”为一体，打好宣讲“组合拳”，讲出理论“最强音”。近年来，宣讲覆盖率达100%，辅助铁路设备安全的业务员贾中强、30年初心不改的老电工范志斌相继走上讲台，激励了一批基层技术工人立足岗位、实干担当，脱颖而出成为各层级榜样典型，公司职工聚力奋进的共同体意识更加强烈。

3.路径：从“要我干”到“我要干”的力量变化。党的创新理论从人民群众的伟大实践中来，只有回到人民群众的实践中去，才能转化为强大的力量。打造“红色讲台”的核心目标就是让广大职工深刻把握党的创新理论内涵要义，推动理论联系实际，实现公司高质量发展。公司党委立足“红色讲台+”实践品牌计划，不断提升干部职工的行动力、战斗力、凝聚力，变“要我干”为“我要干”，各项重点任务的年度完成率、经营任务指标完成率不断提升，先后获得“经营创效金质奖杯”“先进党组织”等荣誉，实践品牌为企业创新赋能的成效日益凸显。

4.成效：职工认同感、获得感的内在提升。公司党委牢固树立“人人都是排头兵，人人都是先锋队”的理念，不断强化职工与企业共成长、共发展的命运共同体意识，宣讲产品突出一个“实”字，从一线职工的角度出发，杜绝一张稿子念到底、一张面孔板到底的现象，力求宣讲“沾土味儿”“接地气”，宣讲好评率、满意度不断提升，职工群众对党的创新理论的认同感稳步提升，“红色讲台”成为了职工口口相传的宣讲品牌，打通了基层理论宣讲的“最后一公里”。

（执笔人：刘璐瑶、项荣）

用好“知、谈、访”机制
精准做好“一人一事”思想政治工作

中国铁路太原局集团有限公司太原北站党委

中国铁路太原局集团有限公司太原北站党委主动适应铁路基层思想政治工作新形势新要求，坚持“以职工为中心”的工作导向，创新建立“知、谈、访”思想政治长效机制，用好用活“三五”工作法（即“五必知、五必谈、五必访”），精准做好“一人一事”思想政治工作，着力提升职工的获得感、幸福感、荣誉感和满意度。

一、基本情况

太原北站是石太铁路的一等客货运站，也是太原局集团公司主要编组站之一，主要办理石太线、北同蒲线、太兴线、西南环线衔接各方向旅客列车的接发、货物列车的接发和编解作业，直接担负着中国宝武钢铁集团有限公司山西总部、山西焦煤西山煤电（集团）有限责任公司等 20 余家厂矿企业原材料及产品的运输任务。车站现有职工 1368 人，其中党员 609 人，下设车间（站）13 个、党支部（总支）56 个，职工分布及管理呈现出点多、线长、面广等特点。为做好职工思想政治工作，太原北站党委创新建立“知、谈、访”思想政治长效机制，通过运用“三五”工作法，持续提升职工的获得感、幸福感、荣誉感和满意度，有力服务全段高质量发展。

二、主要做法

（一）畅通渠道，精确做到“五必知”，当好知心人

以“职工身体状况必知、岗位作用必知、学习技能必知、爱好特长必知、家庭情况必知”为抓手，拓宽信息采集渠道的广度和深度，为准确把握职工思想脉搏提供最真实、最可靠的参考依据。

1. 摸清全员底数。坚持把掌握职工日常工作、生活、学习中的“细微事”作为开展思想政治工作的“首要事”，成立由车站党委统一牵头、职能部门各负其责、各车间（站）合力共为的“1+8+13”思想政治工作议事机构。推行职工信息“三张表”建设，全覆盖采集职工个人作业违章、职业素质、思想状况等动态信息，职工家属工作职业、身体情况、子女升学等基础信息，职工家庭重大事件、突发变故、救助救济等特殊信息，健全完善涵盖 1368 名职工的民情档案。搭建线上线下相结合的信息收集平台，线下召开座谈会、个别谈心，线上开设网络信箱、开展问卷调查，“面对面”了解职工所思所想，“键对键”掌握职工所盼所愿。

2. 推行大数据管理。车站党委将实施“知、谈、访”工作机制与大数据应用融合起来，开展立项攻关，研发推广《谈心、家访重点事项自动提示系统》，建立全站职工思想动态数据库，整合纳入 104 项、近 17 万余条个人信息，由各党支部（总支）指定专人每月维护管理。将“职工生日祝福”“违章重点职工”“困难职工慰问”“新职青工培训”等 15 项内容列为主要提示项点，实现按月、按季、按年分类提醒提示功能，车站党委及各党支部（总支）根据系统提示，提前掌握重点事项，为实施“一把钥匙开一把锁”提供基本依据、第一手资料。

3. 实现靶向研判。车站党委每月组织议事机构各层级负责人召开联席会议，剖析职工思想动态，运用整体性分析、差异性分析、动态性分析、

关联性分析，从海量数据中精准识别重点人、关键事，有效追踪职工思想动态，寻找苗头性、趋势性问题进行预警，查找影响职工思想变化的管理、环境、人员变量，指导各党支部（总支）补强管理漏洞、规范制度措施，根据职工性格特点、行为习惯和意见诉求，精准画像，针对性做好职工思想政治工作。

（二）搭建桥梁，精细做到“五必谈”，当好贴心人

以“职工工作变动必谈、受到奖罚必谈、有思想情绪必谈、‘三新’人员上岗必谈、同事关系不和必谈”为抓手，巧用心灵疏导和情绪引导技巧，深入细致地做好沟通交流工作，进一步解疑释惑、消除误解、增进感情。

1. 配强思政队伍。坚持在实践中发现人才、锻炼人才，每半年举办思政骨干培训班、政工干部座谈会，组建政治强、业务精、作风正的思政工作团队，党委统筹指导，党政工团齐抓共管。充实以各级政工干部为主体，以责任心强、富有爱心、乐于助人、善做思政工作的一线班组长、职工代表、工会积极分子、青马讲师为骨干，成立心理辅导、帮扶慰问、警示教育等 19 支思想政治工作专班，针对性开展谈心谈话、情感倾诉。截至目前，团队规模已超 210 人。

2. 拓宽交流平台。重点关注职工“身心健康发展、能力素质提升、思想政治进步、精神文化生活、自我价值实现、权益维护保障”等六个方面实际需求，各党支部（总支）委员每月针对本部门重点人、关键事至少开展 1 次面对面谈心谈话，做好写实记录，反馈意见建议；领导班子成员每季度利用跟班调研进行走访座谈，倾听基层声音，解读政策，提供指导，确保 13 个车间（站）全覆盖；车站党委每年至少组建 3 支理论骨干和先进典型巡回宣讲组，深入一线班组、岗位，宣传党的路线方针政策、上级决策部署和铁路改革发展面临的形势任务，并结合自身经历分享心得体会，开展沟通互动，激发思想共鸣。

3. 优化疏导方法。坚持在谈心谈话中解决职工心理问题，化解矛盾做到先理心情、后理事情，注重在沟通交流中理顺情绪、改善关系。针对职

工不同情绪和行为状态，实施“主流意识引导法、负面情绪调节法、逆反心理改善法、悲观心态激励法、角色互换思考法、兴趣爱好转移法”等6种心理疏导方式，在沟通交流中，既肯定成绩、又鞭策鼓励，既教育引导、又尊重理解，既听取建议、又解决问题，通过以理服人、以诚待人、以情感人，有效化解职工思想症结。

（三）用情解难，精诚做到“五必访”，当好暖心人

以“职工婚丧嫁娶和子女升学必访、伤病住院必访、生活特殊困难必访、发生典型安全问题必访、在单位立功受奖必访”为抓手，在为职工办实事办好事中贯彻思想教育，使职工的心理问题得到调解，合理诉求得到满足，人格尊严受到尊重，劳动价值得到认可。

1. 与关心关爱相结合。采取“定时 + 随时”的方式，固化冬送温暖、夏送清凉、金秋助学、重大节日走访慰问等关爱活动，各级党组织及工会组织严格落实人文关怀“九种慰问”工作机制，实时掌握职工结婚、生育、子女升学、住院、突发事件及困难、退休、亲属去世等情况，对象化做好上门家访和关心关爱工作。把解决思想问题同解决实际问题结合起来，突出“人文、和谐、温暖、关爱”，在做好交心疏导的基础上，建立“思想引导—诉求收集—动态掌握—问题解决”闭环工作机制，常态化开展“我为群众办实事”实践活动，尽可能地为职工解决困难，给予关怀与帮助，打通服务职工“最后一公里”。

2. 与精神激励相结合。车站党委坚持在集中表彰先进典型的基础上，定期开展“送荣誉一次、当先进一生”激励活动，由站党委和各党支部（总支）组成两级送荣誉家访服务队，将标杆职工、安全标兵、优秀共产党员、先进生产工作者的荣誉册、表彰牌送进家庭，让职工荣誉与家人共享。同时，利用“太北之窗”内宣平台创作推出“学习身边榜样”等90余部融媒体作品，在全站营造见贤思齐、正向激励的浓厚氛围。每年春节、中秋等节日前，适时开展家属访岗，主动邀请职工家属参观工作场所、体验生活环境、了解工作内容，促进职工与家属加深理解、家属与单位加

强沟通，引导职工家属当好职工安全生产的“监督人”，筑牢第二道思想屏障。

3. 与警示教育相结合。车站党委每月根据系统提示，专题研判、评估风险，从思想认识、工作状态、心理变化等角度与重点职工进行谈心剖析。对发生人身违章和严重安全问题的职工，由车站安全科和车间管理人员上门家访，通过交流谈心、达成共识，共同做好职工思想工作，形成单位、家庭、个人“三位一体”安全互控网络格局。2023 年以来，19 名发生人身安全问题的职工，经过家访后再没有发生任何问题，职工人身安全风险得到有效防控，思想政治工作实现了春风化雨、润物无声。

三、工作成效

1. 扩大了思想政治工作的覆盖面。车站党委坚持把思想政治工作纳入党建工作总体布局，与中心工作同研究、同部署、同检查、同考核。“知、谈、访”工作机制实施多年以来，全站各级组织、各部门充分发挥各自职能优势，强化协调联动，形成了党委统一领导、党政工团齐抓共管、各方合力共为、党群干群协同互动的思想政治工作大格局，做到思政工作“全员额覆盖、全天候开展、全方位服务、全过程跟进”，实现了人的“画像”管理和思想政治工作的“网格化”管理，搭建起沟通服务职工、团结凝聚力量的“连心桥”。

2. 增强了思想政治工作的渗透力。全站 56 个党支部（总支）、15 个工会组织、5 个团支部以“知、谈、访”思想政治工作机制为依托，以尊重人、理解人、关心人、激励人、塑造人为出发点，针对不同年龄段、不同性别、不同岗位等职工的性格特点和心理规律，因人制宜、精准施策，分层分类做好“一人一事”思想政治工作。2023 年以来，全站思政骨干队伍累计与职工开展谈心家访 3100 余人次，化解各类矛盾纠纷 370 余件，研判风险线索 6 条，办好事实事 730 余件，解决问题诉求 220 余件，职工队伍凝聚力和战斗力进一步提升。

3. 提升了思想政治工作的灵活性。思想政治工作的“根基”是人心。温暖人才能激励人，凝聚人才能振奋人。车站党委牢固树立“职工利益无小事”的服务理念，以“五必知、五必谈、五必访”为载体，听心声、解心结、暖心窝，用心用情用力为职工群众办实事、解难题。做到了职工工作有成绩，激励就跟上；思想有包袱，疏导就跟上；情绪有波动，倾听就跟上；健康有状况，关怀就跟上；生活有困难，帮助就跟上。自 2018 年“知、谈、访”工作机制推广应用以来，车站连续 6 年未发生信访事件，职工之家满意率达 100%，职工全年严重安全违章数由 23 件减少 10 件，降幅 57%，干部职工心往一处想、劲往一处使，共筑同心为确保铁路枢纽安全畅通、推动地方经济高质量发展而努力奋斗。

四、工作启示

1. 要坚定正确政治方向。思想政治工作是党的优良传统，是国铁企业的重要政治优势。做好“一人一事”思想政治工作，必须以习近平新时代中国特色社会主义思想为统领，坚持党建引领，政治铸魂，强化党的全面领导，深化思想建设、组织建设、制度建设、队伍建设、文化建设，充分发挥党组织政治功能，不断推进思想政治工作与中心工作深度融合、同频共振、互促共进。

2. 要夯实基层组织堡垒。基层党组织是做好思想政治工作的“源头活水”，通过多样化的学习宣传教育，能够引导职工树立正确的价值观念和行为导向。做好“一人一事”思想政治工作，必须把强化党组织作用发挥作为出发点和落脚点，加强队伍建设，健全长效机制，完善工作体系，结合新时代特点和现实需要，创新方式方法，构建全方位、多层次、宽领域的思政工作大格局，不断激发基层党组织生机与活力，提升思想政治工作质量和水平。

3. 要始终强化人本导向。随着物质生活水平的提高，职工思想认识更具独立性、差异性，对精神文化需求更加多元化、个性化。做好“一人一事”思想政治工作，必须“量体裁衣”“对症下药”，要以“面对面”“心贴心”“实打实”的精准服务，访需求、摸实情、找问题、谋对策、解难题，不断增强思政工作的针对性和准确性。要注重把握职工思想动态规律，推动“互联网 +”等工作方法和应用途径创新，在知心、谈心、交心、暖心、聚心上下功夫、求实效，真正把思想政治工作做到职工群众的心坎上，提升职工归属感和满意度，增强企业凝聚力和向心力。

（执笔人：刘亚兵、刘彦文、霍沛）

“‘码’上心声”:“码”上说马上办

中国铁路太原局集团有限公司侯马北车辆段党委

习近平总书记指出，要运用新媒体新技术使工作活起来，推动思想政治工作传统优势同信息技术高度融合，增强时代感和吸引力。党的二十届三中全会部署了未来五年的重大改革举措，全面深化国铁企业改革迫切需要太原局集团公司侯马北车辆段唱响铁路主旋律，凝聚最大公约数。侯马北车辆段认真贯彻党中央决策部署，始终突出“人”这个出发点和落脚点，坚持把解决思想问题同解决实际问题结合起来，充分运用互联网平台为思想政治工作助力赋能，进一步引导职工、服务职工、凝聚职工，画好线上线下“同心圆”。

一、基本情况

太原局集团公司侯马北车辆段开发“码”上心声服务平台，通过畅通诉求渠道、精准分析疏导、全程追踪落实、严肃考核评价，实现职工有心声“码”上聊、有诉求“码”上说、有建议“码”上提、有难题“码”上办，构建网上精神家园，为职工心声诉求“一站式”服务，凝聚干部职工勇当服务和支撑中国式现代化“火车头”的攻坚合力。

二、主要做法

（一）建立“多渠道”，心声“有人听”

1. 搭建平台。立足侯辆在线微信公众号，创新研发“码”上心声“一站式”服务平台，开设“你问我答、你困我帮、你谏我纳、你揭我核”4项功能，将诉求表达二维码打印张贴在车间班组民主公开栏中，实现“数据多跑路”“职工少跑腿”，搭建起一座企业与职工实时对话的“连心桥”。在作业场、班组打造7间“码”上心声聊吧，让职工可以线上提建议，线下谈困惑，随时随处实现诉求直达。

2. 优化机制。制定“码”上心声工作制度，组建工作领导小组，明确党委办公室、工会、劳动人事科等管理职责，实施“接诉即办、清单督办、动态跟进、定期通报、到期反馈”，压实工作责任，实现闭环管理。坚持线上线下相得益彰，制定“大谈心”制度，量化段领导班子成员、各科室、车间正副职每月谈心任务，开展“主动问需、实时监控”，实施月度、季度、年度思想动态分析，对“码”上心声服务平台收集的诉求进行精准研判，确保职工诉求管理一贯到底。

3. 广泛宣传。利用交班会、点名会等时机，集中解读“码”上心声服务平台使用方法、办理流程，切实消除职工心理顾虑，营造“开门纳谏”的正向氛围。通过“侯辆在线”内宣平台，编发《一图读懂“码”上心声平台操作流程》，在各班组微信工作群进行广泛推送宣传，确保人人知晓、个个会用。同时，针对部分老职工对手机操作不熟悉的实际情况，组织宣传骨干深入车间班组进行“一对一”教学，耐心示范每项步骤，保证职工心声“说有平台、讲有人听”。

（二）畅通“微循环”，办理“有速度”

1. 全天候“线上值班”。段党委建立“码”上心声服务平台岗位履职、工作标准、工作任务、问题管理、考核评价等5个方面清单，建立轮流值班机制，通过明责、知责促进履责、尽责。党委办公室、劳动人事科专人

24 小时“线上值班”，第一时间反馈职工诉求 235 次，与职工建立良好互动，实现接诉办理“全天候、不打烊”。依托思想政治工作各层级的“网格长”，每天观察班组职工工作状态，通过询问身边同事、查阅社交平台等方式，分析职工情绪状态，及时了解上报“新入路职工环境不适应”等诉求问题 125 件，实现“人人做、做人人”。

2. 精准化“问题分类”。坚持问题归口管理，由党委办公室统一建立职工诉求问题清单，按照“民生、权益、安全、生产、改革、生活”列出 6 个清单，“点对点”通知承办科室车间，明确解决措施、完成时限，并将问题承办情况向职工进行反馈，让职工安心、放心。同时，将职工诉求分为“紧急办理”和“常规办理”两类，针对“紧急办理”的诉求实行“一天一督促、两天一回复”“外地职工小李感冒无人照顾、急需陪护关照”等 28 件“紧急办理”诉求得到及时解决，实现精准有效办理。

3. 常态化“谈心回访”。坚持“带着问题谈”，督促承办部门到车间班组回访谈话 24 次，对“绩效分配不合理”“午间间休没场地”等 35 件诉求进行现场调研核实回访，确保职工诉求合理解决。强化属地管理，将车间党支部书记、班组工长作为“聊吧”骨干人员，针对 125 名思想有波动、工作受考核的职工，组织骨干人员轮流“坐诊”，理顺情绪、讲清道理，确保职工思想稳定、队伍稳定。

（三）压实“责任田”，实事“有温度”

1. 从尊重需求出发，回应职工关切。针对职工关心关注问题，及时将帮扶救助标准、职工休息休假办法等与职工切身利益相关的政策制度上传到“政策解读”板块，让职工准确掌握生、老、病、退等救助标准和程序，保证职工不再为如何维护自身利益感到困惑。坚持因时而异、因事而异、因人而异，分层建立重点职工帮扶表，岗位调整、异地通勤职工由车间正职面对面谈心；生活困难、受到考核职工由包场主任家访谈心；情绪不稳、思想突变职工由班组长负责现场谈心，答疑解惑、精准解决职工诉求问题，努力当好职工思想上的“解忧人”。建立完善薪资待遇、福利政策、工作环境、生产生活等4项分类政策数据库，汇总收集职工意见，发挥平台数据分析优势，定期“复盘”总结，采取措施超前防范，在做好治疗职工思想需求“痛点”的同时，减轻管理人员解决问题的“痛感”，实现从“办好一件事”到“解决一类事”。

2. 从情感需求出发，深化职工关怀。针对青工婚恋交友、职工家庭矛盾等造成的心理问题，充分发挥新媒体平台私密性强的特点，推广“职工信箱”，通过一人一事一解答，解开思想“疙瘩”，卸掉心理“包袱”，促进心理稳定。先后解答职工家庭、婚恋交友等各类问题120余人次，举办4场青年交友联谊会。疏导解决“职工因漏检考核思想不稳定、因孩子高考工作有分心、因食堂饭菜质量不高发牢骚”等思想问题130余件，办理解决“为列检职工更换工作服、为动态检车员配置座椅靠垫”等诉求问题42件，极大提升了职工幸福感。

3. 从价值需求出发，推动职工成才。推行“学业务、上讲台”提素行动，62名管理人员利用各类培训班时机上台授课，提升各级干部“自主管理、风险管控、执行落实、服务现场、总结研究、宣传引导”六种能力。深化“当一天工班长、当一天值班主任”实践活动，建立优秀年轻干部挂职班组长锻炼机制，提升青年职工的工作积极性主动性创造性。健全完善基于实际绩效的薪酬考核激励体系，通过竞聘上岗、立项攻关、小改小革等推动职工立足岗位开展创新创造，采纳转化“金点子”15项，17型车钩高度调整工具等一批攻关成果投入使用，增强了职工获得感。

（四）服务“全过程”，办理“有评价”

1. 设立“回音壁”，公开办理进度。聚焦思想问题和实际困难，分层建立两级“问题库”，利用微信群、侯辆在线微信公众号等多种渠道线上同步公示办理进度、责任人、联系方式等信息，开通留言功能，收到职工留言评价，汇聚民意最大“同心圆”。同步在段食堂等人流量大的地方设立公示栏，将职工诉求解决情况公示4次，全面接受职工群众监督，切实做到办理过程向职工公开，办理结果接受职工检验。

2. 建立“评价墙”，公示工作质效。开展干部办实事好事履职评价，围绕服务态度、承办数量、办结质量等方面下发调查问卷4次，对各级干部进行精准画像、排队打分、评价评比，评价结果通过线上公开、展板晾晒等方式公示，下发通报12期奖优罚劣25人次，进一步激发各级干部履职担当、积极作为的劲头和信心。

3. 用好“硬约束”，激励干事创业。坚持把职工满意不满意作为各级干部履职考核的重要标准，将职工反馈评价结果纳入党建工作质量考评、季度干部履职评价、年度干部述职报告等，作为“七一”评先、榜样选树、先进评选的重要依据，推动思想政治工作效果全方位落实落地，促进各类问题有效解决，让职工切实感受到组织上的关怀与帮助。

（五）融入“大格局”，思政“有实效”

1. 精准分析职工思想。坚持“小事不出车间、大事不出段、矛盾不上交”，根据“码”上心声服务平台职工反映的问题以及职工留言评价，设置职工思想动态直报点、直报员各10个，区分思想波动、情绪起伏、生活难处、工作困惑等，梳理分析职工思想情况14次，专题研究10次，针对性实行精准引导和帮扶，为职工“解疙瘩”“解难题”。

2. 靶向开展教育引导。在精准分析职工思想需求的基础上，采取“划小单元、用小时段、设小议题、讲小段落、创小业绩”宣讲模式，编制3～5分钟宣讲内容，采取快板讲、典型讲、骨干讲等方式，开展示范宣讲、结对谈心、送教上门36次，努力为职工送上有滋有味的“精神大餐”。同时，结合形势任务，丰富“线上”理论产品供给，以“身边人”为主讲人，创作系列思政视频9期，做到在思想上解惑、在精神上解忧、在文化上解渴、在心理上解压。

3. 有效凝聚职工智慧。把职工反映的每一条意见、提出的每一条建言都作为思想政治工作融入中心、参与企业管理的切入点。将职工提出的“金点子”“好建议”运用到现场生产中，“轴承地下输送线”等6项自动化设备投入现场，“吊钩防脱装置”等16项小改小革成果有效转化，“电动车充电自动报警装置”等14项“技防”措施落地见效，极大提高劳动效率、减轻劳动强度，推动企业高质量发展。

三、工作成效

1.诉求解忧更加可感可知。“码”上心声服务平台推广使用以来，百分之百的答复和及时有效的办结，让职工更加愿意通过“码”上心声服务平台反映日常思想动态，实现“一把钥匙开一把锁”。“码”上心声服务平台先后解答职工住房政策、福利待遇、奖励考核等疑惑200余件，办理增设停车位、修缮职工驿站、配发防寒棉服等好事实事58件，实现事事有回音、项项有进展、件件有着落。

2.工作氛围更加融洽和谐。始终把职工群众呼声作为第一信号，坚持民之所呼、我有所应，职工发声从“被动征”变为“主动求”，职工诉求从“中梗阻”变为“一码通”，职工行为从“监督管”变为“自觉行”。先后表彰30名“侯辆榜样”，对15名“揭榜挂帅”职工奖励1.45万元，班组长任免、奖金分配、评先评优等涉及职工利益的21件事项全部纳入班组民管会审议，职工智慧充分吸纳、利益得到协调、矛盾有效化解。

3.品质生活更加触手可及。翻开“诉求账单”，一项项民生工程逐一兑现，900平方米室内活动中心24小时开放，集观影、唱歌、健身、读书于一体的活动场馆常态化运行，360米的彩色环形健康步道投入使用，每月举办篮球、拔河、象棋等文体活动，职工2023年、2024年工资收入实现持续增长，一大批看得见、摸得着的好事实事办到了职工心坎上，职工幸福感、获得感、满意度大幅提升。

4.企业发展更加蒸蒸日上。通过开展“互联网+”思想政治工作，职工心更齐、气更顺、干劲更足，建言献策热情更高，全段安全生产行稳致远，截至2024年9月，实现安全生产3000天；段荣获“全国铁路厂务公开民主管理先进单位”“山西省安全文化建设示范企业”“太原局集团公司模范职工之家”“太原局集团公司平安太铁达标单位”等称号。

四、工作启示

1. 做好新时代思想政治工作，必须守正创新，站在舆论阵地最前沿。思想政治工作必须在多元中立主导、多样中谋共识。要坚持正能量是总要求、管得住是硬道理、用得好是真本事，紧扣时代发展脉搏，推动思想政治工作理念创新、手段创新、载体创新、工作创新，打通“思政 + 网络”深度融合新路子，建强用好信息化思政、智能化思政、大数据思政，为“生命线”加载“数据链”，使网络“最大变量”成为巩固壮大主流思想的“最大增量”，真正让思想政治工作“活”起来、“鲜”起来、“潮”起来。

2. 做好新时代思想政治工作，必须融入大局，走在攻坚克难第一线。思想政治工作必须聚焦中心任务、主动融入大局。要把思想政治工作贯穿到党的建设、安全生产、经营创效、改革创新、队伍稳定各方面各环节，因地、因人、因事、因时开展思想政治工作，充分调动一切可以调动的因素，广泛团结一切可以团结的力量，做到改革攻坚到哪里、职工群众在哪里，思想政治工作就跟进到哪里，综合发力强信心、聚民心、暖人心、筑同心。

3. 做好新时代思想政治工作，必须以人为本，做在职工群众心坎上。思想政治工作必须以职工之心、群众之愿作为根本标准。要始终把职工群众放在心中最高的位置，大兴调查研究之风，下高楼出深院到一线，与职工群众坐在同一条板凳上，奔着他们急难愁盼问题做好访难问苦，摸清职工群众精神上追求什么、工作中需要什么、生活上需要什么，带着真情实感多做思想解惑、工作解难、生活解困、心理解压工作，真正让思想政治工作有温度、聚人气。

（执笔人：杨彪、赵剑、庞珺）

深化思想政治工作一线行
推动职工思想问题多元化解决

中国铁路太原局集团有限公司湖东车辆段党委

一、基本情况

中国铁路太原局集团有限公司湖东车辆段现有职工 3996 人，承担着大秦、京包、北同蒲、韩原线 4 大干线和 6 条支线运用车辆的维修任务，以及大秦线配属 C80 重载货车的检修任务，关乎重载运输安全畅通，承担着重要的政治责任、经济责任和社会责任。近年来，针对职工流动分散、思想活跃、工作压力大等特点，段党委持续深化思想政治工作一线行，通过调查研究、示范引领、闭环管理、服务指导等方式，推动职工思想问题多元化解决，不断筑牢企业思想政治工作生命线，形成了全员同心、目标同向、干群同力、联袂同行的良好局面，推动思想政治工作责任清单和工作规范落地，汇聚起建设全路一流车辆段的强大合力。

二、主要做法

1. 坚持问题导向，搞好调查研究。湖东车辆段党委完善“集体研究定题、按照职责领题、深入一线破题”的调研工作机制，党委书记、副书记围绕探索思想政治工作新规律开展前瞻性调研；其他班子成员围绕破解难题开展对策性调研；党群部门围绕推进工作落地开展跟踪性调研；支部委员围绕典型案例开展解剖式调研，形成高质量调研报告105篇，转化成果22项。为减轻支部负担、提升工作效率，湖东车辆段党委开发思想政治工作信息化系统，全面推进信息思政、数字思政、智慧思政建设，实现数据自动分析、精准画像，推动实现思想政治工作数字化评价，全面提升管理效能。为提升思想政治工作队伍素质，通过岗位互动、综合锻炼，培养党政复合型人才16人。为推动支部思想政治工作责任落实，修订支委班子工作制度，赋予支部重要事项决策权、选人用人建议权和干部履职评价权。为促进班组政治学习规范化，实施"一班组一方案"，由支部书记组织制订班组学习方案计划，检修区每周固定学习时间，每次学习半小时；运用区按班制划小单元，灵活利用交接班、间休时间组织学习，推行落实考勤制度、严格补课制度、严肃考核评价制度，解决班组政治学习制度落不下去的问题；建立一个管理办法、一个流程图等"九个一"学习机制，解决学习不规范、不系统的问题；将"学、讲、谈、评、点"五个环节融入学习过程，着力解决政治理论学习浮在表面、形式单一、标准不一、不接地气的问题。通过调研，了解问题根源，形成务实举措，打通思想政治工作各环节。

2. 强化示范引领，层层压实责任。一是党委抓示范。湖东车辆段党委履行主体责任，编制了《关于加强和改进新时代基层思想政治工作的落实措施》《职工思想动态分析报告管理细化措施》《湖东车辆段谈心谈话管理机制》《职工思想政治工作"十种方法"细化措施》等制度办法，党委委员带头落实为支部上一次思政课、开展一次形势任务宣讲等"五个一"量化要求，着力把联系点打造成为示范点。搭建"美丽湖辆·重载榜样"平台，聚焦一线"草根明星"，选树安全示范标兵、岗位技术能手、行为规范标杆等先进典型181人，逐步形成层层有典型、职工身边有榜样的良好局面。抓实文化引领，编纂《重载文化管理导引》，建立"重载精神理念"等四大识别系统，用好重载文化教育园区，组织职工集体宣誓和入路职工“第一课”，开展主题党日活动、举办思政课大赛，大力弘扬重载文化，构建重载党建管理、安全管理等十项管理体系，实施十大强段工程。二是科室抓服务。用好“重载之声”大讲堂，常态化组织科室开展形势任务宣讲、制度解读，开通8条政策答疑热线；利用重载之声微信公众号开设“知情岛”专栏，针对“五险一金”、产假、大病医疗等热点问题进行持续性科普解答；针对安全考核、奖金分配等热点问题，实行劳人科、财务科、安全科、技术科等科室归口负责制，将思想政治工作责任融入专业管理全过程。三是支部抓落实。细化必谈必访清单，采取交心谈、家访谈等6种谈心方法，实行支委“网格化”包保谈心，开启第一届“走进职工家、贴近职工心”大家访活动，让700余名干部、工长贴近职工身边、走进职工家庭，全面了解职工道德品行、思想动态、家庭状况，精准掌握职工的心理变化，主动消除职工的思想负担，全年覆盖一线职工90%以上。编发《正能量宣讲机制》，聚焦中华优秀传统文化、社会主义核心价值观、重载文化，细化了“讲政治、讲政策、讲道德、讲感恩”等8项宣讲内容，明确了6个宣讲主体、3种宣讲形式，开展“扛旗争先展作为”正能量宣讲200余场次，用正能量的良好氛围促进职工良好行为习惯的养成，用良好的行为习惯促进检修作业标准的落实，有效凝聚全员攻坚合力。

3. 解决急难愁盼，回应群众关切。一是畅通诉求渠道。开发“二维码直通车”微信小程序，划分“我要求助”“我要曝光”“我要举报”“我要评价”“我要点赞”“我要投票”“我要建言”“我要评议”八大功能，制作宣传海报，在全段17个车间、22个作业场点及职工间休区、办公区宣传栏醒目处张贴，通过扫码，职工可以发布求助信息、检举曝光违规违纪行为、对科室工作进行评价等，让数据多跑路、让职工少跑腿，有效强化干部职工参与现场管理、发挥监督作用的积极性。程序开通以来，“二维码直通车”使用超50000人次，其中17个车间党总支使用“我要评议”，完成了对1303名党员、102个党支部的民主评议；组织各车间职工对科室进行正能量评价8次，并及时反馈、整改落实，切实帮助科室转变作风，提升服务能力；先后收集“我要建言”“我要求助”“我要曝光”信息240余次，解决职工实际问题86件，收获了职工信任的“金口碑”。车间严格执行“一月一对话”，通过职工思想动态对话会，面对面征求意见，了解职工诉求。二是抓好动态分析。班组党支部每月动态了解每名职工的思想情况，掌握班组重点人员；车间党总支（支部）每月分析车间职工思想整体情况，梳理诉求信息，形成职工思想动态分析报告，明确车间自主解决、科室协调解决、党委统筹解决三级问题清单，月度会安排布置、限期办结回复。段党委每月对具有普遍性的职工思想问题进行分析，制定针对性措施；每季作出整体评估和趋势研判，分析不稳定因素，重点掌握普遍性苗头性倾向性思想问题，精准把握职工思想脉搏。三是闭环解决问题。党委办公室建立台账、跟进督办，现场听取意见、跟踪问效，2024年以来，闭环解决问题307件。段迁曹地区两个车间地处偏远、条件艰苦，青工离家远、婚恋难，段党委科学决策，通过提升整备能力、优化作业班制，固化形成迁曹地区青工每2～3年轮换的长效机制，消除了青工长期异地工作的思想顾虑，也给新入路大学生异地墩苗锻炼注入了稳心剂。针对机检作业量大、人员长期疲劳作业造成漏检故障多、定责考核多的问题，段党委积极推行TFDS智能识别技术应用，漏检问题大幅减少，职工心气顺了、干劲更足了。

4. 强化服务指导，推动工作落实。一是精准服务指导。细化思想政治工作标准化流程，汇编指导书、工作手册，编发典型案例集，优秀案例、情景教学，系统化深入解答工作困惑，将思想政治工作标准化流程内容纳入支部书记、工班（组）长培训班，通过分类分层服务，有的放矢，有效提升思想政治工作专业能力。二是发挥品牌作用。坚持“一车间一品牌”“一支部一特色”，湖东检修车间党总支打造“正能套餐”，通过巩固基础“正餐”、宣讲教育“宴餐”、实行激励“便餐”、推出疏导“快餐”、烹制整治“专餐”，为干部职工持续注入“正动力”，筑牢了正能“防火墙”；

修配车间党总支依托重载制动检修中心完备的信息化系统，为每个工位植入了“情绪看板”小程序，将职工点与工友聊、工长察相结合，通过情绪收集、情绪研判、情绪化解，持续做好职工思想政治工作；通过创立“文强”月讲小课堂、“护航先锋”及“明锡讲思政”等一批接地气、见实效的思想政治工作品牌，辐射带动整体水平提升。三是实施多维评价。对照《基层思想政治工作标准化测评体系》，建立段考评办法，对党群部门、车间总支、班组支部、支部委员、党员实行正负积分评价，每季度考评一次，一年为一个周期，按照个人自评、党员互评、组织评定等步骤进行，评选命名6个示范车间班组，激发了全段抓思想政治工作的主动性。

三、工作成效

1. 搭建干群“连心桥”。湖东车辆段党委坚持“以人民为中心”的发展理念，贯彻落实“大兴调研之风”工作要求，在知民情、解民忧、暖民心、聚民力上下功夫，实现问题高效解决、情绪快速疏导，打通了职工思想工作“最后一公里”，推动形成更加紧密的企业与职工命运共同体。坚持思想问题和实际问题共同解决，通过做实工作上指导、生活上关心、心理上疏导，针对性做好一人一事思想政治工作，进一步增强了党员干部为职工办实事、解难题的服务意识，让职工的话有人听、事有人办、建议有人采纳。党员干部及时回应职工关切诉求，加强了人文关怀，取得了职工信任，进一步密切了干群关系，逐渐形成一条干群联系的桥梁纽带。

2. 绘就思想“同心圆”。以坚定职工理想信念为主线，扎实开展职工政治理论教育、正能量宣讲、先进典型选树等活动，持续强化拥护“两个确立”、做到“两个维护”的思想自觉和行动自觉，筑牢共同的思想根基。广大干部职工的爱路爱企精神、敬业精神、奋斗精神和奉献意识被进一步激发，“负重争先、勇于超越”的大秦重载精神、“站在第一、做到最好”的作业理念进一步深入人心。近年来，先后涌现出全国五一劳动奖章和“全国铁路劳动模范”李建兵、“茅以升科学技术奖——铁道工程师奖”“太铁榜样”李秀军、“爱心互助典范”李文君等先进典型。

3. 凝聚发展“聚能环”。通过做实做细思想政治工作，统一了干部职工思想行动，振奋了精神，为各项工作实现高质量发展打下坚实思想基础，思想力、组织力和文化力转化为推动全段管理水平、发展质量和综合实力全面提升的强大生命力，收获“全国创先争优先进基层党组织”“全国安全文化建设示范企业”等荣誉，成为“全路思想政治工作示范点”，被授予“火车头奖杯”，并连续三年获评“全路标杆站段”。截至目前，湖东车辆段实现安全生产6450天。

四、工作启示

1. 必须要建好谈心团队。要挖掘善于沟通交流、有责任心的专兼职党支部（总支）书记、党员干部，在解决职工思想问题的具体实践中加强培养锻炼，并及时配发《思想政治工作研究》《心理学》等学习资料助力“充电”提素，着力打造一支素质过硬、本领高强的谈心团队。

2. 必须要完善工作机制。要不断总结化解职工思想矛盾的经验做法，完善建立责任明确、职责清晰、运转高效的思想问题解决机制，构建各级组织、各个部门联动发力、齐抓共管的工作格局，要从职工思想矛盾的根源上解决问题，推动思想政治工作落地落细、走深走实。

3. 必须要创新方式方法。要发散思维，因地制宜打造谈心工作阵地，归纳总结谈心工作方法、创新思想政治工作方式载体，用好新媒体平台、互联网工作群组，坚持线上线下统筹推进，做到面对面、背对背、线连线相结合，不断扩大收集职工思想动态的覆盖面，不断增强思想政治工作的实效性。

（执笔人：田慧锐、张钰）

职工讲师团：用铁路故事讲好党的创新理论

中国铁路太原局集团有限公司太原客运段党委

一、基本情况

太原客运段是中国铁路太原局集团有限公司所属的唯一客运段，主要担当87对高铁动车组、42.5对普速旅客列车的乘务工作。全段现有职工5420人，队伍构成呈现“三多”特点——党员多，有1900余人；女职工多，有2700余人；青年职工多，有1400余人。为推动党的创新理论扎根万里铁道线，坚持不懈用习近平新时代中国特色社会主义思想凝心铸魂，太原客运段党委聚焦用党的创新理论武装全党、教育人民这个首要政治任务，坚定不移“举旗帜”，打造职工讲师团，创新采取讲故事的方式，着力增强基层理论宣讲的说服力、亲和力和针对性、有效性，在析事明理中把习近平新时代中国特色社会主义思想讲清楚、讲明白，让干部职工听得懂、能领会、可落实，使党的创新理论在铁路勇当服务和支撑中国式现代化的“火车头”的生动实践中牢牢扎根万里铁道线。太原客运段职工讲师团获得太原局集团公司宣传思想文化工作优秀成果。

二、主要做法

（一）着眼增强主体亲和力，让一线职工宣讲党的创新理论，解决好

“谁来讲”的问题

太原客运段党委立足职工“三多”实际，打破由外请理论专家或各级干部作主讲人的传统宣讲模式，以又红又专为标准，优选党员列车长、列车员等职工身边的人，组建以一线职工为讲师的理论宣讲团，由职工讲给职工听，有效消除了主讲人与受众身份差异带来的距离感，切实增强了理论宣讲的亲和力。

1. 以政治要强为首要标准“选好人”。把政治标准放在选人的第一位，明确“五是否五看”的具体检验标尺，即从是否牢固树立“四个意识”看政治忠诚，从是否坚定“四个自信”看政治定力，从是否坚持原则、敢于斗争看政治担当，从是否善于从政治上观察和处理问题看政治能力，从是否严格遵守党的政治纪律和政治规矩看政治自律，多维度评判，确保职工讲师团成员政治过硬，让有信仰的人讲信仰。同时，综合考虑情怀要深、思维要新、视野要广、自律要严、人格要正这“五要”标准，从优秀党员、先进典型、热血青年、理论骨干、政治理论学习积极分子中精选15名理论功底实、业务能力精、工作作风硬的宣讲人才，确保职工讲师团成员除了在政治上可靠外，本领也高，是令人信服的宣讲行家里手。

2. 以实践锻炼为主要途径“育好人”。把实践锻炼作为加强职工讲师团成员能力修养的主要途径，补短板、充足电，努力打造一支政治过硬、本领高强、求实创新、能打胜仗的理论宣讲队伍。春暑运期间，策划组织“坐着火车看山西”采访活动，扎实开展增强“四力”教育实践，提高政治能力，增强专业本领，培养优良作风，推动职工讲师团整体素质实现大提升。以“理论微课365”学习活动为载体，组织职工讲师团制作“让文化自信自强的精神力量更充盈”“坚持改革和思想政治工作同步推进”等精品理论微课，持续厚实理论功底。发动职工讲师团成员踊跃参加太原局集团公司思政课大赛，动车一队列车长叶子讲授的“道德文化赋能客运高质量发展”获得“十佳思政课”，参加“改革创新展作为、提质增效立新功”主题宣讲大赛，动车二队列车长孔令楠、后备列车长白坤双双获得一等奖，在

“赛马”中宣讲能力得到明显提高。

3. 以正向激励为重要手段“管好人”。坚持激励引导为主和排队促尾为辅相结合，调动职工讲师团成员自觉参与理论宣讲、主动提高宣讲质量的工作积极性。一方面，把宣讲绩效与评先推优结合起来，让实干者实惠、优秀者优先，鼓足职工讲师团成员争一流的干劲，把宣讲工作做实做好。职工讲师团 4 名成员被评选为太原局集团公司理论骨干、优秀宣传工作者；2 名成员被推荐入选太原局集团公司青马讲师团。另一方面，以宣讲“数量 + 质量”为考核指标，每年定期对职工宣讲团成员进行绩效评价，综合个人自评、成员互评、群众测评等方面情况，实行“末位淘汰”，鞭策形成你追我赶、奋勇争先的生动工作局面。

（二）着眼实现内容分众化，把发展实践融入党的创新理论，解决好“讲什么”的问题

职工讲师团聚焦铁路高质量发展和现代化建设，以“理论 + 实践”为宣讲内容，以讲铁路故事为宣讲方式，分众化讲好新时代新征程铁路发展成就、发展使命、发展前景，用理论指导实践、实践印证理论，做到了党的创新理论与铁路发展实践同举并重、相辅相成。

1. 回望过去，讲清楚铁路发展成就。围绕“马克思主义为什么行”这一时代之问，抓住新中国成立 75 周年这一契机，组织“高质量发展成就巡礼 · 铁路答卷”专题宣讲，从铁路一域充分印证习近平新时代中国特色社会主义思想的实践力量，教育引导干部职工深刻认识到，新时代以来铁路事业之所以能够取得历史性成就，根本在于习近平总书记掌舵领航，在于习近平新时代中国特色社会主义思想科学指引；开展铁路发展成就宣讲，通过《中国高铁名片熠熠生辉》《中国重载旗帜高高飘扬》等铁路故事，引领干部职工从中感悟真理力量、坚定理论自信，增强学习贯彻的自觉性和坚定性。

2. 立足现在，讲清楚铁路发展使命。围绕“勇当服务和支撑中国式现代化的火车头”这一使命任务，运用习近平新时代中国特色社会主义思想

的世界观和方法论，以及贯穿其中的立场观点方法，深刻认识和把握铁路发展面临的时与势、肩负的担与责，搞清楚“怎么看”，弄明白“怎么办”。在“学习贯彻党的二十届三中全会精神”宣讲中，开展“你问我答”靶向式解读，紧扣中国式现代化主题，以铁路故事阐释好铁路勇当“火车头”的发展使命，聚焦“改什么”和“怎么改”，开展“学习贯彻党的二十届三中全会精神”视频微宣讲7期，把干部职工的思想和行动迅速统一到全会精神上来。

3. 展望未来，讲清楚铁路发展前景。围绕“率先实现铁路现代化”这一宏伟蓝图，组织“解码铁路现代化”专题宣讲，讲清楚2025年构建“六个现代化体系”的近期目标，激励干部职工从党的创新理论中汲取奋进力量。以“率先实现铁路现代化，为铸就中国梦贡献硬核力量”为主题，通过“‘八纵八横’高速铁路网有多长”的故事，讲好“构建现代化铁路基础设施体系”；通过“春运70年看铁路速度：从2300万人次到48400万人次”的故事，讲好“构建现代化铁路运输服务体系”，教育引导干部职工把蓝图目标变为美好现实，在强国建设、民族复兴新征程上为实现铁路现代化作出积极贡献。

（三）着眼提升传播实效性，用铁路故事阐释党的创新理论，解决好“怎么讲”的问题

在理论宣讲中，职工讲师团紧紧围绕理论热点，通过“理论+故事”的组合，把党的创新理论用简单质朴的语言讲清楚、用通俗易懂的方式说明白，既以“发展中的铁路”摆事实，又以“理论中的铁路”讲道理，用铁路这滴水折射出习近平新时代中国特色社会主义思想的真理光辉。

1.“点”读，化整体为碎片。聚焦习近平新时代中国特色社会主义思想“十个明确”“十四个坚持”“十三个方面成就”等主要内容，以“热词解释”“金句释义”“大事印记”等方式，化整为零，由点及面，把这一重要思想的核心要义解读好。组织“理论热点百词解”，讲好“人民铁路为人民”的故事，对“两个确立”“两个维护”“人民至上”等理论热词进行及

时、准确、系统的解释。以“学习强国”学习平台“习近平文汇”58项内容为体系，组织“习近平总书记重要论述”串讲，串点成线、连线成面，全面系统讲好党的创新理论。

2.“例”释，化枯燥为生动。宣讲过程中穿插干部职工身边的或者耳熟能详的鲜活事例，把枯燥的理论讲生动，更好推动习近平新时代中国特色社会主义思想入脑入心。在阐释“完整准确全面贯彻新发展理念”时，通过习近平总书记2018年新年贺词“复兴号奔驰在祖国广袤的大地上”、2021年乘坐京张高铁在太子城站考察讲话“我国自主创新成功的一个范例就是高铁”两个事例，讲好习近平总书记点赞中国高铁的精彩故事，展示新时代“国家名片”中国高铁“完整准确全面贯彻新发展理念”，坚持创新发展，完成从跟跑到并跑、再到领跑的靓丽跨越。

3.“数”说，化抽象为具体。以数读铁路讲好铁路高质量发展故事，把一个个铁路发展成就用一组组令人震撼的数字表现出来，用数字变化呈现新时代铁路高质量发展的非凡历程，生动反映习近平新时代中国特色社会主义思想的科学指引。在铁路发展成就宣讲中，通过4.51亿吨年运量、138.42万吨单日运量、13分钟的列车发车间隔、累计发运煤炭80多亿吨等十组具体翔实的数据，透视中国第一条重载铁路、“中国能源大动脉”大秦铁路新时代发展之变，直观讲述“中国重载第一路”是如何炼成的，增强理论宣讲的说服力。

4.“媒”传，化单一为多元。发挥新媒体平台传播优势，将理论宣讲从线下“面对面宣讲”拓展为与线上“指尖宣讲”相结合的多元模式，同步运用“图解理论”“理论短视频”等宣讲产品，让党的创新理论触“屏”可及、直达干部职工。以段内宣主平台太客融媒微信公众号为传播载体，在讲述《中国重载旗帜高高飘扬》故事中同步推送《大秦铁路的一分钟》短视频，反映国铁企业坚决落实降低全社会物流成本的政治担当，以及全力做好电煤保供工作的显著成效；在讲述《中国高铁名片熠熠生辉》故事中推送《探班！列车乘务员的一天》图文产品，记录动车一队C151次列车长张杨青坚持人民至上、生命至上，为打造平安、有序、温馨春运尽心尽力、尽职尽责的感人事迹，与线下宣讲同向发力、优势互补。

三、工作成效

1. 探索了基层理论宣讲的有效路径。基层宣讲是打通党的创新理论传播“最后一公里”的重要渠道。打造职工讲师团，从主体、内容、方法上解决好“谁来讲”“讲什么”“怎么讲”等实际问题，是太原客运段党委在深入调研的基础上，探索创新基层理论宣讲的一次有益实践，对做好新时代铁路基层理论宣讲工作具有一定的借鉴作用。

2. 提升了思想政治工作的引领力量。结合实际把党的创新理论传播好，是铁路各级党组织开展思想政治工作的第一位任务。太原客运段党委打造职工讲师团，以干部职工身边的人为主体，以铁路发生的事为论据，用事实和数据说话，极大增强了理论宣讲的亲和力、说服力和针对性、有效性，提升了思想政治工作的引领力。

3. 把牢了铁路改革发展的前进方向。习近平新时代中国特色社会主义思想是指导新时代新征程铁路改革发展的强大思想武器。太原客运段党委打造职工讲师团，加强和改进基层理论宣讲，有力促进党的创新理论深入人心，推动了干部职工知行合一。

四、工作启示

1. 讲故事的人要“又红又专”。做好基层理论宣讲工作，关键在人，“谁来讲”是首要因素。用铁路故事讲好党的创新理论，最重要的是要有会讲故事的人，必须既政治过硬又本领高强。针对外请理论专家辅导讲座联系干部职工思想和工作实际不紧密、“理论味”过浓，太原客运段各级干部理论宣讲偏重实践、“理论味”太淡的实际，太原客运段党委以问题为创新的起点和动力源，把政治上可靠作为第一标准，遴选在理论上、笔头上、口才上或其他专长上有“几把刷子”的职工，组建打造讲师团，在选好人的基础上育好人、管好人，把专业的事交给专业的人来做，有效解决了宣讲内容理论和实践畸轻畸重的问题。同时，让职工自己宣讲党的创新理论，主讲人和受众的身份是相同的，无形中拉近了彼此的心理距离，从主体上增强了理论宣讲的亲和力。

2. 明道理的事应“相辅相成”。巧妇难为无米之炊，做好基层理论宣讲工作，必须坚持内容为王，“讲什么”至关重要。没有好的铁路故事，职工讲师团成员“以其昏昏，使人昭昭”，就讲不好党的创新理论，也达不到真学真懂真信真用、深化内化转化的效果。太原客运段党委聚焦深学笃用党的创新理论，以铁路实践为坐标轴，从过去、现在、未来三个时间维度，通过一个个有血有肉的铁路“小故事”，以铁路发展成就感悟党的创新理论伟力，印证中国化时代化的马克思主义行，以科学理论指引铁路发展使命、铁路发展前景，寓理于事、缘事析理，把党的创新理论“大道理”讲清楚、讲明白，做到了析事与明理相辅相成、相得益彰。

3. 见效果的法能“入脑入心”。“方法对头，事半功倍，方法失当，事倍功半”。做好基层理论宣讲工作，必须讲究工作方法，“怎么讲”也是不容忽视的问题。面对铁路干部职工，把党的创新理论讲得通俗易懂，必须融入身边事身边人。太原客运段党委以铁路人为故事里的主角，以铁路发展实践为故事内容，用事实和数据说话，极大增强了理论宣讲的说服力和针对性、有效性，收到了吹糠见米、立竿见影的明显效果，有力推动了习近平新时代中国特色社会主义思想入脑入心，在新时代新征程客运高质量发展和现代化建设生动实践中真正落地生根、不断开花结果。

（执笔人：阳过、刘建军、赵芳）

“三个课堂”：让党的创新理论滋养职工心田

中国铁路太原局集团有限公司侯马北机务段党委

中国铁路太原局集团有限公司侯马北机务段党委高度重视干部职工政治理论学习，认真落实国铁集团宣传部提出的“一班组（一车间）一方案”，从人员占比最多、组织难度最大、工学矛盾最突出的机车乘务员队伍入手，开辟“三个课堂”班组政治学习模式，既满足了全员覆盖学、分层递进学，又实现了学以致用、学用相长。

一、基本情况

侯马北机务段负责担当南同蒲线、瓦日线、侯西线、侯月线、介西线、西南环线货运列车牵引值乘任务，乘务里程1401公里，机车运营里程2519公里，共计支配各型机车302台。全段现有职工4302人，其中党员1206人，呈现出点多线长、人员分散的特点。侯马北机务段党委结合工作实际，着力开辟“三个课堂”的学习模式，推动习近平新时代中国特色社会主义思想、党的二十届三中全会精神及习近平总书记关于铁路工作重要指示批示精神进班组、到岗位，入心入脑、见行见效，为勇当服务和支撑中国式现代化的“火车头”不断凝聚磅礴力量。

二、主要做法

铁路工作普遍具有的点多线长、人员分散、劳动相对密集等特点，增加了集中开展政治学习的难度。段党委从人员占比最多、组织难度最大、工学矛盾最突出的机车乘务员队伍入手，创建了“三个课堂”思想政治工作品牌，并在“看”“读”“考”“评”班组政治学习“四部曲”的加持下，着力优化组织、深化讲解、活化形式，推动了全员覆盖学、分层递进学，提高了学习质量。

（一）坚持紧扣实际、优化组织，确保坐得下来、学得起来

如何更好化解工学矛盾，一直是段党委寻求不断提升职工政治学习质量的当务之急。在不影响生产秩序和确保安全稳定的前提下，段党委采取以时间换空间的思路，开设了“周一课堂”“每日课堂”以及“补学课堂”，满足职工工余时间“想学随时可以学”的需求，从根本上解决了学不起来的问题。

1. 开设“周一课堂”，组织管理人员示范学。各党支部利用每周生产交班会时机，固定在周一 14:30 ～ 15:15 时段开展“周一课堂”，每次时长 45 分钟。“周一课堂”主要是组织管理人员进行政治理论集体学习，做到先学一步、学深一层，确保管理人员在分管范围内能够示范带动职工完成学习周期内的各项学习任务。

2. 开设“每日课堂”，组织当班职工轮流学。针对机车乘务员实行轮乘制的工作特点，各党支部固定在每天的 10:00 ～ 10:30 时段开展“每日课堂”，采用同一内容、多次组织的方式达到覆盖更多职工的目的，每次时长 30 分钟，每旬完成一轮学习。职工可根据自己的工作和生活实际，每旬任选一天参加“每日课堂”的学习，这样下来，每月可完成 1.5 小时的集体学习时长。

3. 开设“补学课堂”，组织缺课人员补充学。从事货运列车牵引值乘工作的机车乘务员作息时间不固定，每旬均会有个别职工因值乘任务紧张或

个人原因，错过“每日课堂”学习。各党支部开办“补学课堂”组织职工进行集中补课，时间固定在每旬第一、五、十天的 19:00 ～ 19:30 时段。缺课职工可根据自身实际，自愿选择时间参加集中补学，以确保完成每月规定的集体学习时长。

洪洞北运用车间机车乘务员赵钦表示，他值乘的瓦日线交路日常运转比较繁忙，但是政治学习一点也没有落下，主要得益于让他每天都有机会学习的车间“每日课堂”和可以托底的“补学课堂”。

（二）坚持内容为王、深化讲解，确保讲得明白、听得进去

对职工来说，集体学习时间是弥足珍贵的。如何提高集体学习的授课效率和教学质量，成为各车间党组织面临的共同课题。段党委坚持从授课内容的准备上出发，提升授课人的授课能力，确保了“三个课堂”持续高效运转。

1. 在内容上精挑细选。围绕“想让职工知道的”和“职工想知道的”两个重点，段党委按月下发政治学习计划，指导各党支部开列学习清单，甄选摘编 1 ～ 2 篇主流媒体解读文章，确保每次学习突出一个重点。2024 年以来，全国范围内发生多起火灾事故，段党委及时梳理习近平总书记关于安全生产的重要论述，纳入学习清单，结合身边安全案例组织职工专题学习，受到职工的欢迎。

2. 在备课上做足做细。段党委紧紧抓住授课人这个关键，指导各党支部授课人在每次授课之前，拿出两个小时精心准备打磨授课内容，并鼓励各党支部书记带头走出去，利用参加各类培训的时机，学习授课技巧，提升授课能力。针对个别新任职党支部书记怯场的问题，鼓励他们在不同的场合首先发言、适应环境。针对个别授课人讲课时照本宣科，不会延伸的问题，推荐他们观看相关视频资料、阅读党报党刊，搭建完备的政治理论知识架构。

3. 在时效上贴近形势。始终听党话、永远跟党走，是铁路的优良传统，是铁路人血液中流淌的红色基因。在安排班组政治学习计划时，段党委紧

跟习近平总书记重要讲话精神，紧贴铁路发展形势任务和机务段具体实际，坚持运用党的最新理论破解段高质量发展所面临的各种困难和挑战。针对铁路货运形势出现下滑趋势的实际，段党委及时组织全段职工学习习近平总书记关于有效降低全社会物流成本、优化运输结构、强化“公转铁”的重要讲话，提振精气神，激发奋进力。侯北二运用车间一队党总支书记刘文智分享说，太原局集团公司“决战四个月　打赢攻坚战　坚决完成7.88亿吨目标任务”下达后，车间第一时间组织干部职工进行了全面深入的学习讨论，提出并回答了为什么要决战、怎样打赢攻坚战等关键问题，大家心里有了谱、手上有了劲。

（三）坚持交流互动、活化形式，确保学有所获、学以致用

段党委在以“三个课堂”为抓手推进落实班组政治学习的过程中，坚持将“看”“读”“考”“评”嵌入其中，让职工深度参与课堂活动，提升集体学习的吸引力和感染力。同时，段党委坚持将各党支部集体学习过程中征集到的意见建议进行收集评估，好的意见建议及时采纳实施，达到听民意、解民愁、暖民心的良好效果。

1.“情境式”带入。为了营造良好学习氛围，以最直观的方式了解学习重点，在“三个课堂”中设置了“看”和“读”两个环节。针对每次学习重点，由党支部书记负责，一方面在“学习强国”App、人民网、新华网、人民铁道微信公众号等平台精选相关的短视频和理论微课，在“看”的环节组织职工进行集中观看；另一方面从《人民日报》《人民铁道》等报刊中摘选部分段落，安排“看”的环节在课上由1～2名职工进行诵读领学，从字里行间感受理论的力量。

2.“交流式”互动。为真实检验集体学习质量，学习中设置了“考”的环节，随堂提问或者测验部分知识点，并结合答题情况进行课上交流，确保不把疑问带出课堂。在授课过程中，还注重引导和鼓励职工主动发言、交流思想。在每次集体学习末尾设置“评”的环节，职工可以对知识点进行交流讨论，也可以结合形势任务和生产实际提出意见建议。“从安全稳定

大局中看工资增长”等话题，让职工算好安全成本账和职工收入账，在精神上受鼓舞、行动上增信心。

3.“成果式”运用。段党委通过“三个课堂”，推行“看”“读”“考”“评”以来，收集到许多有价值的意见建议。面对职工的意见建议，及时回应诉求，积极兑现承诺。针对青年职工提出因日常工作繁忙、交友婚恋较为困难的问题，段工会和团委共同建立了“红娘”专项激励机制，动员全段职工为适龄未婚青年职工交友婚恋牵线搭桥，并在侯北一运用车间成立了“缘来工作室”。对于机车乘务员在介休站等待换班没有落脚休息的地方的问题，段党委高度重视，在介休站开辟“大车驿站”，不仅可以落脚休息，还有空调和热水，职工们非常满意。依托班组政治学习时机搭建的“民意直通车”，已帮助解决职工急难愁盼问题47件。

三、工作成效

1. 建立科学有效的学习机制。段党委结合机车乘务员值乘作业不规律、常常昼夜颠倒的特点，除了组织各党支部加大集体学习的组织频次，建立“周一课堂”和“每日课堂”外，还开辟了“补学课堂”，让夜间等待出乘的机车乘务员也可以利用闲暇时间参加集体补学，从而最大限度为机车乘务员的学习提供了便利。

2. 营造严肃活泼的课堂氛围。段党委从扭转“三种课堂”学习氛围入手，指导各党支部严格落实“看”“读”“考”“评”班组政治学习“四部曲”，组织授课人教学有计划、课前有准备、授课有互动，督促听课人严守课堂纪律、积极参与教学活动，把班组政治学习打造成了学习理论、碰撞思想、答疑解惑、指导实践的平台，使职工学有所获。

3. 打造引人入胜的教学效果。指导各党支部在备课阶段多下功夫，通过“学习强国”App、人民网、新华网、人民铁道微信公众号等平台备足视频素材。组织学习前，结合讲授重点，首先播放理论微课等短视频，让职工快速进入学习状态；授课的过程中，根据学习需要，穿插播放纪录片、专题片，让职工了解理论背后的故事，并清晰掌握理论形成的脉络。

四、工作启示

1. 要做到因地制宜、因材施策。各单位的生产组织形式、工作开展方式均不统一，所适应的学习机制也不尽相同。应在坚持“围绕中心、服务大局”的原则下，结合本单位生产工作实际和职工作息情况，建立起科学有效的学习机制，确保职工能够在精力充沛的情况下参与班组政治学习活动，高质量完成学习时长量化要求，并达到全员覆盖学习的标准。

2. 要做到教学有方、勤学上进。教，有方法；学，有风气。面对紧张的生产任务，一些班组政治学习往往会存在不同程度的照本宣科，缺少课堂互动和扎实学风，弱化了班组政治学习的效果。应积极破除生产班组政治学习不深不实的问题，努力向有限的集体学习时间要质效，可比照学校课堂教与学的形式，打造具有企业特色的学习课堂。

3. 要做到紧跟形势、与时俱进。在信息网络快速发展、短视频盛行的当下，人们更加愿意通过可视化、短平快的方式接收信息。班组政治学习也应紧跟时代发展的步伐，借助短视频等形式网罗最新最权威的理论作品，让职工以喜闻乐见的方式加速理论知识的学习和理解。通过相对新颖的授课方式，保持职工对于授课内容想听爱看的积极性，从而让职工更加愿意走进课堂，主动接受党的创新理论。

（执笔人：于洋、邢云飞、魏雷昊）

相册里的思想政治工作

中国铁路太原局集团有限公司侯马北工务段党委

思想政治工作是党的优良传统、鲜明特色和突出政治优势，是一切工作的生命线。党的十八大以来，习近平总书记高度重视思想政治工作，就加强和改进思想政治工作作出一系列重要论述，特别是党中央正式提出习近平文化思想，进一步为我们指明了前进方向。中国铁路太原局集团有限公司侯马北工务段党委认真贯彻党中央决策部署，全面落实铁路宣传思想文化工作会议和基层思想政治工作推进会精神，以加强人文关怀为切入点，探索实施“相册里的思想政治工作”，为奋斗在安全生产一线的干部职工拍写真、做相册，运用职工最易接受的影像语言展现敬业之美，彰显平凡之美，诠释劳动之美，串联起了企业、职工和家属的情感脉络，有效确保了队伍稳定，凝聚起攻坚合力。

一、基本情况

侯马北工务段地处山西南部，管辖着南同蒲线、侯月线、侯西线1800余公里线路，是太原局集团公司设备管辖最多、最复杂，人员最多的工务段。近年来，铁路运量不断提升，给设备养护带来了较大压力。工务段管内设备情况复杂，压力尤为明显。特别是一干就是一个多月的集中修施工，让很多异地工作的职工长时间无法与家人团聚，家属不理解造成的压力，给职工队伍稳定和生产安全埋下了隐患。为破解难题，段党委在全段开展了调研。座谈中，有职工反映："虽然累，可每次组织观看段上制作的集中修短片和相关媒体报道时，大家都在寻找同事和自己的镜头，还谈论背后的故事，满脸都是喜悦。"参与调研的人员感到，大家想上镜就反映出希望被肯定、被认可，这样的精神鼓励很重要。同时，画面直观展示也有助于家属全面了解职工在岗情况，对于争取理解支持有所帮助。在此基础上，段党委经过总结探索，决定以"相册"为主要载体，为奋斗在安全生产一线的干部职工拍照留念，定格他们的劳动瞬间、生活片段，将这些照片汇集成册集中展示，或在关键纪念节点送给干部职工留念。同时，把开展"相册里的思想政治工作"和家访谈心有机融合起来，在搜集职工成长经历资料的过程中同步开展家访谈心，倾听职工和家属的意见建议，了解职工家庭情况，掌握和解决实际困难，用实实在在的工作成效确保职工队伍稳定。

二、主要做法

（一）把镜头拉近现场，定格美好瞬间

段党委坚持用相册这个小载体做好思想政治工作这篇大文章，推行"相册里的思想政治工作"，让劳动瞬间、生活片段成为职工永恒的记忆，增强职工的归属感和荣誉感。

1. 让先进典型发光、让集体印记闪耀，小相册带来大荣誉。习近平总书记指出："伟大时代呼唤伟大精神，崇高事业需要榜样引领。"弘扬先进典型，就是要弘扬他们身上展现的忠诚、执着、朴实的鲜明品格。长期以来，段党委坚持将镜头对准先进典型人物，激发个人自豪感和集体荣誉感，先后选出 13 名在太原局集团公司有一定影响力的侯工楷模，再运用相册这个载体最大限度扩大先进典型的示范引领效应，组织所在党支部收集图片素材，设计制作方案，印制先进典型事迹系列相册集，利用"相册里的思想

政治工作”展评交流会，在全段集中展示。太铁之星张东胜、技能大师李国强、扎根深山的女工长常淑丽……这些职工眼中的“能人”“强人”的相册格外引人注目。参观展评会的干部职工从相册中琳琅满目的荣誉证书和称号、各项国家专利、小发明小创造中，直观感受到了身边典型几十年如一日埋头苦干、拼搏奋斗的崇高精神。围绕庆祝建党一百零三周年系列活动，段党委精心设计制作了《书画艺术作品展示册》，通过一张张生动鲜活的照片、一幅幅笔精墨妙的书画作品，留存全段干部职工的共同记忆，为创建一流工务段不懈奋斗。

2. 用平凡书写不凡、用故事防范事故，小相册带来大温暖。习近平总书记指出，只要有坚定的理想信念、不懈的奋斗精神，脚踏实地把每件平凡的事做好，一切平凡的人都可以获得不平凡的人生，一切平凡的工作都可以创造不平凡的成就。段党委坚持将镜头对准普通职工，挖掘职工背后的凡人小事，以真实生动的作业场景温暖职工、温暖家属。为展示普通职工敬业、坚守、奉献、专注的美好身影，段党委多次组织研讨，确定“遵章守纪按标作业的好职工”“不忘初心执着坚守的好党员”“爱段如家乐于奉献的好师傅”“乐观向上拼搏奋进的好青年”等普通群体，从他们平凡的工作中挖掘闪光点，拍照留念，汇集成册，让职工感受到人生的精彩、价值的体现。为稳固职工的家庭“大后方”，在相册制成后，组织各党支部及时送到职工家中，为职工家属讲述相册背后的故事，增加职工家属对工务人的理解和支持，发挥好相册的“桥梁纽带”作用。端氏线路车间青年党员李嘉兴家在侯马，常年异地工作，与妻子聚少离多，顾不上家，妻子很有怨言。2023年，李嘉兴被评为段“优秀共产党员”，车间党支部为他制作了一本工作相册，翔实记录了这名普通线路工的工作状态，检查、维修、施工……看着相册里爱人风餐露宿、认真工作的样子，妻子理解体谅了工务人的艰辛，夫妻感情变得融洽了。

3. 为特殊节点赋意、为特殊集体发声，小相册带来大力量。做好思想政治工作，关键是要增强吸引力和感染力，让群众爱听爱看、产生共鸣，充分发挥正面宣传鼓舞人、激励人的作用。段党委注重发挥特殊时间节点的放大效应，组织各党支部在职工新婚、临近退休等具有特殊意义的时刻，为职工精心制作相册，送上特殊礼物，暖了职工的心，融洽了干群关系。曲沃线路车间青年技术员潘静整天扎根现场、敬业奉献，是青工学习的榜样。在他新婚大喜的日子，车间党支部送上一本记录他各个工作瞬间的精美相册，刷新了亲朋好友对铁路工作、对工务人的认识，潘静很受感动，工作更加勤奋努力。侯马线路车间即将退休的职工文继胜岗位经历丰富，先后在烟庄、垣曲、河津、稷山、新绛等9个站点工作过，车间党支部书记了解到文继胜的工作经历后，背上相机到各站点寻找素材，为他制作了一本珍贵的回忆相册，激励文继胜一直干到最后一班岗。在综合修施工、防洪抢险救援等急难险重任务中，组织各党支部为支援队伍、包保干部等易被“遗忘”的群体制作相册，记录下干部职工合力保安全的最美身影。侯马北重点维修车间常年在管内沿线进行支援，作业标准高、作业质量好，受到了兄弟车间的一致好评。在2024年侯阎线综合修施工中，清涧线路车间党支部以“最美的你”为主题，为前来支援的侯马北重点维修车间干部职工拍摄作业特写，制作成电子相册，在施工进度过半时通过微信群转发，鼓舞干部职工发扬连续作战精神，确保施工任务全胜。

（二）把相册送上家门，开辟沟通渠道

段党委始终把为职工排忧解难、解决实际问题作为思想工作的落脚点，把“相册里的思想政治工作”推进过程有机嵌入思想工作的全过程，在邀请党员干部职工收集相关资料、参与相册制作的同时，积极开展谈心、家访活动，及时了解解决党员干部职工的急难愁盼问题，收到较好效果。

1. 用“相册里的故事”筑牢二道防线。在相册制成后，各党支部书记怀着满满的诚意与关怀，及时将承载着无数回忆与感动的相册送到职工家中，为家属讲述相册背后职工敬业爱岗、拼搏奉献，为实现目标而付出辛勤汗水与不懈努力的故事。这些相册和故事如同纽带一般，将企业、职工与家属紧密联系在一起。家属们通过这些故事，更加深刻地理解工务人的

辛苦与工作的重要性，也对他们付出了更多的敬意与心疼。相册充分发挥着“桥梁纽带”的作用，让爱与理解在家庭和职工之间流淌，为稳固职工的“大后方”起到了积极的促进作用。

2. 用家访的机会解决实际困难。段党委把开展“相册里的思想政治工作”和落实家访谈心制度要求有机融合，在搜集职工工作生活经历图片的过程中，同步开展家访谈心，建立民情民意“直通车”，倾听职工及家属的意见建议，了解职工家庭现状，掌握实际困难。对收集到的具体问题分类梳理，定期组织党办、工会、办公室、劳人科等部门协商研究，“一站式”协调解决职工社保、工资收入、家庭矛盾等各类问题170余件，并及时通过党支部向职工反馈解决情况，用实实在在的工作成效确保职工队伍稳定。

3. 用创建的品牌传递组织关怀。段党委着力放大“相册里的思想政治工作”的品牌效应，把各党支部家访谈心中涌现的特色做法，及时在全段范围内宣传推广，推动全段各党支部思想政治工作扎实开展。临汾线路车间党支部书记在推动“相册里的思想政治工作”的两年时间里，同步全覆盖、无死角地对车间102名干部职工进行家访谈心，记录下近12万字的《家访日记》，段党委持续转发后，在干部职工中引起热烈反响。

（三）把成果拓展延伸，持续凝聚合力

经过实践探索，段党委健全完善机制，围绕“让每个职工都有念想”的出发点，发现平凡，感恩奉献，持续发挥好“相册里的思想政治工作”的凝心聚力作用。

1. 实施全过程留痕管理。建立“相册里的思想政治工作”管理办法，以党支部为单位，为职工建立专门文件夹，把设计过程、推进措施、照片素材、成品相册等统一归档管理，做到“一人一档”，确保工作思路有形化、推进措施有形化、工作成果有形化，让推进“相册里的思想政治工作”的过程、载体、效果得到有形显现，形成一套完整体系。

2. 搭建多方位展示平台。在段微信公众平台开设“侯工最美”专栏，及时展示各党支部工作成果。引导各党支部拓宽思路，不局限于传统的相

册形式，运用微信公众平台、互联网工作群组制作“电子相册”。“相册里的思想政治工作”在网络上的实践应用，为各党支部提供了更丰富的展示平台。

3. 开展立体化交流宣传。连续3年组织“相册里的思想政治工作”展评交流活动，通过现场观摩、成果展评、座谈交流等形式，将推进“相册里的思想政治工作”中的特色做法、亮点成果定期宣传推广，展示广大干部职工保安全、保质量的火热镜头，形成人人知晓、人人参与的良好局面，提升“相册里的思想政治工作”影响力，有效激发职工的企业归属感、岗位自豪感和职业荣誉感，持续不断为推进铁路现代化建设凝聚强大合力。

三、工作成效

“相册里的思想政治工作”推行以来，为一线党员干部职工精心制作相册490余册。翻开一本本相册，职工从中读取到的是挥洒的汗水、战斗的记忆、收获的满足，家属从中读取到的是离去的背影、无声的坚守、默默的奉献，单位从中读取到的是奋斗的激情、团结的力量、胜利的喜悦。段党委创新使用相册这一载体，展示了基层干部职工在保通保畅主战场拼搏奉献的火热场景，推动思想政治工作向一线延伸，构建起了企业与职工命运共同体。

四、工作启示

1. 必须在贴心暖心上下功夫。动之以情是思想交流的桥梁。基层的思想工作者必须树立求真务实的工作作风，紧跟改革发展步伐，切实加强人文关怀，精准把握职工思想脉搏，做到思想上尊重职工，感情上贴近职工，行动上深入职工，用心用情用力解决好职工最关心最直接的急难愁盼问题，真正把工作做到职工心坎上，帮助他们解决后顾之忧。

2. 必须在求真务实上下功夫。及时疏导化解矛盾、解决职工面临的生产生活难题是做好思想政治工作的有力武器。推行“相册里的思想政治工作”，把暖心贴心工程落到实处，需要车间支委一班人在搜集职工成长经历图片的过程中同步开展家访谈心工作，切实把为干部职工解决实际困难作为推动工作的着力点和落脚点。

3. 必须在持续创新上下功夫。当今世界，互联网已成为日常生活的新空间、信息传播的新载体、思想教育的新平台。新形势下，传统有效形式要持之以恒坚持下去，同时还需要结合实际，进一步适应信息技术革命重塑传播格局新变化，加快工作理念、制度机制、方法手段创新，不断提升铁路基层思想政治工作在信息化条件下的针对性、有效性。

（执笔人：郭晓青、杨曌宇、翟子焱）

搭建“连心桥” 做好“暖心事”

——做好做实职工诉求和思想问题“双闭环”工作

中国铁路呼和浩特局集团有限公司

一、基本情况

呼和浩特局集团公司地处内蒙古中西部边疆少数民族地区，管内铁路大部分穿越草原和戈壁沙漠地区，近4万名干部职工工作生活在条件艰苦沿线。改善生产生活条件、提升文化需求的愿望迫切、诉求较多，而铁路点多线长、流动分散的工作特点，增大了职工反映建言诉求的难度。特别是随着社会环境和舆论环境的不断发展变化，铁路管理体制机制改革深入推进，职工思想观念更趋多变、价值取向更趋多元、利益诉求更趋多样。呼和浩特局集团公司在总结长期实践的基础上，积极探索收集群众意见、倾听群众呼声、回应群众关切、解决群众困难、解开群众思想疙瘩的“双闭环”途径，于2013年创建实施了以解决职工实际问题和思想问题为主要内容的“双闭环”工作机制，经过11年的发展，实现了从探索起步、逐步完善到深化提升，形成了职工的话有人听、职工的事有人管、职工的难有人解的生动局面。

“双闭环”工作机制实施11年来，找准服务职工的切入点，抓准凝聚合力的着力点，把准推动工作的关键点，取得了良好成效。一是解决了民生难题。先后累计解决各类问题2.1万余个，为职工群众办成了一大批实事好事，完成诸多“小心愿”，满足了很多“小期待”，让“问题清单”成为“幸福账单”，职工群众的获得感幸福感安全感不断提升。二是密切了干群关系。各级领导班子和领导干部聚焦问题不解决不松劲、解决不彻底不放手，尽力多做雪中送炭的工作，不仅帮助解决了一线生产生活中的困难，让基层得到实惠，也让职工群众看在眼里、记在心上，切实拉近了干群距离、增进了干群关系。三是促进了企业发展。一件件诉求得到及时回应，一件件困难得到及时解决，让职工群众深切感受到组织的关怀和温暖，充分调动了职工群众的积极性、主动性和创造性，营造了积极向上、健康稳定的良好氛围，形成了齐心协力、共谋发展的良好局面，推动呼和浩特局集团公司高质量发展不断取得新成效。

二、主要做法

坚持始于职工群众需求，终于职工群众满意，融合运用现代和传统手段，实现了听民声、察民情、聚民智、解民忧常态化、长效化，做到解决实际问题与思想问题相同步、双闭环。

（一）畅通十种建言渠道，广泛收集民情民意

坚持“开大门”“真开门”，开设董事长和总经理信箱、网络互动交流直通车平台、工会意见征集平台、地区职工服务中心，用好人民铁道网“心声/留言”栏目、呼铁手机报、草原铁路微博微信、值班电话、月度分析报告等十种职工建言诉求渠道，使反映民情、了解民意直通化、互动化。

1.“键对键”广聚民意。主动适应新兴媒体发展，畅通董事长和总经理信箱、网络互动交流直通车平台、工会意见征集平台、呼铁手机报、草原铁路微博微信，让职工随时随地鼠标一点、键盘一按，意愿直达呼和浩特局集团公司决策层，减少中间“梗阻”和“过滤”。本着“优化流程、明确责任、操作便捷、运行高效”的原则，先后多次对职工提交建言诉求的

主渠道“网络互动交流直通车”进行优化升级，形成了现在的采用“绿蓝黄”三色标注处置进度的信息平台。开通职工手机扫描二维码提交建言诉求通道，使信息提交更加便捷、信息处理更加顺畅、信息查询更加精准。2013年以来，网络互动交流直通车平台共受理职工建言诉求6000余条。

2.“点对点”倾听民声。通过呼和浩特局集团公司办公室24小时值班电话，及时受理职工反映问题，第一时间交办相关部门、单位解决和回复；建立一线车间、基层单位、集团公司三级月度职工思想动态分析报告制度，采取随机走访座谈、线下线上问卷调查、建立信息直报点等方式，自下而上收集职工提出的合理化建议或利益诉求。

3.“面对面”访察民情。充分利用乌海、临河、包头、呼和浩特、集宁5个地区职工服务中心，搭建“一站式”服务模式，受理职工诉求、倾听职工呼声、解答职工疑惑；依托人民铁道网“心声/留言”栏目、“红黄白”通知书，广泛征求职工在安全运输、经营管理、生产生活、切身利益方面的意见建议，有针对性地开展解疑释惑、思想疏导，起到了掌握民情、稳定队伍的作用。

（二）建立四大机制，及时解决职工所急所盼

认真对待职工群众的每一条建言诉求，建立全方位、立体化推进落实机制，确保件件有回音、事事有着落。

1.建立任务分解机制。按照归口管理的原则，将各类信息点对点提交到各部门、单位予以快速处理。对于各部门、单位职责范围内力所能及的问题，根据日常工作流程和既定受理办法办理，能够当日回复的当日回复，不能当日予以回复的原则上3日内回复；对于需要呼和浩特局集团公司统筹协调研究解决的问题，纳入月度职工思想动态分析报告，于每月25日前提报党委宣传部。

2.建立分析研判机制。党委宣传部每月末将日常收集和受理提报的问题，原汁原味地汇总，认真分析研判，撰写月度职工思想动态分析报告，梳理形成问题库，征求相关部门、单位意见后，呈送呼和浩特局集团公司

主要领导审阅作出批示要求。呼和浩特局集团公司主要领导始终高度重视此项工作，多次在报告上作出批示，要求把麻烦留给自己，把方便留给职工，深入一线调研职工反映问题，积极研究解决措施。

3. 建立协商解决机制。呼和浩特局集团公司层面，由党委副书记、工会主席、总会计师每月组织相关部门召开职工诉求和思想问题“双闭环”专题会议，逐条研究纳入职工思想动态问题库的问题，制定解决措施和解释口径，明确部门责任和完成时限，形成会议议定事项通报有关部门、单位，督促抓好推进落实。11 年来，呼和浩特局集团公司召开 94 次专题会议研究解决职工建言诉求近 2000 条。基层单位层面，比照呼和浩特局集团公司做法，每月研究解决职工反映的问题和诉求。

4. 建立督办落实机制。对于结合部较多的、影响职工思想的、涉及中心工作的、专题会议着重研究要求解决的问题，纳入呼和浩特局集团公司督查督办管理系统，下发督查督办通知书，实行销号管理。对于转交各部门、单位直接承办的问题，要求在 7 个工作日内向党委宣传部反馈落实情况，如短时间内确实难以解决的，要说明原因并提出整改措施。定期通过现场走访、电话回访、媒体监督等方式开展追踪督办，抽查问题解决落实情况，确保问题处置闭环。乌海工务段线路工张强反映说，“对于我们反映的问题，推进到了哪一步，解决后效果怎么样，单位都会动态跟踪，确保真解决、真落实。”

（三）强化四大保障，确保运行有力有效

健全完善保障体系，推动“双闭环”工作机制运行规范高效顺畅，努力把“职工呼声”变为“幸福笑声”。

1. 强化组织领导。呼和浩特局集团公司成立由党委书记、董事长，总经理任组长，党委副书记、工会主席、总会计师任副组长，机关各部门负责人为成员的“双闭环”工作机制领导小组，下设办公室在党委宣传部，负责“双闭环”工作的统筹协调、推进落实、总结交流等工作，形成横到边、纵到底的责任落实机制。基层单位也比照呼和浩特局集团公司管理模

式，建立起党委统一领导、党政工团齐抓共管、有关领导牵头组织、宣传部门具体负责、其他部门分工协作的工作格局。

2. 强化制度保障。制定《关于坚持党的群众路线　加强职工思想闭环管理的指导意见》《关于加强和改进新时代基层思想政治工作的实施办法》《党委思想政治工作责任清单》等，将“双闭环”工作内容、工作流程、工作要求等事项制度化，同时给予一定的资金支持，确保“双闭环”工作有序运行。出台优秀建言评选奖励办法，引导职工说主人话、做主人事、尽主人责，为企业发展建言献策，对优秀建言予以一等奖 1000 元、二等奖 600 元、三等奖 300 元奖励。“双闭环”工作机制运行以来，职工对安全生产、运输经营和资产开发等方面的建言明显增多，提出的“优化安全考核办法”“自主研发房建公寓段行车公寓叫班系统”“制作货车钩尾销安装辅助托具”等百余条“金点子”被采纳实施。

3. 强化网络支撑。充分运用网络技术手段，为解决职工思想问题和实际问题插上科技的翅膀，拓展网络互动交流直通车平台数据查询分析功能，实现对职工意见诉求、合理化建议、问题整改落实等情况的自动统计，通过各系统横向、各单位纵向间的数据对比分析，找准职工关注的热点焦点问题，研判职工思想热点发展趋势，为科学决策提供参考依据。在解决思想问题方面，自主研发了精准化思想政治工作信息系统，加强考核评价，根据工作任务处置率，定期将各单位评定为四个等级，对于“优秀”的，通过会议发言、经验交流等方式表扬推广；对于其他的，采取通报批评、纳入经营业绩考核等方式推动落实。

4. 强化宣传引导。把职工反映问题的解决或解释情况，以通俗易懂的语言形成 94 期视频版和文字版《热点问题面对面》，通过呼铁手机报、《内蒙古铁道》报、呼铁电视等内宣媒体平台进行深度解读，统一思想、凝聚干劲。对职工关注度高的工资收入、“五险一金”、“三线”建设等热点问题，利用报纸专访、电视访谈等形式，推出 71 期《热点访谈》，及时解开职工思想疙瘩。基层单位将每期“热点问题面对面”中政策性和本单位职工关注的问题摘要整理，作为班组点名会、日常宣讲等内容，确保职工及时了解情况，有效化解思想疑虑。

三、经验启示

呼和浩特局集团公司在职工诉求和思想问题“双闭环”工作机制运行实践中，有以下有益启示：

1. 坚持以人民为中心的发展思想，是做好“双闭环”工作的前提。在“双闭环”机制运行11年的发展进程中，呼和浩特局集团公司始终坚持以人民为中心的发展思想，认真践行新时代党的群众路线，从解决职工最关心最直接最现实的利益问题入手，同步开展思想引领、情绪疏导、矛盾化解工作，打通服务职工“最后一公里”，真正实现“职工有所呼、企业有所应”。实践证明，只有坚持一切为了群众、一切依靠群众，站稳群众立场、树牢群众观点、厚植群众情怀，带着与职工群众交心的真诚，怀着为职工群众解忧的真情，始终同职工群众同呼吸、共命运、心连心，才能最大限度调动一切积极因素，推动企业高质量发展行稳致远。

2. 领导重视与支持，是推动“双闭环”机制有效运行的重要保障。在“双闭环”机制运行11年的发展进程中，离不开领导的重视与支持，呼和浩特局集团公司主要领导在年度工作会、月度会、周交班会和月度职工思想动态分析报告上，多次对“双闭环”工作提出要求、指明方向；党委副书记、工会主席、总会计师定期牵头组织召开专题会议，推动职工急难愁盼问题有效解决、落地落实。实践证明，只有领导重视与支持，才能确保方向正确、定位明确、措施准确，减少“中梗阻”，提高工作效率，真正把实事办到职工群众心坎上。

3. 坚持全程闭合、久久为功，是持续放大“双闭环”工作效应的关键所在。在“双闭环”机制运行11年的发展进程中，呼和浩特局集团公司坚持解决思想问题与解决实际问题相结合，坚持有始有终、一抓到底，实现收集、研究、解决、督办、反馈的闭合回路。坚持把“双闭环”工作融入日常、功夫用到平常、精力抓在经常，年年不落开展形势任务宣讲，定期召开专题会议研究解决重点问题，常态化对职工思想问题进行疏导，在企业改革发展稳定中发挥了重要作用。实践证明，只有常抓不懈，久久为功，一步一个脚印、一步一个台阶，才能持续放大“双闭环”工作效应，推动“双闭环”工作向纵深发展。

4. 充分依托运用信息技术，是加强和改进“双闭环”工作的有效手段。在“双闭环”机制运行11年的发展进程中，集团公司始终注重现代信息技术运用，在畅通九种渠道的基础上，集成安全管理、职工健康管理、帮扶救助、信访等办公系统，自主研发精准化信息系统，不断优化问需途径、问难方式、问计策略，既传承巩固“面对面”，又创新运用“键对键”，推动“双闭环”工作取得了新突破。实践证明，只有主动顺应时代潮流，充分运用信息技术模式，采用更为灵活多元的方式，才能有效建立起与职工群众的连心桥梁，充分激发职工群众“拍砖”“献策”意愿，推动“双闭环”工作机制不断创新、流程不断优化、质量不断提升。

（执笔人：张琳文、马志军、袁红林）

“思想政治工作一线行” 把思政工作落到基层一线

中国铁路呼和浩特局集团有限公司党委

一、基本情况

思想政治工作是党的优良传统、鲜明特色和政治优势，是一切工作的生命线。呼和浩特局集团公司把开展“思想政治工作一线行”作为夯实思想工作基础、破解思想工作难题、提升思想工作质效的有效载体，紧盯“方案、内容、效果”三个环节，更好地宣传、教育、引领、服务职工，推动基层思想政治工作实起来、强起来，为勇当服务和支撑中国式现代化的“火车头”提供精神动力和思想保障，相关经验做法被中国政研会思想政治工作研究微信公众号刊发推广。

二、主要做法及成效

（一）统筹协调抓落实

1. 精心组织部署，制定“思想政治工作一线行”工作方案。紧扣“认真开展调查研究，深入一线找办法”“带头做好思想政治工作，走进一线作示范”“着力解决职工思想问题和实际问题，服务一线办实事”“聚焦提升整体工作水平，推动一线抓落实”四方面重点工作，明确党委领导人员、车间党总支（支部）委员、宣传思想战线骨干力量的工作任务，确保规定动作不走样、自选动作有特色、常规动作不打折。

2. 深化责任落实，牢固树立“一盘棋”思想。健全呼和浩特局集团公司党委统一领导、宣传部门组织协调、领导干部带头示范、宣传思想战线及工团组织骨干共同参与的工作机制，围绕调查研究、示范带动、解决问题等重点工作和关键环节，以责任清单形式明确“谁来干、干什么、怎么干”，切实把落实思想政治工作责任制的“软指标”变为“硬约束”。

3. 强化督促指导，坚持月初有提醒、月中有督促、月末有分析，动态掌握工作进度和成效。分地区组织召开季度工作推进会，深化思想认识，细化工作措施；利用检查、调研等时机，与各层级思想政治工作人员座谈交流，分享经验做法，研究补强措施，指导推动各项工作任务落细落实落地。

（二）紧盯重点抓推进

1. 紧盯领导干部这个“关键少数”。围绕落实党委思想政治工作责任清单和车间党总支（支部）思想政治工作规范，把学习推广“四下基层”作为重要抓手，要求公司各级党组织领导干部坚持带头开展思想政治工作，每人联系 1 个基层单位和 1 个车间，每年深入联系点不少于 4 次，手把手地传授思想政治工作方法、解决实际问题。在贯穿全年的“改革创新展作为、提质增效立新功”主题宣讲中，各级党组织书记带头开展首场宣讲，其他领导人员亲自带队、深入班组、上台宣讲，围绕改革发展重点、职工关注热点等开展宣讲 2000 余场次、座谈交流 3500 余场次；呼和浩特局集团公司党委聚焦制约思想政治工作的重点难点热点问题，确定调研课题 254 个，形成转化运用措施 1084 条。

2. 紧盯党员干部这个“绝大多数”。组织车间党总支（支部）委员、宣传战线及工团组织骨干力量深入基层一线班组开展“四个一”思想政治工作，即参加 1 次班组职工政治学习讨论、为班组职工面对面讲 1 次思想政治课、与班组职工开展 1 次集体谈心、至少帮助一线解决 1 个职工群众关心关注的实际问题。2023年以来，累计讲授思政课4500余场次，开展职工座谈8300余人次，解决职工急难愁盼问题500余个。

3. 紧盯办好群众的“头等大事”“关键小事”。聚焦解决好职工群众急难愁盼问题，每月末将日常收集和受理提报的问题原汁原味汇总、认真分析研判，形成职工思想动态分析报告和问题库，提交呼和浩特局集团公司月度专题会议逐条进行研究，明确责任部门、解决措施和完成时限；同时，通过呼铁手机报等内宣媒体平台以视频版和文字版《热点问题面对面》进行深度解读，确保件件有回音、事事有着落。2023年以来，流转答复职工反映问题330余个，专题会议研究解决重点问题70余个。

（三）把握关键抓实效

1. 认真落实“双闭环”机制。坚持把解决职工思想问题和实际问题作为开展工作的出发点和落脚点，优化职工诉求和思想问题“双闭环”工作机制，进一步畅通董事长和总经理信箱、网络互动交流直通车平台、月度分析报告等十种职工建言诉求渠道，搭建起职工表达诉求、反映问题、建言献策的“连心桥”，进一步凝聚起团结奋进、共促发展的强大合力。

2. 广泛深入开展“四必谈、五必访”。呼和浩特局集团公司4200余名专兼职政工干部和管理人员深入基层一线、深入职工群众，认真落实“四必谈、五必访”工作法，即在职工产生思想情绪时必谈、职工受到批评教育时必谈、职工岗位职务变动时必谈、职工与同事发生纠纷时必谈，在职工情绪低落时必访、职工父母去世时必访、职工重病住院时必访、职工生活困难时必访、职工家庭不和时必访，通过及时了解职工情况、帮助解决职工思想和工作生活中遇到的实际问题，增强他们对呼和浩特局集团公司的归属感、安全感、幸福感，激励广大员工心往一处想、劲往一处使，以更加饱满的热情投身工作当中。

3. 充分发挥精准化思想政治工作信息系统作用。呼和浩特局集团公司运用大数据技术自主研发精准化思想政治工作信息系统，及时、全面、准确地了解职工思想动态，并指导各级责任主体依据信息系统派发的任务单，区分思想疏导、问题处置和动态观察，做到综合施策、对症下药。将安全考核等级甲类人员、信访职工作为重点工作对象，由系统生成任务单派发至各单位党委、各车间党总支（支部），由相关责任人一对一进行家访或谈心疏导。2023 年以来，系统派发任务单 4333 人次，其中开展谈心 3900 人次，家访 433 人次，实现了思想政治工作由工作向生活、由群体向个体、由“事后”向“事前”的转变。

（四）注重互鉴抓提升

1. 及时总结经验。呼和浩特局集团公司在继承发扬党的思政工作优良传统基础上，认真总结归纳基层思想政治工作的有益实践，形成引导激励法、典型示范法、对比教育法等 14 种管用实用的思想工作方法，提炼出乌海车务段“345 工作法”、乌海工务段“望闻问切”工作法、呼和浩特站“李雅珅工作室”工作法等 49 个典型案例，为开展好思想政治工作提供有益参考。

2. 推动交流互学。在呼和浩特局集团公司全媒体平台传播矩阵统一开设“思想政治工作一线行”专栏，展示交流“包头货运中心党委为职工思想上解惑、精神上解忧、心理上解压”“包头客运段党委家访谈心为安全生产保驾护航”“呼和浩特站党委搭起与职工‘连心桥’”“包头站下沉一线‘把脉问诊’”“包头房建公寓段党委敲开职工门拉家常解难题”等 31 个所属单位典型做法和实践成果，实现互通有无、取长补短、共同提升。

3. 精准考评激励。依托精准化思想政治工作信息系统，根据工作任务完成情况，通过自动排名评比和人工加权考核的方式，定期将各单位思政工作成效评定为四个等级，对考评等级为“优秀”的，通过会议发言、经验交流等方式表扬推广；对其他等级的，采取通报批评、纳入经营业绩考核等方式推动履职尽责。

三、工作启示

1. 必须坚持围绕中心、服务大局的根本职责。要树牢“大思政”工作理念和“一盘棋”思想，充分调动一切积极因素，发挥各级组织作用，把思想政治工作与完成好“两件大事”结合起来，与推动铁路高质量发展、勇当服务和支撑中国式现代化“火车头”结合起来，唱响宣传、引导、服务职工的“大合唱”，做到重点工作开展到哪里，思想政治工作就跟进到哪里，发挥好传家宝和“生命线”作用。

2. 必须坚持聚焦于人、落脚于人的工作理念。要牢牢把握以人民为中心的发展思想，坚持贴近基层、服务群众，把解决思想问题和实际问题结合起来，把思想政治工作融入到关心关爱职工的常态化服务之中，用心用情用力解决好职工工作生活中最现实、最关心、最直接的问题，多办群众可感可及的好事实事，切实把思政工作的成效写在群众心里。

3. 必须坚持因应形势、守正创新的重要法宝。要积极适应形势任务变化，因地、因人、因事、因时制宜开展思想政治教育，推动思想政治工作紧跟时代步伐、促进事业发展。要勇于改革创新，在继承好发扬好党的思政工作优良传统基础上，大力推进思想政治工作理念、机制、载体、路径、方法等全面创新，使思想政治工作始终保持生机活力，更好体现时代性、富于创造性。

（执笔人：袁红林、黄孝东、陈旭斌）

打造“桥头堡”宣讲队
提升口岸站思想政治工作品质

中国铁路呼和浩特局集团有限公司二连站

一、基本情况

2023年是习近平总书记提出共建“一带一路”倡议10周年。同年6月，习近平总书记在考察内蒙古时强调，要“构筑我国向北开放的重要桥头堡”。二连站党委深入学习贯彻习近平新时代中国特色社会主义思想，聚焦重要节点，发挥区位优势，于2023年9月1日成立“桥头堡”宣讲队，以青年职工为主体，下设融媒、评论、采编、摄制、讲解、文艺6个小组，建成功能齐全的工作室，通过理论阐释、融媒宣传、文艺展演等，持续讲好口岸站故事，传播口岸站正能量，切实发挥思想政治工作强信心、暖人心、聚民心、筑同心的作用。宣讲队现有队员72人，其中青年职工52人，占72.2%。

二、主要做法

1. 做好云端上的微宣讲。充分发挥宣讲队理论骨干作用，积极参与车站主题宣讲，以党支部“三会一课”、班组政治理论学习、“青马工程”小组学习、青工座谈交流会等为载体，通过“线上+线下”的方式，把目标任务、惠民举措、热点问题等，向全站干部职工讲清楚讲明白，确保广大干部职工听得懂、能领会、可落实。在做好传统宣讲的基础上，充分运用新媒体手段，灵活开辟宣讲阵地，让理论课堂从“纸面”走向“云端”。围绕习近平总书记重要讲话精神和党的二十届三中全会等热点、重点，录制“唱响‘抓落实’的主旋律”“奋力书写进一步全面深化改革新答卷”等理论微课7篇，在人民铁道微信公众号、呼铁手机报、车站微信平台推送。

2. 讲好场馆里的思政课。选拔形象好、气质佳、表达能力强的职工加入讲解小组，推荐参加国铁集团、集团公司、属地的讲解员培训，进一步提升专业素养。小组成员依托“两廊两馆四阵地”（即党建长廊、职工才艺长廊；站史馆、集二线中间站历史展馆；党员教育基地、青年教育基地、职工培训基地、安全警示教育基地），利用新入路职工参观、青年职工学习、主题党日活动等时机，通过讲解老物件、老照片以及介绍口岸站发展沿革，向干部职工讲述革命先烈英勇斗争、不怕牺牲的红色故事，讲述“扎根边疆光荣、建设口岸有功”的口岸精神，讲述先进榜样在平凡中创造不凡的典型事迹，激发大家的爱党爱国爱路热情，让思想政治工作入脑入心。同时，面向属地党政机关、企事业单位、社会团体和中小学师生开展参观研学，向他们讲述口岸站服务地方经济社会发展的奋斗故事，传播铁路正能量。一年来，接待观摩33批、651人次，全面提升了口岸站的影响力。

3. 挖掘职工中的闪光点。二连站立足国门口岸，经过一代代口岸站人的共同努力，孕育出了“扎根边疆光荣、建设口岸有功”的车站精神。为此，宣讲队队员们坚持镜头对准一线，围绕车站中心工作和重点任务，深入挖掘先进人物和典型事迹，持续讲好口岸站故事。采编组、摄制组的成员们以“新时代·铁路榜样”“最美铁路人”“呼铁好人”“二连市好人”等选树宣传为契机，利用业余时间深入车间、班组、岗点，从身边人入手、从点滴小事入手，听职工们唠家常、讲故事，深入挖掘先进典型的优秀事迹，让他们成为服务“一带一路”、扎根口岸边陲、畅通物流通道的“代言人”。其中，徐峰全的事迹《护航中欧班列的“翻译官”》被《工人日报》

点赞，冯志平的事迹《我在口岸编班列》登上中国日报网，杨仲钧的事迹《用实际行动为口岸“钢铁驼队”保驾护航》被中工网刊发，一批先进典型成为大家学习的榜样，进一步凝聚起了全站干部职工奋进新征程、建功新时代的强大动力。

4. 做实生活中的暖心事。针对车站青年职工，特别是异地青年职工人数较多的实际情况，“桥头堡”宣讲队积极发挥青年组织优势，精心策划健身运动、青年联谊、座谈交流等活动，设计多样有趣的活动项目和游戏环节，帮助青年职工增进了解、扩大社交圈，为单身职工创造交流机会，推动解决婚恋交友问题，让更多青年人才扎根口岸、安心工作。在端午节、中秋节，组织异地青工、新入路职工开展“真情陪伴、欢度佳节”主题活动，通过包饺子、做游戏、展才艺等方式，缓解大家的思乡情绪，增强车站亲和力和职工归属感；提炼《以“三心”工程加强青工群体思想政治工作》的典型做法，作为“思想政治工作一线行”优秀成果，通过国铁集团党组宣传部《铁路宣传》刊发，在全路推广交流。在国庆节、新春佳节以及各类活动中，文艺组队员发挥文艺特长，精心编排歌曲、舞蹈、器乐演奏、书法展示等，更好地丰富干部职工的精神文化生活，切实提升了职工的幸福感和获得感。宣讲队队员们还主动配合各党总支、支部开展“送上一封慰问信、颁发一本荣休证、举办一场话别会、发放一份服务册、制作一期回忆录”的欢送退休职工“五个一”活动，积极营造有情感、有温度的欢送氛围，切实把组织关怀传递给每一位退休职工。

5. 传播口岸站的正能量。宣讲队坚持把宣传阵地建设为“主战场”，围绕口岸畅通、客货服务、中欧班列等车站中心工作，做好深加工、再生产文章，全面挖掘宣传亮点，有意识地加强素材积累，有创意地发现新闻线索，持续推出干部职工喜闻乐见、具有更大影响力的宣传作品。拍摄的《中蒙两国间国际旅客列车恢复运行》登上央视《新闻联播》、二连铁路口岸中欧班列首次年内突破3000列的新闻在央视《新闻直播间》、新华社客户端播出。在习近平总书记提出共建“一带一路”倡议10周年之际，宣讲队队员自主创作的专题片《十载奋进，中欧班列笛彻口岸绘宏图》，展示了全站上下实干担当、砥砺奋进的精神风貌，提振了信心、鼓舞了士气，被干部职工广泛转发点赞。在 2024 年的“发现最美铁路 · 钢铁驼队建功‘一带一路’”网络宣传活动当中，队员们发挥各自特长，精心准备素材，撰写网评文章，制作新媒体产品，做好点位讲解，表演原创音诗画《飞驰吧！中欧班列》，在中国网、光明网等中央级网站发表网评文章 8 篇，刊发各类网络宣传报道 56 篇，生动展示了草原铁路的良好形象，得到了各路媒体和广大网民关注点赞。

三、工作成效

1. 思想引领更加有力。宣讲队将新媒体与政治理论学习有机融合，创新学习形式，丰富学习内容，增强学习效果，积极参与主题宣讲，精心制作理论微课，并通过车站微信公众号推广，方便干部职工随时学、反复学。其中“坚持发展和安全并重”等 7 篇理论微课获评全路、全局精品课，“中国式现代化，怎么看怎么干？”获评第五届铁路正能量“五个一百”“百堂网络正能量理论微课”。

2. 宣传引导更加有效。宣讲队成员在中央级、省部级网站刊登网评文章 33 篇。先后有在中央级、省部级和集团公司媒体刊播宣传报道如《呼和浩特与乌兰巴托间国际旅客列车恢复开行》《中欧班列中通道累计通行突破 1.5 万列》《风沙中的温暖守护》等 260 余篇，制作了展示车站重点工作、人文关怀、惠民举措的原创新媒体产品 131 篇，进一步强化正面引导，传递基层好声音，切实发挥了宣传工作传播企业文化、凝聚企业力量、推动企业发展的重要作用。

3. 典型作用更加凸显。在典型选树宣传的过程中，职工的企业归属感、集体荣誉感、工作责任感更加强烈，自觉把学习先进、崇尚先进转化为推动口岸站高质量发展的不竭动能。一年来，选树了“新时代 · 铁路榜样”1 人、“内蒙古最美铁路人”1 人、“呼铁好人”4 人、“二连市好人”1人；3名宣讲队员荣获铁路正能量“五个一百”表彰，9人分获呼和浩特局集团公司优秀宣传员、优秀理论骨干等。同时，广泛组织先进典型开展宣讲、座谈、研讨等活动，深化典型学习，有效发挥了先进典型示范引领作用。

4. 队伍合力更加凝聚。在宣讲队成员的共同努力下，车站获得2024年“改革创新展作为、提质增效立新功”主题宣讲比赛优秀组织单位、第四届青工写作大赛优秀组织奖等荣誉，宣讲队获评集团公司“呼铁好网民”先进集体；宣讲队队员创作、参演的《飞驰吧！中欧班列》，参加集团公司宣讲比赛，获得集宁地区第一名和总决赛一等奖。通过宣讲队这个载体，让车站企业文化的氛围更加浓厚，有效激发了广大干部职工携手并进、共建家园的热情和行动，进一步凝聚了推动口岸站高质量发展的强大合力。

四、工作启示

1. 必须始终坚持以习近平新时代中国特色社会主义思想为指导。深入学习贯彻习近平文化思想，学习党的创新理论，不断强化队员的思想教育和理论引导，自觉践行社会主义核心价值观，以实际行动引导广大干部职工共同拥护“两个确立”、增强“四个意识”、坚定“四个自信”、做到“两个维护”。

2. 必须始终坚持围绕中心、服务大局这个总基调。坚持把宣讲队的各项工作放在车站党委、车站工作大局中去思考、去谋划、去推进，时刻与中心工作保持同频共振、同向发力，积极做好政策解读、理论宣传、文艺演出等，打通思想政治工作“最后一公里”，不断汇聚推动铁路高质量发展的澎湃动能。

3. 要把职工利益放首位。始终坚持“人民至上、生命至上”理念，各项工作都应该从职工利益出发，展示职工良好精神风貌，丰富职工精神文化生活，为职工搭建成长成才的平台，只有这样才能凝聚人心、理顺情绪、鼓舞士气，切实提升思想政治工作品质。

（执笔人：王莹）

强化示范引领　聚焦创新驱动
努力加强和改进新时代基层思想政治工作水平

中国铁路呼和浩特局集团有限公司集宁车辆段党委

集宁车辆段党委始终坚持以习近平新时代中国特色社会主义思想为指导，以加强和改进新时代基层思想政治工作为目标，以创建基层思想政治工作示范点为契机，厚植思想根基，创新体制机制，发挥示范作用，努力提升新时代思想政治工作质量水平，为全段高质量发展提供了强大的思想保证和精神动力，先后荣获内蒙古自治区“文明单位”、呼和浩特局集团公司“先进单位”荣誉称号。

一、突出政治引领，高标定位抓实理论武装

持续增强政治理论学习和理想信念教育，针对不同群体制订分类计划，不断增进全员对习近平新时代中国特色社会主义思想的政治认同、思想认同、理论认同、感情认同。

1. 聚焦班子成员少数群体，在学深悟透上下功夫。领导班子成员自觉落实党委理论学习中心组学习、党委会“第一议题”制度，及时跟进学习习近平总书记重要讲话精神和对铁路工作的重要指示批示精神，同步将党中央大政方针和国铁集团党组、集团公司党委各项决策部署纳入学习计划，

经常对标对表，坚定正确政治方向。探索运用“1+4”学习督导机制，即党委书记牵头制订学习总体计划，从严落实工作提示、效果点评、质量签批、补学汇报四项举措，带动领导班子真学真悟真懂真用，发挥领导班子“头雁”作用。2024 年以来组织党委会“第一议题”学习 20 次，中心组学习研讨 14 次。围绕党的二十大精神、意识形态、安全管理等形势任务人均专题发言 2 次，持续增强了政治判断力、政治领悟力、政治执行力。

2. 聚焦一线职工多数群体，在知势而为上下功夫。持续优化完善党员干部职工政治理论学习机制，明确学习标准、学习方式，根据呼和浩特局集团公司每月下达的党员“三会一课”、职工政治理论学习和应知应会资料，段重点工作要求、形势任务等内容下达月度学习计划，划分日常自学、集中学习、研讨交流、试卷考试等形式，保证全员在思想上政治上行动上步伐一致。坚持用好移动式宣教这一载体，把理论宣讲同重点任务相结合，领导班子成员、相关科室干部围绕全年形势任务、惠民政策、现场热点与一线职工面对面宣讲、座谈，实现干部了解民意、职工吃透上情、全员同心同向。为各车间配发视频播放设备，组织观看铁路党校、呼和浩特局集团公司党委宣传部制作的视频课件，定期开展送教上门、读书活动，通过多样的方式，推动党的创新理论“飞入寻常百姓家”。

3. 聚焦青年队伍重点群体，在正心塑形上下功夫。以习近平总书记关于青年工作的重要思想和重要指示批示精神为指导，加强对青年职工队伍的政治引导和文化引导，经常性开展形势任务宣讲和主题教育活动，将国情、路情、局情、段情宣贯作为必修课常态化开展，引导青年职工认清形势，明确任务，进一步增强与企业同呼吸共命运的主人翁责任感。将所有新入路青年全部输送到“二连青年人才培养基地”，通过在边疆多年的思想淬炼、政治历练、实践锻炼，坚定他们扎根铁路、奉献青春的思想意识，加快“学生”到“职工”的身份转变。对新入路的 97 名职工开展职业生涯导航摸底调查，掌握每名青年职工基本情况、家庭状况、特长爱好及个人发展意愿，量身定制教育培训方案，鼓励呈交入党申请书，鼓励加入摄影、写作、科技等兴趣小组，鼓励参加技术比武，通过学习健心、守疆尽责、竞赛强技，助力青年职工成长成才。“二连青年人才培养基地”已向全段输送青年人才206人，其中8人获得火车头奖章、自治区五一劳动奖章等荣誉，7人走上中层管理岗位，14人担任工班长，二连运用车间团总支被团中央授予“全国五四红旗团支部”荣誉称号。

二、突出创新引领，适变谋新做好思想引导

加强和改进思想政治工作，推进理念创新、手段创新、基层工作创新，结合段内实情，打破传统思维定式，积极探索出有利于破解工作难题、提升理论教育质量的新措施，收到良好成效。

1. 细化“一方案”，把好理论学习的方向盘。认真落实集团公司党委《加强和改进新时代基层思想政治工作的实施办法》《思想政治工作责任清单》要求，在“一班组一方案”落实上多措并用，提质提效。方案上求精，主动对标“三个有利于”要求，考虑到各车间日勤、倒班、异地通勤等实际，以班组为基本单元，围绕时间、地点、形式、次数等项点，分别制定职工政治学习方案，实现学习计划精确到人、到天、到时。管理上求细，在段办公网开设“一班组一方案”专栏，对所有学习方案进行动态管控，随着生产任务、人员班制、节日假期等变化，及时对相关班组学习计划进行调整，确保学习方案兑现。统一学习方案内容，除学习时间、人员可变更外，自学、领读、研讨等要求一律按段党委制定标准执行，严禁班组私自更改，防止学习效果降低。监督上求严，采取日常抽查、季度平推的方式，通过查笔记、看记录、找谈话，对各班组学习情况和质量进行检查、通报。

2. 开展“一日兵”，当好职工群众的贴心人。主动传承“四下基层”优良传统，段领导班子成员、各级管理干部结合自身分管工作和各阶段重点工作，每月一次，不打招呼、不带陪同，聚焦急、难、险、重岗位，身着工衣直插班组，从点名会、早交会开始，跟随职工进库修车、上线检车、5T看车，全面掌握职工生产、生活情况，累计为一线职工解决生产梗阻问

题194个，完成二连运用车间站修库接入市政暖气管网、锡林浩特运用车间打风室入户门更换等惠民工程12项，为列检作业人员增配防寒脖套、应急抢险人员配发电热羽绒服。一件件惠民、暖心举措的落实，使广大职工获得感、幸福感、归属感显著提升。建立“一日兵”写实报告制度，对上月现场发现的问题、职工反馈的事项整改情况进行跟踪，本月问题定责、定人、定时抓好整改，通过逐级审核、点评、备案，避免形式主义发生。各级管理人员已累计深入现场开展“一日兵”工作995次，得到上级领导的高度肯定。

3. 用好“一平台”，打造宣教一体的主阵地。坚持挖掘互联网这一宣教平台优势，积极探索互联网 + 思想政治工作由相“加”迈向相“融”，有效打通思想政治工作的最后一公里。倡导干部职工积极安装人民日报、工人日报等中央媒体平台，全员关注中国铁路、人民铁道、呼铁办公、呼铁集辆微信公众号，组织广大干部职工及时学习留言、分享转发。发挥网评员工作教育引导作用，优选12名青年组建网评队伍，开展青年职工写作大赛，利用文字、图片、漫画、剪纸等方式，在路内外各大主流媒体开展评论引导。累计发表网评文章900余篇，其中中央级网评文章150余篇。培育、选树的网评员苗瑞祥荣获2023年度集团公司优秀网评员称号。在环境美化、素材筹备、路线设置、产品制作、现场直播、细节安排等方面精心准备，成功筹办“发现最美铁路·钢铁驼队建功‘一带一路’”网络宣传活动。持续加大内外宣力度，通过更正公众号名称、优化网评员队伍、开展通讯员轮训、设立写作和摄影小组等举措，不断扩大融媒体辐射效应，累计在各媒体刊稿609篇（条），其中国家级媒体23篇、中央级媒体47篇、省部级媒体433篇、局级媒体106篇，对外传递了集宁车辆段好声音。

三、突出示范引领，有效激发奋进力量

作为呼和浩特局集团公司“铁路基层思想政治工作示范点”站段，通过不断探索、挖掘、释放自身优势，向阵地、榜样、文化三个方面聚力，

充分发挥思想政治工作的带头引领作用。

1. 积极发挥红色阵地优势。依托段红色教育基地（党性教育基地、长征精神教育基地、长征精神主题公园三个场所，总占地面积5600平方米）资源优势，利用七一、九一八事变纪念日、十一等重大节日，或者党员青工等重点人群入段入党、提拔、转岗等重要时刻，开展爱国主义、集体主义教育。邀请自治区“红色收藏家”、兼职教员李宪平同志多次对党性教育基地中陈列历史书籍进行整理、更新。积极接待路内各单位、社会企业团体参观，通过观摩讲解、实物展示，进行爱国主义教育和革命传统教育，让红色文化和革命精神薪火传承。选派兼职讲解员前往国铁集团参加讲解员培训，对红色教育基地讲解词进行优化完善，使其更具吸引力和感召力。段红色教育基地先后被命名为“呼和浩特局集团公司爱国主义教育基地”“中国铁路党员教育示范基地”“关心下一代党史国史路史教育基地”称号。

2. 持续弘扬传颂榜样力量。坚持开展“精彩集辆”先进典型人物评选活动，及时挖掘选树职工看得见、摸得着、信得过的典型先进，利用理论学习、局域网、公众号等平台对6名“精彩集辆人”先进事迹进行广泛宣传，树起标杆，引导干部职工学有目标、赶有方向，更好地立足岗位履行职责。通过组织层层推荐、评选，53名先进生产者、26个先进集体在段三届二次职代会上受到通报表彰，激发了全段干部职工干事创业热情。大力宣传包头供电段响沙湾供电车间副主任杜赫、K396次列车兼职值班员赵阳、临河运营维修段治沙桥隧车间主任张宏杰等来自兄弟单位的榜样典型，积极营造“劳动最光荣、劳动最崇高、劳动最伟大、劳动最美丽”的良好风尚，培育全员积极进取的人生追求和向上向善的工作态度。

3. 汇聚文化赋能发展动力。精心打造家园文化，在修车、修配车间设立读书角、综合学习室3处，配发图书400余册，满足职工工余阅读需求。全天性开放职工羽毛球馆、篮球场等文娱场馆，开展健步走、球类、棋类等文体活动40次，丰富职工业余文化生活。以净化、美化、绿化为目标，组织运用车间干部职工自己动手，开展小菜园、小果园和厂区绿化等职场环境建设，激发职工爱岗敬业的行动自觉。加强人文关怀，坚持冬送温暖、夏送清凉，做好职工生日、节日等普惠性慰问工作，深化走访慰问、金秋助学等活动，累计助困、助医、助学及“两节”慰问400余人次，发放60余万元。将现代化呼铁建设目标、集团公司和段企业文化通过理论学习、网络宣传、揭挂上墙等形式覆盖宣传，全员一家人、一条心、一起干的理念不断深化，凝心聚力共建集辆美好家园的氛围更加浓厚。

（执笔人：李齐龙）

用好红色资源　做实思政教育

中国铁路郑州局集团有限公司郑州机务段党委

一、基本情况

中国铁路郑州局集团有限公司郑州机务段（以下简称“郑州机务段”）始建于1906年，有着一百多年历史，是“二七”精神的发源地之一，也是“二七”工人运动拉响第一声汽笛的地方。“二七”精神是党的初心和使命的生动诠释，是中国共产党精神谱系的重要组成部分，也是铁路人红色血脉和基因的原点所在。因此，用好“二七”红色资源，把弘扬传承“二七”精神与思想政治工作相结合，丰富思想政治教育手段，不仅能够从“二七”革命历史中汲取营养，更能够激发广大党员、干部职工坚定信心、接续奋斗的精气神，推动新时代铁路高质量发展，在勇当服务和支撑中国式现代化“火车头”的新征程中贡献力量。

郑州机务段党委针对当前网络化、信息化时代，职工获取各类信息渠道复杂，思想易出现多元化的实际，充分利用段“二七”精神教育基地资源优势，坚持把讲好“二七”红色革命故事、弘扬传承“二七”精神作为开展职工思想政治教育的重要抓手，把弘扬“二七”精神贯穿党性教育、思想教育始终，着力做好职工队伍正向思想引领，守牢主流思想阵地，推动企业安全、健康、和谐发展。

二、主要做法

（一）用好“二七”资源，传承红色精神

坚持将“二七”红色资源作为丰富职工思想政治教育的重要内容，着力抓好“二七”精神的传承和发展。

1. 做好挖掘建设，让红色资源活起来。围绕郑州机务段在“二七”革命历史中的典型事迹和人物，持续挖掘和重建红色资源，着力打造立体式教育平台，让红色资源得到更好的展示和呈现。依托段“二七”组雕、浮雕广场被命名为“河南省首批职工爱国主义教育基地”“全路党员示范教育基地”的优势，将周边老旧厂房升级改造，建造党员职工教育室、党风廉政警示室、党史党建主题教室、国防和法治教育室，与“二七”组雕、浮雕充分融合，形成集纪念、观摩、警示、研学于一体的红色教育“矩阵”。

2. 做好资料收集，让红色故事热起来。安排专人到“郑州二七纪念堂”和武汉、长辛店“二七纪念馆”收集“二七”相关图文资料 50 余份，并组织专门力量创作《传承二七》情景穿越剧，撰写《第一声汽笛》《砥砺奋进的郑机楷模》红色故事，拍摄《英雄的高斌》《历史的足迹》《传承》等 10 余部视频课件。其中《“二七”精神永流传》被国铁集团评为精品微课。在构建情景教学、现场教学的基础上，制作 VR 段史展览馆，打造线上红色教育“云”平台，为持续讲好“二七”红色故事提供丰富资源和更方便快捷的载体。

3. 丰富活动形式，让红色教育火起来。开展“豫见最美铁路·追寻百年陇海红色印记”大型网络宣传活动，安排各级媒体记者实地观摩“二七”精神教育基地，采访“二七”精神教育成果，并在工人日报、光明网等媒体刊稿 30 余篇，吸引了“九三学社”郑州市委等民主党派和大批中小学来段参观学习。成立由段关工委老同志、青马讲师组成的“汽笛讲解团”，深入车间班组，动态开展“二七”红色精神传播教育，推动红色教育形成常

态。2024年，“汽笛讲解团”还先后为其他路内外团体讲解50余场次，促进了“二七”红色精神在社会层面的传播和弘扬。

（二）开展特色活动，弘扬光荣传统

郑州机务段坚持围绕“二七”红色精神传承，结合段安全生产实际和队伍状况，广泛开展契合时代特征和企业特色的教育活动，弘扬好老一辈优良革命传统，深化干部职工家国情怀教育。

1. 开展“三新”教育活动。坚持把“二七”精神教育作为“三新”人员教育重要内容，发挥红色教育凝心、铸魂和助力作用。将“二七”精神学习作为新职人员入段“第一课”，采取现场观摩，聆听讲述等方式，引导新职人员了解“二七”精神百年传承，增强对企业的认同感和归属感，做到思想上尽快融入；组织新发展党员到“二七”组雕、浮雕广场进行集体入党宣誓，追寻“二七”红色足迹，接受精神洗礼，强化身份意识和使命意识；组织新提拔管理人员到“二七”教育基地“党风廉政警示室”开展以案说法、以案说纪警示教育，增强纪律规矩意识，筑牢廉洁防线。

2. 开展系列纪念活动。每逢2月7日、5月4日、7月1日等时间节点，组织党团员开展重读革命历史、缅怀革命先烈、牢记初心使命等系列集体纪念教育活动。定期邀请“二七”先烈后人、关工委老同志为年轻职工讲述“二七”革命故事，观看“红色记忆”专题片，确保“二七”红色精神代代传承和根植，在干部职工心中形成固化的红色记忆。

3. 开展读书演讲活动。围绕党史学习教育开展，将“二七”红色精神教育和党史学习教育有机融合，以班组为单位举办“每月一读”读书交流会，诵读党史经典、“二七”英雄人物故事，并组织职工交流学习心得，在读书交流中不断提升初心意识和使命意识。以弘扬传承“二七”红色精神为主题，定期组织团员青年开展演讲比赛，共述新时代团员青年传承“二七”精神的为国之志和爱岗之情，进一步激发立足岗位、弘扬传统、干事创业的积极性。

（三）注重教育转化，助推企业发展

坚持将学做结合作为检验思想政治教育质量的手段，将弘扬传承“二七”红色精神转化为干部职工推动企业改革发展的内生动力。

1. 心系群众办实事。在用好民主恳谈会、座谈交流、走访调研等方式收集职工合理化建议的基础上，利用覆盖到各现场班组的网络终端，在段办公网主页开设“民声通道”，方便全段干部职工随时匿名通过网络反映合理化建议和问题困难，做到随时收集职工急难愁盼事项，第一时间进行响应处置。党委办公室牵头分层建好问题清单，明确责任领导、部门和工作措施，着力解决好职工群众反映热点、难点问题。“民声通道”自 2024 年初开通以来，先后为职工解决食堂就餐、职场环境整治、劳保服装发放、段内汽车管理、安全生产建议等问题 33 件，让职工的获得感、幸福感不断增强，持续提升职工凝聚力和主人翁意识，为全段干部职工传承和践行“二七”精神奠定良好基础。

2. 品牌带动破难题。以段改革发展历史过程中在改革创新、敢为人先方面做出突出贡献的人物为榜样，树牢红色文化传承、薪火代代相传理念，着力打造红色文化品牌，形成品牌带动发展效应，有效解决安全生产中各类难题。建立“党员技师工作交流站”，动员广大党员揭榜挂帅，围绕生产重点、技术难点积极攻关，先后破解了和谐机车无显示跳主断故障诊断等 11 项技术难题，研发了 HXD2C 型机车单元制动器专用拆装装置等 32 项创新创效成果，在确保行车安全和机车质量过程中发挥了积极作用。

3. 勇挑重担树形象。把弘扬担当精神和奉献精神，打造作风优良、敢打胜仗的职工队伍，作为传承好“二七”红色精神的重要任务。组织参与联调联试、新线开通等重大攻坚任务人员在“二七”组雕前开展“誓词领我当标兵”“传承二七红色基因，凝聚发展合力”等宣誓活动，重温革命前辈敢为人先、勇挑重担的攻坚精神，激发斗志和信心。组建“二七”青年突击队，在春暑运、突发问题处置、恶劣天气抢险等重要任务中不惧挑战，冲锋在前，做到了关键时刻冲得上、顶得住，展示了新时代铁路工人良好形象。

三、工作成效

1.形成了全方位的红色教育体系。通过动态收集文字、视频资料，制作宣传作品，建设实物场馆，开展纪念活动等工作，有效盘活了郑州机务段“二七”红色资源，为开展红色教育、传承红色文化提供了有效的平台。“二七”精神红色教育已全面融入职工思想政治教育，成为爱国爱路教育的重要载体，推动了“二七”精神在职工队伍中落地深植，并形成了代代传承发展的良好态势，成为激励一代又一代人的红色基因和精神力量。2024 年新入路职工王晓妍说道：“第一次到单位报到，就被门口的‘二七’组雕和浮雕深深吸引，在了解了‘二七’精神在我段的百年传承和众多先进事迹后，我产生了深深的荣耀感和自豪感，并感受到了‘二七’精神生生不息、代代相传的驱动力，让我不由自主地想融入这个集体，并为之作出相应的贡献。”

2.激活了干部职工队伍正能量。历史是最好的教科书、也是最好的清醒剂。通过对“二七”红色资源、革命故事的挖掘和内涵打造，为广大职工搭建起寻初心、守初心、践初心的精神家园。郑州机务段利用实物、实例和文字资料、视频课件等形式，持续打造无形化和有形化兼备的“二七”红色文化品牌，使得党性教育、爱国爱路教育更加鲜活生动，充分把红色资源价值力量转化为全体员工的情感认同和行动自觉，转化为新征程上干部职工薪火相传、接续奋斗的精神动力，有效化解了信息化、多元化时代职工思想和关注点容易受到干扰的难题，确保了职工队伍紧跟主流思想不偏航，始终做到听党话、跟党走。郑州机务段火车司机弓艺轩，业余时间参加郑州市红十字水上义务救援队，共参与各种义务救援和急救知识宣传活动 200 余次，打捞溺亡人员 30 余人，成功抢救并挽回 3 人生命，连续两年获得郑州市优秀志愿者、郑州市红十字会四星志愿者等荣誉，展现了职工队伍正能量。

3.带动了企业形象持续提升。通过将“二七”红色精神教育融入中心工作，打造了一个又一个的文化品牌，培育了一批又一批的先进典型人物，在保障安全生产、助推企业改革发展方面发挥了良好的引领作用，使得奋勇争先、敢挑重担成为每名干部职工的职业操守，有名次争第一、无名次争一流的理念深入人心，人心思进、人心思干成为主流岗位价值追求，确保了段安全生产稳定，截至2024年10月，郑州机务段安全生产天数已达3 000余天，在全路、全局标准化规范化创建评比中名列前茅。2024年，郑州机务段获得了全路职工思想政治工作示范点称号，并通过了全国文明单位和全路安全文化示范点的验收。同时，职工队伍中涌现出了全国五一劳动奖章获得者叶贵平、“星耀家园·年度榜样”李永东等众多先进典型人物，在他们身上，彰显了郑机人越是困难越向前的卓越品质，成为全员践行英勇、团结、牺牲、奉献“二七”精神的时代缩影。

四、工作启示

1. 用好红色资源开展思想政治教育必须要在精神内涵上深度挖掘。红色资源是中国共产党人在长期的革命和建设中形成的宝贵精神财富，带有鲜明的资政育人的功能。通过深入挖掘“二七”红色资源、革命故事，不断完善、丰富精神内涵，让“二七”红色资源“活了起来、热了起来、火了起来”。实践证明，通过深挖“二七”红色资源，突出红色教育主题，丰富教育形式，有利于增强党性教育、爱国教育的体验度、鲜活度、辐射度，在推动思想政治教育走实走深方面能够发挥积极作用。

2. 用好红色资源开展思想政治教育必须要在活化载体上守正创新。充分利用红色资源开展红色教育既要“守正”、也要“创新”。“守正”能够坚定信念、坚持正道;“创新”能够春风化雨、润物无声。通过创新举措，分众化开展读书交流、征文演讲、知识竞赛等系列活动，吸引了广大党员职工积极参与，起到了潜移默化的思想引导效果。实践证明，只有创新红色教育活动载体、活动形式，方能调动广大党员、干部职工的参与热情，进一步激发弘扬传统、干事创业的积极性。

3. 用好红色资源开展思想政治教育必须要在工作实践上检验成效。抓实职工思想政治教育，必须内化于心、外化于行，最终要体现在做上，体现在干事创业、推动发展过程中。通过抓好工作结合，促使了思想教育与服务职工相连贯、与急难险重相融合、与重点工作相统一。实践证明，只有将“学的成果”转化为“做的行动”，方能激发干部职工攻坚合力，有效转化为克难攻坚的实际行动，推动企业高质量发展，为服务国家铁路运输贡献力量。

（执笔人：贺宗兴、杨红亮、阎晓向）

用好“1775”工作法　稳定职工队伍推动车站发展

中国铁路郑州局集团有限公司商丘车站党委

一、基本情况

商丘车站始建于1913年，1916年正式通车，是东陇海线上的百年老站，商丘市第一个党组织在这里诞生。车站位于豫鲁苏皖四省交界处，管理区段“点多线长”，管辖4个车间、6个直管站和6个四等中间站、2个线路所，管辖高速铁路120公里、普速铁路164公里，京九、陇海两条普速干线和徐兰、京港高铁干线在此呈“双十字”交会，是集高铁、普铁、编组、客运及中间站管理于一体的综合性枢纽车站，也是郑州局集团公司的“东大门”。车站北与济南局集团公司相邻，东、南方向与上海局集团公司交界，是河南省立足中原、辐射四方的交通要道，也是豫东地区承东启西、连接南北的经济走廊。车站现有干部职工1397人，其中年龄55岁以上占15.5%，36岁～55岁占63.8%，35岁及以下占20.7%，工作地点跨河南、山东两省。

近年来，随着劳动组织改革的推进和绩效管理的实施，尤其是习惯于通过互联网接收信息后，车站干部职工的思想较为活跃，传统的思想政治工作方式方法已不能完全适应现实需要。个别干部职工即发式的不良情绪、倾向性的思想问题，如果没有得到及时回应，极易在职工中形成负面辐射，带来“无事生非”或“小事拖大、大事拖炸”的后果。

近年来，商丘车站党委紧紧抓牢统一思想、凝聚力量这一中心环节，聚焦引领思想、凝聚力量、稳定队伍的目标任务，发挥基层思想政治工作倾听职工心声、满足群众需求、化解现场矛盾、服务企业治理的重要作用，用好职工思想动态分析工作载体，掌握职工思想动态，有的放矢答疑解惑，及时化解各类矛盾，实现收集问题、解决问题的“双闭环”，不断提升职工对企业的信赖感和归属感。

二、主要做法

车站党委根据《国铁集团党组关于加强和改进新时代基层思想政治工作的实施意见》要求，借鉴安全生产“双重预防”机制和中医“治未病”的有效做法，探索推行“1775”职工思想动态分析工作法，将思想政治工作关口前移，对职工思想动态进行全面掌握和精准分析，对职工思想问题和现实问题形成闭环管理、进行快速高效解决。

1. 依托“1”个清单，夯实三个层级工作责任。把做好职工思想工作作为落实党建工作责任制和意识形态工作责任制的重要任务，按照畅通职工诉求提报渠道、打造思想政治工作闭环的目标任务，对照《集团公司思想政治工作责任清单》，制定印发《职工思想动态分析业务指导书》。指导书通过“任务书＋流程图”的形式，明确站管党支部、班组党支部（党小组）及车站科室等不同层面的工作职责，划分完成各项工作任务的时间节点，构建起班组、车间、车站等三级思想动态分析网络，各层级任务明确、职责清晰，对“为何干、怎么干”了然于胸，工作推进落实起来更加有的放矢、精准有效。

2. 固化“7”个渠道，多元掌握职工思想动态。车站党委综合传统思想政治工作优势和新时期信息传递的便利，把“面对面谈心家访、班组上报、民主恳谈会、微信公众平台留言板、现场意见箱、局域网站长书记信箱、专题问卷调查”等7个职工思想动态收集方式固化下来，对职工思想问题和现实问题进行“全时空、伴随式”收集。在每月收集各班组、各党支部自下而上反映职工思想动态的基础上，车站在商丘火车站微信公众平台开设“留言板”，在站部、各车间安装留言箱，在局域网设“站长信箱”“书记信箱”，同时还结合阶段重点工作，不定期组织开展问卷活动，畅通职工言路，及时掌握实情。车站还每年召开两次恳谈会，领导班子成员按照分工、排好交路，深入一线车间、班组，与职工进行面对面交流，征集职工对车站、车间、班组管理和职场环境、福利待遇等方面的意见建议，提前研判风险，确保更加精细化制定措施、高质量解决职工思想问题和现实问题。

3. 规范“7”步流程，闭环管理促进良性运转。通过“一份简报细分工、一张表格盯到底”，对每个月的职工思想动态的收集、分析及问题解决流程进行规范，形成职工思想问题收集分析和问题解决“双闭环”。具体来说就是：一是各党支部每月 5 号前上报职工思想动态；二是车站宣传部门收集汇总各个途径反映的问题，每月 10 号前编辑《月度职工思想动态分析简报》；三是车站党委书记专题会研究分析典型问题、重点人员，提出解决建议和方案；四是车站党政主要领导对典型问题进行批示，明确牵头督办的分管领导；五是车站宣传部门按照领导批示，将各项问题“派单式”发给责任部门；六是责任部门按照要求进行限期解决，填写车站“思想动态分析问题解决反馈表”，进行“填空式”反馈；七是车站领导审核问题办结情况，将办结情况通过党支部向职工反馈，把问题解决到职工满意为止。

4. 区分“5”个类别，统筹力量综合施策解决。对通过不同途径收集到的问题，车站党委通过每月的书记专题会议进行分析研判、研究讨论，区分不同情况制定工作措施、进行分类解决。一是针对共性问题，做好宣讲引导。把绩效工资考核、劳动组织改革等职工普遍关注、较多议论的问题，作为每个月主题宣讲的“子主题”，由车站领导班子成员和专职宣传队到各车间、中间站，各党支部委员到各班组、岗位，对职工进行面对面宣讲，解读文件、释疑解惑。2024 年以来，还结合郑州局集团公司党委关于制作“四好”短视频的要求，围绕防暑降温、职工体检等热点问题，先后制作

8期短视频，通过微信公众平台、职工视频号等进行推送，灵活形式进行宣讲。二是针对难点问题，加强协调督办。对于需要协调商丘市有关部门和站区所在办事处、村镇解决的职场环境改善等问题，车站充分发挥商丘站区站场环境整治牵头部门的职能作用，通过发工作函、召开协调会等途径，积极寻求解决途径。在接到职工反映的“商丘北站附近有个600平方米的垃圾场，散发气味大”问题后，车站党委组织召开站场环境整治“双段长”会议，协调市政府及时将垃圾场清理，并将地面进行了平整。对于需要协调站管各科室、车间解决的问题，车站党委则纳入督办事项，每月检查进度、通报情况，逾期完不成的，对部门负责人进行考核。三是针对典型问题，实行“一事一案”。针对因个人性格、家庭状况等原因造成的思想问题，制定解决方案，做好一人一事、特定群体的思想工作。各党支部建立职工诉求问题库和重点职工档案，对因罹患重病、突遭变故、受灾严重等原因造成的思想问题，由党支部委员进行谈心家访，纾解情绪、引导鼓励，提供组织帮扶。针对“新入路异地大学生朋友圈小、情绪不稳”问题制定《邀请异地青工家属“探班”工作方案》和《组织路地青年交友联谊工作方案》，2024年5月11日邀请19名异地青工家属“进站探班”、5月17日组织150名路地青年进行“缘在郑铁·强国有我”交友联谊，在拴心留人、提高职工归属感方面发挥了积极作用。四是对历史存留问题，进行包保转化。对于职工子女退伍后就业安置、涉核部队复转人员福利待遇等车站无法解决的历史存留问题，对有关人员做好常态化政策宣传，并公布车站领导班子成员每月接访、下访的时间地点，不回避问题、不激化矛盾，耐心回应质疑、做好思想转化。同时，还由职工所在车间党支部书记和车站信访专职人员进行“双包保”，讲清信访政策，做好日常稳控。五是对重点问题，纳入决策参考。对关系车站发展和职工切身利益的文件制度，先发布征求意见稿，结合干部职工反馈的意见建议进行调整；对既有制度措施，则通过职工思想动态了解推行效果，及时制订补强措施。对于事实证明行之有效的方案措施，车站就以制度的形式固化下来，先后制定《站区安全环境、普速客站提质、“三线”建设一体化整治规划》《“TPA”三制合一青年骨干人才培养实施方案》等9项强基础、管长远的制度，形成了《商丘车站关于构建调车作业风险预控平台的通知》等多项“接地气”的“作业指南”。

三、取得成效

1. 工作找到了抓手。“1775”职工思想动态分析工作法的推行实施，为党支部开展思想政治工作提供了载体，为车站有的放矢开展工作、解决问题奠定了基础。各党支部、各科室通过分析、解决职工思想问题和现实问题，提高了对思想政治工作重要性的思想认识，同时也提升了专业能力，上报的职工思想动态分析材料少了空话套话，更加突出重点人、典型事。

2. 情绪找到了出口。职工思想问题的“全时空、伴随式”收集方式，既容纳了面对面讲、书面反映，也包括了互联网、局域网的“一键发送”，切实畅通了职工反映问题、吐露心声的渠道。这样的做法，既消除了职工反映问题的思想顾虑、扩大了职工参与面，同时也避免了月底一次性收集的滞后性，更避免了党支部对职工反映问题进行主观选择和过滤后造成的片面化，最大化确保了收集信息的动态性、真实性，车站党委能够听到职工实话、掌握现场实情。同时，职工“知无不言、言无不尽”的积极性得到鼓励和保护，越来越习惯于通过这些渠道反映问题、建言献策、寻求帮助。2021年以来，车站未出现越级上访或到车站缠访、闹访情况。

3. 实事做到了心上。在推行“1775”职工思想动态分析工作法的过程中，车站党政工团各级组织都参与其中，这样的齐抓共管、合力共为，使得问题立行立改，解决起来没有内耗、快速高效。更重要的是，通过思想动态分析，车站党委、车站更能全面把握职工所思所想、所盼所需，更能精准判断并实施为群众办好哪些实事、办实哪些好事，让职工得了实惠、顺了心气，职工的幸福感、获得感、归属感稳步提升，有效促进了企业劳动关系和谐。商丘车站2022年被国铁集团授予“铁路信访工作先进集体”，

2023年被中华全国铁路总工会授予“火车头奖杯”、被郑州局集团公司评为“创建劳动关系和谐企业活动暨厂务公开民主管理示范单位”。

四、工作启示

1. 要把方便留给一线。在出台工作措施、制订落实方案时，要本着“把麻烦在科室解决、把方便留给一线”的思路，充分考虑现场实际，便于操作落实，这样才能让这项工作能够落下去、推起来。我们在制作下发《职工思想动态分析业务指导书》时，画出了工作流程图，明确了不同层面的工作清单，并附上“月度思想动态分析报告”“职工思想动态问题库”等模板，让新任职的党支部书记也能尽快熟悉、对照落实工作任务，帮他们缩短工作适应期、补强业务短板，工作推进也就得到了相应的积极响应。

2. 要敢于面对问题矛盾。防民之口，甚于防川。职工的思想问题一开始在思想上，如果得不到合理疏导和有效解决，就会反映在工作上，给安全生产、运输经营、客货服务、队伍稳定都带来直接影响。面对职工提出的难题、质疑，不能用“堵”的方式，而是要找到“疏”的办法，让职工放开讲、工作人员耐心听，然后给予相应的答复解释或解决方案，这样才能弱化矛盾、利于工作、赢得人心。

3. 要切实形成闭环管理。发现问题不解决，比不发现问题还严重。无论是收集职工思想动态，还是解决职工反映的问题，都要明确各个流程的责任人，切实形成闭环管理。因为任何一个环节掉链子，都会让整个工作事倍功半，进而造成职工反映的问题如泥牛入海。所以，一定要在推进这项工作的时候，跟进一套相对应的研究、审核、反馈、督办、问责措施，避免“一环脱节、环环失守”，防止让这项工作流于形式、背离初衷、失信于民。只有真正用心、用情关心关注职工思想，把好事办实、把实事办好，才能赢得职工信赖，为队伍稳定、企业发展创造有利条件、提供可靠支撑。

（执笔人：王春雷）

打造“双向奔赴” 擦亮思政品牌

中国铁路郑州局集团有限公司新乡供电段党委

新乡供电段是郑州局集团公司首个获评铁路基层思想政治工作示范点。在申报创建和巩固成果过程中，段党委坚持以习近平新时代中国特色社会主义思想为指引，以打造“家文化”思想政治工作品牌为抓手，立清单、建载体、抓推进、盯落实，为团结人心、鼓舞士气、服务中心工作提供坚强的思想保证。

一、基本情况

1. 管辖范围。新乡供电段管辖范围横跨河南、山西和山东三省，涵盖京广、太焦、新焦、新兖、侯月、焦柳、邯长等线路，营业线里程846.443公里（接触网专业2650.254条公里、电力专业2911.506条公里），其中电化运营里程790.515公里，非电化运营里程55.928公里。

2. 组织机构。段领导班子成员9人（行政6人、党群3人）。职能管理机构10个，生产机构12个，辅助生产机构5个，班组（工作组）73个，党群组织4个。段党委下设17个党支部（总支）（其中4个一线党总支、12个车间级党支部、1个科室党总支），21个班组党支部，17个党小组。

3. 人员情况。截至目前，共有职工1368人（其中干部196人、工人

1172 人）。现有党员 595 人。

4. 所获荣誉。先后荣获“国铁集团先进基层党组织”“基层思想政治工作示范点”“全国铁路文明单位”等荣誉，多次获得郑州局集团公司“标兵单位”“安全标杆段”“标杆班子”“宣传工作先进单位”等荣誉，整体工作呈现稳中向好的发展态势。

二、主要做法

思想政治工作是企业各项工作的生命线，在企业稳健长远发展中发挥着不可替代的重要作用。在思想政治工作示范点创建进程中，新乡供电段统筹谋划、强化协作、多方联动、全员参与，调动各方力量、运用各种资源，形成一盘棋、下活一盘棋，形成了上下互通、横向联合、齐抓共管的大思政格局，实现工作共融、资源共享、发展共赢。

（一）创建思政品牌，叫响“家文化”口号

企业文化是企业软实力的主要载体。职工思想政治工作想要持续稳固，新供事业想要持续健康发展，必须加速推进企业文化建设。新乡供电段立足文化建设熏陶员工，打造出高度认同的“家文化”品牌。

1. 提炼“家文化”理念。提炼总结职工认可的“家文化”理念，丰富完善“1241”内涵，即叫响“我的新供我的家”一个口号，崇尚“像呵护眼睛一样呵护新供家园，像为家庭担当一样为新供担当”两种意识，宣扬“创新、实干、关爱、共享”四种精神，引领一种“我与新供同荣辱，新供与我同发展”追求，力图打造团结、和谐、稳定的良好职场氛围。

2. 推进“家文化”建设。接续出台新乡供电段“家文化”建设两个三年规划，设计制作 3 类、157 块“家文化”图板供各车间班组选择揭挂；制作“家文化”电子笑脸墙滚动播出；邀请全段职工设计制作“家文化”文创鼠标垫 1800 余个，打造“桌面文化微阵地”；大力构建“班组管理定置化、工区环境园林化、岗位作业标准化、文体活动经常化、职工宿舍公寓化”的“五化”格局，职工生产生活条件得到改善，享受到“家园美、人

心齐、工作顺”的思想政治工作成果。

3. 丰富“家文化”构成。设计“家文化”子活动，开展“一总支（支部）一亮点”创建。近年来，新乡维修车间党支部“‘1+N’让‘问题职工’不掉队”、变电车间党总支的“安全进家庭　亲情促平安”等11个思想政治工作案例得以推广。

（二）解码思政内涵，抓好“清单式”履职

新乡供电段立足单位多次经历重组、点多线长、人员分散的实际，在扎实推进示范点创建过程中，将思想政治工作作为一项基础性、经常性工作来抓，找准思想政治工作的切入点和着力点，推动创建工作落实落细落地。

1. 九大载体久久为功。紧扣“政治学习好、思想教育好、人文关怀好、组织保障好”目标，形成以“1422”为构架的九大载体。即针对“政治学习好”，抓实“政治学习达标行动”这一个载体，针对“思想教育好”，设计“家文化三年创建”“主题宣讲提效行动”“选树五个十佳典型”“青工职业生涯导航”这四大载体，针对“人文关怀好”，建立和打造“诉求处置闭环模式”“职工暖心聚力工程”这两个载体，针对“组织保障好”，以“争创全国铁路文明单位”“构建思政工作保障体系”这两个载体为抓手，推动思想政治工作推进落实。

2. 三级联创层层落实。实施段党委、车间党总支、班组党支部三级联创，段党委层级牵头方案设计，明确15个工作项点和52条具体任务。车间党总支层级突出“落实标准、打造亮点”的原则，选择1～2个项点进行探索创新，形成特色做法。班组党支部层级突出“简单可行，务实有效”的原则，与标准化班组创建、“星级职工”评定等现行管理制度紧密结合，力求简单有效。

3. 四个环节环环相扣。按照“创建、学习、评价、推广”四个环节，全面推进思想政治工作落实落地。创建环节以建立完善思想政治工作的制度体系为重点，逐步建立7项基本制度、4项配套制度、5项特色制度等文

件。学习环节以宣传和培训为重点，利用专题讲解和视频会议等开展线上线下培训。评价环节是对各层级创建效果进行对标评价，并根据结果修订完善思想政治工作制度体系。根据评价结果，择优选取重点车间开展培育，形成可复制推广的经验，带动全段思想政治工作上水平。

（三）搭建思政平台，共筑“同心圆”育人

日常工作中，新乡供电段紧紧围绕“人”这一中心，坚持目标导向、问题导向、效果导向，着力解决思想政治工作中的瓶颈问题和薄弱环节，巩固思想阵地。

1. 开办讲堂聚合力。开办新工管理大讲堂，搭建段级层面的学习交流平台，邀请段领导、管理中层、先进典型，以及社会专家在大讲堂讲述形势任务、专业知识、传统文化、心得感悟等，将职工关心的工资收入、社保医保等热点话题纳入其中，推动党的创新理论“带着热气”进课堂、进头脑。大讲堂开讲以来，已举办近60期，覆盖职工2万人次。

2. 讲好首课启新程。每年新入职的大学生，由段党委书记讲授思想政治工作首课，由段团委组织新入路职工和一线青工到红色教育基地接受爱国主义教育、到人才市场进行求职体验激发爱岗敬业之心；由纪委书记对35岁以下青工讲授“扣好人生第一粒扣子”廉政教育课；由青马讲师讲授“青春心向党　奋进新征程”青马微课，引导青工筑牢理想信念之基，传承铁路红色基因，更加爱国爱路爱岗。

3. 广开言路听诉求。畅通职工诉求渠道，在段官微开发“有事‘码’上办”平台，方便全段职工发表意见建议，对问题没有在规定时限内回复办结的科室按规定进行督导考核，确保职工合理诉求“事事有回音，件件有落实”。利用每日查看微信留言、常态化组织干部职工谈心家访、定期召开民主恳谈会等方式收集职工诉求，及时了解职工思想问题。每季度征求建议并开展评价，评出一、三、三等奖，分别奖励500元、400元、300元。2023年共评出获奖建议17条、奖励6800元。济源供电车间陈二军提出的“侯月线应采取大天窗”的建议被推荐到郑州局集团公司，获奖

5000元。2024年以来，全段各级管理人员已谈心1500余人次，收集有效留言近200条。“有事‘码’上办”平台收集意见和建议后，进行梳理分解，公开回复10期，采纳或答复信息138条，其他信息利用私信或电话等方式解决或回应。各种渠道收集的信息、建议和意见，全部给予回复。

三、工作成效

新乡供电段党委始终把创建过程作为统一认识的过程，促使各级组织对示范点创建的认知越来越清晰、越来越明确，构建完善的思政工作体系，为推动创建工作、继而为推进段中心工作提供了强大的思想保障，不断提升思政工作精准化水平，收到了较好的效果。

1. 提高了对思想政治工作标准化规范化重要性的认识。长期以来，思想政治工作方面的规章制度，零零碎碎散落在不同的文件中，不成体系，领导层和执行层在开展思想政治工作时，认为思想政治工作是虚工作、软指标，形成“干好干坏一个样”的错误认识，其主要原因就是思想政治工作没有标准化、规范化的刚性约束措施。在创建过程中，新乡供电段通过研究文件精神、现场调研、问题分析等，深刻认识到示范点创建是推进思想政治工作标准化、规范化的重要抓手，是解决上述问题的现实需求和当务之急。

2. 增强了基层思想政治工作示范点创建的信心和动力。在郑州局集团公司下发《加强和改进新时代基层思想政治工作的实施办法》后，段党委迅速组织力量，对文件进行学习研讨，感觉文件内容丰富，体系庞大，支线复杂，在落实过程中不易找到突破口。在示范点创建中，新乡供电段发现示范点的“四个好”目标，是对实施办法的一种精练归纳，为在基层落实思想政治工作提供了基本遵循。以此为突破，新乡供电段找准了推进标准化、规范化建设的方向，增强了示范点创建的信心和动力。

3. 形成了以思想政治工作推进中心工作的思想共识。在生产力布局调整中，新乡供电段经历了数次合并和复建，职工的归属感不强。特别是

2024 年以来，面对改革发展的重重压力，在深化“检养修”分开、数字化和信息化的推广应用、设备分层分级分类管理等重点工作中，特别需要新乡供电段发挥党组织作用，强化职工思想引领。通过开展示范点创建，新乡供电段进一步掌握了思想政治工作的规律和特点，形成了以有效的思想政治工作来凝聚职工队伍，引导广大干部职工主动担当作为，为建设平安、智慧、创新、和谐、文明、美丽“六位一体”魅力新供目标提供保障的统一共识。

自新乡供电段 2011 年 11 月 22 日成立以来，段党委坚持以开展好思想政治工作作为各项工作的前提，把统一思想、凝聚力量作为融入中心、服务中心的重要抓手，始终把职工思想政治工作牢牢地抓在手上、落在行动上，打造了多项特色品牌，为全段各项工作的顺利开展统一思想、凝聚力量，形成“党建有力、安全可控、干部清廉、队伍和谐、职场规范、素养一流”的工作格局，实现队伍和谐稳定、生产平稳有序。截至 2024 年 10 月 28 日，新乡供电段已实现安全生产 4500 天。

四、工作启示

在持续推动和巩固思想政治工作示范点创建工作中，新乡供电段党委认准目标久久为功、严格对标查漏补缺、以人为本准确定位，形成党委统一领导、各方合力共为的思想政治工作大格局。

1.“上下”贯通，完善制度机制。抓好“思想政治工作示范点”中制度的落实落地，进一步健全完善，持续深化思想政治工作示范点创建工作。结合“季度党建工作对标检查”，对重点工作、重要任务中存在问题进行梳理摸排，针对共性问题研究出台补强机制，为宣传思想文化工作标准化规范化提供制度保障。

2.“点面”结合，巩固基础体系。坚持以党的基本理论、基本路线、基本方略为重点，突出抓好对习近平新时代中国特色社会主义思想的学习，运用党支部“三会一课”、集中培训等方式，列出学习清单，组织开展学习讨论，引导广大党员带头用好理论学习阵地。将政治理论学习题库纳入职工政治学习安排，定期组织职工政治理论学习抽考，持续开展组织理论骨干深入车间班组开展理论宣讲和送课到一线活动，建立政治理论教学模块，加强职工政治理论培训教师队伍建设，确保培训质量。

3.“专兼”联动，强化素质培训。本着“走出去、请进来”的原则，系统采取跟班学习、轮岗交流等培养方式，分期、分批抽调优秀通讯员和网评员到融媒体工作室经受锻炼，为他们“充电”“加压”，提升思想政治工作水平，持续开展“四力”教育，多学习、多思考，善于发现新闻线索，不断提升写作水平，在一线岗位上写出有温度、有力度、有深度的文章。

（执笔人：冯运杰、刘笃仁、马莉娟）

发挥“家书”作用　凝聚发展合力
搭建推动高质量发展干群关系“连心桥”

中国铁路郑州局集团有限公司洛阳机务段党委

一、基本情况

洛阳机务段地处陇海、焦柳两大干线交汇处，现有职工5234人，主要担当着郑州北—新丰镇、洛阳北—襄阳北、洛阳北—侯马北、新乡、日照、徐州北、阜阳北客货牵引和洛阳龙门—郑州东—徐州东部分高铁动车组值乘任务，机车交路横跨豫、鄂、陕、晋、苏、鲁、皖7省，牵引总延长2248公里。

2012年，洛阳机务段党委策划开展了“洛机家书”征集活动，通过开设局域网专用信箱、热线电话，引导干部职工围绕安全生产、经营管理、干部作风、民生建设等方面提出意见与建议。随着互联网的发展，网络空间成为群众生产生活的新空间，也成为做好群众工作、凝聚思想共识的新平台。2024年6月，段党委深入贯彻习近平总书记对“走好网络群众路线”的指示精神，在原“洛机家书”基础上优化拓展平台功能，开辟出办公网、段微信公众号和专用二维码等三种渠道，供职工随时随地反映诉求、提出意见建议。“洛机家书”互动交流平台拓展以来，一封封情深意切、饱含真知灼见的“家书”在段各级组织和干部职工之间传递，字里行间流淌着干部职工对洛机安全的关心、对洛机发展的关注、对洛机管理的建议、对洛机美好家园的期盼和祝福，无形中强化了干部职工的主人翁意识，为推动洛阳机务段高质量发展注入了强大的精神动力。

二、主要做法

1. 搭平台。2024 年 6 月，本着“畅通诉求渠道、实现良性互动”的目的，段党委对原来的“洛机家书”互动平台进行优化拓展，在局域网“家书”网页增设“我要咨询问题”“我的意见建议”“我要反映问题”“处理进度流程”“信息公示”“待处理信息”“已处理信息”等 6 大板块。同时，将“洛机家书”平台延伸至互联网微信公众号，在段微信公众号开设“政策咨询”“问题投诉”“意见建议”“困难求助”4 大功能板块，并在各部门公示栏张贴“家书”征集二维码，方便职工随时随地“扫码”。通过优化“家书”局域网平台、设置“家书”互联网交流报送平台、公布“家书”征集二维码，引导干部职工针对安全生产、民生建设等方面提出意见与建议，针对科学发展、共建家园提出畅想与展望，职工意见建议由原来单一的局域网受理拓展为“局域网 + 微信公众号 + 专用二维码”受理。平台拓展 5 个月，全段共受理职工关于待乘休息、福利补助、工资待遇的诉求建议意见 43 条，已办结 32 条，回复 11 条，办结回复率和职工满意度达 100%。

2. 严管理。制定《“洛机家书”互动交流平台管理办法》，对职工反映的诉求和意见建议，事涉车间、主管科室能解决的，要求在 3 个工作日内完成；事涉车间、主管科室解决不了的，及时向主管领导汇报，按照主管领导要求进行办理；主管领导解决不了的，依照《洛阳机务段领导班子工作机制》，提交党政联席会、党委会研究解决。在段领导研究决策期间，涉事部门要向反映诉求、提出意见建议的干部职工予以解释说明，做到“诉求合理的解决问题到位、诉求无理的思想教育到位、生活困难的帮扶救助到位”，按政策及时就地解决职工合理合法诉求。

3. 深拓展。为发挥“洛机家书”互动交流平台效能，段党委将“家书”作为加强上下沟通、实现单位与职工有效对接的重要载体，依靠职工手机可随时随地上网和遍布全段的局域网，打造“问政于民、问需于民、问计于民”的“洛机家书”互动交流平台。指定党委办公室专人作为管理员，每天对“洛机家书”互动交流平台上的信息进行分析梳理汇总，各党支部（总支）管理员每天9时至17时对涉及本部门的诉求、意见、建议进行签收查看，对意见建议进行回复和办理。平台还设置评价和督办功能，职工群众可以对回复处理情况进行评分，未按规定办理的，段党委对相应部门的回复情况进行督办，并纳入党支部（总支）书记月度履职考核。为发挥“家书”效能，段党委还在“洛机家书”互动交流平台广纳民意，在决策前，通过平台问计于民，为决策提供参考，并对好的意见建议按照《洛阳机务段奖金分配管理办法》予以表彰奖励。平台拓展5个月，收到干部职工留言50余条，回复率100%，浏览量突破5000人次。

三、工作成效

1. 密切了干群关系。“洛机家书”互动交流平台在干部职工中架起一座沟通互动的桥梁，在密切干群关系、激发干部职工同心共为谋发展积极性的同时，也提高了车间和科室管理水平和工作效率，使职工积极参与到部门的管理中，增强了职工的主人翁意识，提升了干部职工的认同感和归属感。2024年7月5日，洛北运用车间机车乘务员周阳在平台上提出由于家距单位远，待乘后没地方去，建议单位给住得远的乘务员提供临时休息点。接到诉求后，后勤服务车间第一时间在单身职工宿舍腾出1个房间作为乘务员临时休息点，并本着由解决“一件事”向办好“一类事”延伸原则，组织洛北、洛襄、洛阳运用车间在派班室附近设置了3个乘务员临时休息点，从根本上解决了乘务员待乘后无地方休息的难题，受到职工群众一致好评。据统计，“洛机家书”平台拓展至今，通过“家书”共为干部职工解决生产、生活中的各类难题20余件。

2. 促进了管理创新。随着“洛机家书”平台功能的拓展，“家书”越来越深地影响和改变着该段各级组织的管理方式。各级组织在管理工作中碰到新问题时，可以从“家书”中吸取积极合理的建议。平台拓展以来，通过“家书”共征集到有价值的意见建议20多件，为各级组织更好地解决管理中的难题提供了参考依据，从而有力地促进了管理创新。洛襄运用车间机车乘务员杨帆在平台上反映，因车间有和自己同名的同事，就餐时会发生扣款混乱的情况。接到反映情况后，信息技术科第一时间向反映问题的杨帆道歉，对就餐系统中杨帆的个人验证信息进行了更正，并将此类问题作为风险点，组织技术人员对全段所有职工食堂就餐刷脸设备进行了软硬件升级，从管理的角度杜绝了同名同姓错扣款现象的发生。此外，对职工反映较为集中的工资发放和育儿假、医疗救助等问题，组织劳人科和工会人员到洛阳、宝丰、三门峡西等地有针对性地进行政策宣讲，面对面答疑解惑，消除职工顾虑。

3. 推动了高质量发展。“洛机家书”互动交流平台饱含了干部职工对洛机发展的憧憬和期待。各级组织积极运用“洛机家书”平台，汲取民智民力，倾听意见建议。对“家书”收集到的干部职工反映的问题，段党委主要领导亲自批示，明确主办部门、督办部门和办结时限，实行“销号”管理，形成“倒逼机制”，改变了个别部门、个别干部在其位不谋其政的状况。有关部门根据干部职工在平台反映的合理化建议进行理性思考，客观分析分管工作中存在的优势和不足，科学谋划下一步工作思路，为各项工作再上新台阶提供了有力保证。洛北运用车间机车乘务员赵正龙在平台上反映洛北机车派班室大厅顶灯晚上亮度不够，对视力影响大的问题。接到反映后，设备车间第一时间租用脚手架对洛北派班室大厅顶灯进行了更换，并将人员集中区域照明设备日常检查标准由“灯光亮不亮”改为“灯光好不好”，促进了车间标准化规范化管理。

四、工作启示

通过拓展“洛机家书”互助交流平台和深入开展“家书”活动，洛阳机务段深深感到这种广泛而深入、开诚布公的心灵交流和思想沟通方式是理顺职工情绪、解决职工生产生活困难、融洽干群关系的“助推器”，也是确保职工队伍稳定的“稳定器”。

1. 开展思想政治工作，要坚持以习近平新时代中国特色社会主义思想为指导。习近平新时代中国特色社会主义思想是新时代中国共产党的思想旗帜，其蕴含的世界观和方法论，特别是坚持人民至上、坚持守正创新，是基层思想政治工作的重要法宝和有力武器。要始终学好用好，因地制宜开展思想政治工作，使基层思想政治工作助推企业高质量发展。

2. 开展思想政治工作，要坚持党建工作和中心工作深度融合。开展思想政治工作要高标定位、融入到位，常抓不懈、常抓常新。在日常工作中，只有将思想政治工作与中心工作深入融合，实现思想政治工作与中心工作同频共振，消除思想政治工作和中心工作“两张皮”现象，才能使思想政治工作起到凝人心、聚合力、出效益的效果，推动企业高质量发展。

3. 开展思想政治工作，要坚持关心解决职工的急难愁盼。增进民生福祉是全面深化改革的出发点和落脚点，是中国式现代化的本质要求，能够统领带动各项工作高质量发展。新时代新征程上，要坚持把实现好、维护好、发展好广大干部职工根本利益作为一切工作的出发点和落脚点，在日常工作中关心关注职工所思所想所盼，着力解决好职工急难愁盼，用心用情用力地服务好职工，凝聚起干部职工同心谋发展的强大合力。

（执笔人：牛玉江）

“缠访户”递交入党申请书的背后……

——关于国铁安防公司党委开展“一人一事”思想政治工作的调研

中国铁路西安局集团有限公司党委宣传部

“以前的他，人见人躲、人见人烦、人见人怕，是个‘刺头’。现在的他，见活就干、人见人爱、认真负责，是个‘好同志’。最近，他还向党支部递交了入党申请书。”2024年7月中旬，西安局集团公司党委领导在下属的国铁安防公司调研时，国铁安防公司党委领导在谈到关于开展职工思想政治工作时，介绍了这样一个事例。

怀着好奇和怀疑，西安局集团公司党委宣传部走进国铁安防公司，深入巡防岗亭现场，通过与班子成员、部分干部、个别职工座谈交流、问询谈话，探究这一事例背后的原因，形成了调研报告。

国铁安防公司党委领导提到的“他”，叫王某，男，55岁，现任国铁安防公司银西高铁岗亭巡防员，是原西安物资供应段职工。在原单位工作期间，他缠访闹访、旷工迟到早退是常态，千方百计钻空子占便宜。国铁安防公司成立后，通过一系列卓有成效的思想教育引导，他先是主动报名到离家44公里外的银西高铁从事辅助性工作，后又积极申请到岗亭值守。2023年3月，他在巡线时不慎掉入防洪渠，导致“左肩锁关节脱位，肘挫伤，左侧第 4 肋骨骨折。”手术后不到一个月，他自愿放弃居家静养，主动请缨于 4 月底返回岗位，并向所在银西巡防大队党支部递交了入党申请书。这名同志的转变，让大家感到非常惊讶，也为之欣喜。

从“缠访闹访户”到主动向党组织递交入党申请书，该同志的思想转变，激发了调研人员的兴趣和思考。那他的“蜕变”是如何发生的呢？

“一万句空话，不如一件实事。”调研人员刚到岗亭，王某还有些拘谨，不一会儿人熟了、聊开了，他兴奋地说：“5 年前我在老段 5 档工资，一个月发到手 3000 多。家里还有个 83 岁的老母亲，日子过得紧紧巴巴。改成国铁安防公司后，工资提到 12 档，手头宽裕了，娃也结婚了，身上的包袱轻了。”“愿意干、肯干事，就能多挣钱”的分配机制激励着他主动干、抢着干。线路巡防员担负着铁路日常巡线工作，单人单岗在区间值守，吃、住、行有很多不便。打开话匣子后，他又主动聊到自己所在的岗亭：“以前我们巡防，只有一个小屋子，不到 2.5 个平方米，放一张桌子、一把椅子就没地了，晚上只能趴在桌子睡。到了冬季，晚上上个厕所要跑到户外，黑灯瞎火，又容易感冒着凉。2021 年年底，公司给我们安装了生活舱，不仅能放一张床，而且还有简易厨房、浴室和卫生间，彻底解决了我们的难题啊。”

“憋的气总是要撒出来，气顺了，工作就有了干劲。”在西安局集团公司，像王某这样的线路巡防员还有 1090 名，远离熟悉的城市、隔着屏幕的亲人，耐得住清苦寂寞，靠的是什么？他毫不顾忌地说：“以前很少见到段上领导，现在就我当班期间，公司领导都来了好几次，部门、大队、中队负责人和主管那就更不用说了。他们来了总是嘘寒问暖，让我感到领导都很接地气。”“国铁安防公司成立后，我们反映的事，有人管、有人问、有人给我们办。今年 5 月，我向公司电话咨询医保的事。第二天，工会领导就带着人力资源部医保员，到岗亭宣讲政策，给我们测了血压，还送了一些常用药，并交代要少吃辛辣、油腻等食物……领导们用实打实的行动，让我感到大困难有组织、小困难有亲人，工作干劲也逐渐增强，我这心里也踏实了。”

“我能想到的，领导做到了。我没有想到的，领导不仅想到了，而且也做到了。”当问到是以前的单位好还是现在的单位好？王某不假思索地回答道：“肯定是现在好啊！”当问到为什么好时，他说：“现在的单位有人情味，就拿我摔伤这事来说吧，大队长、支部书记知道后，立即安排人员车辆把我送到咸阳人民医院，初诊后，又连夜把我送到西安红会医院。住院期间，公司领导专程来看我，多次打电话关心我。”从他的言谈举止中，能深切感受到他是爱上了这个岗位。岗亭地处荒郊野外，买菜不方便，他和工友便开荒种菜。据说岗亭周边以前是荒草、生活垃圾，现在种的有茄子、豆角、南瓜、韭菜、葱。公司安全保卫部部长介绍说：“今年公司，为沿线发放格桑花、向日葵等花种 8 袋，豆角、辣椒等菜种 70 袋。老王今年 55 岁了，年龄大又不爱玩手机。有了菜园子，他巡防回来给菜浇浇水、除除草，也算有个寄托。”一个小小的菜园子，不仅丰富了职工的生活，还培养了他们坚守岗位、以苦为乐的优良作风，给单调的巡防工作增添了快乐的“底色”。

像王某这样的职工，在原物资供应段还有 7 名。那时，随着主营业务萎缩，经营状况日益恶化，职工队伍风气不正、告状信满天飞、信访问题频发是常态。调整经营方向并改制后，轻装上阵的国铁安防公司党委始终聚焦人心这个最大的政治，各级干部真正把自己当作群众的一员、把群众的事当作自己的事，经过一段时间的化解，再没有缠访闹访等不良风气。职工思想和队伍日趋稳定，干部职工团结奋进，单位安全发展的势头蒸蒸日上。

归纳总结起来，他们的做法主要有以下三点：

1. 作风转变，引领了风气转变。在驱车前往岗亭交谈中，每当提到关于巡防的话题，不到 1 年就要退休的保卫部部长回答得总是头头是道，嘴上“口口清”、心里“一本账”。2022 年 5 月，西安局集团公司把 16 个单位 418 名职工分流到国铁安防公司。为确保这 418 名职工来得了、待得住、留得下、干得好，他们上下一心，破解职工上下班交通、岗亭食宿等急难愁盼问题，并做好思想疏导。该部长介绍说：“为解决偏远巡防岗亭交通难、18 个岗亭用水难的问题，我们集思广益，在皮卡车后箱装了 1 个水箱，安装有水泵，大约能盛 1 吨水。在接送职工上下班的同时，同步解决了用水的难题，像这样的车我们一共改装了 4 辆。”为确保 418 名职工想干、能干、愿意干，国铁安防公司党委主要领导带领综合管理、人力资源、后勤保障等 5 个部门负责人，深入朝天、燕子砭、颜家河、观音山、风陵渡、黄堡、宁县等偏远及艰苦站区，公开班子成员手机号，面对面宣讲政策、交流思想，实打实解决问题 718 件，得到了干部职工充分认可。

2. 言路通畅，带动了心气顺畅。为确保职工思想队伍稳定，国铁安防公司党委针对点多线长、不易管理实际，在成立巡防大队、中队、班组的同时，同步设置党支部、党小组，配齐配强政工人员，定职责、交任务、压担子、给待遇，构建起贯通上下、齐抓共管的职工思想政治工作基本队伍。在此基础上，2021 年 5 月，建立公司互联网群组。2022 年 5 月，把分流的 418 名职工纳入群组管理，党委书记、董事长任管理员，人力资源部部长任群主。职工有任何困难诉求，均可随时在群里发声，相关部门第一时间答复解决。

张某也是银西高铁的一名巡防员，2024 年 7 月 23 日，正值气温高点，岗亭电路突然短路。他 11 时 05 分在群组发出求助后，30 分钟内，永寿中队长带领兼职电工赶到岗亭，一会儿工夫就解决了问题。吹上凉飕飕的空调风后，他发自内心地在群里感慨说：“感谢中队干部，大热天冒着酷暑给 30 号岗亭维修电线路，帮助一线职工排忧解难！”电路短路看似是小事，但对职工来说是大事。

2022 年 12 月 12 日，职工芦某、李某等 3 人在群里反映，自己的企业年金基数少核算 3 千元到 2 万元不等，此类问题涉及职工的切身利益，国铁安防公司党委书记、董事长看到后立即在群里耐心答复，要求人力资源部核实，联系西安局集团公司社保部调出明细，一对一为他们 3 人解释政策。尤其是李某，态度强硬、说话急躁，心里不服气。党委领导又带领相关人员深入现场宣讲政策，疏通思想疙瘩。事后李某感到内疚，还专门给有关人员打电话道歉。2024 年入夏前，这家公司主动征求职工意见建议，为部分艰苦区段巡守职工配发挂脖风扇、夏凉被、凉席 505 套，防晒帽

549 顶。大家都说："这东西戴在头上，暖在心里。"

3. 心气顺了，激发了内在动能。2022 年 12 月 24 日，正值疫情期间，银西巡防 40 号岗亭职工在群里抱怨自己不间断发烧。党委主要领导及时回复："我和班子成员都阳了，扛过这阵子就好了。"并鼓励他和工友们多喝水、多休息，没有华丽的词语，只是给大伙分享抗疫经验。简单、随和、亲切的安抚，鼓励大家以良好的心态积极渡过难关。

李某，以前也是一名典型的"上访老户"。在公司新环境的熏陶感染下，他于 2022 年底，在群组发出这样一段感言："李大队和礼泉中队张浩，经常利用给岗亭送水的机会，深入职工嘘寒问暖，揭盆掀盖，米还有多少，面缺不缺，生活还有啥困难需要帮助，家里和个人还有啥急难盼的事，大队和中队尽力解决。他们不但对职工如此关怀，而且对职工的作业更是严格要求，检查巡查次数够不够，发现的问题有无处置……"尽管语句不通顺，但都是肺腑之言，字里行间能透露出国铁安防公司党委不只是坚持厚爱，更是坚持严管。为鼓舞士气，激发干部职工精神面貌，他们公司党委持续开展"致敬最美安防人"选树宣传活动，并把王某这种轻伤不下火线、爱岗敬业的典型作为第一期进行大力宣传，讲好安防故事，凝聚安防力量。现已选树宣传 8 期、17 人次，为安全稳定注入源源不断的精神动力。

国铁安防公司承担着西安局集团公司所有高铁、普铁的巡防任务，巡防总长 8355.5 公里，沿线设置 1091 个巡防点。2024 年上半年，各级干部下现场 1050 人次，巡防员共发现安全隐患 1944 条，发现和制止隐患受到国铁集团、西安局集团公司表彰的 3 起、4 人次，奖励 8000 元。据核算，职工月平均工资较改制前增长 1700 元左右（增幅达 19.39%），激发了干部职工的岗位热情和内生动力。截至 7 月 31 日，公司顺利实现安全生产 8484 天（与原物资段连续计算）。

调研过程中，深切感受到，做好职工思想政治工作并不难，难的是"我们做不做、怎么做、做到哪种程度"。深入分析国铁安防公司的成功实践，主要有以下三个方面启示：

1. 心里始终装着职工是做好思想政治工作的前提。人心是最大的政治，凝聚人心是汇聚发展合力的有力抓手。国铁安防公司党委为什么能把一群到处惹是生非的“散兵游勇”打造成一支护航西铁安全的“正规军”，是因为他们落实了“人民至上”的理念，始终把解决职工现实难题、办好民生实事作为重要使命；是因为公司领导示范表率、与干部职工打成一片；是因为各级干部心里始终装着职工，始终尊重职工、理解职工、保护职工、关爱职工的共同结果。

2. 把解决思想问题和解决实际问题相结合是做好思想政治工作的基础。思想政治工作说到底是“在人心上搞建设”，是最难做的工作。国铁安防公司职工队伍结构复杂、作业条件艰苦、点多线长不易管理，但公司党委为什么实现了职工“留得住、干得好”的预定目标，是因为他们始终坚持把解决职工思想问题和解决实际问题紧密结合、有机统一；是因为他们把惠民生的事办得实、暖民心的事办得细、顺民意的事办得好；是因为他们紧贴实际，让职工反映现实问题有了渠道，做到了“职工的心里话立即有人听，职工的揪心事马上有人办”。

3. 各级组织齐抓共管是做好思想政治工作的保证。思想政治工作是党的优良传统，是一切工作的生命线。国铁安防公司党委面对平均年龄 55 岁的队伍现状，之所以能够稳定“军心”，是因为公司党委、公司持续关注重点人，坚持“一把钥匙开一把锁”，精准开展“一人一事”思想政治工作的结果；是因为公司工会切实当好“娘家人”，服务职工暖人心、维护权益聚人心、关心职工贴人心的结果；是因为公司所属大队、中队，想职工之所想，急职工之所急，帮职工之所帮；是因为一线党支部把组织群众、宣传群众、凝聚群众、服务群众的职责牢记在心里，付诸于行动。

（执笔人：王浪）

聚力网络思想诉求平台
把“一人一事”思想政治工作做实做深

中国铁路济南局集团有限公司政研会

一、基本情况

济南局集团公司在开展思想政治工作中深深感受到，传统的思想政治工作方法，不可避免地遇到了职工交互方式即时化、思想需求多元化、个性体验差异化的新情况和新挑战，唯有因时而动、因势而变，才能不断增强思想政治工作的时代性和影响力。立足教育职工、凝聚职工、服务职工，坚持不懈地深入推动网络信息技术在思想政治工作领域的应用实践，聚力建好建实职工网络思想诉求平台。早在2015年就引入“大数据”分析技术，对全局54个单位月度职工思想热点进行分类采集，运用柱形图、分布图的形式分析职工思想热点，更加直观地反映干部职工的思想动态和思想需求。2018年以来，开发运用“职工思想动态分析平台”系统，增强了网上思想政治工作的针对性和有效性。2020年开始，建立解疑释惑工作运行机制，推动热点疑点难点问题收集梳理、答复办理规范化常态化。2024年上半年，着力畅通职工意见建议和诉求直达渠道，探索开发局域办公网与互联网互联互通的“职工留言板”平台。充分发挥线上资源优势，重点用好“解疑释惑”“职工留言”“思想分析”三个平台，线上线下齐发力，着力解决职工“见人见事”思想问题和实际诉求，进一步提升基层思想政治工作效能。

二、主要做法

（一）做优“解疑释惑”平台，常态化解决问题更高效

做好基层思想政治工作，首先要畅通职工诉求表达渠道。遵循务实管用、注重成效的原则，深化具有济南局集团公司特色、多年行之有效的“解疑释惑”工作运行机制，开发“解疑释惑”信息平台，力求原汁原味收集职工意见建议，更直接更具体解决职工思想和实际问题。

1. 突出信息直达环节。每月25日前，由一线车间班组广泛收集职工热点难点问题、意见建议，录入信息平台，“一键直达”站段党委、行政、工会主要负责人。

2. 突出研究答复环节。站段党委、行政、工会主要负责人分别牵头，组织有关科室逐项研究解决措施、提出答复意见，录入系统并“点对点”反馈所在车间班组或职工本人，实现解疑释惑“键对键”直通。

3. 突出公示通报环节。站段行政主要领导组织月度专题会议，研究职工反映问题答复意见，形成书面答复通报，通过平台公示全体职工。

4. 突出实时监看环节。自原始信息录入起，济南局集团公司党委宣传部对平台诉求受理节点、问题解决答复时间、公示评价情况等数据实行后台监看，确保职工思想诉求“一盯到底”，防止出现问题“节流”和“中阻梗”。仅2024年以来，累计征集受理职工意见建议902件，答复解决890件，纳入督办12件，奖励“金点子”38件。

（二）做细“职工留言”平台，精准化回应诉求更主动

坚持职工思想问题“一把钥匙开一把锁”，在办公网主页设计开发“职工留言板”平台，着力强化服务和引导功能，及时解答职工个性化诉求，让“一人一事”思想政治工作更具张力。

1. 账号预先铺设。为全局每名职工配属个人账号，职工使用本人手机号登录系统，既保证了所提报留言的私密性，又实现了对职工的一对一专属服务。

2. 留言全程可视。领导班子成员、机关各部室主要负责人通过查看职工留言信息，实现动态监看留言处理状态、流程进度、职工评价，及时客观掌握职工思想诉求。

3. 系统壁垒打通。与“解疑释惑”平台实现数据共享，对需要站段党委处理的问题，按照“解疑释惑”工作流程办理。同时，积极探索办公网“职工留言板”系统与“国铁济南局”App 系统互联互通渠道，增加输入端设备，职工利用手机直接留言，方便快捷操作。职工通过留言反映的 19 件涉及收入分配、岗位调整等问题，均反馈相关部门处理答复，对职工反复提出的政策性问题，耐心细致对话解读，直至满意为止。

（三）做强“思想分析”平台，动态化分析思想更走心

严格落实职工思想动态分析制度，丰富完善既有“思想动态分析”平台，重点抓好思想动态分析成果的应用，让基层思想政治工作更加走心走情、生动鲜活。

1. 开展专项调研。根据各单位报告情况，突出重点工作领域和薄弱单位，精准化开展专题调研，先后围绕物流转型发展、青年人才培养等焦点问题，深入访谈了解职工思想情绪、现实诉求，剖析实例、寻根溯源，提出针对性建议，多次被济南局集团公司领导批示转发，为决策提供重要依据，特别是反映职工物流转型中的诉求意见，在制订相关办法时予以充分吸纳。

2. 用好直报预警。选取 100 个一线班组为思想动态直报点，开辟直报专项模块，定期报送职工思想信息，精准把握思想脉搏，及时预判预警。4 月份，根据直报信息反映，由于年度目标任务工作部署持续推进，职工长期处于连续作战状态，专门编发思想动态预警，指导各单位高度关注职工心理和身体健康，采取措施确保队伍稳定。

3. 提高分析质量。针对车间班组思想分析聚焦不精准、重点不突出等问题，编制《职工思想动态分析报告参考模板》，按家庭、个人、职场、社会等25项关键要素，结合职工实际问题进行勾选，描述具体事实和措施，改变以往思想分析不能“见人见事”的问题，使思想分析更直观、具体、准确，推动思想政治工作做实做深。

三、工作启示

1. 旗帜鲜明讲政治是根本要求。旗帜鲜明讲政治是我们党作为马克思主义政党的根本要求，是深入推动网络信息技术在思想政治工作领域应用实践的灵魂和生命线。网络信息来源丰富多样，对一些问题的看法和认识不尽相同，但作为党的网络思想政治工作平台，必须教育引导广大职工增强“四个意识”、坚定“四个自信”、做到“两个维护”。在创建各类平台中，始终坚持及时提供政治立场鲜明、理想信念坚定的观点信息，把平台建设成为不断增进广大职工对中国特色社会主义政治认同、思想认同、理论认同、情感认同的坚强阵地。

2. 增强平台吸引力是内生动能。不断提升网络思想政治工作平台的吸引力，必须做好信息生产领域的供给侧结构性改革。顺应职工心理需求和个性特征，赋予话语网络元素和时代元素，力求设计更具亲和力的信息载体，形成更具感染力的话语体系。内容回复从心出发、以理服人、以情感人，少说大话空话、立足实际工作、善于见微知著，突出人的主观能动性，引导广大职工参与制作思想政治工作这道“精神大餐”，完成从“做客”到“做东”的转变。自2020年以来累计解决答复职工意见建议和诉求12600余件次，职工气顺劲足、队伍稳定。

3. 推动大数据应用是关键所在。不断提高对大数据发展规律的把握能力，运用大数据分析，掌握职工思想动态，及时开展有针对性思想政治工作的方式，通过把原本大量分散的碎片化数据整合、挖掘、分析，将许多传统的思想政治工作问题，借助大数据分析进行直观化、可视化反应，从宏观上把握职工队伍整体思想状态，及时发现隐藏在各种观点和行为背后的客观规律，对可能存在的倾向问题，作出积极回应，纠正在萌芽状态。近年来，根据大数据分析，针对春运、暑运、两会等重点关键时期，及时发布职工思想动态预警，指导基层单位和党支部有针对性开展职工思想工作，进一步提升了思想政治工作精细度。

4. 促线上线下联通是有力保障。思想政治工作的本质是做人的工作，要以人为本，不能因求新求变，忽视传统机制和工作方法，而是要更多地将“键对键”的网络平台作为掌握职工队伍思想动态的“风向标”和“晴雨表”，将“面对面”的思想政治工作作为解决职工思想问题和实际问题的主要途径，将“为民服务解难题”的关心关怀，送到职工心坎上。近年来，济南局集团公司高度重视职工群众反映基层一线“吃住洗行娱康”等实际问题，制定改善职工生产生活条件规划，办好实事项目，全面改善一线车间班组生产生活条件，解决好职工群众急难愁盼问题，形成线上线下同心圆，真正强信心、聚民心、暖人心、筑同心，使全体职工在理想信念、价值理念、道德观念上紧紧团结在一起。

（执笔人：陈子微、杨婉清）

“联考”压实思政责任 “一站”化解职工难愁

中国铁路济南局集团有限公司淄博车务段党委

一、基本情况

淄博车务段隶属济南局集团公司，段本部位于山东省淄博市，管辖64个车站，营业里程969.191公里。辖区跨及淄博、滨州、东营、潍坊、济南五地级市，现有职工2101人。为解决职工办事难的问题，于2024年4月在段本部办公楼一楼成立职工服务中心，设置4个服务窗口，分别由党委办公室（段长办公室）、劳动人事科（党委组织科）、财务科相关人员构成，是一处面向全段干部职工，以办理住房公积金、财务报销、医疗保险、社会保险等涉及职工切身利益的具体业务为主的服务机构，通过优化服务流程、提高办事效率，实现各项业务一站办结。同时，车务段把职工服务中心作为压实基层思想政治工作责任的有效抓手，不断拓展业务范围和服务项目，成为及时获取职工思想反映、解决职工难愁的思想工作阵地。

二、主要做法

（一）盯需求，职工难事“求答”

近年来，淄博车务段党委一班人深化开展“思想政治工作一线行”，坚持“职工出题、管理人员作答”的盯问题工作法，促进基层思想政治工作落在实处。

1. 专题分析把握定位。淄博车务段通过梳理2022至2023年职工思想分析报告和解疑释惑情况，发现现场反馈的实际问题占问题总数的80%以上。因此，在段2023年思想政治工作专题会议上，班子成员带领各科室负责人经过深入分析达成共识：各级管理人员“一岗双责”落实不主动、答疑解惑不到位、服务意识不强是引发职工反映问题的主要因素，要确保职工队伍思想稳定，必须从现场需求出发，积极主动为职工办实事、解难愁，用真情换真心。

2. 现场调研了解诉求。为充分掌握职工需求，淄博车务段班子成员于2023年底分工深入车站进行历时一个月的集中调研。通过与职工面对面谈话了解到，到段本部办理业务流程长、效率低的问题十分突出。由于淄博车务段辖区点多线长，最远的车站距段本部将近3个小时的车程，多数车站没有客运列车开行，职工到本部办理报销、社保、医保、提取公积金时，只能乘坐汽车或驾车，有时多次往返才能办结一项业务，舟车劳顿、疲惫不堪，因此对科室管理工作颇有微词，造成心气不顺、思想不稳。

3. 换位思考找准症结。了解到职工办事难的诉求后，为充分找准问题症结，淄博车务段组织各科室负责人对本部服务流程进行了全面梳理，针对公积金、医保、社保报销等业务开展专项研讨，并进行全过程体验，发现政策不清晰、资料不全、工作人员外出到访不遇等问题是影响办事效率的主要原因。通过换位思考和切身体验，班子对职工诉求有了更加深入的了解，决定将解决职工办事难的问题，作为抓实思想政治工作的突破口，列入2024年度重点督办项目，制定了抓宣讲、简流程、建中心的工作思路。

（二）解难题，一站承诺“办妥”

为确保问题整改符合职工意愿，淄博车务段积极发动干部职工建言献策，通过建成职工服务中心彻底解决职工办事难问题。

1. 集思广益解难题。通过召开职工代表座谈会、实地考察等渠道，广泛听取职工意见建议，借鉴地方政府市民服务大厅模式，于2024年4月份，在段部一楼便利位置，开辟专门场所建立“职工服务中心”，组织财务、医保、社保、公积金等工作人员集中办公，让职工不需要进办公楼就可以直接办理业务，免去各楼层往返的不便。服务中心设置业务办理、政策咨询、休闲等候三个功能区，配置宣传海报、茶水吧、绿植等，打造功能齐全、环境幽雅、气氛温馨的综合服务场所。

2. 优化流程提效率。为了实现各类业务一站受理、一次办妥，服务中心开通了微信预约功能，将预约二维码通过站务公开、微信群等途径进行公示，外地职工可以提前进行业务咨询和办事预约，解决了工作人员外出到访不遇的问题。各窗口还准备了财务、医保、社保、公积金各类纸质表格和单据、复印机、老花镜等备品，对于年龄较大的职工和离退休人员，工作人员提供代填信息和资料复印服务，避免了资料不规范问题。

3. “一键直达”疏民意。为充分发挥服务中心优势，使其成为实时反映职工思想动态的“晴雨表”。经过一段时间的试运行，在休闲等候区设置留言簿和铁路办公网公用电脑，方便职工利用“电子留言板”登录系统反映对车务段各部门的意见，段长、党委书记、工会主席可以第一时间接收并纳入督办，实现民意“一键直达”，效果全程可查，使服务中心逐步成为兼具业务办理与意见受理的“民意直通车”。中心成立以来，已转接和处置各类诉求实事1480余件。

（三）压实责，联考联挂“问效”

为把服务中心建成思想政治工作的前沿阵地，车务段抓住工作联动和考评联挂两个关键环节，促进科室管理人员落实职责。

1. 细化职责抓联动。以提升职工获得感和满意度为目标，制定服务中心“首问负责制”和“一站”服务机制。做到首问必答、一次告知、盯办到底，并在醒目位置张贴公示，同时加强服务中心工作人员业务学习，做到本职工作业务熟练操作，相关科室业务及时交接。对于服务中心业务范畴的问题，做到当天受理、一次办结；对于反馈其他诉求问题，做到当天受理、一周答复、一月办结，有效解决各科室结合部问题，发挥各部门联动作用，杜绝推诿、拖沓影响职工满意度。

2. 转变作风强考评。围绕干部作风、工作效能等，建立“职工服务中心办事工单”，以“今日事今日毕”为目标的日核销制度，以及以办事存在问题完善服务流程的月分析制度、季评价制度，纳入干部作风考评、政治工作督查和一体化考核，开展干部履职专项整治活动，联考相关科室工作绩效，联挂办事人员、科室负责人收入分配、评先推优，压实各级管理人员“一岗双责”。

（四）面对面，流动服务“暖心”

服务中心运行期间，对职工中存在的政策理解不准确、形势任务掌握不及时等问题和需求，淄博车务段采取文化大集下车站、分工种座谈等形式，送服务听建议，凝聚高质量发展合力。

1. 文化大集送便利。每季度汇总职工反映最集中的政策难点和形势任务要求，在段本部和车站举办“宣传文化大集”，设置政策宣讲台，由专职人员针对职工关注的工资分配办法、医保、公积金政策及安全管理制度等进行答疑，并将反诈骗知识、政策解读等融入书法、快板等文艺作品，用职工爱听的方式表达想听的事。大集上，还可以现场办理公积金、医保资料填写等业务，把服务送到车站、岗位。

2. 季度对话听民声。为确保职工意见收集的覆盖面，淄博车务段每季度召开工种座谈会，邀请职工代表到本部进行现场参观和座谈，就安全生产、职场环境、制度办法、管理效果等方面进行交流沟通，了解科室人员工作状态，反映职工关注的突出问题，通过管理人员与职工的面对面交流，解决实际问题，鼓励建言献策，融洽干群关系。2024 年以来，共召开段级恳谈会 12 场，征求意见 124 条，征集合理化建议 21 条，有效激发了干部职工共建共享的主动性。

三、工作成效

建立职工服务中心是淄博车务段推动基层思想政治工作的突破口和有效尝试，赢得了职工的广泛认可，取得了三点具体成效。

1. 各部门“一岗双责”意识得到强化。职工服务中心是本部科室面向一线职工的最直接渠道，在接待职工办理具体业务的同时，能够第一时间了解职工的思想状况和反映，在接待职工的过程中，对职工思想、情绪、诉求有了更加直观的了解，成为职工意见的“首席接访人”和职工思想的“首席咨询师”，同时科室支部将职工反馈问题办理情况纳入月度职工思想分析，将思想政治工作“一岗双责”体现在了具体工作中，使行政各部门的履职意识得到了明显强化。

2. 本部科室干部作风得到明显转变。通过职工服务中心与职工留言板的有效结合，受理日常业务时可以同步了解职工的意见建议，让现场诉求直达快办，结合服务中心联挂科室考核的措施，职工满意度直接影响管理人员收入，奖优罚劣机制有效促进了科室服务作风的转变。如，针对暑期职工反映房屋漏雨的情况开展全段范围内的“安居工程”、针对辛泰线水质问题对所有偏远车站进行水质监测更换管道，一系列实事好事得到了职工的普遍好评。

3. 干部职工的命运共同体意识得到凸显。随着管理人员服务意识和工作作风的提升，干部摒弃官架子、职工畅言心里话，打通了干群沟通的壁垒，心拉近了，气也顺了。职工队伍的凝聚力与战斗力明显增强，推动各项工作质量取得了明显提升。淄博车务段先后有两名职工荣获济南局集团公司安全生产大奖，淄博车务段连续三年荣获济南局集团公司先进单位，连续两年获评国铁集团标准化规范化建设标杆站段，干部职工的命运共同体意识得到了巩固。

四、工作启示

职工服务中心这一具体实践，对淄博车务段更加深入扎实地推进基层站段思想政治工作带来三点启示。

1. 加强基层思想政治工作，必须建立多点触发的思想工作脉络。建立服务中心的思路是在各级管理人员现场调研的基础上形成的，日常调研的扎实有效开展，得益于思想政治工作网格化管理的扎实推进。自 2023 年以来，淄博车务段通过修订完善加强和改进新时代思想政治工作实施措施，重新完善段、站、班组三级思想工作队伍，制定思想政治工作任务清单，领导班子成员、科室负责人利用下站检查、参加安全生产分析会、支部“三会一课”等形式，与现场职工谈心，并通过月度交班会进行问题反馈。支部班子利用跟班作业、检查考核等渠道，及时了解职工队伍现状，通过支委会或党员大会进行专题分析。班组长通过班前会、班后总结等时机，每班次一对一了解职工思想动态，对存在思想波动的职工及时汇报车站，及时处理突出问题，防止带情绪上岗。2024 年以来，各级思想工作队伍共开展谈心写实 850 余人次，为各类思想问题的及时处置提供了制度保证。

2. 加强基层思想政治工作，必须坚持实际问题与思想问题同步解决。党的历次集中学习教育，都把为群众办实事解难题贯穿始终，号召全体党员团结带领广大职工群众心往一处想、劲往一处使，把群众的烦心事、关心事解决到位，用心用情用力解决群众急难愁盼问题。对于基层站段来说，把职工反映最强烈、与切身利益最相关的急事难事办好，就是对职工情绪的最好疏导。淄博车务段建立职工服务中心，就是顺应广大职工的需求，用干部办公地点的“小变化”，为职工带来“大便利”，让职工感受到来自企业的尊重、认可，提升满意度和幸福感，从而激发主人翁责任感，不断巩固职工个人与企业发展的命运共同体。2024 年以来，职工技术业务水平的迅速提升、标准化规范化建设的不断强化、安全生产的持续稳定也有力地印证了其突出效果。

3. 加强基层思想政治工作，必须建立健全各部门齐抓共管的协同机制。《关于新时代加强和改进思想政治工作的意见》指出，加强企业思想政治工作，把思想政治工作同生产经营管理、人力资源开发、企业精神培育、企业文化建设等工作结合起来，在思想上解惑、精神上解忧、文化上解渴、心理上解压。职工的思想问题大多与行政管理工作密不可分，行政管理人员每天处在运输生产的全过程，对职工的所想所盼更清楚，做思想工作会更有针对性，效果也更明显。淄博车务段通过建立职工服务中心，完善服务流程、考核联挂、作风督查等配套制度，把本部科室职责与基层思想政治工作有机结合，形成了齐抓共管的思想工作格局，从而改变了以往党群部门一头热的被动局面，进一步压实了各级思想工作责任，使服务中心小窗口取得了思想工作大效应。

（执笔人：于爱兵、赵玉民、王菁）

精准施策　突出实效
推动职工政治理论学习走深走实

中国铁路济南局集团有限公司济南西工务段党委

一、基本情况

济南西工务段成立于 2011 年 11 月 29 日，是全路首个高铁工务段，管辖济南局集团公司管内京沪高铁、石济客专、济青高铁、潍荣高铁、济莱高铁 5 条高速铁路，23 个高铁车站、10 个线路所、2 个动车所，管辖范围横跨 9 个地市，线路总延长 2379.363 公里，共设置 11 个车间、51 个班组，现有在岗职工 952 人。

党的二十届三中全会明确指出，党的领导是进一步全面深化改革、推进中国式现代化的根本保证。进一步全面深化改革、推进中国式现代化，必须不断提高党的领导水平，切实加强和改进党的建设。加强职工政治理论学习是持续推动党建工作高质量发展的关键环节。班组作为政治理论学习的基本单元和有效载体，如何推得动、落到底、得实效，是摆在济南西工务段党委面前的一项难题。管辖范围长、设备复杂和班组人员分散之间的矛盾，职工大多从事夜间“天窗”和日常学习精力难以集中之间的矛盾，理论学习摘抄内容多和学习内容无法入心入脑之间的矛盾，时刻考验着济南西工务段党委创新管理的能力水平。同时，确保高铁安全万无一失的政治红线和职业底线，给干好职工政治理论工作提出了更高的要求。

为推动职工理论学习走深走实，彻底打通职工政治理论学习的“最后一公里”，济南西工务段党委坚持在精准施策、突出实效上下功夫，针对“学什么”“怎么学”“学得怎么样”三个问题，完善制度、丰富载体、强化监督，摸索出一套职工听得懂、跟得上、抓得实的新路子。

二、主要做法

（一）选对内容，答好“学什么”的问题

理论武装越彻底，理想信念就越坚定，思想就越敏锐，行动就越自觉。职工政治理论学习是强化理论武装的有效途径，选对内容就容易挖出“源头活水”，起到事半功倍的效果。

1. 学政治理论。常态化将党的基本理论、习近平新时代中国特色社会主义思想纳入职工日常学习，及时跟进习近平总书记重要讲话和对铁路工作的重要指示批示精神，形成增强“四个意识”、坚定“四个自信”、做到“两个维护”的政治自觉、思想自觉和行动自觉。学习党的历史，继承和发扬党的优良传统，有力提升自我净化、自我完善、自我革新、自我提高的能力。学习党纪国法，增强法治意识，规范行为准则，坚决维护党的纯洁性和先进性。学习时事政治，关注国内外形势发展变化，逐步提高政治敏锐性和鉴别力。

2. 学先进典型。既学习董存瑞、黄继光等老一辈无产阶级革命烈士在敌人面前无惧生死的革命忠贞，袁隆平、张桂梅等“时代楷模”无私无悔的奉献精神，也学习在我们身边涌现的大批“最美铁路人”“新时代铁路榜样”，通过一个个鲜活的人物和事迹去引领人、鼓舞人、教育人、培养人，从典型榜样中汲取营养，让典型榜样成为“雷密的战鼓”，成为“冲锋的号角”，指引大家干正事、走正路、扬正气。

3. 学经验做法。加强政治理论学习，根本目的是增强工作本领，提高

解决问题的能力。着眼“有理想、有觉悟、有纪律、有奉献”职工队伍建设，紧扣“改革创新展作为、提质增效立新功”宣讲主题，跟随领导和科室干部学形势、学政策，明确工作目标；跟随先进劳模、典型代表学奉献、学坚守，传承劳模精神；跟随业务骨干学制度、学业务，借鉴工作经验，不断自省、丰富、完善、改进，切实把党的创新理论和成功经验深化、内化、转化为谋划工作的思路、促进工作的措施和开展工作的办法。

（二）用对方法，答好“怎么学”的问题

政治理论学习不是为了应付场面、装点门面，用对方法是提升政治理论学习质效的基础，正确把握学习的“时度效”，才能未雨绸缪，精准发力。

1. 健全制度，解决“落不到底”问题。针对不同工种、不同班组、不同岗位的作业项目和作息特点，抓好顶层设计，精心制订月度学习计划，制定一班组一方案，确定每周一领学讲解、每月一主题研讨、每季一考试评比的“三个一”学习模式。对部分人员分散、不便集中的班组，领导班子成员坚持“送学进班组”“送学到一线”，参加联系点学习交流，推动理论武装从“关键少数”向“绝大多数”拓展。规范管理流程，制定职工理论学习明白纸，明确学习内容、记录格式等 15 项任务清单，便于班组掌握，对标对表促落实。

2. 丰富载体，解决“枯燥乏味”问题。针对部分职工“理论知识太深奥，一学就头疼”的现实反映，积极创新理论学习载体形式，在每月“思想小课堂”“理论微课 365”基础上，安排专人从中央主流媒体收集下载法治教育、中华优秀传统文化等积极向上、能引起共鸣的短视频，纳入学习内容，坚持每周拿出至少半小时组织职工集中观看，引导养成积极正确的价值取向，激发爱国爱路爱岗热情。打造“支部之声”理论学习品牌，发挥青年理论骨干优势，成立青年理论学习小组，开办青马课堂、读书成果分享会、理论说课等 50 余场次，引导团员青年先学一步，学深一层。用好红色文化资源，组织干部职工前往劳模精神教育基地、济西党性教育基地、胶济铁路博物馆等地开展践学21次，传承红色基因，坚定理想信念。

3. 互动交流，解决“照本宣科”问题。在要求上，运用“政策解读+讨论”“理论授课+交流”“案例剖析+体会”“观影读本+感言”等形式，抓实“学习讨论”重点环节。突出课前准备，每月学习内容下发后，各车间党支部书记组织班组长、理论骨干集中备课，在交流发言的过程中，按照干部带职工、党员带群众的顺序，谈体会、谈认识、谈建议，改变以往“工长一人上台讲，职工低头抄笔记”的局面，提高参与度，增强互动性。更加注重真学真悟，先让职工动起来、融进去、有兴趣，学懂弄通之后，再提想法、做法，变成办法。职工学习中的每一个感悟、每一个建议，都不放过，都有价值，都是理论指导实践的成果，积少成多、跬步千里。

4. 学用结合，解决“学用脱节”问题。将政治理论学习与业务学习、“小练兵、小比武”、技术创新有机结合，通过干中学、学中干，让职工把理论学习和实际工作有机结合，形成学用相长的良性循环。开展“改革创新展作为、提质增效立新功”主题宣讲比赛，涌现《新时代高铁的“快”与“慢”》《铸就发展之路，驱动时代之轮》等优秀作品，激励和动员干部职工以更加饱满的精神状态投入到安全生产中。用好身边的故事，拍摄制作《向阳而生》并纳入职工日常学习，大力选树表彰2024年8月6日平原地震、济南西站站改施工中作出突出贡献的先进个人、先进集体。发挥全国五一劳动奖章获得者济南西探伤工区工长季风运引领作用，打造全路劳模创新工作室，组织新职人员、青年骨干等培训班现场观摩，常态化带领青工开展技术创新、课题攻关。工区5名青工先后走上管理岗位，4名技能竞赛优胜选手被直接认定为集团公司“技术能手”。

（三）抓好监督，答好“学得怎么样”的问题

监督考核是检验职工政治理论学习成果的有效抓手，要在常态化、精准化、具体化上下功夫。

1. 常态化加强检查督导。段党委每月派员参加班组的理论学习，各车间支部委员和管理人员以包保、列席等方式，每季度进行全覆盖指导检查；

段党委每季度对班组学习情况进行抽查，年度实现全覆盖。同时将职工政治理论学习纳入季度政治工作检查考核项点，把学习制度落实不规范、学习内容有漏项、季度抽考不合格等问题纳入车间季度政治工作考核，并在政治工作例会上进行通报。对政治理论学习长期推不动、落不实的车间，责令车间党支部书记、班组长和个人对话分析。

2. 精准化检验学习成效。精准对标每月学习计划和学习要点，同步编制职工政治理论学习应知应会内容。为了避免死记硬背和题海战术，试题紧扣主题并精心挑选，数量不超过 10 个，质量严格把关，不断丰富教育供给，充实学习题库。每季度运用集团公司职教考试系统组织一次集中考试，将政治理论学习与业务学习同步考试，对平均分低于 80 分的车间进行考核。

3. 具体化推动示范引领。确定 4 个班组职工政治学习示范点，班子成员、党群干部列席指导，在学习方案、内容、形式、流程上进行全过程指导把关。开展班组政治学习交流观摩会，组织班组长、青年理论骨干到示范点现场观摩，发挥典型带动作用。党支部季度评选政治理论学习积极分子、优秀政治理论宣传员、优秀班组理论学习案例进行奖励，进一步提高了职工参与理论学习的积极性。

三、工作成效

多年来，段党委持续在提升职工理论学习质效上下功夫，始终把引领人、教育人、鼓舞人、培养人作为职工政治理论学习的出发点和落脚点，选对内容、用对方法、抓好监督，以“实用、有用、管用”为目标，精准施策，突出实效，取得了一定的成绩。依托职工政治学习质量提升年、思想政治工作一线行活动，摸清了职工政治理论学习的短板弱项，规范了制度流程，丰富了学习载体，提升了学习兴趣，促进了职工政治理论学习走深走实。特别是每月精心挑选短视频作为日常学习内容，把大家从传统学习的复杂文字和反复摘抄中解脱出来，借助集中观看、现场讨论、轮流领学等方式，增强职工参与度，破解理论学习枯燥乏味、不接地气的问题，真正把“学”与“讲”“学”与“悟”结合起来，让理论学习活起来，氛围热起来，职工动起来。组织全段职工集中观看央视《面对面》特别推出的《落坡岭的温暖》，K396次列车乘务组坚守岗位、勇敢担当的精神，让在场观看的干部职工无不动容、潸然泪下，为干部职工上了一堂生动的思想政治教育课。

通过不断提升理论学习质效，职工学习党的创新理论的积极性、自觉性不断提高，充分凝聚了思想共识，激发了奋斗激情，转化为投身高铁安全生产的内生动力，全段工作取得了新突破，先后荣获全国工人先锋号、全路标杆站段、国铁集团先进党组织、集团公司先进单位等称号。

四、工作启示

贯彻落实党的二十届三中全会精神，铁路改革步入深水区，进一步全面深化国铁企业改革有一系列难题需要破解，这对济南西工务段是严峻的考验。同时，在全面推进国铁企业改革过程中，如何破解职工政治理论学习的新问题，也对济南西工务段提出了新的挑战。

1. 理论学习提质。坚持用习近平新时代中国特色社会主义思想武装头脑，注重“两个结合”在实践中的运用，结合生产实际和文化引领，更加用心挑选学习视频，充实学习内容，坚持集中观看和氛围营造相结合，潜移默化地转变职工思想观念，达到学在日常，服务中心的效果。进一步提升监督检查质效，职工政治理论学习与业务学习同步录制现场视频，坚持视频检查和提问抽查相结合方式，纳入季度考评，进一步提升学习质量。

2. 队伍能力提升。持续加大“最美西工人”等身边先进典型的发掘选树，为理论学习提供鲜活素材，发挥榜样的示范引领效能。组织各支部进一步挖掘好苗子，吸纳优秀青工，扩大车间及工区优秀网评员、通讯员队伍后备力量，因人而异制定培养方案，定期开展交流学习，积极搭建成长平台。围绕潍烟高铁开通、春运宣传报道等契机，量化任务指标，引导车间、工区深度挖掘先进典型和新闻点，共同研究并改进提高。适时修改段新媒体等作品考核办法，加大中央级媒体采用奖励力度，强化激励约束效能。让学习先进成为一种风尚，持续充实政治理论学习的内容。

3. 日常管理提效。发挥“互联网+学习”优势，依托“云端课堂”开展线上线下联动学习，搭建“微课堂、微视频、微讨论、微宣讲、微答题”的“五微”学习平台，实时推送最新“理论微课365”“新时代铁路榜样”“形势任务宣讲”“政策解读”等内容，组织在线理论测试、知识竞赛，使学习方式更加灵活。守住守牢宣传阵地，以车间、工区“三块电子屏”为媒介，将视频学习内容同步更新到职场大屏循环播放，实现宣传教育由刻板被动向润物细无声转变。

（执笔人：张创业、孙奇坤、黄超）

职工移动服务平台　让思想政治工作落地见效

中国铁路济南局集团有限公司日照车辆段党委

思想政治工作是党的优良传统、鲜明特色和突出政治优势，是一切工作的生命线，也是新时代国有企业的传家宝。做实职工思想政治工作，对于提升职工思想政治素质、凝聚干部职工思想共识、增强企业核心竞争力具有至关重要的意义。日照车辆段党委坚持围绕中心、服务大局，探索全新工作模式，创新开展职工移动服务平台，为推动企业高质量发展筑牢思想根基、凝聚奋进合力、提供有效载体。

一、基本情况

日照车辆段党委坚持问题导向，遵循思想政治工作规律，把定性与定量、显性与隐性、解决思想问题与解决实际问题结合起来，着力固根基、扬优势、补短板、强弱项，实现了对职工思想状况的全流程、全过程、全方位收集分析研判和动态处置管控，确保了全段干部职工队伍的长期稳定。

（一）突出坚持“三个原则”

以了解掌握职工思想状况为出发点，以用心用力用情解决职工急难愁盼问题为落脚点，深入做好职工思想动态分析和研判。

1. 坚持党的领导、把稳方向。深入学习习近平新时代中国特色社会主义思想和习近平总书记关于铁路工作的重要指示批示精神，深刻领悟“两个确立”的决定性意义，增强“四个意识”、坚定“四个自信”、做到“两个维护”。各党支部（总支）作为开展职工思想政治工作的主体，严格落实政治责任和工作职责，认真执行月度职工思想动态分析机制，努力做好职工思想政治工作，确保职工队伍稳定。

2. 坚持围绕中心、服务大局。把职工思想政治工作作为推动段中心工作高质量发展的有力抓手，积极将职工思想政治工作融入段管理全过程、全领域，与安全生产、经营管理、党的建设等工作紧密结合，为段中心工作提供强大思想保障。

3. 坚持以人为本、凝心聚力。突出思想关心、人文关怀、平等对话、真诚沟通，尊重职工主体地位，畅通诉求表达渠道，努力增强职工获得感、幸福感、满足感，努力推动构建企业与职工命运共同体，为段高质量发展汇聚起强大合力。

（二）把牢抓稳“三个环节”

段职工思想政治工作突出问题导向，以主动发现问题、着力解决问题，确保职工队伍思想稳定为根本任务。

1. 畅通渠道，做好动态调查。通过建立畅通的信息反馈渠道，形成“横向到边、纵向到底”的信息收集网络。一线班组长、党小组长以及党员骨干充分发挥与职工同吃同劳动的优势，及时了解职工情绪变化，掌握职工思想动态；各级管理人员经常性深入一线车间开展面对面、一对一等谈心，了解职工思想状况，做好职工思想动态收集，确保职工思想问题有处倾诉，实际问题有人受理。

2. 盯住关键，深入开展分析。坚持常态问题和典型事例相结合、梳理问题和动态跟进相结合、现状分析和趋势研判相结合，对征集掌握的职工思想动态及诉求建议进行认真梳理、深入分析，研判不稳定因素，找准倾向性问题，掌握关键人员，剖析潜在风险，研究工作措施，为做好职工思想政治工作提供依据。

3. 合力共为，用心解决问题。坚持“问题征集自下而上、问题解决自上而下”，运用月度思想动态分析研判结果，切实解决职工思想与实际问题。各党支部（总支）着力从现场实际抓起，采取谈心谈话、慰问家访、政策宣讲、心理干预等方法，加强职工思想疏导。各职能部门从职工最关心最直接最现实的利益问题入手，着力答复解决各类诉求及疑惑，从根本上解决职工思想问题。

（三）灵活运用“三个载体”

以解疑释惑工作机制、月度思想动态分析和职工移动服务平台为主要载体，构建“1+N”思想政治工作新模式，做实做细职工思想政治工作。

1. 以解疑释惑工作机制为关键核心，解决生产生活难题。每月收集热点、难点、疑点问题和意见建议，按职责分类，由段党委、行政、工会三方齐上手、相关职能科室共商议，形成答复解决意见，在月度例会上进行通报，做到当月问题当月答复，不能立即解决的纳入督办系统，全程跟踪，闭环解决，真正把思想工作和实事项目做在职工心坎上。

2. 以月度思想动态分析为基础抓手，打捞职工思想现状。每月对职工思想状况作出评估，重点梳理分析存在问题，段党委主要领导对问题逐条审阅，并对重要问题进行批示，段分管领导根据批示对问题提出解决方案、指定责任部门、明确落实期限，党委宣传按照段分管领导的批示立即协调督促相关部门抓好工作推进落实。

3. 以职工移动服务平台为创新载体，做实职工思想工作。段党委结合段点多线长、偏远地区班组多的实际，深化解疑释惑工作机制，创新开展职工移动服务平台，形成“收集—研究—面对面答复”的诉求受理机制和“问题征集自下而上、问题解决自上而下”的闭环联动模式，让解疑释惑工作更接地气。

二、主要做法

段党委坚持服务大局，围绕中心工作，聚焦职工急难愁盼问题，创新职工思想政治工作新模式，持续推行职工移动服务平台，带领服务团队深入车间一线，现场回答职工政策疑问、疏通职工思想情绪、解决职工实际困难，确保职工队伍稳定，为推动段高质量发展凝聚强大合力。

（一）坚持自下而上、上下结合，广泛征集职工诉求

创新工作思路，全面打捞职工所思、所想、所盼，真正为职工释疑惑、解难题、办实事，灵活运用月度思想动态分析结果，精准定位职工思想问题突出车间，采用自下而上、上下结合的方式，广泛征集职工诉求，为职工移动服务平台现场答疑做足准备。

1. 做细做实思想动态分析。按照“班组党支部—车间党总支—段党委”自下而上的程序，全面了解掌握职工的思想情况，分析共性问题、个性问题和职工诉求，研判重点关注车间和人员，由党委书记对重点问题进行批示。

2. 总结梳理宣传解读内容。随着不同时期形势任务的变化、制度办法的修订以及重点工作部署，职工可能存在政策变化不掌握、形势要求不清晰等问题，段党委针对职工关注的工资收入分配、作业人员调整、福利物品发放、实事项目推进等热点问题，做好面对面政策解读宣传和工作推进情况交流准备。

3. 研究确定服务对象车间。综合思想分析和形势任务，确定思想政治工作重点车间，主动向该车间职工打捞思想、征集诉求，如车间班组人员不足、劳保服不够优化等意见建议均反馈上来，形成诉求问题清单后，段党委组织责任部门分劈项点、认领任务，做好答复准备。

（二）坚持主动出击、深入一线，用情用力答疑解惑

创新解疑释惑工作方法，变“键对键”传递信息为“面对面”答疑解惑，主动出击、深入一线，利用聊家常、谈谈心，从“大家说”中找问题、寻对策，提高解疑释惑工作的质效。

1. 研究确定服务落实方案。坚持一车间一方案，成立由段党委副书记为队长，相关科室部门负责人为成员的服务团队，针对重点车间征集问题

和管理现状，明确问题答复意见、宣传解读内容、活动时间方式。

2. 组织进行现场答疑。开展现场服务工作，服务团队下沉车间一线与职工代表面对面，对征集的诉求问题进行答复，对最新的政策进行解读，对职工的收入开展算账对比，和职工代表积极展开讨论。

3. 坚持问题全部接收。问需于职工，如对讲机工具老化、场所积水等职工面临的现实问题均在交流过程中被反映出来。职工代表提出的新问题建议，服务团队和职工将共同探讨研究。当场能确定答复的当场答复，对于需深入研究的问题，服务团队将问题带回并反馈相关责任部门，召开专题会议进行研究。

（三）坚持追踪跟进、抓好闭环，推动问题有效解决

坚持追踪跟进、抓好闭环，既管方案制定，更管方案落实，在做好用情用力答疑解惑的同时，对问题解决进行流程化运作、闭环式管理，形成“问题征集自下而上、问题解决自上而下”的闭环联动模式，督促各项答复措施尽快落实，让解疑释惑工作真正落到实处。

1. 制订推进计划。进行清单化管理，针对未能立即解决的问题建立推进计划，明确解决措施、责任部门和解决期限，强化问题解决日常追踪。段党委每月动态掌握推进落实情况，并督促责任部门按期推进。

2. 强化闭环管理。坚持解决一件销号一件，对未能按期有效解决的问题纳入督办，确保每件问题都能如期高质量解决。

3. 开展满意度评价。服务平台开展一个月以来，陆续向车间开展服务平台和解决情况满意度评价，对解决不满意的问题反馈责任科室部门并考核落责，督促相关部门认真履职尽责。

三、工作成效

职工移动服务平台的开通，拉近了干群关系，拓宽了问题解决渠道，理顺了职工思想情绪，让职工在思想上解惑、精神上解忧、心理上解压，做到了“小事不出车间、大事不出段、矛盾不上交”，有利于推动构建企业

与职工命运共同体。全段干部职工认同感、归属感、幸福感显著增强，为段高质量发展统一了思想共识、凝聚起强大合力。截至 2024 年 9 月，已在 7 个车间开展，参与职工代表 130 余人，答复解决列检作业场水泥砖老化、车间周围绿化等征集问题 66 件，让职工群众真正成为政策受益的明白人。

1. 干部职工队伍更加稳定。职工移动服务平台的逐渐固化为广大职工向企业反馈诉求的便捷通道，各职能部门在政策允许范围内全力帮助职工解决生产、生活、家庭等方面的实际困难，职工对企业的信任度、依赖度、期望值进一步提高，基本形成“有事找组织”的正确导向，从根本上确保了职工队伍思想稳定，持续凝聚起企业高质量发展的向心力。2024 年，为蓝村地区彻底解决多年以来长期存在的道路桥涵积水问题，干部职工十分满意，专程拨打市长热线转达谢意。另外，个别职工由于对政策或制度存在误解，在工作中出现负面情绪，存在危及生产安全和人身安全的隐患。针对这种情况，职工移动服务平台通过心理疏导、一对一谈话等必要措施，及时化解误会，把隐患消除在萌芽状态，为有效防范事故发生开辟了一条抓重点人员安全管控的有效途径。

2. 思想动态掌握更加精准。职工移动服务平台深化了月度职工思想动态分析制度，补强了“一人一事”思想政治工作制度机制的薄弱环节，使其更具系统性、针对性和有效性。特别是在拓展信息采集渠道、完善分析研判流程等方面提供了系列具体有效的手段，通过采用自下而上、上下结合的方式广泛征集职工诉求，能够全面、及时、准确把握职工思想动态，基本实现了及时有效掌握职工思想动态。通过动态采集职工个人、家庭、生产、生活等方面影响思想波动的因素，能够精准摸排掌握一批思想波动较大的人群，可以及时发现普遍性苗头性倾向性问题，最终能够真实客观反映职工思想状况。

3. 助推企业治理更加有力。职工移动服务平台通过加强统筹协调、集聚资源、整合力量，各职能部门充分发挥自身优势，按照职责分工履行责任，广泛联系职工，全力配合职工解决实际问题，共同推进职工思想政治工作取得实效。党委统一领导，党政齐抓共管，党委宣传部门组织协调，各职能部门共同参与、各负其责、协调联动的思想政治工作大格局进一步完善。随着职工移动服务平台的推行，职工保安全保质量的积极性显著增强，段典型故障发现率有了明显提高。截至2024年9月，段获得集团公司通报奖励25件，奖励25人次，共计75000元；段完成通报奖励4819件，奖励5221人次，共计926200元，较2023年同期相比奖励增长372440元，增幅达59.2%。

四、工作启示

职工移动服务平台解决了职工的实际困难，维护了队伍的长期稳定，凝聚起奋斗的强大合力，为段中心工作发展提供了有力支撑。通过持续推行职工移动服务平台，得出以下启示。

1. 要懂得思想政治工作“为什么”。基层一线生产单位存在重生产、轻教育的现象，主要表现在部分干部职工有着重生产经营、轻思想政治工作的思想，呈现出一手“硬”、一手“软”的状态，片面认为生产是硬指标，认为思想政治工作是无形的东西，是软指标，看不见摸不着，可抓可不抓，只是说起来重要，看起来无关紧要，做起来次要，忙起来不要，往往导致思想政治工作和中心工作“两张皮”现象，忽视了思想政治工作的服务和保障作用。基层一线生产单位要把职工思想政治工作摆在重要位置，要以习近平新时代中国特色社会主义思想为根本遵循，坚持把统一思想、凝聚力量作为中心环节，把服务职工和教育职工、引导职工、激励职工、关爱职工结合起来，将思想政治工作全面嵌入日常管理，将党的正确主张变为基层广大干部职工的自觉行动，引导广大职工筑牢信仰之基、补足精神之钙、把稳思想之舵，切实提高思想政治工作水平。

2. 要明确思想政治工作“做什么”。部分单位做思想政治工作缺乏新思路、新观点，方式方法与新形势、新任务、新要求不适应，习惯充当“传话筒”，常常是“要求多，落实少”，让职工感觉形式主义严重，导致思想政治工作与帮助职工解决实际困难脱节。思想政治工作要坚持目标导向、需求导向、效果导向，精准抓住职工关注的焦点热点，做好“稳人心、暖人心、聚人心”的工作。“稳人心”就是“稳预期”，不断稳定职工对企业发展前景的预期、对自身职业发展的预期，实现自我价值与企业发展的高度融合；“暖人心”就是将解决实际问题与解决思想问题相结合，提升思想政治工作的“温度”，不断增强职工群众的获得感、幸福感和安全感；“聚人心”就是有效保持职工队伍稳定，大力弘扬劳模精神、劳动精神、工匠精神，引导职工将精力倾注于工作质效提升和个人价值创造。

3. 要知道思想政治工作“怎么做”。部分单位思想政治工作形式方法单一，针对性不强，没有感染力，面对新情况、新问题，缺乏深入细致的调查研究和对具体问题的具体分析，没有采用适合职工“口味”的新方式、新方法，思想问题有时候抓不准、摸不透、解不开。思想政治工作是一项长期的工作，要将其作为重大政治任务、基础性工程、经常性工作来抓，必须依靠形式多样、丰富多彩的活动载体去实现，将这些载体与职工的物质和文化生活紧密结合起来，寓教于乐、寓教于管理，使思想政治工作贴近工作、贴近生活、贴近企业，做到与时俱进，确保常做常新。要变被动为主动，以平等的地位和态度，主动用讨论式、探讨式方法与职工寻求共识，春风化雨，润物无声，潜移默化地引导职工树立正确的世界观、人生观和价值观，切实增强思想政治工作的实效性和感染力。

（执笔人：马铭泽、申伟超、周建军）

做实功　求实效　不断提高新形势任务教育质量

中国铁路济南局集团有限公司淄博工务段党委

一、基本情况

淄博工务段原名张店工务段，于1939年3月1日正式建段，1987年3月更名为淄博工务段，位于淄博市张店区，设备管辖覆盖济南市、淄博市、潍坊市、东营市、滨州市和青岛市6个地级市。段党委用“齐工精神”凝心聚力，出色完成各项重大任务，2024年先后涌现出2个济南局集团公司先进基层党组织、86名优秀共产党员和4个党内优质品牌。

面对新形势任务，段党委扎实推进基层党组织建设“强基提质”工程，按照“五有”标准，即有意愿、有时间、有能力、有代表性、有热情，在实、学、强上下足功夫，用政治工作的成效推动全段重点工作落实落地。

二、主要做法

（一）压实主体责任，强化政治思想根基

1.在“实”字上发力。段党委注重从创新教育方法、盘活教育资源入手，组建理论、宣讲、文艺骨干队伍，形成理论骨干讲政策、宣讲骨干讲形势、文艺骨干讲故事的宣传模式。为车间、工区配备62块电子宣传屏，

建设6处标准化宣传阵地。全面规范安全宣传内容，打造东风线路、潍坊桥梁车间安全文化建设示范点，提炼“齐心、创新，规范、示范”工作理念，大力弘扬具有工务特色的“让标准成为习惯，把工区当作家园”品牌愿景，不断丰富安全文化建设内涵。

2. 在“学”字上下功夫。组织开展集中研讨会、集中备课会，交流分享宣讲经验，在思想上解惑、精神解忧、文化上解渴、心理上解压。2024年以来，段党委发挥领导班子示范学习作用，紧扣六大纪律、《条例》新旧对比等重点内容，利用晚上时间学习交流研讨，高质量开展读书班、集体学习研讨12场次，形成研讨发言材料36篇。各党支部依托“三会一课”、主题党日开展学习交流405场次，谈体会、谈收获930余篇。定期分析研判和通报意识形态领域情况，做好舆情引导管控和突发事件处置，组织网评员引导舆情32次，撰写网评文章115篇，记事本完成率全局领先。

3. 在“强”字上求突破。眼前问题不解决，就会影响职工士气；长远问题不解决，班组建设就会失去后劲。段党委坚持走出去、请进来的培养思路，联合山东理工大学和焦裕禄干部教育学院举办培训班4场次，定期聘请宣传思想专家授课，以小切口反映大主题，让党的声音在干部职工中传得更开，传得更广，传得更深。把思想政治教育作为凝心铸魂的重要武器，采用制定“菜单”、职工“点单”、讲师“接单”模式，组织“改革创新展作为、提质增效立新功”主题宣讲比赛2场次，以“赛”选人，以“讲”练人，挖掘发现12名一线形势任务教育骨干。

（二）厚植核心价值，推动政治教育常态化制度化

1. 精准聚焦靶向发力，深耕思政工作“责任田”。坚持“四必访”制度，全面落实解疑释惑工作机制，畅通职工诉求渠道，集中解决职工群众关注的热点、难点、疑点问题24件。结合铁路发展主题和职工关心关注问题，撰写有数据、有分析、有对策的宣讲报告，开设党的理论、法律法规、传统文化、公积金、医疗保障、心理健康等不同专题宣讲。制作政策宣讲通用课件15个，实现一次宣讲多次传播、线上线下同频共振，最大程度扩

大宣讲覆盖面、提升宣讲感召力，做到有网络直播，也有政策解读，还有互动交流，为宣讲受众提供精准服务。

2. 紧扣中心思想打牢基础，用好思想政治工作“压舱石”。新形势下做好宣传工作，使职工不忘初心，用心用情做好每一项工作。段党政工班子始终坚持“党政同责、合力共为”的工作思路，下班组听意见，上现场看问题，既要打好“主动仗”，又要夯实宣讲“硬基础”。围绕国铁集团、集团公司一号文件、年度工作会议精神，结合段安全形势和生产任务，动态编制宣讲提纲，并针对不同工种、不同文化层次、不同年龄的职工选取宣讲内容，用“口袋书”“明白卡”等简单明了的方式，让职工、管理人员分层掌握安全注意事项和重点掌握内容。特别是对收入待遇增长、岗位成长成才等职工关心的数据进行系统整理。优化职场环境，强力推进“5S”管理，实行每周检查、每月评比，初步形成了“事事有标准、事事有人管、事事有考核、事事能追责”的良好局面。

3. 用“身边事”讲实“硬道理”，用“小切口”反映“大主题”。围绕“我的安全职责”“我身边的榜样”等话题，征集“职工与段共成长”的故事 158 篇，遴选出 20 篇精彩故事作为宣讲内容编排成文艺节目和宣传图文，让故事宣讲有广度、有温度、有深度。紧紧牵住“全员创新创效”这个牛鼻子，发挥思想政治工作生命线作用，把宣讲成果转化为推动工作的强大动力和具体举措。落实“互联网 + 思想政治工作”要求，围绕两会精神落实、集中修施工等重点做实职工“一人一事”思想工作。

（三）创新任务教育形式，发挥典型示范引领作用

1.“实践 + 传播”互动，拓宽理论普及广度。注重学习教育，下好理论夯基“本手棋”，成立宣讲“四送”大篷车，用“小舞台”讲好“大道理”。围绕安全形势、目标任务和重点工作，2024 年面向班组一线送文化、送政策、送健康、送温暖 12 场次。通过舞蹈、歌谣、曲艺相声、乐器演奏等自编自演节目，用干部职工喜闻乐见、通俗易懂的形式，让形势任务教育更形象化、生动化。

2.“实践+服务”联动，提升宣讲精度。从转作风、提素质、聚合力等环节入手，用好移动宣传阵地，依托微信公众号开办《齐工解读》《齐工快讯》《齐工人物》等栏目，全方位、多角度报道段目标任务、改革创新等重点工作成果。2024年以来制作医保、公积金等政策解读类作品18篇、理论宣讲视频3个，全面解读职工关心关注问题；用好固定宣传阵地，每周统一更新“齐工云”宣传资料，同步推送“理论微课365”“新时代铁路榜样”等内容，让政治理论进班组到一线。

3.“实践+党建”结合，发挥宣讲战斗堡垒作用。坚持宣讲到一线，用“现场课堂”激发“新动能”。段领导班子成员利用基层联系点、现场检查、跟班作业等时机，改变以往宣讲“大场面”“我讲你听”模式，在先学上作表率、在深学上用实劲，开展座谈式、对话式、专题式“小场景”互动宣讲50场次；各级管理干部将宣讲工作重点纳入安全生产包保工作全过程，坚持“职工在哪里，宣讲就到哪里”，在施工现场、偏远工区面对面解读政策，一对一释惑答疑，2024年以来持续推进“我为群众办实事”实践活动，畅通职工诉求渠道，解决职工所思所想所盼实事34件，保持了职工队伍稳定。

三、工作成效

全段干部职工齐心协力持续推动“五优工务段”建设，做到重点工作在哪里，党建和思政工作就到哪里，党建思政品牌就宣传到哪里。党建思政工作的吸引力、凝聚力、创新力、引领力不断提升，杜绝了群访和重大网络舆情，连续保持了全路文明单位称号。始终坚持“党政同责、合力共为”的工作思路，用政治工作的成效推动全段重点工作落实落地。坚持抓风险盯变化、抓隐患盯整治、抓信息盯闭环、抓两纪盯考核、抓应急盯演练、抓监督盯落实，着力构建“三位一体”安全保障体系，全面实施双重预防机制，高质量开展安全生产大检查、大整治，严肃安全责任追究，2024年以来，杜绝了责任行车人身事故，设备故障同比下降50%。

四、工作启示

1. 政治建设“管思想”。铸牢“党建之魂”，织密思政工作“一张网”。以习近平新时代中国特色社会主义思想为指导，旗帜鲜明讲政治，坚决拥护“两个确立”，坚决做到“两个维护”，坚定自觉做到党中央提倡的坚决响应、党中央决定的坚决执行、党中央禁止的坚决不做。

2. 人才培养“强本领”。将打造一支政治过硬、本领高强、求实创新、能打胜仗的宣传思想工作队伍，作为思想政治工作的百年大计，实现党建工作与思想政治工作同频共振、融合共创，不断提升思想政治工作的含金量。

3. 典型引领“解难题”。充分发挥各级模范典型的作用，选树安全标兵、技术能手、齐工工匠等典型人物，利用云宣讲、微视频、班组会等方式，开展专题宣讲，发挥典型模范的影响带动作用。牢固树立“宣传力也是生产力，正能量要有大流量”的思政宣传理念，围绕安全生产、提质增效、人才培养、党的建设等重点工作开设专题，灵活宣传宣讲。

（执笔人：张广帅）

搭载体　建机制　强运用
不断提升职工思想动态分析质效

中国铁路上海局集团有限公司党委宣传部

上海局集团公司党委宣传部坚持把开展职工思想动态分析，作为抓好基层思想政治工作的有力抓手，用好平台载体渠道，强化制度机制建设，及时掌握职工普遍性、苗头性、倾向性思想反应，有针对性进行帮促引导，确保职工思想和队伍长期稳定。

一、搭建载体畅通诉求收集渠道

1. 用好直报点。分系统、分工种在职工人数多、岗位工种杂、青年职工多的车间班组设立上海局集团公司职工思想动态直报点 88 个，明确信息直报员，建立信息直报群，规范工作职责和信息直报 5 项流程，2023 年以来通过直报点收集职工思想诉求和意见建议 1800 余条。

2. 建立联系点。建立党委宣传部管理人员联系班组制度，区分标杆班组和薄弱班组，选取联系点，组织部门人员包保联系宁波工务段宁波线路车间检查工区等 19 个班组，落实每半年至少与联系点班组职工进行一次面对面交流谈心等要求。同时，组织党委领导人员、车间党支部委员落实“思想政治工作一线行”要求，每月深入包保联系点与职工开展一次谈心谈话，了解职工思想状况。

3. 畅通服务网。用好“上铁职工家园”App“诉求与回复”栏目，开设董事长、总经理电子信箱和职工诉求热线电话，定期梳理上海铁道微信平台后台留言。同时，发挥 6574 名班组政治宣传员作用，每季度通过电话、微信等方式抽样联系，多渠道掌握职工所思所想所盼。

二、建好机制提升思想分析质量

1. 建立联动机制。建立宣传部门与工团组织、客货运、企法、内保信访等部门职工思想状况分析联动机制，聚焦热点敏感话题，先后与团委联合开展青年职工思想动态专题分析 2 次，与货运部联合开展货运改革和现代物流体系建设职工思想动态专题分析 2 次，与企法部、内保部等部门联合开展电信网络诈骗职工思想动态专题分析 3 次，上海局集团公司党委主要领导和分管领导分别作出批示、给予表扬。

2. 用好评估机制。探索建立站段党委职工思想动态月度评估机制，编制“月度职工思想状况评估表”“月度职工思想动态问题研究处置单”，明确是否有职工发生违法犯罪事件、是否有职工发生责任安全事故等 6 个方面评估事项，按月抓好整体评估分析。同时，组织车间党支部将职工思想动态分析纳入月度支委会研究事项，定期向上级党组织报告职工思想动态，从源头保障分析质量。

3. 压实考评机制。将职工思想动态分析工作情况纳入党委巡察意识形态工作专项检查和政治工作考核，对未定期组织开展职工思想动态分析、分析流于形式，以及对重点人重点事研判分析不到位的单位进行通报，督促抓好整改落实，不断提升各级党组织职工思想动态分析水平。

三、注重实效强化分析结果运用

1. 促进企业科学决策。健全完善思想动态分析反馈制度，及时向相关部门、单位通告职工反映诉求和意见建议，为上海局集团公司决策提供参考。如针对劳务派遣工择优选录、上海地区保障性租赁住房房源集中供应等涉及职工切身利益的重大敏感问题，及时向劳卫部、人事部、土房部等部门反馈职工思想动态和意见建议 50 余条，推动企业科学决策。

2. 促进职工心理健康。坚持把思想引导与心理疏导相结合，畅通心理咨询服务热线，联合工会等部门建立心理沟通平台，组织 10 名兼职心理咨询师在线为职工答疑 32700 余次。同时，组织各单位用好心理疏压室，举办健康讲座，针对分析发现思想有波动的重点人员，加强关心关怀，及时干预引导。

3. 促进实际问题解决。努力将分析结果转化为解决实际问题、确保队伍稳定的具体举措，如针对电信网络诈骗，根据分析结果及时下发思想动态预警提示单，组织制作宣传手册、开展签名承诺和大讨论活动等，成功防止 240 余名职工上当受骗。

（执笔人：李渊、王天羽、孙晶宜）

运用“五化”方法
推动基层思想政治工作提质增效

中国铁路上海局集团有限公司芜湖工务段党委

芜湖工务段党委坚持以铁路基层思想政治工作示范点为抓手，探索运用“规范化、品牌化、有形化、信息化、项目化”工作法，推动思想政治工作走深走实，激发干部职工干事创业热情。

一、聚焦规范化，完善制度机制促落实

1. 健全制度流程。按照“事事有办法、有流程”的思路，制定加强和改进新时代基层思想政治工作实施意见，配套建立职工政治学习分类管理办法、职工思想动态分析报告管理办法等单项性制度，规范党小组会、支委会研究职工思想政治工作流程，确保思想政治工作有章可循、有规可依。

2. 明确职责标准。以党委思想政治工作责任清单、车间班组思想政治工作基本规范标准为指引，明确领导人员“四个一”、车间支委“三个一”、宣传及工团骨干“五个一”思想政治工作职责标准，推动管理人员落实思政工作“一岗双责”，做到管人、管事、管思想。

3. 构建工作格局。建立段党委书记牵头主抓的职工思想政治工作议事机制，明确议事形式、范围和内容。建立“周碰头、月推进、季考核、半

年通报”的工作推进机制，实现落实结果和工作成效“三纳入”，即纳入两级党组织书记抓党建述职评议考核，纳入党员评议，纳入政治工作考核和标准化规范化考评，构建形成党委统一领导、各方合力共为的工作格局。

二、聚焦品牌化，打造特色文化强动力

1. 形成文化体系。将传统地域文化与芜工安全文化相结合，构筑以“安全、和谐、美丽、幸福、智慧、乐业之家”为牵引的“美誉芜工”家园文化。创作段歌，设计段徽，提炼升级芜工精神、管理观念、发展定位等理念，形成听觉、视觉、素养文化体系。

2. 打造系列品牌。坚持久久为功、持续用力，按照“以点带线、线片成体”的总体思路，秉承“一线一风格、一点一特色”，先后在管内 10 个工电供融合点、12 个高铁综合维修工区，打造“畅、和、徽、齐、慧”等多元化文化品牌，实现管内 5 条高铁线“一盘棋”、7 条普速线“全覆盖”的系列文化品牌建设新格局。

3. 激发向上动能。坚持用品牌引领发展，将文化建设与安全生产、服务职工、标准化规范化创建有机融合，以精细检查、精确检测、精准养修为核心，统筹推进标准化站场创建、示范线建设、防洪隐患排查整治等生产任务，以文化内力激发职工工作动力。

三、聚焦有形化，提升宣教水平凝共识

1. 用好阵地资源。依托皖南丰富的红色教育资源，在清明、七一等重要节点，组织干部职工到泾县新四军军部旧址、王稼祥纪念园等场馆，开展沉浸式教育 10 余次。更新段陈列室、安全警示室展陈内容，作为新入路职工、新提拔干部第一现场教学点，树牢理想信念、凝聚奋斗共识。遴选 16 处车间班组党建工作阵地，拍摄 VR 实景影像，让党建成果可视化。

2. 丰富教育场景。围绕年度形势任务、安全生产、“新八级工”等重点热点，以领导班子带头讲、宣讲团队巡回讲、录制视频微宣讲、先进典型

示范讲、管理人员包保讲等“五讲”形式，广泛开展主题宣讲185场。通过打造安全文化廊、铺设安全文化石、张贴安全警示语、手绘安全漫画墙，把安全理念有形化呈现，激发干部职工保安全、促发展的工作热情。

3. 发挥典型作用。连续10年自下而上开展段“六十佳”先进典型评选，通过举办“芜工脊梁”颁奖晚会、印发《光荣在段》等宣传册、制作《榜样的力量》等系列短片，让典型看得见、立得住、传得开，段探伤车间高级技师邓志俊入选国铁集团2024年第一季“新时代·铁路榜样”。同时，成立邓志俊技能大师和劳模工作室，发挥典型育人作用，近两年共培育出技师4人、高级工15人，其中3人在上海局集团公司职业技能大赛中名列前茅。

四、聚焦信息化，发挥平台作用提效能

1. 用好网上学习平台。在段党群工作专网开设“芜工微宣”“党课教案”等线上学习栏目，每月发布《芜工月刊》等政治学习“资源包”，做好上情下达，方便职工随时随地学习。组织车间运用“好视通”视频系统，统一连线班组播放《班组思政课》等学习视频，实现政治学习上下联动、一体贯通。将政治理论内容纳入职工在线学习考试系统，与业务抽考、岗位星级评定等挂钩，激发职工学习热情。

2. 畅通线上服务平台。开设段长、书记网上信箱，在段机关、25个车间设置意见反馈邮箱，公布职工诉求热线，在段内宣微信主平台开通留言平台，畅通职工诉求反映渠道。充分运用互联网开展建言献策，2024年以来，通过线上征集合理化建议51条，采纳运用12条。

3. 建强媒体传播平台。深化标准化融媒体工作室建设，以上铁芜湖工务段微信公众号为主平台，建立周策划、月评估、季兑现工作机制，组织创作推出《大王叫我来巡山》《春运Disco》等职工喜闻乐见的宣传产品157个，助推打通思政工作“最后一公里”，段新媒体平台微力指数持续排名全路前列。

五、聚焦项目化，攻坚重点难题上水平

1. 组织调查研究立项。公布段思政工作调研选题 16 个，组织各党支部领题研究，先后确定“关于加强班组政治宣传员队伍建设的实践与思考”等重点课题 9 个，明确课题组成员、责任分工和完成时限，先后分专题开展调研 25 次，着力通过调研破解难题。

2. 找准实际问题攻关。聚焦改进提升车间班组思想政治工作，举办专兼职党支部书记、班组政治宣传员等培训班，精心设计职工政治学习、思想动态分析等培训内容，以情景模拟、实地演练等方式，开设思政工作课程 17 堂，培训思政骨干 246 名，提拔 5 名政治素质优、业务能力强的管理人员到党支部书记等岗位，有效解决部分管理人员不想做、不会做思想政治工作问题。

3. 总结推广经验提升。围绕研究课题和工作实践，总结固化好经验、好做法，提炼形成“四在谈心法”“以情感人法”“算账对比法”等 21 类 33 个方法案例，汇编成《思想政治工作 N 法》，在全段进行推广，助力各级管理人员提升做好思想政治工作能力水平，为段改革发展、职工队伍稳定提供思想保证。

建制度　强宣传　重传承
推动先进典型培树工作不断走深走实

中国铁路上海局集团有限公司杭州客运段党委

近年来，杭州客运段党委不断加大先进典型选树宣传力度，培育出一批以最美铁路人陈美芳、铁路榜样车菲菲为代表的层次齐全、内外齐放、干群齐赞的先进典型群体。

一、建机制，把先进典型树起来

典型培树是一项长期的系统性工程，必须驰而不息，久久为功。

1. 加强顶层设计。段党委始终把典型培树作为党政工团齐抓共管的一项重点工作长期开展，建立完善党委统一领导、党委办牵头组织、各部门共同参与的工作机制，积极围绕典型培树工作开展调研攻关，解决培养选树过程中发现的思想和实际问题，先后有3篇专题调研论文在省部级以上刊物发表。

2. 完善培树机制。建立日常发现和常态化挖掘相结合的典型选树机制，坚持“深挖、优选、精育、广推”的典型培树路径，通过建立典型人物库，分类管理、突出重点、梯次培育，形成了金字塔式培养模式。对塔尖的重大典型，逐人制订培树计划，明确培树目标和宣传方案，进一步加大培养力度。做到上下联动、左右配合，开辟了集体典型和个人典型发展的“双通道”。

3. 规范评比表彰。段党委每年专题研究段先进典型评选方案，以“十星五品牌”评选为载体，通过车队车间推荐、科室审核把关、干部职工投票、党委综合评定，打造公开透明的评选流程，确保选出的典型政治过硬、业绩出众、群众信服，先后推出 9 个列车服务品牌，97 名岗位“明星”。

二、强宣传，让先进典型立得住

加强先进典型宣传可以把个体的积极因素转化为倍增的群体效应，收到“点亮一盏灯，照亮一大片”的效果。

1. 开展学习活动，让先进典型“响起来”。落实典型事迹上报机制，及时收集典型的创新举措、典型故事、经验做法，对他们的事迹进行挖掘、总结、提炼，将他们的先进事迹纳入政治学习，通过举办报告会、宣讲会、分享会等，让职工深刻感受到榜样是看得见的正能量、具象化的价值观。

2. 丰富宣传形式，让先进典型“活起来”。积极运用全媒体平台开展线上线下宣传，设置“明星走廊”星光大道，创作以先进典型为原型的情景剧、微电影，定制人物海报和日历，参加品牌故事大赛，推出新媒体系列产品等，让典型形象深入人心。

3. 借力媒体资源，让先进典型“走出去”。抓住春运、五一、暑运等重要节点，加强与媒体对接，多角度、全方位、高密度地开展对外宣传。在中央和省市级媒体刊登《列车长车菲菲的“亚运时间”》等先进典型事迹报道千余篇，达到“墙内开花，内外都香”的宣传效果。此外，杭州客运段经常开展对外品牌共建、典型交流活动，2024 年以来与浙江省总工会、航空公司等开展“美芳亲情日　走进暑期爱心托班”等各类共建活动 63 次。

三、重传承，把劳模精神传下去

从党的十九大代表到党的二十大代表，从上铁榜样到最美铁路人，从

“西子号”到“劳模工作室”……一个个先进、品牌接续涌现，劳模精神薪火相传。

1. 创建典型工作室。以先进典型为领头人，创建了“陈美芳劳模工作室”“张幸家列车长技能大师工作室”，通过以老带新、团队协作、技术攻关等形式，发挥好“传帮带”作用。特别是陈美芳、车菲菲都是从劳务工成长起来的重大典型，她们的成长故事激励了全段三分之二以上的劳务工群体，近五年全段有 202 名劳务工通过优秀劳务派遣工评选择优选录为合同制职工。

2. 打造品牌集群。坚持品牌引领，持续深化品牌建设。以段三十六年老品牌“西子号”为旗帜，引领品牌创新发展，先后推出“流动之家”“陈美芳亲情服务团队”“巧红乘务组”等新品牌，各品牌之间形成了传承发展、互促共进、你追我赶的良好格局。

3. 传承优秀文化。坚持“人民铁路为人民”的服务宗旨，大力选树宣传“最美铁路人”“新时代 · 铁路榜样”和“新时代 · 上铁榜样”的先进事迹和崇高精神，培育提炼出具有杭客特色的“西子真情、神州风行”服务理念。杭州客运段将这些先进典型事迹作为新职工入路教育必要内容，作为职工日常思想教育的重要内容，形成了“树正气、崇品德、重实干”的良好氛围。

在重大典型的引领下，近年来，杭州客运段先后涌现出全国劳模 1 人、省部级劳模 3 人、全国五一劳动奖章获得者 2 人、火车头奖章获得者 8 人，“西子号”乘务组等品牌获省部级以上荣誉 24 次。

量身定制“半月谈”套餐
推动思想政治工作走实走深更走心

中国铁路南昌局集团有限公司福州动车段

一、基本情况

坐落在闽西革命老区的龙岩动车组运用所，是福建省境内5个动车组运用所之一，全所设立一线管理和生产班组8个，共有干部职工174人，主要承担福州、广州、上海等方向22列动车组检修运用工作。龙岩动车运用所曾获得2022年度国铁集团示范标准化动车所、南昌局集团公司先进党组织等荣誉称号。

随着我国高铁事业的快速发展，奔驰在祖国广袤的大地上的动车组列车逐渐增多。随车机械师作为一支长期在列车上流动的队伍，分散在全国各地，管理难度大、集中学习难，是名副其实的铁道“独行侠”，如何强化随车机械师队伍思想政治、业务素质，成为摆在车间面前的现实难题。

为解决这一问题，龙岩动车组运用所党总支综合随车机械师岗位差异、工作性质、作息规律等情况，探索提炼出“半月谈”思政工作法，有效解决职工工学矛盾、作用弱化等问题，提升队伍凝聚力。所谓“半月谈”，是固定在每月月初、月中或者合适时机，利用机械师退乘休息时间，开启

60分钟线上直播，通过谈理论知识、谈思想动态、谈形势任务、谈业务要点、谈建议诉求，线上线下齐发力，保证乘务管理始终“在线”不掉队。

二、主要做法

（一）谈理论知识，强根铸魂凝共识

1. 强化理论武装头脑。坚持把学习贯彻习近平新时代中国特色社会主义思想作为首要政治任务，深入学习领会党的二十大和二十届历次全会精神，跟进学习习近平总书记关于铁路工作和安全生产工作重要指示批示精神。每月制订班组政治理论学习计划，分时政理论、微课视频、图文解读等栏目合理安排学习内容，并做到“三个纳入”，即国铁集团党组宣传部每季度明确1～2个学时的必学内容必须纳入，南昌局集团公司党委宣传部明确的班组政治理论学习重点内容必须纳入，段党委确定的重点内容必须纳入。深化运用检视交流制度，结合学习内容、重点工作、岗位实际设置“每月一主题”，结合研讨一起学一起谈，把话头聊开，把话题聊深，让广大干部职工在学中讲、讲中学，不断强化学习效果。

2. 创新线上学习方式。针对随车机械师倒班作业、流动分散、难以集中学习等问题，制订差异化政治理论学习方案，对无法参加线下集中学习的职工，采取挑重点、列提纲的方式，将学习文件提前发至工作群组内，利用随车机械师退乘休息时间，开启60分钟的线上直播，班组长带头精讲解读，帮助职工快速掌握内容文件要点。用好“学习强国”、人民铁道微信公众号等互联网平台，第一时间转发习近平总书记最新讲话、理论微课和新时代铁路榜样等学习内容，以阅读打卡、朗读语音和分享体会的方式组织职工自学，实现学习全覆盖。实施“三个一”检视制度，即每个季度一次理论抽考、一次覆盖检查、一次抽问点评，对学习不到位的纳入月度通报，倒逼自主学习。

3. 深化理论学习实效。探索沉浸式学习模式，每次理论学习时，读一个“习语用典”故事、讲一段榜样故事，谈一下学习体会，精心设置话题

引导职工深入研讨交流，提高参与度，增强互动性。充分发挥青马讲师作用，精心策划推出“探寻红色足迹、赓续红色血脉”等精品系列微党课3期，采用理论骨干领讲、全员轮讲的讲学模式，丰富优质内容供给，提升学习吸引力。针对理论学习枯燥的问题，坚持线上线下同发力，组织职工外出参观研学，前往古田会议会址、毛主席才溪乡调查纪念馆、长汀苏维埃旧址等爱国主义教育基地，追思革命先烈光辉历程，切身感受学习革命先烈的优良作风。邀请红军后代、党校讲师等为职工“加油充电”，抛砖引玉、深入浅出地讲解互动，用小故事阐释大道理，受到干部职工广泛好评。

（二）谈思想动态，化解矛盾稳人心

1. 抓好思想动态跟踪掌握。围绕调图、春运、暑运等关键时期、关键时间节点，对关键岗位、重点交路随车机械师，特别是新上线值乘职工，实施思想动态定期汇报制度，每月底开展职工思想动态分析，精准掌握职工思想动态。以班组为单元，设立思想观测点，将工班长、班组五大员、小组长设置为思想观察员，每次上线直播，安排“随心谈”环节，职工放下包袱、敞开胸怀，畅谈工作上的烦心事、生活上的揪心事，对情绪过激、存在不稳定苗头现象的职工，及时记录在册、深入跟踪摸排，牢牢把握职工思想脉搏。2024年以来，摸排掌握思想关键人6人，职工思想状态稳中向好。

2. 抓好关键人员包保转化。严格落实思想关键人分级分类管控要求，建立思想关键人重点转化库，坚持四类人员“必谈必促”，即情绪出现波动必谈、发生严重违章必谈、受到考核处罚必谈、家庭出现变故必谈，并按“一人一事一策”包保帮促，确保职工不带矛盾情绪上岗作业。对确定为班组级和车间级的思想关键人，结合月初、月中“半月谈”活动，分别由班组党支部书记和车间党总支书记一对一重点谈心谈话，共同分析问题原因、找准问题症结，帮助解决思想上的困惑、工作上的难题、生活上的困扰。同时，定期回访了解职工转化情况，循因溯果、对症下药，确保不留“后遗症”。2024年以来，5名思想关键人成功转化“摘帽”。

3. 抓好舆情风险管控化解。充分发挥思政工作骨干队伍作用，设立兼职网络评论员，每月撰写网络评论，3篇评论文章在省部级媒体上刊发，大力营造和谐稳定、积极向上网络氛围。严格落实互联网群组报备审批、监管入驻机制，建立专门工作台账，加强微博、抖音等新媒体平台监控。第一时间掌握职工发表违规信息和不当言论，纳入月度职工思想动态分析，并在月底“半月谈”线上直播上通报提醒，引导职工通过正确渠道合理表达意见诉求。2024年以来，整治和解散违规互联网群组4个，确保群组在阳光下规范运行，牢牢把握意识形态工作主动权。

（三）谈形势任务，提振士气鼓干劲

1. 聚焦关键时期，抓好思想动员。聚焦党的二十届三中全会召开以及春运、暑运等关键时期，利用“半月谈”线上直播，面向一线职工开展“改革创新展作为、提质增效立新功”主题宣讲6场，发动车间班子带头讲、先进典型示范讲、理论骨干广泛讲，把形势讲清、把任务讲明、把要求讲透，引导职工把思想和行动统一到上级的部署要求上来。同时，每次宣讲安排集体讨论环节，设置“坚持安全关键管控，推进落实双重预防机制”“优化作业过程，提升检修作业效率”等8个讨论话题，征集职工意见建议23条，切实把上级的部署要求转化为推动车间高质量发展的具体举措。

2. 聚焦惠企利民，抓好政策解读。从职工最关心最直接最现实的利益问题入手，以“半月谈”为载体，开展“政策解读线上行”活动，围绕职业生涯导航、出行住宿补贴等热点话题，深入浅出解读文件背景、流程规定和利好政策，让广大干部职工最大程度享受到企业改革发展红利。面对车间单身青年占比达54%、交友婚恋困难等现实问题，定期在群组内发布“南铁佳缘”等路内外交友联谊活动信息，组织人员线上解读《开展“红娘”活动推动青年安心安家实施办法》，讲清“红娘奖”申报程序和奖励标准，鼓励职工牵线搭桥当“红娘”。2024年以来，有4名男青年成功牵手，真正做到让职工安心又安家。

3. 聚焦中心工作，抓好宣传报道。坚持把镜头对准一线、舞台留给职工，大力宣扬保安全、护稳定、促发展的先进典型，围绕春暑“两运”、春秋“两整”、台汛“两考”等重点工作，在各级媒体推出宣传报道16篇，第一时间推送至群组内交流学习，其中“攻关达人”田群阳先进事迹报道引起职工广泛热议。同时，在宣传大屏设置“安全立功台”“先锋人物榜”，对发现重点故障、解决现场难题的11名职工，制作电子宣传海报，及时上刊上墙，并通过“半月谈”内部通报表扬，激励职工对标先进、创先争优。

（四）谈业务要点，夯实技能强标准

1. 面对面讲传授经验方法。注重业务精讲解读，建立轮流领讲机制，每月制订学习计划，开展安全警示教育，重点讲解近期典型案例，分析重点人员问题，传达季节性行车注意事项，对下发的重要文电安排专人解读，让随车机械师熟练掌握值乘交路时具体应该怎么做、做到什么标准。针对发生严重线上“两违”问题，邀请当事人现身说法，并随机抽查随车机械师业务学习情况，检验学习成果，确保学有所用。探索提炼“三个一”学习方法，即学一个“微课件”，谈一个“好经验”，提一个“小建议”，让职工在学习交流中积极建言献策、迸发灵感火花，推动实现业务互学、经验互享、优势互补。

2. 手把手教强化实操水平。随车机械师作为单兵作战的“独行侠”，必须具备单独应对突发情况、处置突发故障的实战能力。主动把培训课程搬到检修现场，由值乘经验丰富、业务技能扎实的老师傅担任业务教员，坚持每月一次应急演练、一次对规对标、一次实作考核，对考评过程中暴露出的理论基础不牢、业务技能生疏问题，现场示范讲解，并制作“半月谈”直播课组织再学习，加深重点内容理解记忆。聚焦解决实作培训“纸面化”问题，组织职工实地调查、模拟取景，拍摄制作动车组厕所门故障应急处置、乘务员座应急拆解等教学微视频7部，上传线上云平台内部交流共享，方便职工随时随地学。

3. 一对一带补强业务短板。坚持“干什么学什么”和“缺什么补什么”教学原则，针对典型问题暴露出的职工素质短板，推行“一案一课件”，采取分层分类、小班精讲等方式，实施业务理论送教下现场，推动队伍素质整体提升。按照“当班能见面、作业能联控、思想能交流、工作能包保”的原则，对发生严重违章、业务技能薄弱的岗位“不放心”人员，安排技术骨干“一对一”结对帮带，通过谈心谈话、专题分析、现场指导、达标考核等方式，帮助职工补强业务短板、放心上岗作业。对技能考核仍不达标的，重新“回炉”帮教，直至完全达标。2024年以来，先后有4名岗位“不放心”人员转化进阶。

（五）谈建议诉求，纾困解难促发展

1. 搭建平台畅通诉求渠道。聚焦职工问题需求，开设“钉钉”匿名反馈平台，在现场醒目位置设置“为您服务”二维码服务面板，为职工解决夏季风扇修缮、充电座安装等问题45个。针对职工反馈食堂菜品少、口感差问题，利用微信问卷程序，开展菜品满意度调查，在84个菜品投票中淘汰25个，票选出职工喜好的口味和菜肴，让职工吃得开心、吃得满意。充分保障职工行使民主管理权利，结合“半月谈”开展线上民管会，聚焦安全生产、经营管理、改革创新等，鼓励职工畅所欲言、发表意见，目前已集中协调解决职工呼声高、意见大的问题80余件。

2. 慰问关怀增强情感认同。推进职工全过程关心关爱，走访慰问困难及患病党员职工13人，2024年国庆节假日期间，为32名坚守岗位的随车机械师送上午餐、水果、牛奶等组成的爱心礼盒，并在暑运每日送上西瓜、绿豆汤等防暑降温饮品。丰富职工业余生活，举办全民健身线上健步走、职工羽毛球、篮球等比赛活动24场，组织51名职工参加春秋游活动。坚持“视企业家园、待职工如兄弟”的家园文化，常态化开展命运共同体和职业光荣感“双教育”，细化实施教育方案，引导职工认同企业文化价值观。2024年以来，开展线上“双教育”活动8场，职工对企业的认同感进一步增强。

3. 共聚合力引领发展共为。深化落实“两联学两共建”长效机制，与10个科室党支部建立结对联系，常态化开展政治理论联学、规章制度联学、岗区结对共建、主题党日共建，邀请科室专业干部参与“半月谈”答疑指导，帮助解决实际问题9个。充分发挥职工创造力，依托安全风险直报平台、节支创效金点子平台，征集值乘作业流程优化、自制主控钥匙钢丝绳等乘务管理方面小妙招、金点子7条。2024年春运，面对突如其来的冰雪灾害，车间党总支书记通过“半月谈”活动，对冰雪区段16名随车机械师提示行车安全项点，在大家紧密配合、通力协作下，有力保障了冰雪天气动车组安全运行。

三、工作成效

2022年以来，龙岩动车所乘务班组开展“思政云套餐”活动共计51次，累计参与1800余人次，解决职工反馈的问题130余件。通过管理上时间的错峰切入，随车机械师对特殊时期的形势任务了解掌握明显增强，他们关心的问题反馈路径更加通畅，队伍整体素质提升作用明显，该思政工作法荣获国铁集团思政工作优秀案例。

四、工作启示

1. 要坚持政治引领抓好思政工作。习近平总书记指出，“要把思想政治工作作为企业党组织一项经常性、基础性工作来抓，把解决思想问题同解决实际问题结合起来”。作为国铁企业，要始终坚持政治引领，把思想政治共同安全生产、改革创新、经营管理等重点工作结合起来，努力做到在思想上解惑、精神上解忧、文化上解渴、心理上解压，为服务发展大局、促进队伍稳定提供坚强有力的思想保障。

2. 要贴近现场实际创新思政手段。思政云套餐——“半月谈”模式作为班组管理的一部分，有效解决了随车机械师工学矛盾、自身素养等突出问题。管理手段上的创新，使车间更好掌握班组队伍的思想动态，同时采取现身说法的方式，极大促进队伍内职工间的交流，搭建了一个方便参与、简单实效的发声平台。

3. 要坚持问题导向关心关爱职工。思想政治工作不仅仅是职工思想层面的建设改造，而是要把准职工的所思所想、所急所愿，像自己的兄弟姐妹一样关心他们的安心安家、成长成才，并作为实实在在、久久为功的工作来做，这样组织才有吸引力、凝聚力和战斗力，才能依靠广大职工形成更大的“命运共同体”，共画企业发展的“同心圆”。

（执笔人：李文樑、朱应川、黄赞明）

打造优质“青年夜校” 助力青年成长成才

中国铁路南昌局集团有限公司南昌客运段

2024 年 5 月，在纪念五四运动 105 周年之际，南昌客运段党委积极落实人才强局工作方案，聚焦青年所需、所想、所好建设“青年夜校”，为青年搭建“人人皆学、时时可学”的平台，让“有知有味”的夜生活成为青年成才的“加油站”，培育锻造一支“忠诚担当、实干争先”的青年队伍，为全面实施强局建设贡献南昌客运段青春力量。

一、建设背景及意义

近两年，大批新职青年职工加入到南昌客运段这个大家庭，他们既是推动强局建设的生力军，更是主力军，他们的思想动态、价值观念直接影响着南昌客运段高质量发展。面对青年职工群体思想多元化、需求多样化的特点，传统单一的思想政治教育方式已难以满足当前需求。

1. 创建背景。青年职工群体普遍具有较高的学历背景和多元化的文化背景，他们思想活跃，接受新事物能力强，但同时也面临着新入职的迷茫、工作压力大、成长发展缺乏规划等问题。这些特性要求南昌客运段在开展思想政治工作时，必须更加注重方式方法的创新，以满足青年职工的个性化需求。当今社会，青年职工面临着多元文化、多元价值观的冲击，以及网络信息的海量涌入，这些都对他们的思想观念和价值取向产生了深远影响。如何在复杂的社会环境中，引导青年职工树立正确的世界观、人生观和价值观，成为南昌客运段思想政治工作的重要课题。

2. 建设意义。通过创办“青年夜校”，以创新性的思想政治教育模式，提升青年职工思想政治素养，加强理想信念教育，提高他们的政治觉悟和理论水平。通过职业技能培训、职业规划指导等专业课程，增强青年职工的专业技能和职业素养，增强青年职工的团队意识和协作能力，并依托“朱会娟劳模创新工作室”等载体，鼓励青年职工积极参与创新项目，激发他们的创新思维和实践能力。

二、主要做法

（一）在“固本”上下功夫，一体推进强基础

抓住制度、师资和阵地“三个关键”，发挥组织合力，整合有利资源，促进“青年夜校”长远发展、高效运转、保障有力，不断激发“青年夜校”新活力。

1. 组织建设长远化。坚持背靠党委、面向青年，有效整合工会、职教部门资源，融合“朱会娟劳模创新工作室”、段兼职教师队伍，建立以党委书记、段长为组长的“青年夜校”管理领导小组，下设管理办公室，由党委副书记任主任，团委牵头具体工作，各级组织上下贯通、有序衔接。建立“青年夜校”管理办法，明确讲师津贴制度和学员学时积分制度，为“青年夜校”持续运营、长远发展提供基础保障。

2. 师资队伍专业化。发挥段劳模先进代表朱会娟示范引领作用，统筹优质教师资源，将历届岗位技术能手、现场经验丰富的管理人员及特长青年纳入师资库，选聘“青年夜校”导师 7 名。扩大师资引进视野，邀请中国作家协会会员彭文斌等路内外名师开展专题授课，动员特长青年以志愿者形式参与夜校教学，为“青年夜校”课程设计、提高质量提供师资保障。运用市场化方式，兼顾授课成本，引进社会教育机构，签订长期授课

协议，提供特色化、专业化授课。

3. 阵地建设舒心化。围绕人才强局“打造三个支撑”要求，精心做好“青年夜校”装修设计，采购高端的一体化教学智慧屏、舒适的课桌椅，打造环境舒适、设备优质的“青年夜校”阵地，让青年学得更加舒心。适应段青年分布南昌、九江、鹰潭、赣州等地的特点，建设网络主播教室，实现四地同步直播授课，网上交互沟通，为高素质人才队伍建设提供有力支撑。

（二）在“创新”上下功夫，课程设计见真章

以思想政治引领、技能培训、兴趣班教学“三类课程”丰富夜校教学体系，将“青年夜校”与青年成长需求相链接，为青年全方位素质提升搭台赋能。

1. 聚焦青年所需，提升引领力。着眼实际工作需要，围绕学习党的创新理论、安全管理、服务质量等方面精心设计课程，“809000”爱客宣讲团走进夜校课堂开展思政授课。

2. 聚焦青年所想，提升服务力。着眼青年成长成才需求，在重要考试前，及时开设《一长一员考点精讲》《公文写作》课程，开展考前专题辅导、查漏补缺，让青年心中更有底气。

3. 聚焦青年所好，提升吸引力。着眼青年“白天上班，晚上‘学艺’”的心理现状和现实需求，全覆盖开展青年兴趣特长调研，组织青年开展课程“点单”，围绕青年才艺提升、能力拓展、心理调适等方面需求，邀请新媒体制作专家、美妆特长青年开设兴趣特长课程，有效服务青年八小时以外生活。

（三）在“谋实”上下功夫，联系青年见实效

发挥“青年夜校”引领青年、联系青年、服务青年“三大功能”。

1. 强化宣传引领，让夜校“火”起来。发挥互联网群组便捷、快速的信息传递优势，建立“青年夜校”工作群组，形成了直接联系青年的扁平化宣传发动模式。每次开课前，团委制作宣传海报，利用朋友圈、微信群

组做好宣传发动，提高“青年夜校”曝光率，让每一个青年都能第一时间获取夜校课程信息。

2. 促进交流互鉴，让青年“动”起来。把“青年夜校”与青年之家建设结合起来，创建“青年夜校”+“理论学习、技能提升、文化交流、才艺拓展、婚恋交友”的“1 ＋ 5”模式，丰富多样的课程，分众化服务不同性格、不同爱好的青年，让广大青年工作之余，找到志同道合的学习“搭子”，吸引青年走出房间、宿舍，丰富兴趣爱好，以更加积极健康的状态投身生产生活。

3. 增强服务能力，让夜校“暖”起来。依托团组织“三会一课”“809000”爱客宣讲团宣讲、思政授课、谈心谈话等时机掌握青年思想动态，聚焦青年之间，将“青年夜校”作为化解职工难题的重要措施。

三、工作成效

1. 思想引领成效显著。“青年夜校”的成功举办，不仅为南昌客运段带来了一股清新之风，更在青年职工心中播下了信仰的种子。通过一系列精心设计的课程和活动，青年职工的政治素养和理论水平得到了显著提升。他们开始更加深入地理解党的路线方针政策，对其认同感与执行力也随之增强。2024 年以来，共有 33 名青年递交了入党（团）申请书。广泛营造了一个积极向上的政治氛围，青年职工之间形成了相互学习、共同进步的良好风气，南昌客运段的凝聚力和向心力得到了显著增强。

2. 人才梯队建设加强。通过系统培训和实践锻炼，一批批青年职工快速成长为工作中坚力量，不仅业务能力强，而且思想过硬，为南昌客运段高质量发展提供了坚实的人才保障。业务专家精心开发的《服务质量案例“剧本杀”》《你不知道的安全案例》等课程，以青年职工喜闻乐见的形式，将复杂的业务知识转化为生动有趣的学习体验。这些课程不仅帮助青年职工掌握了科学的工作方法，还激发了他们探索特色服务项目、破解安全生产难题的热情。据统计，已有 128 名青年职工通过列车长、列车值班员的选拔考试，16 人成功应聘管理岗位和专业技术岗位。此外，职业技能竞赛深耕班的开设，更是为有志于参加职业技能竞赛的青年职工提供了长期的教学辅导，让学习业务、提升自我成为了一种思想共识。

3. 夜校生活深入人心。“青年夜校”的影响力不仅限于课堂之内，更在青年职工的生活中留下了深刻的印记。通过各种培训班、座谈会等线下活动的广泛宣传，以及学员间的口口相传，“青年夜校”逐渐成为了南昌客运段青年职工心中的“网红打卡点”。2024 年以来，“青年夜校”已经开设了 13 场课程，覆盖了 534 人次，400 余名青年成为长期学员。越来越多的青年职工选择到“青年夜校”充电学习，这已经成为了一种新的风潮。“青年夜校”不仅为他们提供了一个学习成长的平台，更成为了一个交流思想、分享经验的温馨家园。在这里，他们不仅可以学到知识，还可以结识志同道合的朋友，共同为“新南客”建设贡献智慧与力量。

4. 丰富业余促进稳定。“青年夜校”在服务职工方面同样表现出色。它有效解决了职工在参加职业技能竞赛、提高写作能力、扩展兴趣特长等方面缺乏名师指导的问题。通过思政授课、主题宣讲等形式，“青年夜校”不仅帮助职工化解了思想疑虑、扫除了政策盲点，还切实为他们办实事、办好事。这种贴心的服务，不仅让职工感受到了单位的关怀与温暖，还激发了他们的工作热情与创造力。

四、主要启示

1. 做好青年思政工作，必须用“心”。“青年夜校”的成功实践深刻表明，做好青年职工的思想政治工作，关键在于用心。这不仅体现在对青年职工需求的深入了解和关怀上，更体现在对思政教育内容的精心设计和教学方法的用心创新上。用心去了解青年职工的思想动态、职业困惑和成长需求，才能设计出贴近他们实际、触动他们心灵的课程内容。用心去探索适合青年职工特点、用心去寻找符合青年职工学习兴趣的教学方式，如通过“剧本杀”等形式寓教于乐，才能激发他们的学习兴趣，提高教育效果。因此，在开展青年职工思想政治工作时，必须始终保持一颗真诚的心，用真心去换取青年的信任和支持，用爱心去呵护他们的成长和发展。

2. 激发青年工作活力，必须用“新”。青年职工具有思想活跃、接受新事物能力强等特点，这就要求在开展思想政治工作时，必须不断创新手段、方法和思路。“青年夜校”通过引入新的教学模式、开发富有创意的课程内容、举办形式多样的活动，成功吸引了青年职工的眼球，激发了他们的工作活力。这表明，只有用新手段、新方法、新思路去贴近青年的实际需求，符合他们的口味，才能让他们愿意听、愿意学、愿意参与。因此，在开展青年职工思想政治工作时，应勇于尝试新的教育模式和方法，不断探索适合青年特点的教育路径，以激发他们的工作热情和创造力。

3. 培养青年成长成才，必须用“辛”。青年职工的成长成才是一个系统工程，需要持续不断的投入和精心的培养，要想让青年职工在职业生涯中取得长足的进步，无论是青年职工本人还是用人单位，都必须付出辛勤的努力和坚持不懈的奋斗。这不仅仅是对青年职工个人的要求，更是人才培养工作的重要原则。同时，还应建立长效的人才培养机制，注重营造良好的学习氛围和企业文化，通过组织各种形式的学习活动、交流活动以及团队建设活动等，激发青年职工的学习热情和创造力，增强他们的归属感和责任感，积极倡导“工匠精神”和“创新精神”，鼓励青年职工在工作中不断追求卓越和创新，为青年职工的成长提供持续的支持和保障。

（执笔人：刘燕、彭博、魏少鹏）

以"实透新细"思政工作法为载体凝聚奋进合力

中国铁路南昌局集团有限公司南平工务段

一、基本情况

南平工务段光泽线路车间地处武夷山脉，是鹰厦线入闽的第一个车间。车间管辖鹰厦线 K75+550 至 K131+000 线路设备，管内设备建设早、标准低，小半径曲线 50 条，养护难度大。车间沿线工区分布在交通不便、生活环境艰苦的大山里，职工队伍思想波动较大，车间生产任务兑现率不高。

光泽线路车间现有干部职工 43 人，设党支部 1 个，党支部委员会设支委 3 名，党员 15 人，平均年龄 44 岁。该支部充分发挥战斗堡垒作用，围绕"强局建设"，坚持"对标找差、奋勇争先"工作主线，以企业文化建设为抓手，融入"实透新细"思政工作法，做好职工思想政治工作，凝聚起干事创业强大合力，切实提升了线路设备质量。

截至 2024 年 10 月 20 日，光泽线路车间实现安全生产 3042 天，打造全国铁路青年安全生产示范岗 1 个，培养业务骨干 4 名、工班长 19 名，7 名工班长通过公开招聘成功竞聘到管理岗位。党支部引导干部职工充分发挥主人翁精神，因地制宜，自己动手建家园，打造集团公司企业文化建设示范点 1 个，段级家园文化建设班组 3 个。

二、主要做法

1. 坚持政治引领，增强文化自信，筑牢安全发展思想基石。光泽线路车间党支部认真学习贯彻落实习近平新时代中国特色社会主义思想、党的二十大和二十届二中、三中全会精神以及习近平总书记对铁路工作的重要指示批示精神，以党支部“三会一课”和班组政治理论学习为载体，开展集中学习 18 场次，交流研讨 56 场次，覆盖车间全部干部职工。结合年度主题宣讲，党支部支委出谋划策，根据青年职工喜好情况，采用短视频、情景剧和三句半等新颖多样的宣教产品以及党支部支委、业务骨干深入讲、典型人物贴近讲等形式多样的分众化宣传教育形式，不断增强思政工作的影响力、引领力和感染力。积极组织开展“忠诚担当、实干争先”歌咏比赛，广泛传唱局歌、段歌，引导干部职工深化对南铁精神、南工企业精神的思想认识，凝聚干事合力。党支部书记带头，积极发动干部职工立足岗位，总结凝练“甘当铺路石，深山保安全”华桥精神和“坚守山区、爱路护路、艰苦创业、建家持家”大源村精神。2023 年年初，南昌局集团公司党委书记、董事长带队到鹰厦北线开展标准化规范化建设调研，被铁关村线路维修工区门口“镇守闽赣铁关，奉献鹰厦铁路”楹联吸引，充满雄心壮志的口号，得到调研组的充分肯定和赞扬。

2. 坚持凝心聚魂，推进家园建设，打造外美内实生活环境。2023 年以来，光泽线路车间党支部以鹰厦北线标准化规范化建设为契机，如火如荼开展企业文化建设。一方面，段党委段抓好顶层设计规划，投入 30 余万元，改造工区基础设施环境，为大家打造休闲解压室、运动健身房和片区食堂等，从硬件上提升生活品质。另一方面，党支部将南昌局集团公司历届平凡之星、车间原党支部书记张明祥不等不靠自己动手建家园的感人事迹和敬业精神，通过一次次的政治理论学习转化为推动文化建设的内生动力。各个工区职工不等不靠，充分发挥“主人翁”精神，因地制宜，利用工余时间开垦菜地，在竹林中圈养鸡鸭，实现了蔬菜和生禽的自给自足。铁关村线路维修工区是车间重点打造的示范点，工区栅栏中沁人心脾的桂花树四周长满杂草，党支部书记带领青工们轮番上阵，清理杂草，修剪枝丫，打造幽香的“天然氧吧”。矗立在院门的文化石是职工从河里捞出来的，大家用钢丝刷清理青苔水渍，用毛笔一笔一画书写“家”的理念。工区对面小山坡上原先是一片荒地，劳务工们从家里移植桃树，用废旧钢轨搭建休闲座椅，建造“春色桃园”，大家用辛勤劳动和无私奉献在这片土地上描绘出了一幅和谐家园的生态画卷。一年下来，工区“菜篮子”丰富了，生活条件有了质的飞跃，职工心齐气顺，干工作的劲头也更足了。南昌局集团公司领导调研铁关村线路维修工区时，看到伙食团的餐桌上鸡鸭鱼肉和新鲜果蔬一应俱全，夸赞“职工吃出战斗力，保障安全更有力”。

3. 坚持安全导向，突出标准规范，充分发挥示范引领作用。光泽线路车间党支部根据铁关村线路维修工区职工岗位职责风险，在生活区内设置安全文化宣传栏，楼道间安装安全警示海报，工区停车棚石墙制作“奉献勇担当 安全保畅通”安全文化主题墙，做足安全警示，营造浓厚的安全文化氛围，充分发挥安全文化润物无声的引领作用。同时组织职工根据工作实际，针对防护执标、上道跨线等风险隐患较高的作业项目凝练安全警示口号，以朗朗上口的语句警示大家自觉遵章守纪。工区职工自己动手变废为宝，用废弃的扣板、钢轨等材料打造安全文化雕塑，在文创作品上警示职工吸取木桶原理的启示经验，补齐工作短板，在生产生活中做到安全警钟长鸣。在安全文化的长期耳濡目染下，全体职工的安全生产理念由“要我安全”均向“我要安全”发生巨大转变，安全文化深入人心。截至2024 年 10 月 24 日，铁关村线路维修工区安全生产天累计达到 19414 天，工区被全国铁道团委授予“全国铁路青年安全生产示范岗”。

铁关村线路维修工区职工心往一处想、劲往一处使、打造了一个作业标准化、环境标准化、设备标准化、管理规范化的示范班组。南平工务段职教科以此班组为模板，拍摄线路工一日标准化作业视频，并在全段推广，视频一经播出，在全段干部职工中引起强烈反响，纷纷指出为现场作业提供了参考方向。工区结合集中修加快推进标准化站场打造，提升设备保安全能力。段材料科为工区制定材料间专项整治方案，指导各类工机具定置摆放，工区整体环境得到进一步提升。“一枝独放不是春，百花齐放春满园”，2023 年下半年，该段线路专业标准化站场和标准化班组现场会陆续在这里召开，全段干部职工到现场取经，工区设备质量和整体环境得到大家的一致好评，南平工务段“家园文化”得到全面推广，以点带面示范带动段标准化规范化建设水平整体提升。

4. 坚持以人为本，凝聚团结合力，化解职工急难愁盼问题。物质生活好了，职工思想上难点堵点问题该如何解决，党支部书记向阳绞尽脑汁，多次召开支委会，研究如何解决干部职工思想问题。党支部积极探索“定期 + 随即”“线上 + 线下”“共性 + 个性”等多样化的谈话机制，及时解决职工在工作、生活等方面的问题。党员崔常勋是华桥线路维修工区工长，2021 年 7 月，他首次报名参加段公开招聘考试，由于准备不足、发挥不佳，在第一轮笔试被淘汰。2022 年，他第 2 次报名参加公开招聘考试，又遗憾落榜。两次失利让他陷入深深的焦虑和自责中，工作上也问题不断。党支部书记发现这种苗头，立即找他谈心谈话，动之以情、晓之以理，并不断鼓励他继续准备，同时确保生产安全。随后党支部又组织召开“二道防线”座谈会，邀请崔常勋和其家属一起参加。会后车间书记、主任又单独邀请崔常勋爱人谈话，请她多激励小崔，吹好安全和鼓励“枕边风”。此后，车间书记、支委、党员定期加强和崔常勋的沟通交流，帮助他走出困境。2022 年底，他再次参加公开竞聘考试，成功竞聘。2023 年 9 月，湖南青年张颖兴初到车间，不熟悉工作环境，下了班就躲在房间。党支部书记向阳看在眼里、急在心里，通过谈心交流得知张颖兴喜欢篮球，此后有空就拉上张颖兴与车间职工组队“PK”，仅两个多月时间，张颖兴渐渐开朗起来，成了同事口中的“正能量小王子”。

5. 坚持融入中心，强化人才导向，激励干部职工强基提质。党支部一方面坚决贯彻落实南昌局集团公司党委及段党委关于人才强局、强段工作要求，通过“三会一课”认真组织学习，进一步坚定理想信念，强化使命担当，增强干事创业的志气、骨气和底气。另一方面积极转变工作作风，推行“能者上、平者让、庸者下、劣者汰”考评制度，以“创岗建区”“优秀共产党员”“先进生产（工作）者”等先进评选为载体，选树先进典型，营造实干为荣的浓厚文化氛围，同时对表现优秀的青年骨干，吸收入党，筑牢党支部战斗堡垒。党支部严格落实党建责任，坚持党政同责、一岗双责，确保党建工作与业务工作同研究、同部署、同推进，根据青年职工现状，开展心理辅导 13 场次、职业规划 6 场次，为 25 名青年量身定制成长计划。党团支部不断加强传帮带、以老带新的培养模式，给青年“压担子”，培养他们发现问题、解决问题的能力。针对车间管内小半径曲线多、养护困难等问题，党支部将党员学技练功和团支部青年小班制竞赛相融合，开展管内小半径曲线养护、道岔检查整治和胀轨等专题课程，邀请业务精湛的老党员开展学技练功和应急处置演练，推进标准化作业，引导党员青年对标找差，不断提升业务技能和对标执标能力。一年下来，职工学习氛围更加浓厚，自主学习能力明显增强，4 名青年考取技师资格，7 名青年考取高级工资格。大源村线路维修工区党员工长赵建迪利用职工练兵场，以线路工月度演练为主线，融合小班制青年竞赛，每月常态化组织青工围绕轨距精改、焊缝空吊等病害处置开展学技练功。2024 年以来，光泽线路车间多次在平推车、轨检车检查中，TQI（轨道不平顺质量指数）始终处于优良状态。

三、成果展示

光泽线路车间党支部以“实透新细”思政工作法为载体，结合鹰厦北线标准化规范化建设及企业文化建设，将干部职工生产生活上急需解决的实际问题摆上台面。段党委出谋划策，车间党支部抓好落实，干部职工当好主人翁、齐抓共管，彻底改善沿线偏远工区的生活条件，职工们的“菜篮子”和餐桌丰盛了，吃出了战斗力，保障安全更有力。2024 年初，光泽线路车间铁关村线路维修工区被评为全国铁路青年安全生产示范岗、南昌局集团公司企业文化建设示范点，华桥线路维修工区党员工长林福亮被评为南平工务段 2023 年度优秀共产党员。2024 年以来，光泽线路车间党支部支委、党员以现场座谈、电话访问等多种形式共开展调研走访 114 次，有效化解了青年职工各类思想问题 63 件。近两年来，在段举办的公开招聘中，共有 27 人走上管理岗位，其中光泽线路车间党支部就有 7 人，占比约为 26%；另有 2 名青年党员在段职业竞赛中获得前三名，1 名青年党员在青年专业授课竞赛中获奖。

四、工作启示

“实透新细”思政工作法作为一种创新的思想政治工作方法，其在实际应用中的效果令人瞩目。这种工作法不仅提供了更加精准和有效的思想政治工作路径，也带来了深刻的启示。

1. 畅通渠道察实情，思政工作法要体现在“实”上。思想政治工作必须紧密联系实际，深入基层。“畅通渠道察实情”能够令人更加准确地掌握职工的思想动态和需求，从而制定出更加切实可行的思想政治工作方案。这种方法强调的是“实”，即真实、具体地了解职工的情况，避免工作浮于表面，提醒思想政治工作不是空中楼阁，而是需要脚踏实地，从实际出发，切实解决职工的思想问题和实际困难，只有这样，才能赢得职工的信任和支持，推动思想政治工作取得实效。

2. 真心诚意办实事，思政工作法要体现在“透”上。“实透新细”思政工作法强调了“透”的重要性，即透彻地理解和把握职工的思想脉搏。这要求在工作中不仅要关注职工的表面情绪，更要深入挖掘其背后的深层次原因。“真心诚意办实事”能够在解决职工实际问题的过程中，逐渐消除其思想困惑和疑虑。这种“透”的工作方式，能够更加精准地把握职工的思想动态，及时发现问题并予以解决。同时，它也促使大家不断反思和改进工作，提高思想政治工作的针对性和实效性。

3. 探索思政新方式，思政工作法要体现在“新”和“细”上。思想政治工作需要不断创新，与时俱进。通过“探索思政工作新平台”“运用思政教育新载体”和“创新思政传播新方法”，能够更加生动、形象地传达党的理论和路线方针政策，提高干部职工的思想觉悟和认识水平。这种“新”和“细”的工作方式，不仅增强了思想政治工作的吸引力和感染力，也提高了职工的参与度和满意度。思想政治工作不是一成不变的，而是需要随着时代的发展和职工的变化而不断创新和完善的。只有这样，才能更好地发挥思想政治工作的作用，为企业的改革和发展提供有力的思想保障。

（执笔人：吴志祥）

最美广铁人：推动身边先进典型层出不穷

中国铁路广州局集团有限公司党委宣传部

一、基本情况

习近平总书记指出，榜样的力量是无穷的。善于抓典型，让典型发挥引领和示范作用，历来是我们党重要的工作方法。广州局集团公司党委牢牢把握“千千万万普通人最伟大”“幸福都是奋斗出来的”工作导向，坚持把选树宣传先进典型作为抓基层思想政治工作的有效方法。

2019年以来，坚持用好“最美广铁人”这一先进典型选树宣传载体，始终聚焦基层一线干部职工，从班组、车间、单位自下而上、层层推选，不断健全完善“最美广铁人”科学有效的选树机制，确保典型选得准、过得硬、叫得响、立得住，形成覆盖全部10个系统、涵盖26个行车主要岗位的先进典型矩阵集群，已累计选树宣传50名“最美广铁人”、151名“新时代·广铁榜样”、1000余名“岗位之星”，推荐获评4名“最美铁路人”、10名“新时代·铁路榜样”，形成了群星璀璨、典型辈出的良好局面，有力引导和激励了广大干部职工立足岗位踔厉奋发、勇毅前行，为推动现代化广铁建设、勇当服务和支撑中国式现代化的“火车头”提供了强大的精神动力。

二、主要做法

（一）建立全方位选树体系，“选”出好榜样

1. 坚持层层梯次推选。不断完善“最美广铁人”科学有效的选树机制，坚持从班组、车间、单位自下而上、层层开展培育选树，统筹日常发现和重点挖掘，统筹机关各部门参与推选和把关，打造每日之星、季度榜样、年度最美三个层级先进典型选树宣传集群，建立推出一批、储备一批、谋划一批的梯次推选制度，构建形成了以“最美广铁人”为塔尖的金字塔形先进典型宣传格局。“最美广铁人”每年都坚持由广大干部职工、各级组织、专业部门层层推选产生，都经过了“岗位之星”“新时代·广铁榜样”层层选树宣传，确保典型选得准、过得硬、叫得响、立得住，更能激发广大干部职工和全社会强烈的共情共鸣、产生更加持久的示范带动作用。

2. 坚持系统岗位覆盖。坚持面向各系统各岗位干部职工，突出基层一线，以政治过硬、本领高强、贡献突出、影响广泛、群众基础好为标准，以时代性、先进性、代表性、典型性为导向，层层落实培育选树责任，探索形成覆盖不同系统、不同岗位的选树模式，打造覆盖了全部 10 个系统、涵盖 26 个行车主要岗位的先进典型矩阵集群，实现系统有最美、单位有榜样、岗位有典型，人人身边都学有榜样、行有示范，使先进典型遍布各层面和各领域。截至 2023 年底，广州局集团公司“最美广铁人”共 50 名，其中客运系统 8 人，工务系统 7 人，车辆系统 6 人，运输系统 6 人，电务系统 5 人，供电系统 5 人，非运输系统 4 人，机务系统 4 人，房建系统 3 人，货运系统 2 人。

3. 坚持贯穿全年选树。紧紧把握先进典型选树宣传的及时性、持续性要求，以每日之星、季度榜样、年度最美为载体，在推出时间上坚持不断线，在推出过程中做到不断层，形成“日季年”循环选树模式，始终保持先进典型选树宣传热度。坚持每日宣传推出 1 期安全、服务、经营、建设等“岗位之星”，并纳入先进典型数据库，为每季选树“新时代·广铁榜

样”奠定基础。每季度推选10名“新时代·广铁榜样”进行宣传、每年择优选树10名“最美广铁人”进行集中发布，并积极从中向国铁集团推报季度和年度榜样候选人，精心打造“最美广铁人”系列先进典型群体，形成先进典型层出不穷的生动局面。

（二）构建立体化宣传模式，“讲”出好故事

1. 深度挖掘特色亮点。紧扣平凡岗位创造不凡业绩的定位，成立相对固定的采写团队，深入采访、跟班作业、集中创作，挖掘“新时代·广铁榜样”“最美广铁人”的闪光点、动人点、可学点，讲好典型奋斗故事，让先进典型事迹可学可做、精神可追可及。将每一个“最美广铁人”置身于奋力实现伟大复兴的中国梦、实现铁路高质量发展的时代大背景中，着力挖掘讲述能够引发共情共鸣、富有精神特质的典型故事。坚持策划引领，采集“冒热气”“带露珠”的生动细节、感人画面，以讲故事的方式努力为受众打造感同身受的体验，增强人物故事的感召力和引领力，真正讲好典型人物故事。

2. 对内立体宣传出彩。在广州铁路全媒体平台开设“岗位之星”“最美广铁人”等专栏，企业号两级平台推出产品1800余期，阅读量超4000万人次，其中全路季度“新时代·铁路榜样”李元单条产品阅读量突破20万人次，使各类先进典型在报纸上有名、电视上有声、指尖上有影。组织文联精干力量，创作《强局先锋颂——最美广铁人》等报告文学，组织量身拍摄最美专题短片和宣传海报，很好地宣传和展示了广铁人的良好形象，凝聚了推动铁路高质量发展的合力。坚持每年举办“最美广铁人”宣传发布活动，超15万人观看直播，在全集团掀起学习宣传“最美广铁人”的热潮。

3. 对外主动宣传出圈。积极主动与中央和省市媒体对接，精准提供丰富的文字、图片和视频等素材，积极协调安排采访拍摄，对外刊发典型人物报道2000余篇，努力让“最美广铁人”等一线人物受到社会各界广泛关注，达到“墙内开花，内外都香”的宣传效果。面向全社会以多种形式宣

传推介“最美广铁人”先进事迹，在中央级媒体重磅推出钢轨上的“磨镜人”张军等多篇深度报道，在《南方日报》等媒体整版报道“最美广铁人”先进事迹，在网络媒体大力推出技术攻关节支千万元的“技改达人”茹德玖、热心服务旅客23年的慢火车“带货女王”程雅婷等事迹，生动刻画了广铁人坚守奉献、团结奋斗的良好形象，广铁先进典型的社会影响力和感召力不断扩大。

（三）搭建多形式学习平台，“带”出好成绩

1. 丰富学习方式。深入开展精细化的学习宣传活动，将先进典型事迹纳入“三会一课”、班组政治学习必学内容，开展向“最美广铁人”学习的专题讨论，推动“最美”精神进车间到班组，营造学比赶超的浓厚氛围。通过职场大屏和宣传阵地、各级互联网群组等线上线下相结合形式，常态化推送榜样事迹短视频、海报，引导职工学有目标、行有方向，深切感到身边榜样带来满满的正能量。坚持把组织广大干部职工学习“最美”、争当“最美”贯穿选树宣传始终，通过利用微视频、微直播、微访谈、微动漫等方式，组织干部职工讲感想、谈体会，形成学习热潮，不断兴起崇尚先进、学习先进、争当先进的良好风气。

2. 凸显担当引领。在运输安全、经营创效、铁路建设等大事要事中，组织先进典型立足岗位勇挑重担、冲锋在前，真刀真枪摔打磨砺，持续压担子、交任务，积极创先争优，引导广大职工群众努力学先进、自觉担当、积极作为。在迎战台风、抗击洪灾等急难险重任务中，坚持以先进典型名义发出倡议书，组建防汛防台应急队等各类先锋队、突击队，2024年以来，先进典型先后参与应对台风“摩羯”等120余次急难险重任务，彰显先进典型在非常时期关键时刻的担当引领作用。在破解堵点、薄弱点等技术攻坚中，通过组建以李元、林益生等50余个榜样名字命名的攻坚团队，有力形成创新创效成果和工作方法800余项，激发全员干事创业活力，汇聚高质量发展力量。

3. 强化示范带动。积极开展先进典型“传帮带”工作，通过建立工作

室、活动小组、志愿服务队等形式，打造“王友发动车组司机技能大师工作室”等50余个榜样工作品牌，实现“培养一个、带领一群、示范一片”。经常性开展“最美”上讲台、榜样面对面座谈等各类主题实践活动，2024年以来，邀请100名“最美”和劳模分享奋斗故事、交流实践心得，实现与职工的亲密接触和互动，逐渐使“最美”的力量内化为广大职工精神动力和自觉行动。组织“最美铁路人”“最美广铁人”积极参加年度主题宣讲、“书香广铁·我喜爱的好书”推介活动和“发现最美铁路”“坐着高铁看中国”等大型活动40余场次，使榜样效应不断升华为群体效应，形成“点亮一盏灯、照亮一大片”的广泛影响。

三、工作成效

1. 核心价值观得到广泛认同，干部职工的凝聚力显著增强。紧扣平凡英雄定位，以普通职工视角，深入挖掘一个个能够引发共情共鸣的凡人故事，展现“最美广铁人”身上的闪光点。通过对先进典型事迹的大力宣传，社会主义核心价值观、“人民铁路为人民”精神等得到了职工群众的广泛认同和大力弘扬，广大职工思想更加同心，目标更加同向，行动更加同步。

2. 营造了见贤思齐浓厚氛围，干部职工的精气神显著提升。各单位聚焦基层一线，通过层层推选、广泛宣传，着力讲好职工保安全、增效益等故事，充分发挥典型示范引领作用，深切感到平凡岗位也能创造出不平凡的价值，激发了广大干部职工自我提高的内在动力，全员素质得到显著提升，干部职工见贤思齐、拼搏进取的干劲更足，营造了学比赶超的浓厚氛围。

3. 受到社会各界的广泛关注，干部职工的自豪感显著增强。通过持续对“最美广铁人”等先进事迹的宣传发布，有效扩大了“最美”典型宣传的影响力、传播力，关注和点赞广铁人先行风采、服务本色、担当品格、奋斗精神和家国情怀的人越来越多，“最美”事迹得到赞扬、“最美”精神得到解读、“最美”力量得到传递，引发社会各界强烈共鸣，提升了干部职工自豪感、荣誉感、归属感。

四、工作启示

1. 坚持聚焦一线导向，突出典型选树的群众性。不断探索完善“最美广铁人”选树宣传工作机制，坚持“最美广铁人”都由广大干部职工、各级组织、专业部门层层推选产生，都经过了季度“新时代·广铁榜样”选树宣传和日常“岗位之星”的宣传，形成了自下而上、层层选树、持续推出、集中发布的良性选树宣传模式，用身边人讲述身边事，身边事教育身边人，形成强大的凝聚力和向心力，达到立起一个人、带动一大片的效果。实践证明，必须坚持“聚焦一线、对准基层、层层选树”，为“最美广铁人”选树宣传工作高质量开展提供了有力保障。

2. 坚持统筹各方资源，扩大典型宣传的影响力。充分统筹和调动各方优势，通过报台网端全媒宣传、“最美广铁人”集中发布、报告文学集出版发行、编排文艺节目精彩呈现、中央媒体广泛报道等形式，构建部门联合联动、全媒融合融通、内外同心同向的宣传格局，运用职工群众喜闻乐见和易于理解的方式进行宣传，力求推出更多的重磅报道、深度报道，进一步放大了典型示范效应。实践证明，必须坚持“统筹资源、各方联动、全媒发力”，有力保证“最美广铁人”宣传效果最大化。

3. 坚持融入中心工作，助推铁路发展的高质量。立足企情、服务大局，着眼未来、引领发展，坚持把学习“最美”、争当“最美”贯穿选树始终，紧紧围绕安全运输、生产经营、铁路建设等中心工作，推出“最美广铁人”“新时代·广铁榜样”“岗位之星”等梯队先进典型，不断激发广大干部职工履职尽责的内生动力，引领广大干部职工积极投身铁路高质量发展。实践证明，必须坚持融入中心、服务中心、持续用力，用“最美广铁人”等先进典型的精神指引和行动示范，更好引领广大干部职工在勇当服务和支撑中国式现代化的“火车头”中踔厉奋发、勇毅前行、贡献力量。

（执笔人：何志文、陈明君、张晓敏）

“企业号”掌上家园：夯实基层思政工作质效

中国铁路广州局集团有限公司党委宣传部

一、基本情况

思想政治工作是党的优良传统、鲜明特色和突出政治优势，是一切工作的生命线。面对当今世界信息技术革命深入演进，信息生产传播方式、舆论生态和文化业态深刻变化，广州局集团公司党委紧跟“互联网+思想政治工作”大趋势，着力打造广州铁路微信企业号掌上家园，探索出一条夯实基层思政工作质效，不断提升组织引领力和职工凝聚力的新路径。

广州铁路微信企业号于2019年1月12日正式上线，是全集团101个所属单位共建、16.87万在岗退休干部职工共用的掌上家园，聚合移动、报纸、电视端资源，聚焦服务“政治学习+思想教育+人文关怀”思想政治工作定位，开设政治学习、形势宣讲、政策解读、精选资讯和直播、擂台、云听及公积金查询、社保查询等20余项功能。截至2024年9月30日，日均访问量101.5万人次，峰值突破120万人次，平台总访问量已突破7亿人次。广州铁路微信企业号有力有效加强和改进了职工思想政治工作，在引导职工听党话、跟党走的同时，为企业安全生产、经营管理、改革发展等提供了强大思想保证和精神动力。

二、主要做法

（一）着力搭建理论学习“先锋号”，提升职工政治素质，夯实对党忠诚、铁心向党的思想根基

1. 推动党的主张成为强音。发挥企业号线上点对点推送优势，第一时间向广大干部职工发送党的重要会议精神、习近平总书记重要讲话重要指示批示精神，营造旗帜鲜明讲政治的浓厚氛围。2024 年以来，累计推送习近平总书记重要讲话 40 余篇，全文转发《求是》发表的习近平总书记重要文章 18 篇，累计阅读量 87 万，留言 4.3 万余条。持续深入宣传党的二十大和二十届二中、三中全会精神，转发推送系列新媒体产品 208 期，累计阅读量 1013 万，留言 23 万余条，推动干部职工坚决拥护“两个确立”、做到“两个维护”。2024 年以来，习近平总书记重要讲话文章职工阅读量同比增长 38%。

2. 推动党的理论入脑入心。强化企业号平台理论学习功能，以党的基本理论、基本路线、基本方略为重点，突出习近平新时代中国特色社会主义思想，通过“一站式”线上职工政治学习资料包、理论微课、答题擂台等载体，不断提升基层政治理论学习成效。利用平台每月推送职工政治学习资料，设置每月金句、党的创新理论等 9 个项点，丰富学习内容供给，每期产品阅读量均在 10 万 +、点赞量均在 5 万 +。围绕党的二十届三中全会精神、新质生产力等内容，2024 年以来组织创作理论微课、评论文章 27 期，累计阅读量 125.7 万，留言量 6 万。常态开展政治理论网络答题，开设闯关擂台，互动答题超 17.4 万人次参与，确保理论学习效果。

3. 推动党的要求落实落地。聚焦贯彻习近平总书记对铁路工作的重要指示批示精神和党中央重大决策部署，持续跟进宣传报道广州局集团公司落实情况和取得成效，推出“锚定现代化改革再深化”“流动的中国奋进的广铁”等 6 个专题报道，累计推出 119 篇产品，阅读量达 538.9 万人次，有力推动广州局集团公司各项工作始终沿着习近平总书记指引的方向前进。围绕广州局集团公司响应党的号召、贯彻国铁集团党组部署要求，全面推动现代化广

铁建设，在新征程上展示新作为，策划“六个现代化体系”“战暑运、保安全、增效益”系列专题报道，推出有效举措、典型做法和实际成果等宣传产品 131 篇，阅读量 635 万人次，进一步增强政治自觉思想自觉行动自觉。

（二）着力搭建思想教育“直通车”，凝聚职工思想共识，汇聚上下同心、团结奋斗的强大力量

1. 推动职工道德教育更加有力。深化“文明创建进行时”“文化建设在一线”“铁路老物件会说话”等专题宣传，制作推出《文明出行十大提醒》系列漫画、展播《我爱你，广州白云站》原创 MV 等 50 余期文化产品，扩大群众性精神文明创建网络覆盖面影响力。广泛开展普法宣传教育，“八五”普法期间共开展 11 轮次法治宣传教育，推出《这份全新反诈“锦囊”教你见招拆招》等 23 期普法知识、反诈案例宣传产品，引导职工自觉学法尊法守法用法。开设“晒晒我的最美班组”“‘两化’建设标杆班组风采”等专题专栏，推出《路基、探伤竞高下，看他们各展班组特长！》等系列产品 41 期，教育引导职工自觉养成标准作业的工作习惯。

2. 推动形势任务教育更加深入。围绕年度宣讲主题，统筹年初、年中工作会和阶段安全生产、运输经营等形势任务，开设微宣讲视频、系列访谈等 10 余个宣讲品牌，2024 年围绕“改革创新展作为提质增效立新功”主题，累计推出宣讲产品 11 余期、阅读量达 51.6 万人次。围绕安全大检查、安全隐患专项排查整治，持续推出安全形势任务宣讲、安全生产动态报道等产品，2024 年累计推出 29 期、阅读量达 131.6 万人次，营造全员守底线、全力保安全的浓厚氛围。深入宣讲客运增收、货运增量、非运输业创效、铁路建设攻坚等重点任务，策划推出节假日战报，及悦重平、悦锐评、悦微平评论，2024 年发布战报 18 期、重磅评论 8 期，阅读量达 113.3 万人次，有效凝聚了干部职工思想共识和行动合力。

3. 推动典型示范作用更加凸显。坚持以每日之星、季度榜样、年度最美的方式，形成全年不断档的选树宣传机制。着眼“国之大者”，紧扣平凡英雄定位，推出安全、服务、经营、建设系列之星 4 类、205 期，阅读量

达 847.7 万人次，在职工当中产生强烈反响，形成了良好示范。聚焦中心工作、重点任务，统筹日常发现和重点挖掘，连续 5 年推出 50 名“最美广铁人”、151 名“新时代 · 广铁榜样”共 213 期事迹产品，阅读量达 724.6 万人次，崇尚先进、学习先进、争当先进的良好风气更加浓厚。充分运用企业号直播、投票等功能扩大典型宣传效应，坚持每年开展“最美广铁人”网络投票、举办发布会直播，累计 158.2 万人次参与投票、参加观看，榜样影响力与日俱增。

（三）着力搭建人文关怀“连心桥”，激发职工内生动力，营造思想稳定、队伍稳定的和谐氛围

1. 推动政策解读精准到位。坚持把企业号作为传递、解读政策的“大喇叭”，围绕职工关注的工资收入等热点，2024 年推出《快看！企业补充医疗保险政策有变化》《集团积分轮候调剂政策解读来了！》等产品 6 期，引导职工正确理解、积极面对、大力支持政策调整。围绕运输生产组织、收入分配改调整等改革，突出青年和行车主要岗位群体的关切点，2024 年推出《向创新要活力！他们用制度改革提高劳动生产率》等系列改革宣传产品 8 期，通过晒改革显著成效和重要成果，增进改革共识、凝聚改革合力。开设个人查询、权益保障、职工福利等板块，提供公积金查询、社保查询、工作证挂失等 10 余项服务，打造 24 小时零距离职工政策服务温馨港湾，打通政策服务“最后一公里”。

2. 推动思想疙瘩解开消除。建立覆盖到车间的平台运维管理队伍，定期更新完善用户数据标签，通过查看留言、数据分析等方式，实时掌握职工诉求和思想反映，2024 年通过企业号用户数据信息分析，反馈职工思想动态问题和实际困难 132 件次，通过线上线下同步发力，有效解决 121 件次，凝聚了人心、鼓舞了斗志。增强留言互动交流，实现留言成功有提示、优质留言有回复、重点留言有分析，坚持每周选登优秀留言和定期评选最佳留言和最牛“留言达人”，2024 年开展“工作中，劳模、先进给你带来了什么影响？”等 10 期互动话题、精选推送职工留言 500 余条；组织开展

2023年企业号集团、站段感动留言TOP10投票评选，拉近干部职工情感距离，在潜移默化中疏导思想、化解矛盾、消除疑惑。

3. 推动身心健康全面发展。坚持聚焦健康知识、心理疏导、健康活动等实际，开办“健康广铁”“关心关爱职工”“健康达人”等6个专题专栏，教育引导职工树立良好的健康理念，培养健康生活习惯。围绕健康体检、疾病防范、季节养生等健康知识，深入开展健康科普和医疗保障等宣传，策划推出《体检报告怎么看？“攻略”来了》《夏季养生有诀窍！这些中医保健知识请收藏》等健康产品57期；关注职工心理健康，推出《心理健康做情绪的主人》等心理疏导产品30余期，引导职工保持积极心态。围绕健康运动、户外登山等职工健康活动，推出《万步有约健康同行》《太卷了！00后“小鲜肉”健身3年练出“麒麟臂”》等产品30余篇，引导干部职工参与健康活动、培育健康身心。

三、工作成效

1. 进一步凝聚了干部职工的思想共识。企业号实现“集团+站段”两级平台上下联通，借助内容直达职工手机端的特点，通过线上推送职工政治学习资料、理论微课、答题擂台等有效形式，让党的创新理论“飞入寻常百姓家”，教育引导干部职工对习近平新时代中国特色社会主义思想的政治认同、思想认同、情感认同，进一步增强“四个意识”、坚定“四个自信”、做到“两个维护”，进一步坚定干部职工听党话、跟党走的政治自觉。

2. 进一步增强了干部职工的发展合力。企业号得到职工广泛认可，用户黏性和平台活跃度持续提高，通过线上讲清形势任务、讲透政策措施、讲足发展成就，引导广大干部职工担当作为，攻坚克难，形成了心往一处想、劲往一处使的良好态势，凝聚了上下同心、群策群力推动铁路高质量发展的合力，进一步增强了干部职工对企业的认同感、归属感和幸福感，有效凝聚了干部职工团结奋斗的强大合力。

3. 进一步拉近了干部职工的沟通距离。企业号持续通过提升职工互动参与度，打通了上级与基层一线职工直接沟通的桥梁，实现“逐级传讲”向“一键送达”转变，使信息传递更及时、更直接、更高效，点对点地解决职工遇到的具体问题，做到“一把钥匙开一把锁”。2024年以来，职工在平台累计留言908.8万条，增幅72.8%；职工转发企业号产品7179.6万次，增幅51%，把职工紧紧凝聚在党组织周围，打造了凝心聚力的“新阵地”。

四、工作启示

1. 必须坚持抓好平台功能完善，不断创新思想政治工作格局。持续用“互联网+”思维，做优做强平台传播矩阵，坚持移动优先，加强内容建设，精心打造头部主平台。加强企业号平台数据收集分析能力建设，积极探索和应用信息技术成果，在企业号升级完善中更好发挥技术支撑作用，让企业号平台成为更好地收集职工意见建议、了解职工思想动态、增进职工与企业情感的新渠道，不断增强职工归属感、提升职工凝聚力。

2. 必须坚持抓好优质产品供给，不断提升思想政治工作实效。持续加大选题策划力度，打造企业号更多拳头产品、优质栏目，区分受众群体策划推出职工喜闻乐见的优质产品，使教育引导的内容更加接地气、更具针对性。进一步发挥“中央厨房”工作机制作用，推动内部生产融合，持续提升产品生产质量水平，把网络思政工作与“一人一事”思政工作有机结合起来，进一步提高职工思想政治工作的影响力。

3. 必须坚持抓好平台运维管理，不断强化思想政治工作保障。坚持每周、每月、每季召开需求策划对接会，与专业系统、综合部门加强沟通，定期主动上门了解亮点，共同策划报道、推广产品，更好提升用户体验，增强用户黏性。加大重点部位和薄弱环节监督检查，分析通报运维情况，发现漏洞、补齐短板，更好地满足职工需求，使思政工作在新时代永葆生机与活力，从而提升整体职工思想政治工作能力和水平。

（执笔人：黄晓山、胡涛、姜宏略）

深入学习贯彻习近平文化思想
推动铁路文博事业高质量发展

中国铁路广州局集团有限公司融媒体中心

一、基本情况

习近平总书记高度重视文博工作，多次就文博考古工作发表重要讲话、作出重要指示批示，强调要把博物馆事业搞好，博物馆建设要更完善、更成体系，同时发挥好博物馆的教育功能。他指出，“希望同志们坚持正确政治方向，坚定文化自信，深化学术研究，创新展览展示，推动文物活化利用，推进文明交流互鉴，守护好、传承好、展示好中华文明优秀成果”。中国铁路广州局集团公司十分重视文博事业发展，认真贯彻习近平文化思想，全面落实“保护第一、加强管理、挖掘价值、有效利用、让文物活起来”的新时代文物工作方针，切实加强广州铁路博物馆建设，推动文博事业发展。广州铁路博物馆藏品 4000 余件，接待观众 50 万余人、团体 3000 余个，获得全国、省部级荣誉多项。

二、主要做法

（一）建好文博场馆，把零散文物实物“管起来”

只有建好文博场馆、加强文物保管，才能让文博事业立得住、站得稳、行得远。集团公司认真落实“一个博物馆就是一所大学校”“文物是不可再生的珍贵资源，属于我们也属于子孙后代”“在保护中发展、在发展中保护”等要求，扎实做好“建管”工作。

1. 精心组建场馆。为落实博物馆建设“不要千馆一面，不要追求形式上的大而全”等要求，集团公司邀请国内资深专家设计，最大限度保留广州荔湾西关文化和铁路建筑外观，下足“绣花”功夫、历时5年将百年黄沙站旧货仓“微”改造成广州铁路博物馆，把文物实物“藏”起来，让散落的文物实物有“家”可归。

2. 精准保藏文物。组织120余名专业人士深入发掘、收集散落在铁路沿线的或职工收藏的文物实物1000余件。向铁路员工征集、动员社会力量捐赠，精心收集文物实物4000余件。对文物实行“身份证”登记管理。加强文物实物保护，精心修缮茶陵站大型油画《毛主席向井冈山进军》等2000余件文物和遗址，对珍贵文物遗产及时抢救和保护，推动优秀历史文化创造性转化、创新性发展。

3. 精细管理藏品。坚持把博物馆作为集团保护利用铁路优秀传统文化的主窗口、意识形态管理的主阵地、对外展示形象的主渠道，成立文博部，配备3名职员，聘任4名研究员和1名分管领导，组织收集资料、挖掘文物故事，健全博物馆文物管理、实物展览、讲解预约、活动组织等20多项细化制度机制，让文物实物得到专业化保管。

（二）讲好文物故事，让历史文物实物“活起来”

只有讲好文物本身的故事、文物所属历史阶段的故事，推动文物活化利用，才能使文物在活态展示中传播价值、使传统文化焕发新生。集团公司贯彻“要让文物说话，让历史说话，让文化说话”“让收藏在博物馆里的文物、陈列在广阔大地上的遗产、书写在古籍里的文字都活起来”等要求，多管齐下让文物活起来、会说话。

1. 用新兴技术展陈文物实物。将实物展陈与现代声光电技术、场景复原、模型沙盘、三维动画及实体模型等新兴技术手段融合，将原百年黄沙车站外观、42米窄轨长廊、11种动车组模型、粤汉铁路第一党支部故事等全景式、立体化、多维度展陈，再现粤汉铁路工人参加广州起义、省港大罢工等红色历史，让观众与历史对话、净化心灵、陶冶情操。采取“专业培训＋讲解大赛”方式培养讲解员，并以语音导览、二维码介绍等方式全面展播展陈内容。

2. 用老物件演绎历史故事。策划“老物件会说话”“历史的印记”“强国复兴有我”“发现最美铁路·走进广铁博物馆”等专题宣传，创作《家有一宝》《老站房见证历史风云》等老物件精品视频40个、新媒体产品90期，其中《老油画成了“新网红”》等6件作品被中央网信办评为“五个一百”网络正能量优秀文化作品。由《一方匾额的故事》改编的话剧《同心》，讲述鲜为人知的广铁历史故事，被国铁集团搬上舞台，受到广泛好评。

3. 用文艺作品传承正能量故事。组织讲述铁路老物件背后的故事，运用艺术表现力、文化感染力和思想引领力，创作情景剧《新河明灯——1922年粤汉铁路第一党支部》《同心——“功在人民”匾额》《珠江边上的长红馆》、散文诗《120年老钢轨，百年风雨征程》，开展文艺汇演《颂歌献给党》《百年奔腾》《传承》、书画摄影展《奋进新征程、建设现代化》等文化活动，让广大民众在潜移默化中受到教育和熏陶。

（三）办好展览巡展，让优秀文化精品“火起来”

只有善于把弘扬优秀传统文化和发展现实文化有机统一、紧密结合起来，才能在继承中发展、在发展中继承，让一场场生动的文化创新实践不断上演，使中华优秀传统文化展现出永久魅力和时代风采。集团公司分批开展丰富多彩、形式多样、科技加持的文物展示活动和文博读书活动，组织200多家主流媒体报道2600多篇（条），让广州铁路博物馆及其藏品

“火起来”。铁路博物馆已成为省市文化主管部门、文博协会组织开展文化研讨活动的重要阵地和市民文化活动新空间。

1. 打造精品主题展览。围绕党的二十大、百年党史、世界博物馆日等主题主线，组织开展特色展览 60 场次，直接受众达 500 万人次。2022 年举办了“守正创新 · 文化强局——广铁集团职工收藏精品鉴赏大展”，展出职工藏品 1820 件，中国收藏家协会铁路分会会长评价“档次高、分量重”。2024 年举办了集团公司第二季“书香广铁 · 我喜爱的好书”推介暨“铁路老物件会说话”博物馆日主题展演活动，发布《我们的故事——铁路老物件“会说话”》十佳精品视频，举行《百年奔腾——广州铁路博物馆集萃》新书首发式，组织广州铁路企业号、微博等 20 个平台在线直播，300 多万人领略铁博风采，感受书香魅力。

2. 打造车站流动巡展。组织开展“能流动的博物馆、会说话的老物件”巡展，先后遴选粤汉铁路股票、铁路手提信号灯、跨越 50 年的火车票等 120 件铁路珍贵藏品，“跳”出展柜，“走”进职工群众身边，连续两年春运时在广州南站、广州白云站、长沙南站等高铁站展演，吸引 600 多万旅客驻足观看，增强民族自信心和自豪感。

3. 打造主题教育课堂。组织设置新职培训、党员教育、主题宣传、成就展览等沉浸式主题教育课堂，让广大员工感悟“从哪里来”的精神密码，领会“到哪里去”的奋斗方向，坚定文化自信，凝聚建设现代化广铁的磅礴力量。

（四）抓好优化融合，让铁路文博事业“强起来”

只有坚持以人民为中心的工作导向，坚持守正创新，才能使博物馆真正成为提高职工文化素养、凝聚民众精神力量的重要场所，成为坚定文化自信、弘扬社会主义核心价值观的重要阵地。广州铁路博物馆立足现代化数字化博物馆发展定位，贯彻新发展理念，发挥“文化 +”的赋能效应，让多元化智能化文博事业为经济发展增动能增效益、为旅游休闲增内涵增魅力、为城乡社会增正气增活力。

1. 优化调整新展陈。落实上级部门要求和游客建议，优化调整 4800 平方米 1 号馆展陈内容，突出新时代发展成就和铁路“六个现代化体系”等重点内容。落实国家文物保护规定，改造专业化文物储存库房，并对收藏区大型油画作品修缮保护。

2. 优化共建新模式。坚持把博物馆建设融入政府文博资源开发，探索展览、教育等合作新模式。举办“轨道上的大湾区”系列主题展，把博物馆合力打造成社会主义精神文明展示、革命红色教育、高校思政课教学等基地，让观众受到教育启迪。15 位省部级领导到馆指导工作，给予高度评价。

3. 优化打造新业态。建设网上博物馆，推出博物馆 + 教育、博物馆 + 文旅等新业态，把 4900 平方米 2 号馆升级为科技馆，增设模拟高铁司机驾驶室等体验项目；创新运营管理模式，拓展轻餐饮、文创产品等商业服务，满足游客多元化需求；合力打造研学游“拳头产品”、高铁“流动博物馆”、市民阅读新空间、精品文艺展演、影视创作、党建成果展、文物表情包等文化品牌，增强文博产业传播力引导力影响力。

三、工作成效

知所从来，思所将往，方明所去。广州铁路博物馆坚持“现代企业博物馆”定位，全面落实“保护第一、加强管理、挖掘价值、有效利用、让文物活起来”的新时代文物工作方针，加强铁路文物保护利用和文化遗产保护传承，推动优秀历史文化创造性转化、创新性发展，发挥好博物馆传承、教育、引导作用，使文物在活态展示中传播价值、使传统文化焕发新生，为弘扬铁路优秀传统文化、涵养中国式现代化理念、提升铁路文化软实力和影响力。

四、工作启示

1. 持续坚持正确党史观。深入贯彻落实习近平总书记关于党的历史的重要论述，坚持正确党史观，做到导向正确、史实明确、评价准确；充分宣传展示党的初心使命、牺牲奉献和伟大功绩，让职工群众切身感到客观真实、生动感人，既有说服力又有亲和力，在入眼入耳的基础上入脑入心，不断增进对党的创新理论的政治认同、思想认同、理论认同、情感认同。

2. 持续打造精品主题展览。坚持政治性、思想性和艺术性相统一，聚焦重大主题，结合重要时间节点，策划推出主题鲜明、导向正确、内涵丰富、形式新颖的精品红色主题展览；充分运用照片图片、文物实物、音视频资料、雕塑画作等多种形式，注重情景设计，用好三维空间，增强展览的表现力和传播力；把握“守正”与“创新”的关系，用好虚拟现实、增强现实等新技术新手段新应用，打造互动式沉浸式的体验项目，提高博物馆展览的参与性和吸引力。

3. 持续加强现场宣传讲解。充分考虑不同受众的身份背景和接受习惯，提供分众化、精准化讲解服务，确保取得最佳参观效果；充分运用新媒体，打造内容优质、制作精良的网络产品，通过微信公众号、视频号、网上展馆等多种形式宣传推广，生动讲好中国共产党的故事，讲好新时代中国的故事，讲好新时代铁路“六个现代化体系”的故事，让正能量充盈线上空间。

4. 持续推动红色资源共建。举办红色博物馆论坛，打造红色博物馆交流协作平台，促进场馆协同发展；推动实现在文物线索征集、保护修复等方面优势互补，加大对革命文物征集收藏的支持力度，提升铁路红色文物保护利用的能力水平。

（执笔人：肖精华、陈志雄、傅金海）

娄底工人理论小组：推动思想政治工作走深走实

中国铁路广州局集团有限公司怀化机务段

一、基本情况

怀化机务段娄底工人理论小组成立于1987年5月，是全国第一支工人理论队伍，因工作成绩突出，先后荣获“全国思想政治工作先进集体”“全国职工读书自学先进集体”“全国铁路红色教育基地”等荣誉40余项。近年来，怀化机务段充分发挥小组成员来自一线、贴近现场的优势，突出搭建机制平台、理论成果转化、核心骨干培育三项举措，促进一线工人学理论学政策，强化思想武装，推动一线实践，持续深化娄底工人理论小组作为一线思想政治工作战斗队的功能，通过定期组织开展理论学习、理论研讨、课题调研，调动理论骨干运用职工视角破解现场管理难题，有效发挥了工人理论队伍“小政工”作用，展示了工人理论队伍在新时代的旺盛生命力，服务和推动铁路的高质量发展。

二、主要做法

（一）突出“搭建机制平台”主线，建强思想政治“生力军”

1. 改造硬环境。积极推进娄底工人理论小组陈列馆提质工程，在原有理论小组活动室场馆基础上，积极争取筹集资金20万元，拓展建成工人理论小组活动室一体化活动场馆，面积100余平方米，配备理论学习书籍300余册，配置了会议桌、电脑、打印机、茶吧机、绿植等，实现了小组价值理念、活动制度、组织机构、活动剪影等上墙，为小组开展活动提供了良好的环境保障。

2. 提升软实力。树牢“当好理论学习的领头雁、思想政治工作的热心人、安全生产的排头兵”目标追求，年初制订小组年度工作要点，月、季、年确定小组学习、研讨、实践计划，明确小组、小组成员工作开展标准和学习任务。以“勇当‘火车头’、创效作贡献”读书分享、主题宣讲选拔赛、开展专题调研等广泛多样活动，发挥小组在车间班组层面的思想“稳定器”的作用。2023年以来，组织小组成员共撰写读书体会84篇，在车间、班组开展巡回宣讲30余场。

3. 搭建新载体。着力打造政治理论研讨、调查研究、政策宣讲、舆论引导、新媒体传播人才培育“黄埔军校”，在企业号单位头条开辟“理论交流”专栏，择优刊发理论文章16篇，激发小组成员学习理论、探索理论的热情；在职代会上对小组年度优秀成果、先进个人公开隆重表彰，增强小组成员的荣誉感；选送12人参加集团理论骨干培训、融媒体中心跟班实训、党建兼职师资培训、青马讲师培训，多层次多渠道为小组成员搭建发展平台。

（二）突出“理论成果转化”抓手，打造思想政治“护旗手”

1. 推进新思想学习走实。坚持将理论学习作为小组的立身之本，将推进习近平新时代中国特色社会主义思想学习作为凝聚职工共识的重要载体。围绕学习习近平新时代中国特色社会主义思想，重点开展了习近平总书记关于“信仰”“工匠精神”“安全生产”等24个专题的重要论述摘编学习，每期均组织撰写心得体会。面对网络信息传播速度快、覆盖面广、互动性强等特点，着力在“新”字上下功夫，积极探索融媒体时代生产一线理论传播新形式，在企业号编发7期《图说党的二十大推文》，以喜闻乐见的新颖形式宣传党的路线方针政策，赢得了较高的阅读和点赞量。

2. 推进大讨论解惑走深。针对连续奋战春运、暑运等关键期，队伍存在的安全思想松懈现象，积极响应段党委号召，充分发挥与职工地位相近、语言相通、感情相融的三项优势，以“安全靠标准还是靠习惯”主题，在怀化、娄底、张家界开展了6场座谈讨论，分组举办了“强责任、落标准、防松懈、保安全”等主题辩论赛4场，通过小组成员逐一从不同角度发表观点，组织职工观看，形成思想碰撞，以“真理越辩越明”的理念引导职工学标落标，增进职工认同感，为实现安全年提供坚强的思想保障。

3. 推进小课堂授课促干。坚持学以致用，积极促进学习成果从“务虚型”向“务实型”转变，引导小组成员立足岗位生产，攻坚克难，探索将抽象的理论方法与鲜活的具体工作进行结合。邀请关工委“五老”与小组核心骨干“结对子”，开设“人生指导小课堂”，引导小组成员树立远大抱负；组织全国五一劳动奖章张峰嘉、湖南省劳模和“山区货车操纵法”主创彭新红、全国铁路劳动模范和“山区客车双带操纵法”主创李刘现场开设“业务技能小课堂”，指导小组成员学习运用“辩证法”“系统论”思维探索工作规律，剖析行车中的“快与慢”、岗位风险的“大与小”、个人与单位的“零与整”等关系。

（三）突出“核心骨干培育”目标，培育思想政治“尖刀连”

1. 过筛子，优化队伍结构。建立工人理论小组品牌建设实施方案，优化组织机构，严格成员准入条件，年末对小组成员活动参与、作用发挥、成果发布进行了评定，按结果实行成员优化调整或帮扶，按照车间科室、主要岗位工种、政治面貌群体、学历层次“四个群体全覆盖”原则优化队伍结构。运用、整备、检修、后勤、科室覆盖，技术员、班组长、操作岗位主要工种覆盖，党员、团员、入党积极分子、群众骨干覆盖，研究生、本科生、专科生、其他学历覆盖。年末对小组成员活动参与情况、作用发挥情况、成果发布情况进行了评定，并结合评定结果进行动态优化调整或帮扶，2023 年以来共调整小组成员 16 名。

2. 压担子，严格过程锻炼。注重从政治素养、业务技能、写作功底、口才表达、新媒体创作五个方面提升小组成员的能力。针对个人特点动员小组成员承接理论巡回宣讲、理论微课创作、评论撰写、课题调研等任务，邀请老组员开展理论学习座谈，老宣干为小组成员开展写作培训，邀请优秀党务工作者、青马讲师为小组成员进行思想工作方法授课，通过强化过程中的指导，提高能力素养，促进人人参与，培育“能说、会写、政治强、业务精、懂创作”的理论队伍。

3. 树旗子，强化典型培育。充分发挥娄底工人理论小组的熔炉作用，既注重成员政治理论素养提升，又充分发挥个人特点，从宣讲、业务、写作、文创等不同方向培育典型。安排老组员、老先进带新成员，推荐 10 名核心骨干到段融媒体工作室跟班实训，实现了小组成员综合素质大幅提升。

三、工作成效

2023 年以来，小组共组织 10 名成员参与主题宣讲等 30 余场、创作理论微课 7 期、撰写评论 150 余篇，课题调研 3 个，创作文创产品 9 种，解决思想疑难问题 11 件。小组成员创作的《一个人一趟慢火车的故事》视频入选中央网信办正能量推荐作品，评论文章《让更多“最美”谱写闪耀平凡岗位的新华章》入选《国铁集团舆情快报》，《追寻信仰的颜色》获评广铁集团十佳理论微课；小组共发展入党积极分子 6 人、预备党员 3 人，4 人参加段技能竞赛荣获前三名，10 人晋级为班组长或技术员，1 人荣获火车头奖章，1 人荣获国铁集团理论学习积极分子称号，26 人荣获段级以上荣誉。

四、工作启示

1. 搭建科学的机制是保持理论队伍活力的有力保障。信息化时代娱乐多，职工思想活跃，要确保理论小组的吸引力，首先要有基本的设施保障。怀化机务段为持续发挥娄底工人理论小组的品牌影响力，筹措经费为娄底工人理论小组建设了陈列馆、活动室等办公和活动场所，并配置了电脑、打印机、大量理论书籍等，充分运用各种方式为小组成员开展理论学习和交流活动提供便利，同时通过建立健全学习机制、队伍优化、评比机制，促进小组成员比学赶超。实践证明，正是充分有力的顶层设计，才有效激发理论队伍的活力。

2. 注重过程的引领是提升理论队伍干劲的重要抓手。工人理论小组首要的身份是工人，既有贴近一线、了解现场的身份优势，又有对理论功底和形势任务的认识短板。2023 年以来，怀化机务段通过每年制订娄底工人理论小组年度学习计划和任务清单，并每季、月、周进行跟进，运用微信群组等分享和点评理论文章，开展思想交锋，定期进行总结分析，年度评先表彰，使小组成员不断得到收获感。此外还穿插开展了观看红色电影、党内品牌参观等活动，促使枯燥的理论学习和交流活动长期保持“热度”。

3. 创造务实的成果是破解理论队伍难题的根本途径。除了小组成员个人的提升和成长，小组成员最大的价值感来源于理论成果的认同和影响力。娄底理论小组注重引导小组成员围绕职工思想、安全管理等实际、实用、实效的中心工作开展理论学习、理论研讨、理论交流，既实现了小组成员思想能力的提升，又促进了站段、车间、班组工作提升、职工队伍凝聚力提升，传播了正能量，也是这一理论小组在新时代仍然保持活力、并赢得党政工团组织支持的力量源泉。

（执笔人：刘仲景、谢一菲、谭石平）

“三三制”工作法：抓实改革中的思想政治工作

中国铁路广州局集团有限公司怀化电务段

一、基本情况

近年来，湘西铁路快速扩张，怀化电务段路网规模大幅提升，为解决发展难题，近年来，该段先行先试，担起电务系统改革试点重任，不断提升站段治理效能。

1. 深化修程修制改革。积极探索“检修分开”模式，建立以“集中修、专业修”为主要内容的设备养护模式，压实段和车间两级组织生产的责任，提升生产组织效率，3 年来撤并生产班组 60 个，减幅 32.8%，岗位整合由 37 个减少为 21 个。

2. 深化工资分配改革。在坚持职工工作量和收入挂钩的基础上，推进岗位星级达标和绩效工资分配紧密挂钩，“活”工资比例由 65%提高到 94%，激发职工关心岗位、确保安全的内生动力。

3. 深化培训和技能晋升通道制度改革。将原有的与 12 个等级与“新八级工”有效衔接，把培训、考评、使用、待遇一体化落到实处，解决好电务职工成长周期长的问题，建设一支高素质、专业化的职工队伍。

面对涉及范围面广、牵涉职工利益大，统筹推进难度高等难题，怀化电务段党委坚持守正创新、稳中求进的总基调，围绕中心，将“一人一事”思想政治工作贯穿改革全过程，谋求思想认识“最大公约数”，共画深化改革“同心圆”。

二、主要做法

（一）打造“三个平台”，为改革造势

1. 打造“挑刺找茬”的意见征求平台。改革极易引发不稳定因素，部分班子成员不愿碰“雷区”，怕“破坏”稳定局面。段党委利用中心组学习、党委会等形式集中审议改革方案，引导大家挑方案中的“刺”，“找”不稳定因素，逐一制定对策，形成共识。班子成员反复研讨，分片区召开座谈会8场，征求意见89条，提前做好思想引导工作。针对职工对改革承受度的差异性，段党委按照“先试点、再推广，走小步、不停步”的原则，确定改革分三步走，先在高铁车间试点半年，再到普铁车间试行半年，最后覆盖基地车间，全面推广。在改革的前一阶段试点结束后，后一阶段试点推进前，由党委领导带队，组建工作专班，到改革试点车间或班组，采用“面对面”座谈、“背靠背”谈心方式，引导职工表达诉求、发泄情绪，将政策带下去、把问题带回来，为改革推进打牢基础，把不稳定因素控制在最低限度。

2. 打造职工“爱看爱聊”的宣传平台。强化价值引领，用指尖上的“小屏幕”发挥思想引导的“大功能”，在企业号平台设置专栏，用形象生动的语言“一图式”解读政策，编发各类改革类文件政策解读推文共21条。利用短视频、图文解读、漫画、知识竞答等多形式，定期报道改革进展情况、经营管理业绩，宣传车间亮点做法，选树宣传改革中的优秀职工，全面营造氛围，凝聚共识。做“活”企业号后台留言，开辟职工诉求通道，切实从职工利益出发谋划和推进改革，鼓励职工“吐槽”改革弊病，及时纠偏，对职工反映的政策疑问，及时回复反馈，对反映较多的共性问题由科长带头到车间班组开展政策宣传，实现职工有所呼，改革有所应。

2024 年 8 月份，“单位头条”的留言量超 1.7 万。

3. 打造“可信可学”的宣讲平台。结合“改革创新展作为 提质增效立新功”主题宣讲，组织领导班子成员、科长在年初和年中分别深入车间班组开展形势任务宣讲，围绕“技能等级晋升大讨论”“工资收入差距在哪里”“两化建设要点”等重点内容进行解读，提振发展信心，凝聚攻坚力量。依托“集结号”宣讲品牌，组织理论骨干、劳模工匠、青马讲师、“五老”成员组建小分队到沿线班组，通过情景剧、小品、快板等喜闻乐见的形式讲安全生产成效、讲改革发展前景，以“小故事”阐述“大道理”，引导职工自觉把学习习近平新时代中国特色社会主义思想的成果转化为推进高质量发展的内在动力，让党的创新理论、改革的各项政策在一线开花结果。自改革推进以来，成立各类政策宣传解读小组，深入车间班组开展宣讲 81 场次，覆盖 1898 人次。

（二）开展“三项行动”，为改革护航

1. 开展整章建制长效行动。坚持把“当下改”与“长久立”相结合，在全段范围内推行支部每月到工区组织一次座谈，科室每月到车间调研，车间班组每月开展一次思想动态分析，主要领导每季到试点车间专题调研一次的“四个一”工作机制，及时掌握职工对改革的意见建议，凝聚改革共识。聚焦职工诉求，建立过程管控机制，坚持“周公示、月谈心、季分析、年考评”，每周公示职工诉求处理情况，每月在党员大会总结职工思想动态情况，每季度动态分析职工思想问题，每半年全面总结梳理各党支部职工思想工作效果及其在改革中的作用发挥，每年底将其纳入年度党支部书记述职评议、党建工作绩效考评，实现全周期闭环管理。通过制度运行，及时搜集掌握改革中的职工思想动态，修订完善了《怀化电务段工资分配办法》，出台了《劳动定额工时和车间二次分配标准》等一系列改革配套措施，做到改革越深入，方案越完善。

2. 开展检查指导专项行动。改革对职工业务技能提出了新要求，部分职工因业务能力、身体素质跟不上，无法胜任应急抢险、值班等工作，车间在安排工作时出现人岗不匹配，收入差距拉开过大，内部矛盾激化等问题。为适应改革、缩小差距，一方面，职工放弃休息时间，争着、抢着干活，车间一时无法统筹安排，激发了内部矛盾。另一方面，大量职工没有准备充分就加入技能等级晋级考试，多数属于“碰运气”，造成资源浪费。对此，段党委树立“一盘棋”观念，构建“一体化”推进的工作格局，党政齐抓共管，组建工作专班，定期检查指导，每周在交班会上分析，及时掌握后进车间的职工思想动态；每月在安委会上分析职工思想共性矛盾，在党委书记专题会上职工思想个性问题，同时，采取“一对一”包保指导，帮助车间化解矛盾，推进改革。

3.开展“思想政治一线行”调研行动。党委副书记带领党委办、人劳科干部到所有试点车间，开展“思想政治一线行”专题调研，采用问卷调查、“面对面”交流谈心等方式，挖掘深层次矛盾，制定完善相关制度22项，解决了典型问题49个。如针对少数职工反馈在自己愿意出工的情况下，因完成工作量少，导致收入低等问题。调研小组分析出车间存在统筹安排工作不合理的问题，要求车间统筹安排工作，对工时低的职工进行提醒，并增加工作任务，把矛盾化解在日常之中。通过为职工群众办实事解难题，大幅提升了职工满意度，聚住了人、拢住了心，改革发展焕发出勃勃生机。

（三）推进“三项措施”，为改革聚力

1.用好用活谈心谈话。建立必谈机制。一是要通过日常谈心和匿名问卷调查，梳理出业务不精、满腹牢骚、“躺平佛系”、纪律松散、临时困难等“五类人”的情绪表现，跟进他们在不同时刻的行为举动和思想动态，实行“三必谈”制度，即“在思想苗头刚显现时必谈、突发事件刚发生时必谈、思想情绪要爆发时必谈”的制度，把改革矛盾化解在萌芽状态，最大限度地争取职工认可与支持。二是要找准谈心方法。针对职工不同性格特点，摸索出对比式、共鸣式、换位式、幽默式等10种谈心方法，力求“一把钥匙开一把锁”，在管理人员与职工面对面、一对一谈心的基础上，发挥一线工班长、党员骨干与职工同吃同劳动的优势，及时了解职工情绪变化，做到“谈一次心化解一个矛盾”。

2. 推进基层党支部建设。积极发挥支部在安全生产、宣传动员、队伍建设等方面的战斗堡垒作用，要求支部书记带头开展政策宣讲，支委成员每月全覆盖深入管内各车间班组，讲好党的创新理论，讲透改革发展故事。提高党支部议事能力，要求将工资分配、职工星级评定、人员调整等与职工切身利益相关的重要事项必须纳入支委会进行讨论决策，将职工思想品德纳入各项评先评优、等级晋升的首要条件，切实提高队伍整体素质。鼓励、支持车间党支部面对具体问题具体分析，因地制宜采取对策，如溆浦信号车间党支部针对职工工作量不平衡可能影响队伍稳定的问题，要求工区每日公示职工工时与车间每周分析，对工时低的职工进行提醒，并多安排工作任务，把矛盾化解在日常之中，被怀化电务段采纳推广。

3. 切实关心关爱职工。站在职工的角度推进改革，引导车间党支部强化工作分析，关注“弱势”群体，不让一个人在改革中掉队。及时解决职工最关心的“痛点”问题，如原来技能等级为初级工、中级工的职工，入轨至新技能等级后，能力工资降幅多，为了防止发生让职工承担改革成本的问题，制定了为期半年的保护期制度，保护期内仍按标准计发工资，让职工有时间参与技能鉴定，确保了职工利益不受损。

三、工作成效

1. 凝聚了改革共识。通过对全员的引导，树立正确导向，让广大职工成为改革的参与者、监督者、受益者，全员“进入角色”支持理解改革的氛围形成。改革以来，未发生与改革有关的信访问题，未发生因改革而导致的不稳定因素。职工的幸福感、获得感明显增强，80.4％的职工认为现行改革制度能体现个人能力和贡献，“干多干少不一样”“干好干坏不一样的”工作劲头和分配导向初步形成，全员躬身入局、挺膺担当的改革格局逐步形成。2023 年，怀化电务段被评为广州局集团公司基层思想政治工作示范点。

2. 激发了队伍活力。以改革激发人才队伍的活力，引导全员争当改革的促进派和实干家，职工队伍精神面貌焕然一新，干部管理能力得到有效提升，通过一手抓改革，一手抓思想政治工作，“人人皆可成才、个个皆能出彩、努力皆有奔头”的生动局面悄然形成。2023 年，有 337 名职工晋升技能等级，推动职工由“要我学”向“我要学”转变。目前，段技师和高级技师 358 人，占比 22.5%，高级工 788 人，占比 49.7%，另有广铁工匠 3 人、首席技师 6 人，全路技术能手 11 人、全路青年技术能手 16 人，广铁技术能手 41 人、广铁青年技术能手 51 人。

3. 实现了高质量发展。通过瞄准改革中的职工思想问题，脚踏实地抓好具体问题闭环管理，不断在改革探索中推进并持续总结经验、吸取教训，持续、系统地分阶段推进改革工作，实现了怀化电务段的高质量发展。怀化电务段在高铁营业里程增加 724 公里、普铁复线增加 188 公里、职工人数反而减少 94 人的现实情况下，安全持续稳定，设备故障同比下降约 37.2%，劳动生产率由 2017 年的 39.69 组 / 人提升至 99.54 组 / 人，增长了约 163%，在全路站段标准化规范化建设考评中排名电务系统第 2 位。

四、工作启示

1. 要举旗定向，毫不动摇坚持党的领导。要深入学习领会习近平总书记关于全面深化改革的重要论述精神，忠诚拥护“两个确立”，坚决做到“两个维护”，深刻把握坚持党的全面领导与进一步全面深化改革的内在联系，切实把党的领导贯穿改革各方面、全过程，确保改革始终沿着正确政治方向前进。要充分发挥党组织的先进性作用，调动全员积极性，引导广大干部职工树立正确的思想观念，提高职工对改革必要性和紧迫性的认识，使职工能够积极主动参与到各项改革中来。

2. 要以人民为中心，坚持公平公正推进改革。既要顺应改革实践的新要求，也要顺应职工的新期待，持续优化劳动、资源、技术、维修成本等生产要素配置，着力提高全要素生产率，确保发展更加高效，维护好、发展好职工利益，让大家共享发展成果，特别是要在工资分配、岗位星级达标评定、技能晋级考评等重大事项方面做到公平公正。还要尊重和保障职工的民主权益，在改革中涉及职工自身利益的相关问题，应谨慎对待，关注“弱势群体”，尤其是要密切关注困难职工、年长职工、青工等群体的现实情况，不让任何一个职工在改革中“掉队”。

3. 要有系统思维，从大局出发推进改革。改革牵一发而动全身，必须坚持系统观念，正确处理点与面、主与次等关系，推动协调发展。要时刻关注改革每个阶段出现的新情况、新问题，及时回应职工关切，密切关注和职工生产生活息息相关的重要工作、重点项点、重大决策，合理开展好思想政治教育，不断提高班组成员的凝聚力，共同围绕安全生产贡献力量。此外，还要对改革效果进行评估，引导职工对当前改革推进情况建言献策，动态完善制度机制，及时纠偏，全面营造有利于改革的氛围。

（执笔人：柳改、向芳彬、甄国杰）

“客服V”团队：推动思想政治工作实时“在线”

中国铁路南宁局集团有限公司南宁机务段党委

一、基本概况

南宁局集团公司南宁机务段始建于1951年1月，全段设有14个职能科室、13个生产车间和2个辅助生产机构，分设在南宁、百色、玉林等地，现有职工4247人，担当着桂、黔、粤等地区7条普铁、7条高铁以及凭祥至同登国际联运牵引任务，乘务总里程5805公里，其中高铁里程2110公里。南宁机务段党委针对管辖范围点多线长，人员分散且流动性大，职工反映诉求受时间、地点约束性较大，问题解决中间环节时间损耗较长等情况，于2020年初基于互联网企业微信平台，搭建了“职工家园”工作群组，将全体干部职工纳入其中。这是该段党委为职工打造的一个全员化、全天候、全时空的网上服务阵地，方便职工随时随地在群内发布信息、反馈问题、表达诉求、提出建议。为确保工作群组真正走进职工、服务职工、问效职工，段党委成立了一支专业权威的客服“大小V”团队，实时在线接诉应答，线上线下帮助职工解决思想和实际问题，形成了专业、快速、多元服务职工的新模式。该做法在光明网、《人民铁道》报、人民铁道微信公众号等平台刊载，2023年作为“思想政治工作一线行”优秀成果刊载在《铁路宣传》。

段党委组建该工作群组 4 年多来，严格落实“接诉即办”制度，坚持“为民服务”与“问计于民”相结合，以快速的解答、诚恳的态度、有效的服务赢得职工群众的认可，并始终保持着良好的活跃度，让网络平台成为职工群众信任的桥梁，不断增强了思想政治工作的时代感和吸引力，为企业高质量发展奠定了坚实的人心基础和群众力量。

二、主要做法

（一）搭平台：打造“我为群众办实事”服务“主阵地”，亮出工作态度

阵地是思想政治工作的基本依托。段党委基于点多线长，干群沟通交流存在“时空差”等实际情况，全面盘活段管网络阵地，不断拓展为民服务渠道，延展思想工作手段，实现思想政治工作的实时化、互动化和全覆盖。

1. 强化制度保障，推动管理“粗变细”。制度是确保工作有序开展的前提和保障。段党委抓好顶层设计，不断完善以企业微信、微信和南机笛声微信公众号为主要网络平台的段、车间两级网上服务管理办法，制定《南宁机务段党委关于规范线上职工诉求平台管理的通知》，明确各级党组织和党员干部的管理责任、工作标准、具体措施，做到服务职责横向到边、纵向到底，确保工作不断档、不脱节，形成一级带一级、一级抓一级的责任体系。

2. 动态组建团队，推动力量“兼到专”。成立由段领导班子成员为“大V”，中层管理干部以及相关部门一般管理人员为“小 V”的客服团队 146 人，实时在线为职工群众服务。团队人员根据人事变动以及个人表现等情况综合确定，做到动态补充完善，确保服务阵地有人管、管长远。并通过举办专项业务培训、组织参观兄弟单位特色服务品牌等多种途径，不断提升“大小 V”解决职工思想和实际问题的能力，努力打造一支政治强、思想高、心肠热、业务精的高效服务团队。

3. 实名为民承诺，推动服务“冷变热”。通过将客服人员头像打上醒目

的 V 字标签、签订服务承诺书、公开个人手机号和邮箱等多种方式方法，亮出“大小 V”身份，时刻提醒自身牢记宗旨，履行工作责任，决不做挂名人员。端正服务态度，“大小 V”成员在帮助职工解决问题过程中，必须做到“三不准”：对尖锐问题不准敷衍拒接，对难点问题不准推诿扯皮，对责怪抱怨不准批评反驳，让职工感受到党组织的真情实感，从而敢讲话、讲真话。并通过定期走访了解、电话问效等情况，实时了解“大小 V”服务情况，作为考核评判干部和退出机制的重要内容。

（二）沉下心：抓住解决职工思想和现实问题“牛鼻子”，彰显工作力度

聚焦问题精准施策，是思想政治工作取得“大珠小珠落玉盘”成效的关键所在。针对职工反映的问题诉求以及热点焦点问题，段党委采取实时问答、在线交流、线下服务等方式，推动网上网下“同心圆”建设，提升思想政治工作的及时性、针对性。

1. 向制度执行上聚焦，突出“实”字。坚持八小时工作时间服务无死角、八小时外服务不间断的原则，“大小 V”每人每天至少于 8 时、12 时、18 时三次查看群组内是否有涉及自身分管工作的有关提问，第一时间回应关切。融媒体工作室认真落实舆情管控责任，每天实时监看，及时将没有回应的问题通知相关 V 成员，力争问题在 2 小时内有人接诉，24 小时内得到有效答复。坚持问题导向，按照“谁主管、谁负责”的原则，落实“大 V”牵头，“小 V”跟踪的问题督办机制，对于能在线答复的在线答复，一时解决不了的，向职工说明原因，消除职工心头之虑，并填写“问题反馈单”，由“大 V”协调有关部门线下落实解决。同时，纪委介入一跟到底，加快合理诉求的解决节奏，提升工作效率，确保职工诉求件件有回音、事事有结果。

2. 向正向引导上聚神，突出“准”字。着力在正向宣传、团结鼓劲上下功夫，每月通过党委书记专题会、职工思想分析会等多种形式，研究分析职工在工作群内发言和问题反馈情况，透过职工言论找准思想根源，针对性地在下一轮工作中做好正向引领。并通过宣讲会、公示栏等途径，及时向职工反馈问题解决情况，同步收集职工反响，纳入新一轮思想分析，

持续推动思想政治工作改进提升。例如，针对2024年职工对极端天气下的防洪防台工作比较关注的情况，段党委主动发声，下好先手棋，围绕防洪防台工作的要求和措施、涌现出的好人好事以及灾后组织帮扶措施等内容，常态化做好内部微信推文，及时转发各工作群组，有力引导职工树牢与企业命运共同体意识，立足岗位保安全。

3. 向职工满意上聚力，突出“诚”字。从严落实监督考评，把群众满意作为检验工作成果的重要标准，段党委每个月通过调查问卷、对话了解、电话问效等形式开展满意度调查，发现职工对干部工作态度不满意的，对管理干部进行绩效考核并责成书面反思；对答复处理结果不满意的，属于相关部门处置不力的，由党办督办、纪检督查，一跟到底直至职工满意；属于职工个人原因的，由相关部门党支部（总支）持续做好线上线下回复解释工作；对解决职工诉求整体工作开展较差，或造成网络舆情等不良后果的，纳入季度党建考评以及干部月度绩效评分，有效压实工作责任，推动服务质量不断提高。

（三）俯下身：打出推动职工和企业共成长双向融合发展“组合拳”，下潜工作深度

坚持目标导向，以民心所向定标，不断探索和总结“互联网+”思想政治工作规律，拓展工作成效，努力促进企业发展和维护职工合法权益相统一，为企业高质量发展凝聚智慧和力量。

1. 坚持问计于民，发挥主体作用。不仅注重在线实时问答、解决诉求，更注重听取职工群众的意见建议，让职工畅所欲言、广开言路，拓宽职工表达合理诉求和参与企业管理的渠道。例如，结合不同时期形势任务和重点工作，在群内开设“安全献一技”等讨论话题以及“干部执行力情况”等调查问卷，“大小V”有意识地带头发言，引导职工在群内积极讨论，在与职工交流互动中进行群体攻关、集思广益，更好地集中职工群众的聪明智慧，推动企业管理的升级换代。

2. 坚持全员共管，拓展功能属性。树立全员共建共管理念，不仅“大

小V”主动对接服务职工，也鼓励其他干部职工当“客服”，协助“大小V”进一步做好问题答复和思想交流，增进干群间的相互理解和帮助。对于职工主动答复的，“大小V”及时跟帖表示感谢，给予职工充分的肯定。此外，职工还可以在工作群内发布工作生活提示、失物招领、讲述身边故事等与职工工作生活密切相关的信息，不断拓宽群组的功能面，促进工作群组始终保持着频繁的使用率和旺盛的生命力。

3. 把握思想导向，强化有效供给。坚持从引领职工、赢得职工出发，加强供给侧研究，为服务中心工作激发职工的情感认同和思想合力。如针对职工对相关管理以及政策咨询比较多的情况，段党委成立“V客服”宣讲小分队、“青小宣”宣讲小分队，坚持每半年分片区深入一线车间班组开展形势任务和政策宣讲，如2024年结合主题宣讲，围绕党的二十届三中全会精神开展了全段各主要辖区的巡回宣讲，将党的声音及时传递到基层一线。同时，利用党团主题活动等契机常态化开展“现场办公”，面对面回答职工提问，让答复更详细，让解释更到位。

三、工作成效

1. 稳定了职工队伍，扩大了党群干群“朋友圈”。四年来，“大小V”主动在群内和职工对话3万余条，帮助解决涉及职工群众切身利益的生产生活问题267个，实现人文关怀网上与网下结合，以实际行动让职工的困难事不再难、糟心事不再烦、期待事不再远，使职工群众真正得到重视和实惠。职工在切身感受到问题得到解决的同时，思想也悄然发生了变化，工作群组内职工的埋怨声、质疑声越来越少，建言献策、表扬点赞的声音成了主基调，展现了广大干部职工团结一致、积极向上的工作态度和精神风貌。

2. 转变了工作作风，提升了干部干事的“精气神”。段党委不仅注重解决职工思想和现实问题，而且将服务情况与每季党建考评、每月干部履职绩效结合起来，以刀刃向内的决心狠抓干部队伍作风建设，2024年共考核问责履职不力等职工不满意的“V 成员”6 人次，并通过交班会、政工会等形式对相关责任人进行了严肃批评，有力增强了党员干部的宗旨意识和担当精神，促进了工作作风改进。广大职工群众对党员干部的认同感和满意度随之提高，党在职工群众中的形象更好、威望更高、号召力更大，并出现了“莲姐”“方妹”等众多被职工称赞的好干部。

3. 丰富了精神内涵，迸发了文明建设“内在美”。段党委秉承待客理念，视职工为家人、敬职工为老师，通过组织“大小 V”办理一件件好事实事，广大职工群众看到了党员干部的真心诚心，感受到了服务的温度，自身也被真诚感染带动，仅 2024 年以来，就有 500 多人次的职工主动进行答复和跟帖，形成了互助互爱、互通有无的工作氛围。在广大职工的支持和参与下，工作群组从最初认为是形式主义而“不待见”，到现在人人乐于协作的“互助吧”，大家爱看、爱评、爱用、爱帮。例如，2024 年 7 月 6 日，南宁动车运用车间动车组司机何利民进站出乘时，主动为旅客搬运大件行李，身边工友将此事发至工作群内，短时间内 40 余名职工刷屏点赞、纷纷留言，其中一名职工感言“有这种高尚的品质和觉悟得益于动车车间多年的教育和培养”，通过真善美的宣传带动，有力展示了全段精神文明建设成效。

4. 凝聚了攻坚合力，激活了企业发展“原动力”。段党委通过办好网上家园，开展深入细致的思想政治工作，用交流拉近距离，用关爱暖心聚力，让广大职工群众能够正确认识自身利益与大局利益的关系，更加坚定个人和企业命运共同体的认识，形成了企业发展、职工受惠的良性互动局面。近年来，通过工作群组收集的 132 条合理化建议中，有 83 条被采用，例如 2024 年玉林职工提出优化值乘湛江至茂名间货运交路，减少重复进公寓的建议被段上采纳，不仅将职工在家休息时间延长了 3 小时左右，亦提高了机班使用效率，得到职工普遍好评。另外，职工自主创新的“58 步看车”“防洪安全行车”“添乘‘八个一’”等众多工作方法被用南宁局集团公司命名和广泛推广，为企业高质量发展注入了强劲动力。南宁机务段安全生产持续稳定，连续实现十个高铁安全年，并获得南宁局集团公司先进基层党组织、信访先进单位等荣誉称号。

四、工作启示

1. 入深入细是做好思想政治工作的重要条件。只有深刻认识基层思想政治工作面临的新形势新要求新规律，牢固树立职工无小事的理念，学会紧跟时代潮流，用好用活网络平台，在为职工答疑解惑过程中，坚持将小事做好、实事办好，做到事事有回音，件件有落实，各级组织和广大党员干部才能得到职工群众的认可，才能更加真切触摸到职工思想，快速了解职工需求，及时“把脉”职工思想动态，从而有的放矢开展思想政治工作，推动工作更加精准化、实效化。

2. 见情见义是做好思想政治工作的基本保证。人是讲感情的，不论是思想认识的统一，还是实际行动的规范，都是以感情的交流融合为基础的。网上答疑解惑也是一种交流，只要真心真意对待职工，做到态度诚恳、解答迅速、服务给力，就一定能够赢得职工的认可，职工自然而然也就明理、消气、顺心，就会敞开心扉，敢说话、说真话，使网络平台真正成为职工群众信任的桥梁。正如职工所说，我们关注的“好声音”能够及时知晓、诉求的“真声音”能够及时得到答复、期盼的“好政策”能够及时落实，回馈企业的自然是以主人翁的责任感，创造更好业绩、作出更大贡献。

3. 齐心合力是做好思想政治工作的根本保障。坚持从制度入手，健全完善工作机制，推动问题闭环管理，是实现基层思想政治工作由“可做可不做”转为“必须认真做”的关键。通过网上答疑、线下跟进、满意度调查等多种途径，让每一次服务工作都是作风在行走。只有这样，才能更好地感染和带动更多的干部职工加入服务团队，共同维护企业发展的大好局面，为勇当服务和支撑中国式现代化的“火车头”奠定坚实的人心基础和群众力量。

（执笔人：胡健晖、宋倩南、邓振安）

“职工有话说”平台
推动问题矛盾化解在基层、解决在萌芽

中国铁路南宁局集团有限公司柳州机务段党委

一、基本情况

柳州机务段现有4510名职工，主要担当湘桂、焦柳、黔桂等区段客货牵引，机车检修和整备以及救援等生产任务，其中，动车运营里程2030公里、普客运营里程2267公里、货车运营里程2249公里，全段2600多名乘务员在线上值乘，点多线长、管理跨度大。近年来，随着安全生产、人员配备、管理要求等新变化，给职工思想政治工作带来了新挑战新要求。柳州机务段党委紧扣“思想政治工作一线行”工作要求，以职工利益需求为导向，坚持从细处着眼、小处着手、实处着力，积极探索新形势下思想政治工作新途径和新领域。2022年7月，柳州机务段以车间为单位，开设13个“职工有话说”平台，迅速回应诉求，积极化解职工矛盾，搭建干群沟通桥梁。“职工有话说”平台的开设，将征求职工意见建议实现“线上线下”相结合，做到随时反映、及时收集、迅速回复，极大提高解决职工急难愁盼问题的时效性和办结率，实现了“畅通渠道、解决问题、汇聚民智、稳定队伍”的目标，有力推动企业高质量发展。

二、主要做法

（一）审时度势，精心谋划布局

1. 深入调研，寻找破题策略。当前，随着铁路高质量发展的不断推进，在收入不断增加、管理不断精细、民主意识不断增强等情况下，职工诉求呈现出多样化。机务系统由于点多线长、管理跨度大、人员流动分散等特殊性，导致日常干群面对面沟通交流少，出现了职工诉求渠道不畅的堵点、干群思想交流不顺的难点等实际问题。柳州机务段深入一线职工中开展调研，通过座谈交流、下发调查问卷等形式，广泛征集职工对车间思想政治工作的意见和建议，分析当前工作方式存在的问题、找准堵点痛点，精准服务职工需求，理清职工对畅通诉求渠道的期盼，明确主攻方向和方法步骤。

2. 结合实际，设计实施方案。根据调研中职工提出的普遍性、针对性问题，通过对各类网络平台功能调查分析，搭建“职工有话说”专项渠道，职工通过手机扫码，以“图片＋文字”的形式上传诉求信息，实现匿名填写、网上提报一体化操作。结合全段生产实际，由段党委全面统筹，率先以柳州运用一车间为试点，开设使用4个月后成效明显，职工反映强烈，诉求愿望强烈，逐渐在全段范围推广，目前已经形成了一个车间一个平台，实现“一枝独秀”向“百花齐放”的提档转变。

3. 广泛宣传，加强指导运用。及时将“职工有话说”平台诉求二维码张贴在各车间本部、各折返点、行车公寓，开展记名式宣传，现场指导运用，在段微信公众号平台广而告之，及时宣传平台的功能运用，制作平台宣传卡片发给职工。针对部分临近退休的大龄职工，针对性开展操作指导、现场演示，确保职工人人知晓、个个会操作。通过广泛宣传，引导职工积极围绕运输生产、管理工作、后勤保障、制度办法、职工福利等方面建言献策，及时反映各类急难愁盼的问题诉求，让职工敢讲话、讲真话、真讲话，真正让职工倾吐平常不愿说、不敢说、不想说的利益诉求，不断提升职工对平台的认可度和参与面。

（二）应变而行，全面推进实施

1. 快速响应，收集反馈信息。为快速、有效回复职工在平台上提出的问题，各车间党总支（支部）书记第一时间在程序后台收集数据信息，及时按照管理制度、制度解释、职工福利等 10 种类别进行分类，属于车间层面的，由车间管理人员按职责分工认领办理。按照“操作简单、通畅快捷、匿名提问、公开答复”原则，车间党总支（支部）委员碰头形成统一口径后于 24 小时之内回复，切实做到及时回复、马上回复，构建职工诉求回应“小循环”，做到小问题小诉求在车间内部迅速解决。属于职能科室层面的，及时反馈给相关部门进行回复。

2. 开诚布公，解答疑问困惑。各车间党总支（支部）通过点对点反馈和在车间事务公开栏、车间班组微信工作群公示、交班会、学习会、点名会等方式，公布诉求、意见的回复和办理进度情况，让职工知道所提问题有关注、有答复，同时对合理化建议的采用、奖励、效果等情况进行公布，激发职工提意见的积极性和主动性。根据收集到的情况，属于合理合规能办的，立即回复解决，如贺州运用车间职工提出因宿舍热水器老化不能正常使用、造成洗澡不便的问题，车间党支部及时汇报段工会，最后为其安装了 36 台电热水器。再如有职工针对动车组司机佩戴的反光带存在老旧过时、反光带容易脱落等问题，提议换成肩夹式警示灯，车间党总支及时汇报段上，全部更换为肩夹式警示灯。针对异地工作职工反映家庭生活困难的问题，段工会马上进行摸底登记，为 6 名因治病导致家庭困难的职工提供了困难补助和子女秋季助学补贴。

3. 追踪进展，确保问题解决。坚持“靶向”解决问题作为关键点，对于车间无法解决、属于段层面的问题，组织班子成员进行分析研讨，确定问题解决方案，明确完成时限和责任人，责任人会按照时间节点跟踪落实情况，利用交班会通报问题解决落实进度情况。对一些较复杂的问题进行督办，实时跟踪事项，做到闭环管理，要求相关部门限时作出回应和解决，切实做到对职工的意见建议、合理诉求，实打实进行解决，打通“最后一公里”。对能办不办、不能办也不予解释、久拖不办等进行追责考核。针对情况较复杂、一时难以办到的，及时向职工做好解释工作，属于“吐槽”情绪宣泄类的，做好宣传引导，确保职工诉求件件不落空，事事有回音。

（三）顺势而为，持续扩大效应

1. 完善工作管理机制。制定段党委和车间“职工有话说”两级日常管理制度，确保平台正常运行，不断扩大平台建设效果。根据“职工有话说”平台运用实际，研究制定《柳州机务段“职工有话说”平台管理办法》，对“职工有话说”平台日常的管理运维进行进一步规范，明确管理职责、宣传推广、回复落实和责任落实等六个方面要求。加强“职工有话说”平台的日常管理监督，要求各车间每月向党委汇报平台总体运维情况，段党委每月对各车间平台运维情况进行分析。实行问题回访机制，段党委、各党支部（总支）利用问卷调查、电话抽问、现场问效等形式，不定期对问题的回复、解决等情况进行回访，建立职工评价机制，开展平台满意度调查，对开展较差的党支部（总支）纳入党建考评，有力促进各党支部（总支）管好、用好平台。

2. 注重联动互动融合。针对乘务员日常分流在各点线上，主要以线上形式受理职工各类诉求，针对检修、整备系统等日勤职工相对集中，注重以线下点对点形式与职工进行交流，及时了解掌握职工思想动态和实际困难。健全长效机制，各党支部（总支）每月组织一次职工思想动态分析，每季度召开一次民主恳谈会，及时收集职工各类诉求和合理化建议。转变干部作风，通过“职工有话说”平台，对管理人员日常工作中的不足提出合理化建议，倒逼各级管理干部增强服务意识、效率意识，从以往“要我解决”转变到现在的“我要解决”，切实发挥了对管理人员履职监督作用。突出车间作用发挥，搭建科室、车间两级联动机制，促使科室配合解决超出车间管理职权的问题。对职工提出的问题及时进行分类，组织相关专业部门、专业人员进行解答，充分发挥工会、团委等各级组织及相关职能科室作用，实现思想工作与行政工作相互融合，形成党政工团齐抓共管思想政治工作的大格局。

3. 线上线下双向发力。坚持用好线上线下平台，做好数据分析运用，通过定期分析职工诉求的难点、焦点、重点问题，将“职工有话说”平台作为体现职工队伍动态的“晴雨表”“体温计”和思想政治工作的切入点，线上线下共同发力。平台开设以来，针对职工关心关注的焦点、热点，反映涉及职工福利等切身利益问题，以线上带动线下相结合等形式，组织车间干部深入一线，迈开步子、放下架子围绕职工关心关注的内容开展形势宣讲、政策解读150场，受众1400余人次，面对面谈心367人次，电话谈心228次。切实发挥季度民主恳谈会、谈心交流、形势宣讲、“一人一事”思想工作等作用，做工作、疏情绪、解矛盾，推动线上互动与线下交流、吸收建议与解决问题相结合。认真分析研判职工提出的普遍性、倾向性问题，查找管理工作中的问题和不足，研究制定针对性措施，切实发挥思想政治工作融入中心、促进发展的作用，形成推动企业高质量发展的强大合力。

三、工作成效

“职工有话说”平台开设以来，段党委坚持落小、落细、落实，从细处着眼、小处着手、实处着力，千方百计为职工办实事、解难题，构建诉求回应“小循环”，帮助职工及家属迅速解决各类急难愁盼问题。自2022年7月份以来，“职工有话说”平台共收到各类问题诉求、意见建议3683件，已解决3455件，建议2日内回复率达到100%，问题处理办结率93.8%。收到合理化建议512条，采纳合理化建议501条，真正让职工“心声”有“回声”，做到“民有所呼、我有所为”，不断增强职工对企业的认同感、归属感，构建企业与职工命运共同体。在全段开展的由全体职工参与投票的2022年度服务职工十大“暖心事”评选活动中，“职工有话说”平台位居第二，受到广泛好评，职工信访问题较去年减少85%。近两年，职代会职工代表对段领导班子民主测评满意度均为100%，进一步凝聚推动机务段高质量发展的强大合力，安全稳定局面得到持续巩固，全段安全生产稳中有进，连续四年消灭行车事故，截至2024年10月23日，全段实现安全生产3593天。2022年，“职工有话说”平台调研文章获评南宁局集团公司年度优秀政研成果一等奖；2023年，“职工有话说”平台被评为南宁局集团公司党委优秀思想政治工作案例并在全局进行推广；同年6月，平台信息获得国铁集团《铁路宣传》“思想政治工作一线行”专刊刊载；同年12月份，“职工有话说”平台被全国总工会评选为全国“互联网＋工会维权服务典型案例”，是全国唯一获评的铁路单位案例。

四、工作启示

1. 必须坚持以人为本，解决职工实际问题。职工是企业的主人，也是最宝贵的资源，思想政治工作只有围绕职工来开展，才有落脚点。开设“职工有话说”平台，始终坚持以职工需求为导向，通过线上线下平台和渠道，借助人人有手机、个个能操作的优势，职工反映渠道信息化、便捷化，实现了职工匿名“隐身”提意见、说问题，真正让职工倾吐平常不愿说、不敢说、不想说的利益诉求，甚至是“吐槽”，无论问题大小、不管诉求是否合理，都一一进行了回应，真正做到了“民有所呼、我有所应”，让职工看到说话有人听、问题有人解决，做到了思想问题和实际问题双解决，有力促进了职工队伍稳定。

2. 必须坚持围绕中心，凝聚企业发展合力。思想政治工作只有围绕中心，才能彰显作用、展示作为。开展“职工有话说”平台以来，通过积极引导，职工不仅仅提出各类问题诉求，还针对机务段在生产组织、管理工作、制度办法、后勤保障等方面提出不少有价值的建议，激发了职工参与管理的积极性主动性，凝聚了职工智慧力量。通过对职工提出的普遍性、倾向性问题以及经常性、反复性问题进行分析研判，剖析制度设计、贯彻落实、实际成效等环节，查找管理工作不足和漏洞，研究制定整改措施，不断完善管理工作，实现了对管理问题“同题共答”的效果，有力地促进了中心工作，实现了思想政治工作“虚”功向“实”做。

3. 必须坚持守正创新，拓展平台效应。思想政治工作只有与时俱进，因时而变、因势而为，才有生命力。在当前新媒体时代，在职工思想呈现多元多样的当下，开设“职工有话说”平台，就是善于运用新媒体资源开展思想政治工作的新路子，充分运用线上线下，积极用好“互联网 + 思想政治工作”，针对新问题找到新方法，推动理念创新、工作创新、载体创新，有效搭建起一条条与职工联动的新桥梁，构建完善新形势下思想政治工作体系，使思想政治工作更好地发挥作用、展示作为。

（执笔人：梁维古、韦清华、张禹）

织密“亲情网格”：用心、用情、用力服务职工

中国铁路南宁局集团有限公司桂林车务段党委

一、基本情况

桂林车务段党委隶属于中共中国铁路南宁局集团有限公司委员会，现有职工743名，下设6个党总支，9个科室党支部和27个一线班组党支部，在职党员260名。管理运营着湘桂线（蓝家村—洛埠）、衡柳线（东安东—鹿寨北）的45个车站，其中高铁客运站5个；运营里程639.5公里，其中高铁运营里程278.581公里，普铁运营里程360.919公里，单日最高发送旅客24345人。

习近平总书记在国有企业党的建设工作会议上指出，“要把思想政治工作作为企业党组织一项经常性、基础性工作来抓，把解决思想问题同解决实际问题结合起来”。桂林车务段党委认真贯彻落实习近平总书记重要讲话精神，针对车务系统点多线长、人员难以集中、职工思想多元化等特点，以“思想政治工作一线行”为抓手，积极推进“亲情网格”思想政治工作法。段党委以永福党总支为试点，积极构建“党支部—党员网格长—班组职工”的亲情网格，按照“责任不缺位、担当不懈怠、服务不缺席”工作理念，强化职工思想动态分析引导，及时解决职工群众反映强烈的突出问

题，实现职工思想动态第一时间掌握、职工矛盾第一时间化解、职工诉求第一时间反馈、职工需求第一时间解决的目标。用心、用情、用力真诚服务职工，推动基层思想政治工作有温度、有形化、有实效。

二、主要做法

（一）围绕“责任不缺位”，建好“亲情网格”新模式，提升思政工作覆盖面

1. 创新形式，建立网格。针对职工分散，思想动态掌握不精准、服务职工困难不及时等难点问题，积极探索以党支部为单位，根据职工数量、人员分布、年龄结构及岗区划分等情况，将永福党总支管辖的 9 个车站，按照“党支部—党员网格长—班组职工”的模式，划分为 13 个思政工作“亲情网格”，覆盖职工群众 126 人，真正把思想政治工作延伸到班组职工“最末端”，切实提高了思想政治工作的针对性。

2. 突出实效，组好网格。按照“网格化管理，亲情式服务”和“小而精”的原则，选配品行端正、善于管理、细致耐心的党员管理人员或党员骨干担任“网格长”。在前期摸底的基础上，按照自愿认领原则，“网格长”把自己关系比较密切、能够做通工作的职工群众认领进自己网格，组建“亲情网格”。每位“网格长”联系 2 ～ 10 名职工群众不等，确保每个网格具有良好情感基础。

3. 厘清职责，完善网格。明确“网格长”、信息收集员、教育宣传员、职工联络员、矛盾调解员、困难帮扶员、车站监督员职责，引导“网格长”做好网格内职工的思想政治工作，一方面是做好上传下达，宣传党的路线、方针和政策，把党的声音传递给职工群众；另一方面是做好下情上传，及时掌握网格成员所需、所想、所急，向党支部准确反映职工群众的意见建议，协助党支部做好答疑解惑、助困维稳等工作，最大限度发挥出“亲情网格”准确、及时、有效的作用。

（二）围绕“担当不懈怠”，管好“亲情网格”新阵地，提升思政工作

引领力

1. 强化组织领导。建立从党委到党总支、党支部的责任体系，明确党委书记为第一责任人，履行组织领导责任；党委副书记担负直接责任，靠前指挥，统筹协调推进；党委委员发挥“一岗双责”作用，合力抓好“亲情网格”工作；党委办公室发挥“调度”功能，履行职工思想工作的组织、协调、指导、监督职责；党总支书记担负主体责任，每月听取各党支部、“网格长”“亲情网格”工作开展情况，逐一研判分析职工反馈的“急难愁盼”的操心事、烦心事和推动工作发展的真问题、好建议，对“网格长”赋责赋能赋权，形成工作合力。

2. 强化提素增能。每月召开党支部书记与“网格长”面对面交流会，以“培训+案例”的形式，通过脱产轮训、视频培训、案例学习以及现场指导等形式，开展“网格长”能力提升培训，促进“网格长”熟练掌握政治理论学习、职业技能素养、谈心谈话、心理辅导等方法技巧及车务段“五介入三讲清”思想政治工作法，即针对安全问题、队伍稳定问题、意识形态问题、作风问题、党风廉政问题“网格长”必须介入了解，同时在党支部的指导下跟网格内同事讲清事、讲清责、讲清理。2024年以来，共培训“网格长”86人次，实现100%全覆盖，“网格长”融入引领职工，宣传发动职工、服务帮助职工的能力得到不断提升。

3. 强化规范管理。坚持动态优化，根据车站班组人员调动、“网格长”履职状态及车站班组配置调整等情况，动态优化“亲情网格”设置，选优配强“网格长”，更新“网格长”人员信息库，确保“亲情网格”稳定完整、发挥作用。党委办公室结合随机检阅、当面核实、现场了解等方式，检查各级落实职工思想工作的情况，发现问题当面指正，解决思想政治工作“做什么”“谁来做”“怎么做”和“做到什么程度”的问题。针对“网格长”反馈问题，采取专项追踪、季度抽查等方式，对问题梳理汇总、反馈整改等情况进行检查，召开专题会议，及时通报“亲情网格”工作开展情况，进一步推动思想政治工作从粗放型、经验型向精细化管理转型。

（三）围绕“服务不缺席”，用好“亲情网格”新载体，提升思政工作实效性

1. 坚持以理服人，强化思想教育。将思想工作同形势任务教育有机结合，围绕“亲情网格”反馈职工反映较为集中的收入分配、班制改革、职工权益保护等职工思想倾向性、广泛性、典型性问题纳入主题宣讲，组织党委、党总支、科室负责人三级“薪火”宣讲团成员，立足桂林车务段实际、紧贴职工需求，深入车站班组开展集中宣讲。针对职工困难、特殊需求等个性问题，通过“亲情网格”开展点对点、点单式宣讲和小众化座谈，把“陈情”和“说理”结合起来，及时解答职工疑虑，更深层次加强改进职工思想引导工作。2024 年以来，共开展宣讲 58 场次，座谈交流 24 场次，覆盖干部职工 576 人次。

2. 坚持以诚待人，服务职工需求。将思想工作同解决实际问题有机结合，明确党委、党总支、党支部、“网格长”四级介入责任主体，分层开展思想动态分析，排查重点人员，制订“一人一事一档”的帮扶措施，安排党委委员和党总支书记进行交流谈心，做好思想引导、心理疏导，有效管控不稳定因素。各党总支、党支部建立“五介入三讲清”实施情况表，明晰具体反馈问题和职工诉求，及时上报职工反映问题。党委办每月组织召开职工思想动态、诉求专题会议，组织相关责任科室部门逐条研究解决措施及回复意见，定期组织纪委、劳人科、工会、团委等部门，追踪督查职工反映问题、关心关爱职工等系列实事好事落实情况，对于需要紧急办理和专题研究的问题，纳入作风督查项点，督促抓好落实，每季度抽查追踪回访，确保职工反映事事有回音、件件有落实。

3. 坚持示范引领，提升工作成效。坚持“基层作评价，党办督落实”，区分党总支、党支部、“网格长”不同层面的工作侧重点，党委办公室牵头定期对各责任主体落实情况进行评比，并挂钩各类评先评优，促进履职尽责、担当作为。积极提炼工作方法，深入调研收集“网格长”鲜活事例，筛选归纳提炼“亲融疏导式”“刚柔并济式”“法理相融式”等工作方法，

运用线上线下宣传平台，先后对大溪河站亲情式管理、亲睦村站的家长式管理模式、永福南站保姆式管理的经验做法进行广泛宣传。永福党总支围绕“构建‘亲情网格’用心用情用力服务职工”思政工作主题，在2024年桂林车务段党建现场会做经验交流，推动全段思想政治工作学有榜样、赶有目标、做有方法。

三、工作成效

1.实现了思政工作创新形式、与时俱进。通过以党支部为单元，构建党支部联系服务职工“亲情网格”思想政治工作新方法，以更加贴近职工生产生活的方式，及时精准了解职工最新思想动态、解决职工困难需求，成为打通服务职工“最后一公里”的实践基地。促进各党支部循循善诱地开展思想政治工作，塑造了理性平和、亲善友爱的氛围，切实把思想政治工作做到如盐在肴融于细微，推动思想政治工作从“有形覆盖”到“有效覆盖”。桂林车务段先后获得了“全国文明单位”“集团公司综治维稳先进单位”等称号。

2.实现了思政工作全面覆盖、落地见效。构建党支部“亲情网格”，形成以党员骨干广泛参与、全覆盖开展、全过程跟进的思政工作格局，既配强思想政治工作资源，又增加兼职思政工作队伍力量，思想引领力和行动引领力得到进一步强化，为段思想政治工作提供了落地见效的实践路径。2024年以来，各“网格长”累计开展谈心谈话900余人次，上报反馈职工诉求和意见建议132个，相关科室部门进行了一对一答复解释，解决职工烦心事、麻烦事32个，职工认同感、幸福感和满意度不断提升。

3.实现了思政工作融入中心，赋能发展。思想政治工作是一切工作的生命线，用活了就是生产力、战斗力，桂林车务段党委始终坚持服务生产经营不偏离，把车务段高质量发展成果作为检验党组织的工作和战斗力的具体体现，将“亲情网格”思政工作融入企业治理全过程，推动以职工思想稳定、队伍稳定，确保运输安全稳定、客运服务提质等重点任务落实。

截至 2024 年 10 月 25 日，全段实现连续安全生产 3673 天，排名南宁局集团公司车务系统前列，有 26 个车站连续安全生产天数突破一万天。2024 年 1 ～ 9 月份，全段旅客投诉工单同比减少 29 件，减幅 54%；通报责任投诉同比减少 9 件，减幅 82%；接到旅客表扬工单 57 件，同比增加 46 件，增幅 418%。

四、工作启示

1. 做好思政工作要坚持守正创新。“守正”体现在思想政治工作要引领正确政治方向、坚持服务中心工作不偏离，推动思想政治工作融入企业管理、融入安全生产经营。“创新”体现在要结合铁路企业面临的新形势、新任务，分析把握铁路职工思想变化以及新时代思想政治工作的新特点、新挑战，因事而化、因时而进、因事而新，创新工作形式、内容、载体，不断增强思想政治工作的针对性和实效性，使铁路企业思想政治工作永葆生机活力。

2. 做好思政工作要坚持走心求实。思想政治工作根本上是做人的工作，而人的思想最为精细复杂，所以要做好思想政治工作，要以更“接地气”的方式贴近一线职工，不仅要面对面、更要心贴心，把解决突出的矛盾和问题作为发力点，把推动车务段高质量发展作为落脚点，想职工所想、急职工所急、谋职工所需，充分唤起广大职工群众的情感共鸣和情感认同，凝聚起广大职工的思想合力。

3. 做好思政工作要坚持以人为本。时刻将职工的冷暖放在心上，多形式开展谈心谈话，畅通诉求通道，主动倾听他们的心声和诉求，及时发现他们面临的困难和问题，敏锐察觉潜在的情绪波动和不稳定因素，并积极采取措施予以帮助解决，让职工感受到企业的温暖和关怀，增强归属感和凝聚力。同时还要开展丰富多彩的思想文化主题活动，让广大职工乐于参与其中，并在活动中增长见识，在潜移默化中占领思想高地，使思政工作春风化雨、润物无声。

（执笔人：杨文轩、文德利、吴明海）

培育“最美南通人” 激发企业发展内生动力

中国铁路南宁局集团有限公司南宁通信段党委

一、基本情况

南宁通信段成立于2011年11月，历经两次专业机构融合调整，建成“一局一段”管理模式，截至2023年底，段下设14个生产车间、59个班组，全段职工1172人，平均年龄38.3岁，点多线长，人员较为分散，职工凝聚力、向心力不够，特别是兴义、道州等偏远工区，部分分配年轻人工作看不到希望，出现“躺平”心理，人才培养激励机制不够健全，职工创先争优意识不强等。

近年来，南宁通信段党委立足实际，筑牢思想政治工作这条“生命线”，以培育践行新时期铁路精神为核心，立足一线，打造“最美南通人”品牌，弘扬“宁铁先锋　永保畅通”企业精神，深入挖掘在安全生产、新线建设、技术攻关、传艺带徒、突击奉献、精神文明建设等方面涌现出的先进事迹，选树一批想在前、干在先、冲在一线的先进人物，展现通信段干部职工的“先烽”品格，营造崇尚先进、学习先进、争当先进的浓厚氛围，努力为实现南宁通信段高质量发展提供坚强思想政治保障。

“最美南通人”创建活动开展以来，职工实干争先意识明显增强，其中

1 人获得南宁局集团公司“新时代 · 宁铁好青年”，2 人获得南宁局集团公司“青创智多星”；2023 年高技能人才考评通过率创历史新高，1 人获南宁局集团公司首席技师，2 人升高级技师、44 人取得技师资格，6 名“最美南通人”包揽南宁局集团公司职业技能竞赛通信专业前六名；2024 年 1 名“最美南通人”获全国“红旗杯”班组长大赛铁路赛道一等奖。

二、主要做法

经过多年实践，南宁通信段构建了较为完整的“培养、选树、宣传、推广”工作体系，逐步形成了“重大典型影响力强、典型群体覆盖面广、培树机制健全完善”的工作格局，具体做法如下。

（一）拓宽“最美南通人”选拔渠道，构建优秀人才“蓄水池”

先进典型培树是系统工程，必须整体谋划布局，确保走上科学化、规范化、常态化轨道。

1. 把好标准关，完善选树培养机制。对全段先进典型培树现状进行深入调研，查找存在问题，确立指导思想、明晰目标要求。制定《南宁通信段“最美南通人”评选表彰规定》，建立评选机制，明确评选标准，增强评选专业性和权威性。将先进典型培树纳入党支部基本工作制度之一，推动先进典型培树工作常态化。各党支部按照“一人一策”的原则，对入选“最美南通人”提名的先进典型建立档案，动态更新获得的新成果、新荣誉，并持续抓好培养锻炼、宣传报道。

2. 把好导向关，注重多领域覆盖。不断优化先进典型群体结构，让每个领域、每个系统、每个岗位都有典型可学。以深挖广选，群众认可为基本要求，将班组、车间日常工作中涌现出来的先进典型，通过岗位练兵、技能竞赛比出来的工匠人才，在技术创新、科技攻关中干出来的技术能手，在项目施工建设、生产调度历练出来的管理人才，及时纳入组织视野，为先进典型的成长提供平台。在制度规范中划分敬业奉献、科创先锋、责任担当、传道授业、孝老爱亲等多方面典型类型，每年按需选树，实现典型群体全覆盖。2023年度，各车间党支部累计推荐29人次成为“最美南通人”候选人，经段党委会评议10人评为2024年度“最美南通人”。

3. 把好储备关，扩大先进“蓄水池”。坚持典型挖掘有深度、层层推荐有广度、关心关爱有温度的目标要求，把选树“最美南通人”活动作为年轻优秀人才推荐储备作为一项基础工程来抓、来干、来落实。打破基层申报筛选固有模式，主动将先进典型培养纳入两级党组织日常工作清单，按比例1∶3搭建平台培养，每月挖掘、季度比赛、年度推选，扩大先进“蓄水池”。实施自下而上推荐和自上而下筛选相结合的档案库，搭建站段“先进生产工作者”“优秀共产党员”“最美南通人”和车间班组“优秀工班长”、星级职工评定等评选平台，从荣誉、事迹、特点等维度评判入库人选培养潜力，在全段形成梯次配备的“宝塔形”典型分布。

（二）厚植“最美南通人”文化沃土，提升职工群众“向心力”

加强“最美南通人”典型宣传可以把个体的积极因素转化为倍增的群体效应，浓厚全段争当“最美南通人”文化氛围，达到“点亮一盏灯，照亮一大片”的效果。

1. 坚持用演绎形式体现“最美南通人”故事。每年定期举办“最美南通人”发布仪式，对标“最美南通人”事迹打造节目作品，以视频、歌舞、快板、情景剧等形式，生动演绎“最美南通人”人物的感人事迹。组建“先锋团队”，拍摄形象宣传片，创作《标准》《成长》等12个文艺作品，撰写报告文学，接近现场实际进行1∶1情景式再现，使“最美南通人”故事立体起来。

2. 坚持用宣讲形式深挖“最美南通人”精神。以“人人都学、处处能学”为目标，“线上线下”有机结合，全方位、多形式、多层次、多维度宣传，不断扩大“最美”影响力。组建“最美南通人”讲师团队巡回宣讲，以“我与铁路共成长”“奋斗的青春最美丽”等为主题，组织先进典型走上讲台、走近职工、分享成长经历，让先进与职工面对面交流，心与心共鸣。在南通视窗微信公众号开辟“最美南通人”专栏，开展“先锋微课堂”、“云”分享、主题团课，全方位激励职工争当“最美南通人”，立足岗位实现人生价值。聚焦“最美南通人”事迹，在各种媒体平台刊发人物报道260余篇，1人获得南宁局公司“新时代·宁铁好青年”，2人获得南宁局集团公司“青创智多星”，大力挖掘铁路通信工“最美南通人”闪光点。

3. 坚持用物化形式展现“最美南通人”形象。在段部打造“最美南通人”展示长廊，展示在改革发展中涌现出来的先进典型、培养出的优秀人才。各车间党支部设置先进典型展示墙，制定实施《班组文化建设基本规范标准》，将荣誉角、荣誉墙作为全段59个班组的“标准配置”，引导职工学先进、赶先进、当先进。近年来，在南宁局集团公司各级党组织和相关部门的共同努力下，一大批先进典型走出南宁通信段、路局、走向社会。比如投身新线建设家乡毛南族小姑娘覃晓，以她的事迹拍摄微电影《出山》获得全网1.4亿点击量，广西五一劳动奖章获得者韦妮，她们的先进事迹引发社会强烈反响，充分展示了铁路通信工的“最美南通人”形象。

（三）发挥“最美南通人”工作效能，树起职工奋斗“风向标”

段党委坚持严格管理和关心关爱并举，既搭台子、又压担子，既使先进觉得光荣，也让别人看着羡慕。

1. 围绕让“最美南通人”有面子。举行“最美南通人”颁奖典礼，凝聚党政工作优势和力量，对“最美南通人”进行表彰、授予。立足南宁局集团公司特色和通信段工作实际，创作编排了情景剧《出山》《贵南大通道》《彩虹遇见你》等反映先进事迹的情景剧、舞蹈和歌曲，在“南通视窗”、OA等平台进行巡回播放展示，引导全段职工向其学习、看齐。段党委对每年“最美南通人”获评人员倾斜上级表彰评先资格，纳入“名师库”，组建创新工作室，领衔开展重点课题攻关，持续提升“最美南通人”的自豪感和荣誉感。

2. 围绕让“最美南通人”有里子。段党委先后出台《职工正向激励办法》《职工交流管理办法》等制度，坚持精神激励和物质奖励相结合，“最美南通人”评选结果联挂星级职工评定，比照段“五星职工”在下一个年度周期内给予每月500元激励，实现激励制度联通。坚持思想上关心、工作上关注、成长上关怀，安排和引导“最美南通人”参加新职人员入路教育、师带徒活动，组织“最美南通人”开展休养疗养、学习培训、考察交流等活动，激发他们的干劲，同时也使其他职工感受到，只要学技练功长本领、操心出力作贡献，就能迅速成长挑大梁。

3. 围绕让“最美南通人”有位子。突出有为才能有位，健全完善管理激励工作机制，建立干部能力模型和评价体系，确立各阶层干部6个熟悉领域和9项重要能力，对“最美南通人”倾斜以真金白银、温情关怀和选用优先等激励手段，让先进既有扎根的“沃土”，又有成长的“阳光”和“雨露”。近年来将4名“最美南通人”从操作技能岗选拔到技术管理岗，15位“最美南通人”放到吃劲岗位，2024年1名“最美南通人”获全国“红旗杯”班组长大赛铁路赛道一等奖，现在争当“最美南通人”已在全段蔚然成风。

三、主要成效

发现典型、宣传典型，出发点和落脚点都在于推广和传承典型的经验做法，助力企业高质量发展。

1. 传承了“最美南通人”基因。连续两年开展的“最美南通人”在通信专业融合时期不仅发挥了“火车头”作用，更形成了优秀的先进经验，总结了“宁铁先锋　永保畅通”的新时代企业文化精神。通过与实际工作结合，以“人人都学、处处能学”为目标，“线上线下”有机结合，全方位、多形式、多层次、多维度宣传，不断扩大“最美南通人”影响力，年轻干部职工在政治素养、能力素质、实践本领等方面全面提升。

2. 培养了“最强”技能。坚持围绕通信段发展需要开展培训，大力实施“素质能力提升计划”，围绕阶段性重点工作举办“业务技能大提升”4场。对获得“最美南通人”的先进典型给予相应物质奖励，激励先进典型做出新贡献。将“最美南通人”纳入“名师库”，采取“1名攻坚队员

＋N名职工学徒”培养模式，培养一批“一专多能、一岗多用”的通信人才队伍。以先进典型人物为依托，组建创新工作室，一方面领衔开展重点课题攻关，另一方面将其作为职工提升技能的“第二课堂”，带动队伍整体素质提升。

3. 打造了“最优”服务。组织力量对先进典型经验做法进行深度提炼宣传，先后总结推广了一批易于学习、易于应用的优秀工作方法。如“最美”追光者邓柳阳500多个日日夜夜扎根新线建设，结合新线介入节点汇编10万余字《通信提前介入作业指导书》，为后续新线介入提供了标准规范；“最美”创新尖兵谈荣盛深耕一线，积极提出15项合理化建议，组织攻关6个科创项目，为全段节约维护费用近110万元；“最美”应急先锋黄剑明梳理10余种常见应急场景，解决了4G实时视频上传国铁集团耗时过长的问题，将应急通信响应时间从10分钟压缩至5分钟，真正做到“应急有备、应对自如”。

四、工作启示

做好先进典型培树工作，需要重点把握以下四个方面。

1. 要夯实先进典型群众基础。只有得到职工群众的广泛认可，先进典型才能“立得住”。在规范合理、严格把关的基础上，在每一届“最美南通人”评选中，都采取全员推荐征集和挂靠“星级职工”评定相结合的方式，把评选的过程也作为一次典型教育，既宣传了先进事迹，又夯实了群众基础。

2. 要拓展先进典型领域类型。截至2024年，敬业奉献领域、责任担当领域的先进典型多，科创先锋领域、传道授业领域、孝老爱亲领域的先进典型偏少。要面向铁路管理体制变革和技术装备现代化的要求，努力培育创新型、科技型、经营型的领军人物和先进典型，在铁路改革发展中发挥多方位的示范引领作用。

3. 要把握典型宣传时机节奏。要坚持围绕中心、服务大局，根据不同时期的重点任务，确定先进典型宣传的主题和重点，有计划有步骤地在不同时间段宣传不同先进典型，才能提升典型宣传的质量和效果。如在高铁新线开通时，集中宣传精益求精、高铁建设介入先锋；在五一期间，集中宣传“最美”工长、广西五一劳动奖章获得者韦妮，顺势而为取得了事半功倍的成效。

4. 要发挥典型培树的整体合力。先进典型培树工作党政工团各级组织都在积极开展，各有特色做法，如果各自为战、过多过滥就会影响先进典型的质量。通过建立制度、规范项目、加强协调，尤其是注重发挥好党委宣传部门在发现、宣传、推介中的主导作用，使全段先进典型培树工作形成了整体合力，扩大了典型效应。

（执笔人：王继承、梁凝、徐桂辉）

干部驻站住夜包保：推动“思想政治工作一线行”走深走实

中国铁路南宁局集团有限公司百色车务段党委

一、基本情况

南宁局集团公司百色车务段管辖南昆线、田靖线、南昆客运专线上的51个车站、2个线路所，辖区横跨广西、贵州两省区，管内是典型的山区铁路、沿边铁路，特征是点多线长、岗点分散、生活条件相对艰苦，70%的车站远离城镇，80%的职工长年跑通勤，加之安全和防洪压力大、运输生产任务繁重，确保职工队伍思想稳定、保障运输生产任务良好完成一直是段党委面临的重要课题。

为更好实践习近平总书记倡导的“四下基层”，推动“思想政治工作一线行”走深走实，做到尽可能多了解收集现场第一手资料、尽可能多听到现场职工的声音、尽可能多掌握一线车站的管理状态，真正发现和有效解决职工面临的思想问题及现实困难。2023年以来，百色车务段党委推行干部驻站住夜包保制度，成立由科室干部、党总支书记等59人组成的中间站专门包保组，覆盖包保全段每一个一线车站。包保期间，将包保干部与包保车站的工作质量一一对应捆绑，与车站管理人员同考核、同奖励，每名干部每月至少到包保车站进行1次、每次时长不短于24小时的驻站住夜，对车站各项工作进行检查、指导，与车站职工同吃、同住、同作业、同劳动，落实执行“检查1次重点工作落实”“参加1次班组学习”“与站长和职工各开展1次谈心谈话”等“8个1”工作要求。通过驻站住夜包保，使车务段各级干部真正深入一线车站班组、一线职工群众，与一线车站职工“面对面、心连心、手拉手”，更好把国铁集团、南宁局集团公司和车务段的工作部署、措施要求传导下去，把一线职工的所忧所虑、所思所想、所求所盼收集上来，努力获取在办公室难以听到、不易看到和意想不到的情况，为车务段加强和改进思想政治工作、及时解决现场一线运输生产堵点难点问题提供有力依据。

二、主要做法

（一）把干部驻站住夜包保作为现场送教的有力抓手，让党的声音“聚民力”

1. 手把手指导学习。包保干部以南宁局集团公司每月下发的《敦行》政治学习资料包和车务段细化制订的政治学习教案为内容，利用参加车站班组政治学习会的机会，从自身分管工作实际出发，以职工听得懂、能理解的方式，向一线职工阐释党的创新理论的核心要义、丰富内涵，强化一线职工理论思维，增强大局观念。充分发挥现场参与、辅导示范的作用，精心设置话题，把班组政治学习的重点、焦点引导到互动讨论、交流心得、形成共识上，有效提升政治学习质量和效果。认真落实“职工政治学习质量提升年”部署要求，按照“一班组一方案”，手把手指导每个车站因地制宜修订完善学习制度，规范学习形式、要求、流程，有效推动政治学习标准化、规范化。

2. 面对面深入宣讲。利用驻站期间与一线干部职工朝夕相处，包保干部在“田间地头”“工余饭后”，灵活运用各种方式为一线干部职工讲理论、讲形势、讲任务，把“我们想说的”和“职工想听的”有效结合起来，推动形势任务教育往深里走、往实里走、往心里走。利用与车站职工同吃、同住、同作业、同劳动，见缝插针与职工解读上级文件精神、分享思想感悟、交流业务技艺、传授工作经验、研究解决疑难问题，面对面为一线干部职工梳重点、释疑点、解难点。在百色至兴义的57009/57010次职工通勤列车上设立“流动学堂”，组织包保干部充分利用往返驻站住夜途中，为上下班职工开展即兴演讲、话题辩论等“短平快”宣讲项目，组织职工喜闻乐见、乐于参与的交流互动，在丰富活跃职工通勤旅途的同时，实现宣传宣讲成效最大化。

3. 点对点抓好帮扶。针对包保过程了解到现场一线职工反映强烈的政治和业务学习任务重、学习内容针对性不强、学习组织方式不灵活等问题，以“创新、减负，强基、提质”为导向，在田林站先行先试并全段推广“班前重点学、班中补充学、班后自主学、集中答疑学、效果检验学”的职工自主学习新模式。以包保干部、宁铁工匠、首席技师、现场技师等组成帮扶小组，利用驻站住夜包保，指导各车站根据新模式制订自主学习计划，传授组织学习方法和授课技巧，对疑难问题进行解释答复。同时，通过现场检查、现场抽问等方式，检验学习效果，收集存在问题，为调整优化学习新模式、新方案提供依据。

（二）把干部驻站住夜包保作为推动工作的关键环节，让一线解题“接地气”

1. 更好支撑科学决策。党的正确主张和科学决策只能“从群众中来”，只能来自群众的伟大实践。通过制度性安排、清单式明责、现场化写实开展驻站住夜包保，促使各级干部深入一线车站班组、一线职工群众，聚焦现场生产工作堵点、难点，摸实情、集民智、理思路、出良策，每月形成驻站住夜报告，呈段主要领导、分管领导审阅，为段领导班子科学决策、部署工作提供了有力支撑。段领导班子成员聚焦现场一线最突出最迫切的问题，及时组织开展针对性调研，汇集民意民智，推动解决了一批发展所需、改革所急、现场所盼、民心所向的问题。如针对现场运输组织效率不高问题，制订了“大站服务小站”“小站回馈大站”策略；针对卸车压力大、调车作业效率低等情况，修订优化了《货运站装卸效率指导书》、“一站一策”取送对位方案；为推动货运增量、增强职工主动作为积极性，制定并实行“三个一钩”运输组织工作方案等。

2. 更好推动工作落实。坚持一分部署、九分落实。建立驻站住夜包保问题整改追踪表，对干部驻站住夜包保发现的问题及时进行分类梳理，明确整改措施、整改责任人、追踪科室、整改销号要求，列入车务段每月重点督办事项，推动问题形成整改闭环。为避免驻站住夜包保干部形成“看惯了、见惯了、习惯了”的现象，每半年调整轮换一次干部所包保的车站，通过换环境、换对象、作对比、促看齐，有效保持包保干部驻站住夜期间发现问题、解决问题、推动工作落实的力度。实行干部驻站住夜包保以来，推动了段科室和现场落实工作标准、规章执行、职场改造等工作任务和要求 1658 项，为一线车站解决食堂管理、出行需求、条件改善等各类问题和困难 1103 个，有力保障了南宁局集团公司、百色车务段重点工作在现场得到有效贯彻落实。在段安全生产指挥中心创立“规章 110”党建品牌，设立专人、专线，24 小时为现场一线车站提供生产工作咨询、规章解读、作业指导、现场释惑，2023 年以来共为一线车站职工解答各种工作咨询 1015 次，指导解决现场各种业务问题 3448 个。

3. 更好锤炼干部作风。问题在现场，原因在管理，根子在干部。以驻站住夜包保为抓手，推动党员干部在走近职工群众中强化政治担当，在服务现场一线中增进奉献精神，在解决现场问题中提升能力水平，在做细做实工作中转变思想作风。针对干部驻站包保过程中暴露出的不作为、懒作为现象，从干部作风、失职失责、问题有效整改等方面严查干部履职尽责情况，采取周交班批评、月度会检查发言、写履职专报等形式，让责任人红脸出汗，不断促进干部履职尽责的自觉。针对部分干部驻站包保过程中深入一线职工群众不够、思想政治工作能力不足等问题，利用每周一在段部固定举办的“百车红色讲堂”，给包保干部上辅导课，引导科室党员干部提高密切联系群众、服务现场一线的基本功。针对部分干部下站过程中业务能力不足、不敢大胆指出问题、不能准确查处问题的现象，把80名干部纳入职工“一体化”理论及实践考试，段长、书记亲自监考，让干部与职工同台、同练、同考，促使干部主动加强业务学习，提升专业管理能力。

（三）把干部驻站住夜包保作为促进和谐的重要渠道，让人文关怀“暖人心”

1. 畅通信息“盲点”。听民声方能解民忧，察民情方能促发展。通过包保干部广泛与现场一线职工深入谈心谈话、互动沟通交流，及时向职工群众宣传南宁局集团公司、百色车务段各项惠民举措，及时反映职工群众的合理诉求，有效实现了上下信息良好互通，使职工的意见诉求有人听，得到及时办、快答复，有力增进了职工群众感情、拉近了职工群众距离。利用段微信公众号“急难愁盼‘码’上就办”平台、网络调查问卷、书记（段长）信箱等载体，进一步拓展职工的诉求表达渠道，通过干部驻站住夜包保及时解决收集到的职工意见诉求，有力推动了“民呼我为”“接诉即办”机制的落实。

2. 打通思想“堵点”。准确把握职工思想脉搏，及时化解职工思想症结，是保持职工队伍和谐稳定的关键。通过驻站住夜包保，每月在全段范围内开展重点人员摸排工作，动态建立重点人员名册，全面记录重点人员各方面情况，明确包保转化责任、转化措施和转化时限。要求包保干部利用驻站住夜，针对实际情况找准重点人员“病灶”、对症下药，及时为重点人员破解思想桎梏，化解思想矛盾。对问题特别突出的人员，列入“最不放心”人员名单，由段党委委员牵头联系，包保干部动态跟进，切实帮助“最不放心”的人在思想和业务上实现转变提升。推行干部驻站住夜包保以来，共对687名重点人员和18名“最不放心”的人进行包保帮促，转化率100%，为百色车务段和谐发展提供了坚实的思想保障。

3. 纾解职工“痛点”。为职工群众办实事办好事，是做好职工群众思想政治工作最有效的手段之一。通过驻站住夜包保，组织科室干部变“办公室端坐”为“直奔一线”，化“被动服务”为“主动服务”，走进现场一线用心用力解决好职工群众的突出问题。截至2024年，共安排干部驻站住夜1500余人次，为现场一线解决了百色以西57009/10次职工通勤列车无法正点运行，红旗屯、板桃站用水质量不达标，百色、兴义等车站调车作业夜间照明不足，田林、尾芽、平林村站遗留建筑垃圾清理，部分车站专用调车机机班与车站交接班时间不一致影响运输效率等一批生产生活问题，极大提升了现场职工的获得感、幸福感。

三、工作成效

百色车务段通过推行干部驻站住夜包保，大力强化职工政治理论学习，有效提升了学习的质量和效果，党的创新理论更加深入人心，党员的理想信念更加坚定，职工的思想认识更加明晰，全段上下听党话、跟党走的行动更加坚决，在以中国式现代化全面推进强国建设实践中以更高的站位扛起了“百车担当”。通过推行干部驻站住夜包保，大兴调查研究、务实担当、主动作为之风，形成了规范管理、狠抓落实的良好局面，干部履职尽责能力得到有效提升，现场管理状态进一步增强，安全、经营、服务、稳定、党建各方面工作取得了显著成绩，在对标构建“六个现代化体系”和推进宁铁现代化建设中以更优的业绩贡献了“百车力量”。通过推行干部驻站住夜包保，坚持以人民为中心，用心用情解决好一线职工群众的思想和民生问题，广大职工主人翁意识不断增强，立足岗位实干担当、攻坚克难的动力更加强劲，涌现了一批争奖牌、拿奖杯的优秀职工，在勇当服务和支撑中国式现代化的“火车头”中以更新的姿态展现了“百车形象”。

四、工作启示

1. 要坚持深入一线抓好职工思想教育工作。群众路线是党的基本路线，“一线工作法”是做好群众工作的重要手段。抓好职工思想教育工作，要做到深入一线车站、班组，手把手指导、面对面宣讲、点对点帮扶，灵活运用各种有效形式和方法，引导职工把习近平新时代中国特色社会主义思想学深悟透，把上级的决策部署、政策措施和目标要求搞清楚弄明白，才能有效形成思想共识，凝聚起推动高质量发展的强大动力。

2. 要坚持深入一线凝聚推动中心工作的力量。集众智能深谋远虑，聚众力可移山填海。铁路大联动机要实现安全高效运转，离不开一线各工种、各岗位干部职工协调联动、勠力同心，离不开基层各级组织发挥优势、群策群力。只有将思想政治工作融入中心、服务大局，把工作着力点主动放在一线现场，集众智聚众力稳固基层、夯实基础、练好基本功，才能团结带领广大职工心往一处想、劲往一处使、汗往一处流，形成合力共为保畅通、齐抓共干谋发展的强大合力和生动局面。

3. 要坚持深入一线解决好职工所思所盼问题。职工群众是落实现代化建设、推动高质量发展的主力军。抓好思想政治工作，必须坚持人民至上、落实依靠方针、树牢以人民为中心的发展思想，用心用情用力为一线职工办实事解难事，教育引导广大职工增强主人翁意识，自觉与企业同呼吸、共命运，立足岗位奋勇担当、攻坚克难，在全面深化改革创新、确保运输任务良好完成、推动经营管理提质增效的实践中展作为、立新功。

（执笔人：李光辉）

“马上学习”讲堂：推动党的创新理论学习走深走实

中国铁路南宁局集团有限公司南宁供电段党委

一、基本情况

南宁供电段作为南宁局集团公司规模最大的供电段，管辖范围辐射桂、黔、粤三省（自治区）15市，担负12条高普铁线路共计2919运营公里的牵引供电及生产供水供电任务，运营里程数排名全路前列。全段现有职工2272人，平均年龄37.53岁，其中共产党员575人，占比约25.3%；共青团员371人，占比约16.33%；35岁及以下青工1232人，占比约54.21%。

近年来，随着改革开放的不断深入，干部职工特别是青年干部职工的利益诉求、道德水准和行为方式发生着深刻变化，这对开展政治学习提出了新的挑战。南宁供电段把握新形势、新要求，结合铁路供电工作实际和职工需求，创新打造“马上学习”讲堂，优化学习供给、活化学习形式，推动党的创新理论学习走深走实。2022年，南宁供电段被南宁局集团公司党委命名为“党内优质品牌”。

二、主要做法

（一）在队伍建设上打基础

1. 培养“小讲师”。按照“10+21+N”思路打造理论人才队伍，即：在10个科室、21个车间，选拔一批政治素质高、业务能力强、现实表现好的政工干部、管理人员和优秀职工。制定《南宁供电段“马上学习”讲堂骨干成员管理办法》，编制年度培训计划，定期邀请集团公司党校老师给“小讲师”传授政治理论、授课技巧，指导168名“小讲师”制定个人自学计划，引导“小讲师”全面系统学习政治理论，不断提高理论素养。目前全段共有“小讲师”高级10名、中级35名，其中入选南宁局集团公司青马讲师2名，为“马上学习”讲堂培养了一支骨干队伍。

2. 列出“任务单”。围绕时事政治讲理论，围绕发展形势讲改革，围绕中心工作讲任务，给“小讲师”列出“任务单”，指导“小讲师”跟进学习习近平总书记关于安全生产的重要论述和对铁路工作的重要指示批示精神，动态学习国铁集团、南宁局集团公司重大决策部署，学习节支降耗、改革创新的新政策、新措施，学习各时期安全生产、经营管理的新任务、新要求，帮助“小讲师”强化责任担当，提高思想认识，明确目标任务，让“小讲师”在“马上学习”讲堂上讲政治理论更有深度、讲改革形势更有高度、讲中心任务更有力度。

3. 打磨“精品课”。“小讲师”确定初步选题，征得党支部同意后，自主收集资料，撰写讲课提纲，完成课件制作，进行分组试讲，开展研讨交流，进一步修改完善后，参加段党委举办的“马上学习”讲堂公开课，评委从讲课内容、技巧、效果等方面进行综合测评，共评出“从党史中汲取奋进力量”等16个“精品课”，通过录制微课视频在段微信公众号进行线上宣讲。其中，“小讲师”阳莉仙创作理论微课“以新安全格局保障新发展格局”在南宁铁道公众号发布，另有10个作品荣获第四届“壮美广西·最美高铁”优秀网络正能量理论微课。

（二）在课堂设置上求突破

1. 贴近职工身边讲。车间、班组“小讲师”根据月度政治学习计划安排，学习先一步、领会深一点，结合段党委下发的“马上学习”讲堂月度计划，在车间、班组政治学习会上带头抛话题，引导职工围绕主题交流心得，增强学习兴趣，提高学习效果。2024 年以来“小讲师”撰写学习体会 85 篇，开设 7 期 147 场“马上学习”讲堂，促进车间、班组政治理论学习质量的提升。

2. 一线班组巡回讲。组织优秀“小讲师”成立讲师团，到一线班组巡回宣讲，与职工面对面通俗易懂讲理论、互动交流话热点、解疑释惑讲政策。新时代·宁铁榜样、“小讲师”苗根的精品课程《好苗就应该把根扎深扎实》深受职工喜爱，在全段开展了 8 场次的巡回宣讲，让广大干部职工深刻认识到新时代铁路供电人的生命不止、奋斗不息，坚定了“宁让汗成线，不让线停电”的战斗宣言。

3. 流动作业现场讲。针对流动作业的职工，作业现场到哪里，“小讲师”就把课堂搬到哪里，确保流动作业班组能够上“流动课堂”。比如，2024 年以来接触网集中修先后在南昆线、南广线、湘桂线流动作业，“小讲师”到流动的检修列上讲了 18 次“微课”，及时组织职工学习习近平总书记最新重要指示批示精神、上级党组织的决策部署和安全生产的重点任务，确保流动作业的职工人员分散而学习不落、思想不散。

4. 集中办班跟进讲。统一安排“小讲师”在段上组织的各类培训中上“微课”，把思想政治课插入业务培训课，2024 年以来，8 名“小讲师”在 12 次业务培训中上政治理论“微课”，确保政治学习与业务培训同步推进；还安排 6 名“小讲师”在本段举办的 3 期党员、党支部书记培训班上“微课”，让“小讲师”展示学习成果，感染身边职工自觉学习政治理论。

5. 网上宣传动态讲。在段微信公众号上设“马上学习”讲堂专栏，刊登“马上学习”讲堂相关知识要点、活动开展情况、职工学习心得等内容，方便职工随时随地学习理论知识、观看活动效果、分享精彩内容，自专栏设立以来，共推出178期网上“马上学习”讲堂，深受职工欢迎，进一步提高了南宁供电段微信公众号的微信传播力指数，连续4年位居南宁局集团公司站段第一、全路前列，连续4年入围铁路“五个一百”正能量平台。

（三）在组织保障上下功夫

1. 坚持明责落责。坚持把政治理论学习纳入各级党组织党建工作责任制，明确车间党总支（支部）每季度对所辖班组覆盖指导和督查一遍，段党委委员每年至少参加1次联系点的职工政治学习，党委办公室每月对各支部讲堂开展情况进行督导。自“马上学习”讲堂开办以来，共考核工作开展不力部门责任人15人次，以严格结果考核压实工作责任，切实保障“马上学习”讲堂开展有序、稳步推进、落实有效。

2. 抓好制度落实。制定南宁供电段“马上学习”讲堂制度，聚焦一线车间班组，分层指导建立“马上学习”讲堂流程，层层压实、形成闭环，推动工作落地。制定“马上学习”讲堂年度计划，坚持每月分地区举办一期“马上学习”讲堂，明确党支部书记、团支部书记、青马骨干等各级政治理论学习小组职责分工，不断增强理论联系实际、指导实践、推动工作的实效，切实提升政治学习效果。

3. 坚持有功即奖。充分发挥荣誉激励作用，对在开展“马上学习”讲堂过程中涌现的组织和个人进行表彰奖励，并在党建工作考评中进行正向激励。“马上学习”讲堂开展以来，共奖励48人次，奖金共计1.6万余元，确保了“小讲师”们能够保持较高的创作激情和工作热情。截至当前，“马上学习”讲堂已开展了64期1600余场次，思想教育成效日益显现。

三、工作成效

1. 思想观念得到转变。段党委加强对“马上学习”讲堂的领导，确保“马上学习”讲堂能够把握正确导向、强化正面宣传，进而潜移默化地改变职工的意识观念，职工向党组织靠拢的意愿更强了。2021年以来，全段新增入党申请人406名，吸收中共预备党员123名，党员3人及以上的班组从40个增加到72个，全段杜绝了党员空白班组。随着近3年发展党员数量增加、结构改善，班组党员中工班长、全日制本科毕业生等骨干逐渐增多，安全成效也得到了保障，思想政治引领的成效在班组层面的效果日益显现。

2. 安全理念深入人心。围绕中心工作，系统性、针对性地在“马上学习”讲堂开展系列安全教育，职工结合自身岗位实际反思查摆在安全责任、安全措施、岗位标准等方面的短板弱项，在讲堂中提出建设性“金点子”126个。干部职工的高铁安全意识持续增强，事故隐患消除的效率得以提升，仅在2024年，南宁供电段高效处置6C问题1016个，库内缺陷从两年前的3万多个下降至目前的1607个，百条公里隐患率同比减少约97%，筑牢了安全防线，我段连续两年获评全路“标杆站段”。

3. 综合素质明显提升。“马上学习”讲堂丰富的理论主题和教学安排，给全段“青马”讲师搭建了成长平台，大量的理论教学及政研实践，推动了一批理论骨干成长成才。近3年，全段25名理论骨干在市局级刊物发表理论文章50余篇，1名理论骨干被聘为中央网信办特约网评员；有7名理论骨干在2023年度南宁局集团公司宣传思想文化“十佳”评选中上榜，数量位列全局站段第一。通过“马上学习”讲堂组织职工学习先进事迹材料，营造了全段职工学先进赶先进的良好氛围。2023年以来，南宁供电段参加国铁集团、自治区、南宁局集团公司职业技能竞赛获得名次21人，包揽自治区和集团公司三个专业竞赛第一名，涌现出全国五一劳动奖章获得者颜国峰、“新时代·宁铁榜样”苗根等一批先进典型。

4. 职工队伍得到稳定。段党委依托“马上学习”讲堂，强化对职工的个性化、差异化、分众化教育，宣传政策法律，增强职工法治观念和守法意识。比如，南宁局集团公司反复强调网络安全的重要性，但仍有职工在工作中出现网络安全问题，故而组织“小讲师”开展正面引导，帮助职工擦亮眼睛、明辨是非，防止上当受骗。对身陷网络贷款的职工，“小讲师”因“材”施教，逐一宣讲“合理消费，远离网贷”等理论课，帮助职工分析成因、寻找对策，增强教育针对性，至今已有8名职工成功脱离网贷困扰。

四、工作启示

1. 要坚持以习近平新时代中国特色社会主义思想为指导。习近平新时代中国特色社会主义思想是当代中国马克思主义、21世纪马克思主义，其蕴含的丰富哲理和科学内涵，是指导基层思想政治工作的重要法宝和有力武器。打造“马上学习”讲堂是贯彻落实习近平总书记指出的“要不断创新思想政治工作内容和形式”这一要求的最好体现，是进一步引导干部职工增强“四个意识”、坚定“四个自信”、做到“两个维护”，从而增强思想教育主动性，掌握意识形态主动权，打好意识形态主动仗的实际行动。

2. 要围绕推动企业高质量发展做好思想政治教育。当前，铁路在提升专业管理水平、推动设备高标准运行、狠抓施工项目质量等方面的任务仍十分艰巨，思想政治工作成效将影响企业管理效能和高质量发展。打造“马上学习”讲堂能够更好地帮助干部职工划清是非界限、澄清模糊认识、强化价值认同，从而促进中心工作中的思想发动、过程推动，进而促进干部职工凝心聚力，共同围绕企业的安全生产贡献力量。

3. 要坚持做到思想政治教育精准化。打造“马上学习”讲堂是主动适应新形势新变化、精准把握职工对思想政治工作新期待的重要抓手。通过精细分析职工队伍的思想动态，精确掌握职工多样化、个性化、差异化需求，针对性开展教育引导，特别是加强对关键、重点职工的分析研判、宣传教育，把握职工思想情绪刚显现时、突发事件刚发生时、“两违”问题刚反馈时等关键时间点，开展心理疏导，消除思想焦虑，不断提升思想政治工作的针对性实效性。

（执笔人：黄振洪）

“流动红旗”思政讲堂：为职工开展自学辅导“加油”

中国铁路南宁局集团有限公司柳州电务段党委

一、基本情况

柳州电务段管辖总里程1649.161公里，涉及湘桂、焦柳、黔桂、益湛4条铁路主干线、来合、岔罗、金红、桂海4条铁路支线地面设备、306台普铁机车和39列动车组车载设备，设备所在站区横跨广西、湖南、贵州三省（自治区），目前全段职工1049人，下辖15个生产车间、55个班组。单位点多线长，人员分散，沿线职工参与施工、“天窗”维修及电务设备养护任务繁重，部分职工日常自我加压进行政治理论自学积极性不高，意识不强，不愿沉下心来学习；部分职工在自学时内容不够聚焦、浅尝辄止，缺少系统性、计划性；部分职工习惯于“学而不思”，不愿努力“解其言、知其意、明其理”，学习不够全面，难以往深里走。加上部分政治理论术语相对复杂，不容易理解，导致部分职工自学动力不足，学习实效不佳，职工政治理论素养提升缓慢。

鉴于以上情况，柳州电务段党委聚焦盘活思政队伍资源，丰富政治学习线上内容供给，于2023年初创新打造了“流动红旗”思政讲堂，组织专职党务工作者和南宁局集团公司“青马讲师”组成授课团队，通过网络平台轮值形式进行直播授课，组织发动职工通过手机、电脑等载体收听收看，及时将有热气的话题和职工感兴趣的优质学习内容送到一线，推进政治理论自学在车间、班组走深走实。

二、主要做法

1. 聚焦理论武装，精心策划方案。着眼于方便快捷地组织职工开展政治理论学习自学辅导，不断强化理论武装和思想淬炼，提升政治理论素养，结合“职工政治学习质量提升年”活动，段党委立足本单位实际，精心谋划，于 2023 年初组织制定了“流动红旗”思政讲堂实施方案，明确指导思想、基本原则、任务分工、讲堂内容、实现方式，为有效启动学习讲堂提供了根本遵循。其中，讲堂内容聚焦习近平新时代中国特色社会主义思想，党的二十大及二十届历次全会精神，中央、国铁集团以及南宁局集团公司重大会议精神，党风廉政、党规党纪教育，国防教育、法治教育，党史、新中国史、改革开放史、社会主义发展史等方面的内容。段党委书记先后 3 次组织党群干部、专职党支部书记和柳州电务段南宁局集团公司“青马讲师”等相关人员召开会议，集思广益，并进行专题研究，对思政课堂推进方案不断优化提炼，丰富完善，确保科学合理、分工明确、边界清晰、责任到位，为办好思政讲堂指明了方向、提供了遵循、厘清了路径。

2. 聚焦职工所想，科学设计课程。讲好党的创新理论，既要全覆盖，又要接地气。为让党的创新理论讲得好、传得开、用得广，党委办公室每月组织授课讲师进行专题研讨，根据当前政治理论学习需要和知识热点，积极设计授课课程，提前将课程清单及授课时间在单位企业微信平台上公布，职工通过微信后台对感兴趣的课程进行“点单式”投票，讲师根据投票情况确定授课内容进行备课授课。截至 2024 年 10 月，职工参与投票 4000 余人次，参与投票课题 61 个，确定授课课题 28 个，内容涉及党的理论、法律政策和上级重要会议精神解读等 8 个方面。点单选课的方式让职工有更多的参与感，满足了大多数职工听课需求，投其所好，让学习辅导内容更加丰富、立体，大幅提升了学习质量效果，确保职工参与学习有收获、思想受洗礼。

3. 聚焦教有所长，合理安排老师。柳州电务段党委十分注重加强思政师资力量培养，遴选了20名具有较高的思想政治素质和理论水平的专职党务工作者及南宁局集团公司“青马讲师”，组建“流动红旗”思政讲堂师资库，储备授课课件21个，有力保障了思政讲堂授课质量。党委办公室年初制订思政讲堂授课计划，根据思政讲堂师资库成员的理论所长、授课特点，每次根据课程内容针对性安排2名专职党务工作者或南宁局集团公司“青马讲师”轮值主讲。为了改变思政师资队伍中个人“单打独斗”造成的课程内容安排不合理、课程质量不均衡的状况，党委办公室牵头组织推行团队备课模式，20名思政师资团队共同组建思政讲堂备课组，建立工作联系交流群组，聚焦课程设计、讲授技巧等方面的内容，先后召开了5次分享研讨会，集思广益，共享理论资源和授课感受，18名教师分享授课体会，提出12个问题，研究19条优化改进措施，有效确保了思政讲堂授课质量。

4. 聚焦授课质效，强化课堂交流。为提升课堂质量效果，提升职工参与学习积极性，在线直播授课的同时，授课讲师引导职工通过平台参与随堂测试、讨论交流、互动问答等环节，整个参与过程以图文形式在直播界面实时显示，丰富了课堂效果，增加了互动性和趣味性。主体内容讲授完毕后，授课讲师根据授课内容同时结合当前网络热点设置多个讨论话题，职工对热点话题进行讨论，后台对话题关注度形成“词云”展示。课堂结束后，授课讲师通过后台大数据自动统计功能对答题情况、考试成绩、弹幕留言、课后反馈等模块并进行分析。思政讲堂开办以来，先后围绕“马克思主义是近代中国的历史必然选择，今天过时了吗？”“追寻百年奋斗路：中国共产党为什么能？”等28个课题，参与互动讨论2000余人次，11次形成“词云”进行展示，通过“课堂好声音”“问题面对面”和“理论锐观察”等环节和形式展开学习和讨论，引起了职工的极大热情和关注，助力授课质效提升。

5. 聚焦常态长效，完善机制建设。柳州电务段党委先后制定了《柳州电务段“流动红旗”思政讲堂管理制度》《柳州电务段职工政治理论学习实施细则》等制度，明确了工作保障、激励考核等方面相关措施，为常态长效举办思政讲堂进行自学辅导提供了有力遵循。激励措施方面，通过定期考试、现场问效和随机抽考等方式检验职工是否真学、真懂、真悟，以提高职工的学习主动性，还结合实际设置了季度政治学习“奖学金”，将班组推荐、考试成绩、生产表现、课堂活跃度等作为标准，评选出每季度学习优秀职工，给予图书、文具等鼓励，共有75名职工获得奖励，在全段形成学、比、赶、超的良好氛围。与此同时，在段内宣平台开设“自学园地”，组织职工围绕自学内容所思、所悟、所感，以现场讨论、撰写心得、畅谈体会等形式进行分享交流，已有35名职工在“柳电之声”内宣平台进行了学习体会分享，在分享中不断加深理论认识，将所学理论精神内化于心、外化于行。

三、工作成效

自“流动红旗”思政讲堂开办以来，广大职工通过在线收听学习不断“充电”，政治学习氛围越来越浓厚，开辟了理论武装“新阵地”，强化了知识学习“加油站”，形成了干部带头学、职工主动学的良好氛围。“流动红旗”思政讲堂已举办28期，累计受众5000余人次，解决了一线职工政治理论学习自学不深入、学习内容难理解、学习效果不理想等问题，与去年同期相比，全段职工每月政治理论考试参考率提升了15.9%、平均分提高了7.5分，得到职工广泛好评。与此同时，在自学辅导过程中，通过案例分析、模拟演练等方式，职工加深了对政治理论的理解和应用，真正做到学以致用。在辅导学习习近平总书记关于安全生产的重要论述时，柳州电务段在全局率先创新成立了7个“538工电专班”，总结提炼了“五点五联”工作理念，组织梳理结合部“十大典型案例处置法”，拍摄3部“五个联合”标准化流程教学片，建好8面工电专班安全文化墙，推动学习转化为实践。“流动红旗”思政讲堂获评南宁局集团公司2023年度“思想政治工作优秀案例”，2名职工分别获评2023年全国铁路基层思想政治学习积极分子、南宁局集团公司基层思想政治学习积极分子。

四、工作启示

“流动红旗”思政讲堂是段党委创建学习型单位、争当学习型职工的交流平台，是全段干部职工增进了解、凝聚合力的有效载体，也是提升干部职工政治素质的一项重要创新工作。在创办和组织推进“流动红旗”思政讲堂，为职工开展自学辅导“加油”的进程中，得到以下启示。

1.精心谋划部署，强化组织领导。凡事预则立，不预则废。做好任何一项工作，首先要立足实际，全方位、立体式、多角度地精心策划方案，对标抓好实施。在实施过程中要强化组织领导，组织领导有保障，才能统一思想、统一认识、责任到位、抓好落实。抓职工政治理论自学辅导也不例外。习近平总书记在党的二十大报告中指出，加强理想信念教育，引导全党牢记党的宗旨，解决好世界观、人生观、价值观这个总开关问题，自觉做共产主义远大理想和中国特色社会主义共同理想的坚定信仰者和忠实实践者。要深刻认识抓好政治理论自学，对凝聚人心、鼓舞士气以及提高职工的理论水平和政治素养的重要作用，主动介入把职工理论自学辅导抓在手上、放在心上、落实到行动上，制定出贴近实际、合理可行的实施方案。单位党委要高度重视，党委办公室作为实施责任部门，要加强组织推进，及时分析总结，不断优化改进，完善日常管理，建立健全机制，使思政讲堂进一步规范推进实施。

2.抓好师资建设，提升授课质效。政治理论学习自学辅导是一项长期、艰巨的任务。作为授课老师团队的专职党务工作者和理论骨干，是办好思政讲堂的主力军。他们作为授课内容的供给方，其专业能力直接决定着授课的质量。提升思政讲堂授课团队成员的积极性、主动性、创造性，是办好思政讲堂的关键。因此要着力抓好师资建设，特别是要加强授课老师的政治理论学习力度，督促引导他们日常深入持久地自觉深入学习理论知识，在消化政治理论的基础上，通过一番思考、提炼之后，用通俗易懂、简洁明快的语言，向职工传播理论的基本观点，渗透理论的精髓。在授课时要以透彻的理论分析回应职工，用真理的强大力量引导职工，实现对职工的思想引领、价值塑造。因此，要成为优秀的思政讲堂老师，首先要成为优秀的理论研究者，只有夯实理论基础，用学理支撑政治、以知识承载价值，思政讲堂才能有效实现价值供给，才能确保授课质量效果。

3. 优化学习安排，更新学习理念。思政讲堂主要是为职工自学进行辅导，使职工受到教育、得到启迪。因此，在学习目的上，要正确处理好“实”与“虚”的关系，逐步由重形式向重效果拓展；在学习内容上，要处理好“博”与“专”的关系，逐步由广泛性向针对性拓展；在学习机制上，要处理好“松”和“紧”的关系，逐步由督促型向自觉型拓展。要探讨方式方法，促成职工“要我学”向“我要学”的观念转变。在讲授理论知识的同时，用最朴实的语言把身边的人、身边的事结合起来进行有效展示，积极利用交流心得、热点问题研讨、理论动态述评等方式调动他们的自学积极性，让职工在参与中加深印象，更好地领悟和诠释对理论的理解，春风化雨、润物无声，让职工参加自学后学有所得、学有所乐，从而更加积极地参与到政治理论自学中来，在学习中潜移默化，不断提升思想政治觉悟。

（执笔人：梁寺、韦定湾、熊港）

“全过程”思政：做好重点时期职工思想政治工作

中国铁路南宁局集团有限公司桂林车站党委

一、基本情况

桂林车站始建于1938年，现有干部职工698人，其中党员261名，管辖桂林、桂林北、桂林西、阳朔、恭城、五通、三江南7个客运站及桂林西普速场、定江线路所，主要从事旅客运输业务，是联通衡柳线、贵广线的重要高铁枢纽，也是全国重要旅游集散地。截至2024年10月20日，客运发送量1527.6万人次，运输总收入19.6亿元，分别同比增长6.5%、6%，全站保持安全生产3471天。2018年被评为“全路先进基层党组织”，2019年被评为“全国民族团结进步模范集体”，2022年荣获广西壮族自治区五一劳动奖章。

铁路是中国式现代化的重要支撑，改革则是奋力推动铁路高质量发展、率先实现铁路现代化的必由之路。近年来，桂林车站党委聚焦勇当服务和支撑中国式现代化“火车头”的使命任务，围绕“轮岗竞争、撤岗兼并、轮换调剂、分配优化”等深化“三项制度”改革，深入研究职工思想变化规律，充分发挥车站党委改革前期思想引领、改革过程中矛盾调解和改革进行时困难帮扶等作用，“全过程”做好重点时期职工思想政治工作，有效维护改革发展过程中大局稳定，为企业高质量发展营造了良好环境。

二、主要做法

（一）抓好改革前期思想引领

1. 凝聚改革共识。理解改革，方能支持改革。车站党委利用党员“三会一课”、职工政治学习等载体，采取主题宣讲、专题辅导、政策解读等形式，13 次带头组织职工深入学习习近平总书记关于国有企业改革的重要论述以及对铁路工作的重要指示批示精神和国铁集团党组、集团公司党委关于企业改革的重要部署精神，从理论层面讲清讲透改革的重大意义和深刻内涵，全面提升改革政治站位。同时，指导融媒体工作室利用企业微信平台开设改革专栏，聚焦铁路高质量发展主题，推出图解、理论微课等新媒体产品，从现实层面讲清讲透改革的必然趋势和内在要求，深化职工对改革的理解认知，凝聚支持改革的思想共识。

2. 激发改革共鸣。认同改革，方能拥护改革。车站党委坚持想在前头、做在前端，在轮岗竞争、撤岗兼并、轮换调剂等改革举措实施前，组织党委委员分批召开党员、班组长、团员青年等各层级改革“吹风会”98 场次，全覆盖传递改革信息，全方位讲解改革思路，以改革前景之光明，激发职工改革之共鸣；抓住“老物件会说话”载体，党委委员结合历史老物件和自身成长经历，从站场环境、生产条件、工资收入等方面讲解铁路变迁，引导职工于“变化”中回顾铁路发展历程、感知时代改革伟力。同时，组织职工围绕铁路改革发展史开展线上大讨论，裂变改革思想，洞开改革思维，增强职工对改革的认同感和参与度。

3. 厚植改革共情。群力改革，方能推动改革。车站党委坚持改革为了职工、改革依靠职工，先后组织党委委员带头深入车间班组开展调研 9 场次，与职工面对面谈心 358 人次，发放收回网络调查问卷 6 期 2750 余份，系统了解车站劳动用工组织、工资分配的痛点堵点难点问题，梳理职工意见建议98条，先后8次对改革方案进行优化调整，让改革方向更准确、思路更清晰、设计更科学，以深厚民意厚植改革共情；建立信息反馈机制，党委委员利用大小交班会、下站包保检查等契机，对前期收集的职工意见建议进行现场反馈，及时回应职工关切，消除思想疑虑，提振职工支持改革、拥护改革、参与改革的思想自觉和行动自觉。

（二）抓好改革过程中矛盾调解

1. 强化思想疏导。改革的关键点在人，矛盾点也在人。车站党委建立职工队伍思想动态跟踪了解机制，党委委员利用日交班会时机，听取分管车间（中间站）党总支（支部）职工思想情况汇报，每周组织进行综合分析和研判，对改革过程中职工反映强烈的竞争分值设置不合理、岗位竞争限制范围不科学、工资分配权重不均衡等突出问题，及时提交专题会议研究和调整措施，以改革公平公开公正化解职工矛盾。

2. 强化心理辅导。心气顺，则改革顺。车站党委坚持抓两头、带中间，对竞争过程中表现优秀的42名机动职工，由分管党委委员召开座谈会，引导和鼓励职工找准定位、多岗历练、综合提升；将9名大学生机动职工安排到管理岗位挂职锻炼，充实车站后备人才库；对竞争落后的25名轮岗职工实行分工包保，突出抓好心理辅导，做好“出路”参谋，特别是利用好轮换调剂契机，将12名职工调剂到客运段上班，解决部分轮岗职工上岗问题，减轻职工因工作变化造成的心理负担。

3. 强化情绪开导。情绪稳，则队伍稳。党委委员每月召开分管车间（中间站）职工思想分析会，定期对改革过程中职工整体思想状况进行分析，找准问题建档入库，有针对性地制定开导措施，特别是对于思想情绪波动较大的职工，分管党委委员牵头“挂牌”进行追踪开导，采取面对面谈心等方式，安抚职工情绪，避免职工带着“问题”上岗。同时，深入分析和找准思想问题背后的症结，通过实施强化政策宣讲、调整管理思路、补强管理机制等措施，从根本上解决职工思想问题，确保队伍整体稳定。

（三）抓好改革进行时困难帮扶

1. 抓好生活困难帮扶。组织党委委员通过电话拜访、家庭走访等方式，每月对轮岗及轮换调剂职工家属进行全覆盖谈心了解，对因轮岗造成生活困难的职工，通过“一对一”结对子及节日慰问等形式进行重点帮扶；对于调剂职工离家远、难顾家的问题，发动原班组职工进行休班志愿帮助，消除职工后顾之忧。

2. 抓好业务困难帮教。针对轮岗职工业务素质不适应的问题，党委委员结合职工业务“短板”特点，亲自制订业务素质提升计划，每天安排专兼职教师进行培训补强，定期组织轮岗人员进行考试，已业务达标的帮助尽快竞争上岗。目前，25 名轮岗职工已全部重新返岗上班。

3. 抓好日常诉求帮助。建立“职工随时说 · 服务百分百”线上服务平台，党委委员动态掌握职工诉求情况，及时分析研究和统筹解决。同时，每周二组织召开职工诉求集中协调解决会，党委委员对分管车间（中间站）职工提出的重点难点诉求提交集体研究，制定解决方案，抓好闭环管理。2021 年以来，接到职工诉求 293 件，解决 285 件，办结率 97.3％，有力营造了心齐气顺的良好氛围。

三、工作成效

通过充分发挥党委委员作用，“全过程”做好重点时期职工思想政治工作，凝聚起了企业改革发展的强大合力，推动了企业持续高质量发展。

1. 思想深度认同，职工队伍持续稳定。国有企业深化改革是以习近平同志为核心的党中央作出的重要战略部署。行之有效的思想政治工作使职工更加深刻理解改革的重要意义，更加充分认识到铁路深化改革是国铁企业转型升级的必然选择，是推动铁路“六个现代化体系”建设、勇当服务和支撑中国式现代化“火车头”的迫切需要。职工服务党和国家战略、服务企业发展战略的大局意识普遍增强。同时，职工对改革的态度从怀疑到认可、从抵触到拥护、从观望到力行，思想观念发生全方位转变，普遍对车站未来发展充满信心期待。改革重点时期职工队伍思想稳定，没有出现异常波动情绪和上访事件，为改革发展稳步推进提供了坚强的精神动力和思想保证。

2. 工作热情迸发，重点任务持续创高。行之有效的思想政治工作使职工的安全意识得到了全面增强，遵章守纪逐渐成为职工日常习惯。以纪律严明、作业标准、应急有力推动了安全生产持续稳定，截至 2024 年 10 月 20 日，车站实现安全生产 3471 天。职工主动经营、主动营销的积极性和自觉性不断增强，利用休息时间深入旅行社、学校、社区等场所开展客运营销，全面促进客运上量增收，截至 2024 年 10 月 20 日，车站发送旅客 1527.6 万人，实现运输收入 19.6 亿元，分别同比增长 6.5％和 6.0％。

3. 服务提档升级，企业形象持续扮靓。行之有效的思想政治工作使职工的服务意识和服务态度全面转变，不管是进站安检，还是候车服务，不管是站台乘降，还是出站引导，“服务与山水同美”的服务理念落实到了每一项工作、每一个细节，使旅客的出行体验更加美好、更加愉悦。2021 年以来，获得旅客锦旗表扬 21 次，12306 工单转表扬 571 次。

四、工作启示

1. 要坚持示范引领。“火车跑得快，全靠车头带。”做好职工思想政治工作，党员领导干部示范带头将起到事半功倍的效果。在开展职工思想政治工作中，要始终注重发挥党员领导干部的示范引领作用，使职工思想政治工作更具高度，更好协调，更有说服力，且容易调动党群干部职工工作积极性和主动性，形成做好职工思想政治工作的浓厚氛围。

2. 要坚持问题导向。问题是时代的声音，是工作的导向。职工思想政治工作的过程就是解决问题的过程。在开展职工思想政治工作中，要始终坚持问题导向，把解决思想问题与解决实际问题相结合，从发现问题、解决问题入手，找准思想政治工作着力点、切入点，使解决问题过程成为化解矛盾、理顺情绪的过程。

3. 要坚持服务为民。职工是思想政治工作的核心和关键，做好职工思想政治工作最重要的就是服务好职工。要始终坚持一切为了人民、一切依靠人民，深入了解职工思想政治问题背后的“急难愁盼”，想方设法为职工解难事、办实事、做好事，用心用情用力服务好职工，使思想政治工作更具“温情”，更有“温度”。

（执笔人：谭国雄、刘珉、李育全）

坚持守正创新　聚焦职责重塑
深化职工思想动态调查与分析研判处置

中国铁路成都局集团有限公司党委宣传部

近年来，成都局集团有限公司把职工思想动态调查触角向最基层延伸、最前沿迈进、最急需处着力，建立职工思想动态调查与分析研判处置工作机制，抓实信息收集、思想疏导和问题解决三个环节，促进职工思想政治工作质效全面提升。

一、基本情况

成都局集团公司下属有 107 个单位，现有干部职工 12 万余人。广大职工分布于近百个不同系统单位，工作的性质特点、生活的作息规律、接触的社会环境千差万别，受外部环境大变局、铁路改革大推进、队伍结构大调整、传播媒介大变化的影响，来自婚恋难交友难造成的思想负担，来自家庭变故产生的思想波动，来自确保安全生产的思想压力等，职工队伍思想逐步呈现出多元多样多变的特点，思想风险诱发源头也日益隐蔽、日趋复杂、日渐多发，迫切需要前移思想政治工作关口，教育引导和服务职工同步开展，思想问题与实际问题同步解决，超前防范和化解职工重大思想风险，加快构建企业与职工命运共同体，为推动成都局集团公司高质量发展提供坚强思想保证。

近年来，成都局集团公司立足山区铁路特点，积极探索加强和改进思想政治工作新方法新手段，健全完善《成都局集团公司党委关于加强和改进新时代基层思想政治工作的实施办法》《成都局集团公司加强职工思想政治素质评价管理的实施意见》等一系列制度办法。特别是中共中央、国务院《关于新时代加强和改进思想政治工作的意见》中明确提出了“建立社会思想动态调查与分析研判机制”。成都局集团公司坚持守正创新、聚焦职责重塑，制定出台《关于进一步加强职工思想动态调查与分析研判处置工作的实施意见》《职工思想动态调查与研判分析处置工作责任倒查机制》，初步构建起“动态监测预警、红线托底管理、教育引导为主、滚动化解问题、考评评价管理”的“五位一体”工作体系，进一步夯实基层思想政治工作基础，提升思想政治工作质量和水平。

二、主要做法

（一）抓过程管控，在“精细精准”上做文章

1. 畅通信息渠道。聚焦职工思想动态“谁来收集、向谁收集、如何收集”等问题，明确各级党组织的主体责任，畅通信息直报、问卷调查、网络收集等 7 种信息收集渠道，量化每月管理人员谈心指标，落实“五必谈五必访”机制，发挥工班长、党小组长以及直报员贴近职工的优势，建立与工会、团委、社保以及保卫等部门的思想动态调查联络机制，形成“横向到边、纵向到底”的信息收集网络。2022 年以来，收集办理职工诉求和建议 1200 余条，确保了职工思想问题有处倾诉，实际问题有人受理。

2. 细化调查内容。把对职工思想动态调查掌握的触角向最基层延伸、向最前沿挺进，强化大数据运用，实施精准化分析，明确政治表现、思想波动、意见建议等 8 个方面思想动态调查的主要内容，确定 21 个调查的具体工作项点，分门别类确立生产、生活等 30 余种诉求建议，通过每月收集、梳理、分析职工思想动态信息及利益诉求建议，为研判不稳定因素、

找准倾向性问题、掌握关键人员、剖析潜在风险提供全面、翔实、准确的思想动态信息。

3. 分类建档施策。坚持精准识别、精准施策，建立覆盖 107 个党委、近 5000 个车间党总支（支部）、12 万名职工，涵盖职工家庭、经历、性格、爱好，以及严重“两违”、岗位调整等 31 项信息的重点人员“一人一档”关爱档案，实施单位、车间、班组分级分类防控管理，精准施策，确保“一人一事”思想政治工作更加有的放矢、靶向明确。围绕吸毒、网贷、赌博、电诈、其他涉案的“五类”人员，以及精神抑郁、重大疾病等“八类”人员开展专项排查，对 1000 余名重点人员采取了“一人一策”包保转化措施。

（二）抓责任落实，在“常抓从严”上下功夫

1. 明确任务压责任。实行“月度常态分析、季度专项分析”，构建责任明确、主体清晰的“两级党委主抓、党政工团共管”的责任体系，层层压实领导班子、管理人员、党员骨干，以及各级组织在各环节中的具体职责。基层单位党委、车间党总支（支部）立足紧贴基层实际，每月召开党委书记专题会、支委会进行分析研判，掌握倾向性、典型性问题；集团公司党委宣传部每月收集梳理基层单位及职能部门信息，深入开展月度常态分析和季度专项分析，形成横向联动、纵向一体推进的“责任链”。

2. 厘清清单抓督办。对思想动态调查收集诉求实施分类分级、限期办结的“清单制”。集团公司党委根据主要诉求及建议处置报告，按集团公司协调解决、集团公司重点关注由站段主办解决、站段主办解决 3 个层面和生产、管理、生活、服务及收入 5 个类别，形成“本月办结”“前期未办结”“本月新增”3 个问题清单，明确办理部门等，按权责分工移送相关部门及基层站段，限期办理解决，闭环销号管理。2024 年以来，集团公司层面推动解决职工重点诉求 18 个。

3. 严格督查保落实。坚持问责有力、正向激励，严格履职评价和责任追究，将职工思想动态调查与分析研判处置工作纳入全面从严治党主体责任内容及党政领导班子和领导干部综合考评内容。实行职工思想动态调查

分析责任倒查机制，2024 年以来，开展倒查 13 起。同时，用好问责利器，利用现场调研、专项检查、电话抽查等形式开展诉求办理办结情况回访，运用“6 种问责情形”，以严肃问责推动真正落责。

（三）抓资源整合，在“协同用力”上出实招

1. 建立协作机制。建立纵向包保、横向配合的协作机制，完善两级党委班子成员和业务部门包保联系制度，班子成员及两级业务部门向下逐级包保至少 1 个车间、1 个班组；健全职工思想动态调查议事机制，将两级行政、工会、团组织以及信访、社保、人事、职教等工作部门和相关专业部门纳入工作范围，全力配合做好思想动态收集、分析等工作，推动职工思想政治工作从一家做到大家做、从要我做到我要做。

2. 形成联办格局。坚持统筹资源、优势互补、集中力量的原则，建立职工急难愁盼问题解决解答联动工作机制。基层单位通过建立“幸福成铁”职工服务实体阵地、搭建网上服务绿色通道，构建三级异地职工关爱服务网络，围绕生产生活、困难帮扶、利益维护、思想状况、心理健康、青工关爱等 9 个方面，解决职工实际问题，实现职工困难有人管、心声有人听、疑惑有人解、成长有人助，形成各级组织各部门主动服务职工的格局。

3. 搭建信息平台。探索创新“互联网 + 思想动态调查”工作模式，依托成都局集团公司管理信息系统，开发职工思想动态调查分析信息平台，实现任务下达、信息收集、统计报送等功能。建立“诉求建议库”“思想风险库”“关爱人员库”三大数据库，每月开展数据分析，全面掌握不同系统、不同单位工作开展情况，分析职工思想动态及诉求建议的发展趋势，制定改进措施，及时下发重点提示，增强思想政治工作的针对性精准性。

三、工作成效

通过抓实职工思想动态调查、分析、研判和处置各环节，增强了主动掌握和面对问题、超前防范和解决问题的思想自觉和行动自觉，进一步肯定了职工思想政治工作成效。

1. 助推思想动态掌握更加精准。落实党中央、国务院以及国铁集团党组关于加强和改进新时代基层思想政治工作的要求，围绕进一步做好职工思想动态调查与分析研判处置工作，完善形成了一系列机制办法，补强了“一人一事”思想政治工作制度机制薄弱环节，使制度机制更具系统性、针对性和有效性。特别是在拓展信息采集渠道、完善分析研判流程等方面提出了系列具体有效的手段，通过网上网下、立体式、扁平化、多方式调查，全面、及时、准确把握职工思想动态，广泛搭建互动交流平台，基本实现了科学有效掌握职工思想动态，真实客观分析研判职工思想状况，及时发现普遍性苗头性倾向性问题。

2. 助推干部职工队伍更加稳定。职工思想动态调查与分析研判处置工作逐渐固化为基层广大职工向组织反馈诉求和实际困难的便捷通道。各级组织在政策允许前提下全力帮助职工解决实际困难，想方设法帮助职工解决生活、家庭中的现实困难。2024 年以来，共收集职工诉求及建议 245 条，均得到解决和回复；针对家庭困难职工，及时开展家访 2664 户，帮助解决各类问题 110 余个，有效推动思想和现实问题同步解决。职工对组织、对管理干部的信任度、依赖度、期望值进一步提高，基本形成“有事找组织办、有话向组织讲”的良好氛围和导向，从根本上确保了职工队伍思想稳定，持续凝聚起企业高质量发展的向心力。

3. 助推思政工作格局更加完善。实践中，通过强化统筹协调、集聚资源、整合力量，各级党组织牵头，充分发挥各级自身优势，广泛联系职工，按照职责分工履行规定责任，行政、工会、团组织以及信访、社保、人事、职教等工作部门和相关专业部门主动做好职工思想动态信息收集分析，全力配合做好专业心理疏导及职工实际问题的解决，共同推进职工思想动态调查与分析研判处置工作取得实效。党委统一领导，党政齐抓共管，宣传部门组织协调，各级组织、各有关部门共同参与、各负其责、协调联动的思想政治工作大格局进一步完善。

4. 助推企业治理更加有力。加强和改进思想政治工作是加强党的领导、推进国家治理体系和治理能力现代化的根本要求。职工思想动态调查与分析研判处置系列措施，有利于企业对部分重点特殊人群的管理，为开展形势任务宣讲、加强思想教育、做好“一人一事”思想政治工作以及企业决策提供有效参考，充分运用了思想政治工作和体制制度的优势助推企业治理。通过动态采集职工个人、家庭、生活等影响思想波动的因素，摸排掌握了一批思想波动较大的“高危”人群。这部分职工在工作中经常出现精神不振、神情恍惚，给运输安全及人身安全带来较大风险。通过及时采取心理疏导、一对一谈话等必要措施，把隐患控制在萌芽状态，有效防范重大意外发生，开辟了一条抓“高危少数”确保运输安全和职工人身安全的有效途径。

四、工作启示

1. 必须坚持党的领导、齐抓共管。各级党组织是开展职工思想动态调查与分析研判处置工作的主体，要坚决履行牵头责任，压实政治责任和领导责任，健全配套机制，细化工作职责，统筹各方力量，领导“政、工、团”各级组织和各专业部门，合力共为才能做好工作，推动思想问题与实际问题同步解决。

2. 必须坚持融入中心、服务大局。要杜绝工作“两张皮”，把职工思想动态调查与分析研判处置工作融入企业管理全过程、全领域，与安全生产、运输经营、铁路建设、文化建设、党的建设等紧密结合起来，围绕中心工作调查思想动态，聚焦思想动态改进工作、解决难题，切实为中心工作提供思想保障。

3. 必须坚持以人为本、凝心聚力。思想政治工作是做人的工作，也是需要人做的工作。要坚持“以人为本”这一重大原则，突出思想关心、人文关怀、平等对话、真诚沟通，尊重职工主体地位，畅通诉求表达渠道，真正服务职工、才能增强职工幸福感获得感，凝聚职工推动企业高质量发展的合力。

（执笔人：刘衍正、孙平）

创新“3+”模式　确保“三个到位”
打造高质量党性教育主阵地
助推思想政治工作取得新成效

中国铁路成都局集团有限公司党校

习近平总书记在中央党校建校90周年庆祝大会暨2023年春季学期开学典礼上强调指出，党校是领导干部锤炼党性的“大熔炉”，各级党校要把党性教育作为教学的主要内容。党的二十届三中全会审议通过的《决定》提出，“健全常态化培训特别是基本培训机制”。

成都局集团公司党校认真学习贯彻习近平总书记在中央党校建校90周年庆祝大会暨2023年春季学期开学典礼上的重要讲话精神，以学习宣传贯彻落实党的二十大和二十届三中全会精神为主线，坚持党建统领，突出办学特色，以“3+”模式构建高质量党性教育培训工作体系，全方位多举措抓实抓好党性教育这门共产党人的“心学”，推进党性教育入脑入心，为推动铁路教育培训事业高质量发展、锻造铁路现代化建设的“铁军”提供了坚强保障。

一、“政治首位 + 体系构建”，打造贯穿式的育人链条，党校姓党原则贯彻坚决、落实到位

坚持党校姓党的根本原则，不断聚焦、壮大党性教育这个主业主课，积极构建党委主导、组织部门主管、党校具体办学的党性教育工作格局，探索打造听先模报告、受警示教育、说革命故事、读经典原著、写党性报告、测党性知识、过党内政治生活“七位一体”的党性教育模式，以透彻的学理分析回应学员，以彻底的思想理论说服学员，用强大的真理力量引导学员，使学员不断改进理想信念、价值观念、道德观念。

1. 系统开设党性教育课程。坚持把党性教育作为教学的主要内容，将经典著作与党史知识相结合、党建基本理论与党建当前工作相结合，突出党性教育的系统性、耦合性和针对性，通过以老带新、集体备课等方式，开设“伟大建党精神与共产党人的初心使命”等专题，深入开展理想信念教育、党的宗旨教育；开设“从红色歌曲中感悟百年党史”等专题，深入开展党史国史教育、革命传统教育；开设“成都局集团公司预防青年干部涉纪涉法涉罪典型案例警示教育”等专题，强化党章党规党纪教育。及时跟进党的理论创新，第一时间宣讲党的二十大和二十届三中全会精神，按照“总一分一特”的课程开发思路，基本形成“1+7+N”党的二十大精神系列课程和“1+4”党的二十届三中全会精神系列课程，为宣传党的二十大和二十届三中全会精神提供了有效的内容支撑。

2. 精准安排党性锻炼线路。坚持“本土化、特色化”教学方向，积极探索红色文化融入党员干部党性教育的有效途径，针对不同班次学员的特点和需要，有针对性地选定党性锤炼线路，切实把党性教育的课堂移到党性教育基地，将革命先烈缅怀融汇于党性理论教育之中，增强了党性教育针对性、实效性，强化了党性教育效果。组织学员走出课堂，到四川邛崃红军长征纪念馆，缅怀革命先烈、重温长征历史，亲身体会那段艰苦卓绝的长征历程，从中汲取强大精神动力；到嘉兴南湖革命纪念馆，重温党的

光辉历程，追溯红色记忆，感悟“红船精神”；到四川建川博物馆，缅怀革命先烈为新中国成立和人民幸福不怕流血、不怕牺牲、英勇奋战的先进事迹，感悟中国共产党为中国人民谋幸福、为中华民族谋复兴的初心和使命。同时，这样安排也适当缓解了长时间单一形式培训所带来的疲劳感，丰富大家的信息获取量、扩宽视野面、增强感性认识，进一步提升了教学培训质量。

3. 推动党性教育全过程融入。将党性教育融入学员管理全过程，打造学员管理升级版，坚持“一勤两榜三考试”（日常考勤，党性分析榜和考试成绩榜，入学测试、单元测试和结业考试），严格实施逢训必考、以考促学，进行学员理论知识和党性锻炼双百分制量化考核，增强党性教育锻造力和厚重感。充分发挥临时党支部和班委会作用，运用“自我分析＋撰写报告＋互动交流＋重点点评”的四步党性锻炼工作法，引导学员积极填写个人党性锻炼任务清单，梳理查找个人在理想信念、宗旨意识、组织纪律、工作作风等方面存在的问题，深刻分析问题根源，对照细化整改措施，让培训学员真正带着任务和责任去听课、反思自己。同时，创办“党性大讲堂”，凭借“创新＋走心”的形式，依托“线上＋线下”渠道，采取“活动＋体验”手段，与革命传统教育和主题实践活动相结合，开展特色活动，营造学员“学党性、讲党性、守党性”的浓厚氛围，实现党性教育与学员的思想实际、工作实际的有效结合，增强了党性教育的说服力和感染力。

二、“创新赋能＋特色办学”，培树独具魅力的办学品牌，红色堡垒阵地作用凸显、引领到位

从教学供给侧出发，构建特色教学方法群，大力推行研讨式、案例式、情景模拟式等教学方法，突出党性教育培训重点，探索构建“四个一”（观看一部红色电影、诵读一次革命家书、参观一次红色展馆、参演一部红色情景剧）体验式教学模块，多途径多点位触动、感染和震撼学员，真正让学员学得有味，悟得入心，树立独具魅力的办学品牌。

1. 鲜明“党味”，上好情景模拟式党课。情景模拟式教学法是教师有目的地引入或创设以形象为主题的具有一定情绪色彩的生动的具体的场景，以引起学生一定的情感体验，从而帮助学生理解知识，并使学生的心理机能得到发展的教学方法，能够将教学内容进行情景化处理，具有很强的吸引力，能够有效推进教学活动。成都局集团公司党校通过跨学院、跨专业合作，采取团队备课、团队制作的方式精心打造“品读红色家书 牢记初心使命”课程，以“新民主主义革命时期—社会主义革命和建设时期—改革开放和社会主义现代化建设新时期—中国特色社会主义新时代”为时空脉络，聚焦陈云霄、雷锋、孙剑明等中国共产党成立以来各个时期的时代人物，分品读家书触动灵魂、品鉴家书领略情怀、撰写家书传承精神三个阶段进行。学员们参与热情空前高涨，为确保党课取得良好效果，纷纷在课前精心准备，有的学员还多次彩排演练。

情景模拟式教学，为学员搭建了一个锤炼党性、提升素质的实践“大舞台”，把学员拉回到中国革命、建设和改革开放的历史进程中，既回顾了那些撼人心魄的历史细节，也重温了党的光辉历史，实现了既让听者接受教育、又让讲者在备课和讲课的过程经历深刻的自我学习、自我教育的双重目的。

2. 提升“趣味”，上好结构化研讨党课。结构化研讨主要根据成人学习的特点而设计，是一种贯彻结构化思维方式的有效研讨工具，根据解决问题的逻辑思维过程将研讨结构化，即：查摆问题、分析原因、提出对策建议，并综合运用头脑风暴法、团队列名法、鱼骨刺图法等各种研讨工具和方法，提高研讨的质量和效果，使学习在深度和广度上深入和延展。成都局集团公司党校积极探索结构化研讨教学模式，围绕认识、流程、要求、效果四个方面分组讨论“如何进行党性分析”，分小组研讨和全班交流两个阶段进行。小组研讨阶段，按照结构化研讨的规则由催化师具体组织，通过破冰、寻找密码、解答密码，运用头脑风暴、团队列名、权重排序等方法，引导学员对中国共产党从小到大、由弱到强的成功密码进行了分段研讨。全班交流阶段在各组催化师和记录员的帮助配合下，各小组发言人集中汇报了本组研讨过程和研讨成果；在每一组发言后，其他组成员对发言进行综合打分；最后，由指导教师对整个研讨过程进行总结、点评。

结构化研讨的形式，使研讨过程更加高效有序，将研讨主题逐步引向深入，有效解决传统研讨在实施过程中暴露出的一言堂、无重点、偏离主题等问题，增强了党课的生动性；还为青年教师成长提供了有效平台，不仅使青年教师有更多的机会进入课堂、了解课堂，并在实践中积累经验、不断成长，而且使他们了解了学员的特点和学员工作中面临的实际问题，为教学科研积累了资料和素材，真正做到了教学相长。

3. 浸润“实味”，上好开放互动式党课。开放互动式党课在于提高学员活跃度和参与率，在交流中再学习、再认识，实现每一堂党课都能碰撞出思想火花，为下一步行动提供“先导”。成都局集团公司党校坚持在发展对象班组织学员围绕“怎样树立正确的入党动机”，讨论交流如何从思想上入党，坚持在中青年干部培训班和领导人员培训班组织学员围绕“如何锤炼党性修养”，讨论交流党性修养的锤炼路径。参训学员从小处着手，以自身经历和身边案例为切入点，分享入党过程中的点滴感悟和深切体会，交流中，不时显现许多有深度、有温度的感人故事，迸发许多有观点、有高度的思想火花。

开放互动式党课用党课的“开放”，引导党员思想“开放”和行动“开放”，变过去的“老师讲”为“学员讲”、“一人讲”为“大家讲”、“要我学”为“我要学”，有效激发了学员参与热情，彰显了党性教育的特色与优势；也让授课教师对学员的思想状况、关注的热点和焦点问题等有了进一步的了解和认识。

三、“转化优势 + 深度融合”，驱动互融共赢的办学效应，教学精品打造成效显著、协同到位

聚焦短板弱项，突出问题导向、需求导向和质量导向，统筹课程库、

师资库、案例库和网络教学平台等各类教学资源建设，强化师资培育、合作交流、科研咨政，着力推进党校资源集约化、教学精品化、研究科学化，提升核心竞争力。

1. 强基础，夯实党性教育师资队伍基础。抓住后继有人这个根本大计，深入推进“名师、名课、名教”工程，奋力把师资这个关键变量转化为党性教育工作高质量发展的最大增量。一方面聘请兼职师资，引进强劲外力。采取邀请专家授课、聘请兼职教师等形式，聚集专家学者、领导干部、先进典型等充实师资队伍，积极构建“党校教师 + 外聘专家 + 党政领导 + 先进典型”的多元师资格局，全面提高党性教育师资队伍整体素质和教学水平。另一方面，实施“青年教师培养工程”，通过专题培训、外出考察、岗位练兵、调查研究、带班辅导、挂职锻炼等，全面提升能力水平，培养一批年轻的高学历高素质的干部、教师后备人才。

2. 筑根基，强化党性教育课程学术支撑。坚持推进“用学术讲政治”的教学改革，夯实党性教育课程的理论研究基础，通过集体备课、集中试讲、专家评审等形式，组织骨干教师将党性教育重点课题转化为一批优秀党性教育课程，使科研与教学相融合，筑牢党性教育课程的学理框架和学术支撑，增强党性教育说服力；通过举办专题培训班、跨部门研讨交流等方式，有针对性地引导专兼职教师围绕“五位一体”总体布局、“四个全面”战略布局，进行相应学科素养培养，尤其是注重跨学科、跨专业、前沿科技的学习领会，做好“寻根补学”，引导教师妥善处理好了解、熟识、精通的知识范畴，全方位提升人文社会科学及铁路知识储备，逐渐积淀学术功底。

3. 聚合力，构建党性教育精品课程体系。坚持上下结合、条块联动、内外发力选优配强师资。用好学员“富矿”、部门资源和站段舞台，确保党性教育培训专题精确化、内容特色化、方式灵活化，借助成都局集团公司党委宣传部“理论微课 365”制作以及成都局集团公司纪委、团委与党校成立专题课程开发专班等契机，引导学校骨干教师同时发力、同向发力、综合发力，通过共同制定计划、开展调研、挖掘和梳理资料、互评互助等一系列团队活动，促进了成都局集团公司党校与成都局集团公司党群部门、基层站段之间取长补短、优势互补，教学资源和成果共享，合力打造出了“成都局集团公司预防青年干部涉纪涉法涉罪典型案例警示教育”“把握新征程国家铁路的使命任务”等一批独具铁路党校特色的精品课、品牌课。

（执笔人：廖华、晁颖、曾燕）

关于提升职工政治学习质量的实践与思考

中国铁路成都局集团有限公司成都车辆段党委

成都车辆段党委按照成都局集团公司党委关于“职工政治学习质量提升年”的工作要求，于2023年4月开展职工政治学习改革试点，采取健全制度机制、强化过程管理和丰富内容载体等措施，推行“一班组一方案”学习模式，以规范的标准、灵活的形式、务实的措施，扎实抓好职工政治学习，有力推动了党的创新理论在基层一线落地生根。

一、主要做法及成效

1. 制度化设计，增强职工政治学习规范性。首先从健全制度入手，结合日常调研检查情况，针对职工政治学习中存在的6个大类、20余个问题，广泛收集意见建议，研究改进措施，制定《职工政治理论学习实施办法》，进一步明确学习目标、任务、方式等内容，组织各班组一板一眼抓好落实。按照“立标打样、整体提升”的思路，从每个车间选取一个班组，由党委办公室根据制度规定开展“一对一”指导，打造标准化规范化样板，先后形成检修车间电力维修班、双流运用车间D1修2班、设备维修车间设备4班等班组政治理论学习示范点，树立起全段对标学习的标杆。同时，强化好经验、好做法推广，组织班组长到职工政治学习示范点现场观摩，下发工作简报7期，通报正面典型案例，引导各班组抓好学习借鉴，全面提升工作质量和水平。

2. 分众化实施，强化职工政治学习针对性。针对不同工作班制特点，实施差异化学习模式，按照日勤制班组“用好一小时开展集中学习”、倒班制班组“分两批次组织学习”、轮乘制班组“分批学习、全员覆盖”的思路，形成了3种不同学习模式，充分满足不同工作班制职工的学习需求。同时，根据每种学习模式特点，逐一制定学习实施方案，按照“定班组、定时间、定地点、定时长”的思路，明确具体推行班组，制订对应学习计划，形成“一班组一方案”，实现对各车间班组职工政治学习方案的“量身定制”，增强了学习的差异性，达到因材施教效果。

3. 多样化推进，提升职工政治学习积极性。在学习方式上，打破“一人讲、众人听”的传统模式，在要点领学的基础上，鼓励班组采用点将答题、热点讨论、交流心得等形式，广泛开展学习研讨和交流，使职工政治学习活起来、氛围热起来、职工动起来。在学习内容上，注重因地制宜、因时制宜，在每月下发月度学习计划的基础上，要求车间班组结合客车春秋两季整修、汛期防洪、春暑运等阶段性重点工作，讲政策形势，结合岗位谈工作职责，让理论知识的阐释解读更接地气。同时，及时配发《新时代铁路发展面对面》《中国式现代化面对面》等各类学习书籍，在成都车辆段微信公众平台建立职工政治学习专栏，定期发布宣教资料、微课视频、学习课件等，保障了政治学习养料供应充足。

4. 流程化管理，确保职工政治学习实效性。坚持月评价、季考评、年述职，定期做好职工政治学习过程管控，确保工作落实有力、见到实效。重新建立职工政治学习评价体系，围绕学习组织筹备、学习流程安排、学习记录管理和学习效果体现4个方面10个具体评价项目，建立职工政治学习评分标准，每月由车间党总支（支部）对照开展评价，由各级管理人员进行检查，由党委办公室结合检查评价情况对各班组学习评价结果进行排名并全段通报，对排前三名的班组进行激励，对连续排名末尾的班组纳入相关考核并取消相关评先评优资格。研究制定《班组职工政治理论学习奖惩办法》，将职工政治学习情况纳入车间党总支（支部）季度政治工作检查考评，同时纳入班组长年度述职考察内容项点，以严格的监督检查促进学习质量提升。

5. 责任化督导，维护职工政治学习严肃性。针对段党委、党委班子成员、车间党总支（支部）委员和党委办公室党群干部，提出了具体检查量化任务和标准，明确职工政治学习的日常监督管理职责，强化督导力度。段党委结合党建工作日常检查、党支部工作季度考评标准化检查等方式，随机抽问班组党支部书记、工班长关于职工政治学习的工作职责、学习要求和学习内容，现场检验相关制度办法、学习计划落实情况，检查考评结果直接与班组党支部书记收入挂钩。领导班子成员每季度到联系点班组列席指导点评，各车间党总支（支部）委员和车间管理人员每季度对车间班组职工政治学习全覆盖列席，党委办公室每月按照 1/10 比例对全段职工政治学习情况进行抽查，严肃处理工作落实不力情况。2023 年，党委办公室通过系统抽查、现场列席、谈话问询等方式，累计开展检查 45 次，对发现的问题及时进行反馈并督促整改。

二、经验启示

1. 抓好职工政治学习，必须找准学习模式。健全完善职工政治学习机制，要充分结合班组实际情况。必须以“一班组一方案”为载体，推行差异化学习模式，根据各类作业班制特点，针对不同参学对象，分类开展职工政治学习，针对性明确学习时间和形式，科学处理工学矛盾，确保学习安排可执行、能落实。

2. 抓好职工政治学习，必须规范工作标准。标准是工作落实的重要保障。必须规范职工政治学习标准，明确学习目标、内容、频次和时长，组织一线班组对标抓好执行，高质量完成学习任务。必须以标准为参照，建立健全学习质量评价体系，找准求实问效的准绳，为工作查漏补缺、优化改进提供有力的依据。

3. 抓好职工政治学习，必须创新学习形式。喜闻乐见的学习形式，有助于提高学习兴趣，提升学习效果。必须打破传统学习形式，灵活运用视频、PPT课件等新载体，直观展示政治理论相关知识，使抽象概念变得浅显易懂，更加易于理解和掌握。必须通过心得交流、热点讨论等互动性强的学习方式，引导职工抓好学思践悟，增强运用理论知识解决实际问题的能力。

4. 抓好职工政治学习，必须加强督导检查。督导检查是求实问效的有力手段，有助于发现问题、改进工作。必须压实各级管理人员责任，定期抓好督导检查，及时发现并纠正工作落实不力、走样、打折扣等问题。必须结合督导检查结果，强化工作动态评估和问题反馈，及时优化思路和方法，不断提升职工政治学习质量和效果。

三、下一步工作思路

1. 提升学习供给质量。在党委宣传部下发的学习计划基础上，由段党委、车间党总支（支部）两级党组织对职工政治学习计划进行再优化、再完善。段党委层面，立足全段中心工作将全段经营发展形势、重要工作安排、安全生产规章制度等内容纳入月度学习计划；车间党总支（支部）层面，围绕车间、班组日常生产工作实际，适当融入日常生产管理内容，让职工政治学习内容与一线岗位实际的联系更加紧密。充分发挥段融媒体工作室职责职能和专业优势，将职工政治学习重点内容转化为视频、动画等宣传产品，形成政治学习优质课程资源。

2. 改进学习方式方法。坚持“一班组一方案”思路，按照“专题式学习、研讨式学习、互动式学习、交流式学习、参观式学习”思路，积极创新探索不同的学习方式，丰富职工政治学习载体。充分用好成都车辆段微信公众平台等载体，以讲微故事、谈微体会为主线，做到微理论学习、微课堂讲解、微视频启发，用职工喜闻乐见的学习方式，推动职工政治学习由“说教式”向“引导式”转变、由“号召式”向“激发式”转变。继续针对轮乘制工作班组特点，引导各车间党总支（支部）开展创新学习形式试点，进一步优化轮乘制班组集体学习模式，在满足职工规定学习时长的基础上，减少重复学习情况，减轻学习负担。

3. 严格学习过程管理。在目前的工作基础上，继续抓好职工政治学习过程管理，紧盯科室下设班组职工政治学习这个薄弱环节，压实内设机构党总支的直接管理责任，实行管理人员常态化列席督导，防止学习“灯下黑”问题。跟进完善职工政治学习制度办法，进一步明确缺席职工补学工作要求，抓好补学工作，切实保证每名职工年度学习时长达标。推进职工政治学习质量评价创新改革，完善工作制度办法，形成综合评价体系，不断优化学习过程。

4. 抓好学习成果转化。围绕学懂弄通做实习近平新时代中国特色社会主义思想，抓好内化、深化、转化工作，将职工政治学习成效切实转化为保障旅客列车安全运行的政治自觉、思想自觉和行动自觉。将党的创新理论学习研究运用与段高质量发展紧密结合起来，组织党员干部特别是党委班子成员深化调查研究，解决生产和管理中的实际问题，推动全段在安全生产、改革创新等各方面取得更多成效。将职工政治学习和段“干部作风转变年、物资管理规范年、职工培训强化年、职工实事办理年”工作落实有机结合，充分凝聚起干部职工抓好安全生产、保障旅客列车优质开行的思想共识和行动合力。

（执笔人：郭定俊）

建好示范点优化工作面
不断夯实高质量发展的思想根基

中国铁路昆明局集团有限公司政研会曲靖工务段政研分会

一、基本情况

曲靖工务段成立于1964年，位于云南省东部曲靖市，管辖范围跨云贵两省三市，担负沪昆复线和盘西、威红、水红、羊场4条单线的设备养护任务，正线延展长697公里，属典型的山区铁路。全段在岗职工1135人，青年职工占比达43%，半数以上的班组常年流动作业，职工思想活跃。

2020年10月，曲靖工务段获评首批铁路基层思想政治工作示范点。段党委聚焦政治学习好、思想教育好、人文关怀好、组织保障好四个方面，着力打造思想政治工作新格局，全面提升思想政治工作水平，努力增强新时代基层思想政治工作的针对性实效性，为全段安全生产和改革发展提供了坚强有力的思想保证和精神动力。

二、主要做法

（一）紧扣“组织保障”这个重点，用常态落实的机制凝聚人

把思想政治工作作为落实党建工作责任制和意识形态工作责任制的重

要任务，纳入段班子成员、中层干部党建“一岗双责”清单，管人管事管思想同步，确保段党委统一领导、党委书记主抓、各方合力共为的工作格局有效运转。

1. 立足管理有规范，建好机制。制定新时代基层思想政治工作方案、思想政治工作责任清单等10个制度办法，工作体系健全完善、权责清晰、科学合理。修订《职工政治学习管理办法》，在全段推行“周一课堂”，健全落实政治学习机制。以“周一课堂”为基本载体，区分流动班组、单独作业人员不同情况，针对性细化科室、车间、班组层面103个政治学习方案，规范学习记录，不断提升学习质效。探索实践“流动心不散”堡垒工地、“阳光365”班组一日思想政治工作法、防洪看守点思想政治工作法、“360职工思想收集分析机制”等方法，确保思想政治工作管理有制度，工作有标尺，落实有方法。

2. 立足工作有人做，建强队伍。选优配强基层宣传思想工作队伍，班组100%设置政治宣传员，车间融媒体小组不少于3人，给予兼职网评员每月通信补助、班组政治宣传员月度加分奖励。注重宣传骨干“四力”提升，加强送外学习、下沉指导、采风交流、交任务压担子，定期组织培训并按季度开展业绩竞赛并颁发奖励。组织理论骨干创作“深入领会习近平新时代中国特色社会主义思想的主要内容”“新时代做好‘窑洞之问’的答卷人”“用活用好调查研究这个党的传家宝”“奋斗创造美好生活”理论微课，3个入选铁路正能量“五个一百”作品、2个被评为“优秀理论宣讲微视频”。

3. 立足宣传有平台，建优阵地。加强融媒体工作室建设，打造幸福曲工微信公众号、《幸福曲工》段刊、“曲工V讲坛”品牌，强化宣传矩阵效能。坚持镜头笔触瞄准一线，春运宣传作品《一家人 四百米 两顿团圆饭》由新华社“新春走基层”活动推出报道，全网阅读量超7000万、点赞超100万、评论5万余条、网友转载10万余次。微电影《大山的女儿》《云之恋》在中央和省市媒体播出，先后荣获全路“十佳微电影”、第五届

“五个一百”网络正能量作品。幸福曲工微信公众号微力指数持续保持上升，推出“庆祝新中国成立75周年”“精彩曲工人”“护路娃”系列精品，引发干部职工热议，提升了对身边榜样、对安全管理、对改革举措的情感认同。

（二）聚焦“政治学习”这个关键，用党的创新理论武装人

健全落实纵向到底、横向到边，全员覆盖的政治学习机制，抓实“每日一学、每周一课、每月一测、每季一验、每年一评”，推进全段政治学习方式制度化、管理规范化、落实常态化。

1.“每日一学”持续充电补钙。调研职工政治学习需求，在幸福曲工微信公众号开设“每日一学”专栏，从习近平新时代中国特色社会主义思想、党的二十大和二十届三中全会精神、铁路职工政治理论应知应会题库、昆明局集团公司“政治学习每月测”中选题，一年来发布274期534题。将“最美铁路人”“新时代·铁路榜样”“理论微课365”作为“每日一学”的内容，丰富政治学习供给。通过“每日一学”跟进学习“六个现代化体系”系列理论微课，教育引领职工拥护改革、支持改革，争当铁路现代化的闯将，勇当强国事业的干将。

2.“周一课堂”覆盖全员常态学。实行“周一课堂”政治学习机制，科室、车间、班组每周一利用室务会、交班会、班前会时机，分层分次开展政治学习讨论，采取观看视频微课、专题辅导、理论骨干送课、青马讲师互动讲、职工轮流讲、班组PK讲等多种形式，让课堂有“知”有“味”，让党的创新理论走进一线，铸牢干部职工拥护“两个确立”、做到“两个维护”的思想根基。“周一课堂”被国铁集团党组宣传部评为班组政治学习优秀案例。

3.“每月一测”促进职工用心学。积极参加铁路职工政治理论应知应会网络答题，坚持用“昆铁+”App开展政治学习每月一测。职工脱产培训开设思想政治课，安排政治理论测试题，加强学习效果验证，形成“学测”闭环。按照分层分级、学什么考什么原则，由车间和班组党支部书记、科室负

责人组织实施“周一课堂”抽考、党员大会和政工会书面考、“昆铁+”App全员网络考、党支部季度联检互评现场考，测试成绩纳入每月政治工作质量评比考核通报，让政治学习从“软任务”变成“硬指标”，责任落实到岗到人。

4.“每季一验”促进规范管理。把政治学习作为党支部政治工作验收、月度标准化规范化建设考核、党委季度联检互评的重要内容。每月组织车间党支部、党委办公室对标检查验收考核，段党委每季度点评、通报好的做法和存在不足，问题突出的由党委书记与车间党支部书记进行专题谈心并督促整改，持续提升政治学习制度化规范化水平。

5.“每年一评”营造浓厚氛围。开展年度政治学习全员考试，选树表彰奖励“学习标兵”。以上促下，以学促行，推动车间班组评选过硬“学习明星”，给予加分奖励、揭示宣传、择优推荐，激活示范带动效应。沾益线路维修工区“学习明星”高婷被评为“与共和国同行——铁路百佳讲述人”。崇尚学习、争当先进在全段蔚然成风，为中心工作开展营造了良好氛围。

（三）抓住“思想教育”这个根本，用有效的宣传教育引领人

1. 着力增强形势任务教育的说服力。推动“改革创新展作为、提质增效立新功”主题宣讲进一线、进班组，抓实抓细生产一线示范讲、“口袋书”掌上讲、“周一课堂”互动讲、改革创新先锋讲、创新载体覆盖讲，组织火车头奖章获得者、云南省第七届“云岭工匠”施鸿，昆明局集团公司劳模赵映亚面向全段职工“先锋讲”，围绕党的二十届三中全会精神、主题宣讲制作4期微视频、1个理论微课，组织“网上讲”，编印《主题教育宣传提纲》口袋书1100余本，发至职工人手一册，便流动班组开展“掌上讲”。编发简报12期，编写宣讲提纲82份，推动宣讲教育更加生动鲜活、入脑入心。

2. 着力增强职工思想工作的渗透力。坚持班组动态了解职工思想，车间每月分析、掌握重点人，段每月形成职工思想动态分析报告，每季度作出整体评估和趋势研判。在一线车间班组大力推行4个生产一线思想政治

工作法，“阳光365”班组一日思想政治工作法以“六谈、三访、三表扬”为抓手，紧密围绕安全风险管理开展岗位思想政治工作，在第一时间化解不良思想情绪，避免小情绪酝酿成大矛盾、小困难演变成大问题，实现岗位思想政治工作和中心工作相统一。组织党员和职工结对子，开展谈心谈话1400多人次，及时疏通思想、沟通感情、解决问题，确保各项工作顺利推进。

3. 着力增强正面宣传教育的影响力。自下而上评选表彰20名“曲工工匠”，制作“明星”灯箱、“明星”大道、“明星”墙等阵地，在段部、车间、班组显著位置揭示揭挂，让劳模、先进、标兵等“明星”亮起来。通信报道《施鸿：匠心守初心，一锤定佳音》先后在云南省、昆明局集团公司报刊媒体平台推出，引发热议。“优才”魏木攀2018年参加工作，2019年考取硕士研究生，2020年斩获云南省桥隧工技术大赛状元，荣获云南省五一劳动奖章，树立了勤学上进、岗位成才榜样。

（四）厚植“人文关怀”这个基础，用暖心实在的家园文化感染人

建设家园文化、注重人文关怀，是加强改进基层思想政治工作的应有之义和有效途径。采取一系列有情怀、有温度的举措，持续深化曲工“福文化”建设，不断拓展“共建幸福曲工、共享美好生活”的实践新境界。

1. “福文化”在沿线开枝散叶。推动以“安全铸福、标准护福、守纪守福、创新增福、和谐聚福”为核心的福文化在沿线开花结果。以“福”为主线，构建“1+N”文化体系，形成福文化、福之悦驿站、福之味食堂、福之阅书吧、福之居单身宿舍（公寓）等系列文创产品。成系列、成规模打造沿线车间班组30个福园小院、50多个特色文化点、30个“福之味”职工食堂、13个职工休闲娱乐“幸福驿站”。以“艰苦奋斗、务实创新，毫厘不差、对标立行”曲工精神为引领，提炼培育“水红第一站、争当排头兵”“在枢纽就要当标兵”“传承争先基因、铸就更大光荣”等车间班组精神。改善生产生活条件的同时，凝聚干部职工共同价值认同，丰富了新时代福文化内涵。

2. 用心办好职工“心头事”。把职工的关注期盼、安危冷暖放在心上，用心用情办实事解难题。围绕“新八级”出实招助力职工成长成才，实施“优才”计划培养培育新入路青年职工，持续打造沪昆线照福铺“青星特训营”、威红线“金色鲁番”工班长培养基地、红果桥路施工负责人培养基地，加速人才孵化培育成长。4 年来，64 名“优才”通过基地考核，走上工班长岗位，30 人走上管理岗位，12 人走上中层管理岗位，10 人被昆明局集团公司机关部门录用。有为有位、干事创业成为主流，干部职工企业向心力和归属感明显增强，进一步强化了高质量发展的人才支撑。

三、工作成效

思想政治工作生命线作用充分彰显。曲靖工务段把守正创新、务求实效作为思想政治工作的出发点和着力点，坚持既解决思想问题又解决实际问题，既发扬优良传统又积极探索实践，紧紧抓住干部职工所思所需所盼所急开展工作，形成了基层思想政治工作新格局，有效统一了职工思想，增强了队伍凝聚力向心力，调动了各方面积极性，促进了各级组织积极发挥作用。

1. 营造干事创业的良好氛围。职工精气神、企业文化在新时代呈现了新风貌，干部职工心往一处想、劲往一处使，优质高效完成集团公司首次桥梁机械清筛、首次道岔机械清筛、首次路基机械化换填施工先行先试工作，连续实现第 28 个防洪安全年，2024 年上半年实现安全生产 10 年。段先后获全路先进基层党组织，昆明局集团公司先进党组织、站段标准化规范化建设暨安标线建设先进单位、文明单位等荣誉，照福铺线路维修工区获评全国工人先锋号。

2. 福文化在沿线绽放幸福之花。担当新时代文化使命，深耕福文化，打造沿线精神高地，建设系列福园小院，讲好新征程奋斗故事，生动展示发展成就，根植幸福曲工奋斗以成精神代码，播撒创先争优争取更大光荣种子，凝聚全员共建幸福曲工、共享美好生活奋进力量，厚植了高质量发展软实力，干部职工以昂扬姿态勇当服务和支撑中国式现代化的“火车头”。

四、工作启示

1. 坚持用习近平新时代中国特色社会主义思想凝心铸魂。做好新时代铁路基层思想政治工作，首要的就是学习领悟好习近平文化思想，学习贯彻好习近平总书记关于思想政治工作的重要论述。要提高站位，始终坚持站在党和人民事业发展的高度，把立德树人作为思想政治工作的根本任务，锻造一支始终听党话、永远跟党走的职工队伍，让铁路的红色基因赓续相传。

2. 坚持守正创新，融入中心工作。把牢思想政治工作领导权、主动权，坚持团结稳定鼓劲、正面宣传为主。要抓好理念创新、手段创新、工作创新，推动思想政治工作传统优势同信息技术紧密融合，运用互联网平台、新技术手段为思想政治工作助力赋能，增强时代感和吸引力，以更加精准优质高效的服务吸引凝聚引导干部职工，画好线上线下“同心圆”。

3. 坚持思想问题同实际问题一起抓。要把工作做到职工心坎上，增强思想政治工作的针对性、实效性，重点工作在哪里、哪里就是思想政治工作的主战场，职工在哪里、思想政治工作就延伸到哪里。精准把握职工思想脉搏，用心用情用力解决好职工最关心最直接的急难愁盼问题，化解矛盾、理顺情绪，帮助解决后顾之忧，凝聚共建共享合力。

4. 坚持文化兴段、文化育人。要充分发挥铁路文化的涵养功能，共建车间班组家园文化，以文化的力量引领思想、规范行为，引导职工形成正确的世界观、人生观和价值观，筑牢对铁路使命、铁路事业、铁路文化的认同。坚持以文化人、以文育人，培养先进、带好中间、帮促后进，不让一名职工掉队。

（执笔人：张宏程、郑周林、周正权）

巧借平台“活化”思想

中国铁路昆明局集团有限公司政研会昆明机务段政研分会

一、基本情况

昆明机务段“领航”爱国主义教育阵地位于云南省昆明市官渡区昆明机务段小石坝检修基地内，整个基地以党史和中国精神为主题，建设面积7885平方米，主要由“领航”雕塑、红色精神长廊、“中国共产党为什么能”展馆、“马克思主义为什么行”展馆、“中国特色社会主义为什么好”展馆、“党的自我革命”教育展馆、昆铁党风廉政建设教育展馆、红船、宣誓墙、金句亭、英模长廊共11个部分组成，通过文字、图片、视频等形式系统展示百年党史、党的创新理论、云南铁路发展史和昆机奋斗史等内容，是昆明机务段党委开展爱国主题有形化教育的综合性主题教育基地，并于2023年被评为全路党员教育示范基地。

“岭先”主题教育展馆位于距昆明市东郊8公里昆明机务段内，围绕段发展历程、理念思想、案例教训、创新成果、收获荣誉等内容，突出“开门现功、段训家风、常鸣警钟、立业建功、奋进典籍”5个板块，精心设计建成，兼具宣传教育和文物保护功能。

昆明机务段党委始终坚持听党话、跟党走，聚众智、顺民意，自主设计、打造了以党史和中国精神为主题的“岭航”主题教育阵地和“岭先”主题教育展馆，先后被昆明局集团公司党委命名为“爱国主义教育基地”，并被国铁集团党组命名为“全路党员教育示范基地”，成为全路各级党组织用好红色资源、传承红色基因、开展职工思想教育的“实境课堂”，引导干部职工观史知不易、学习受洗礼、奋斗有信心。

二、主要做法

（一）挖掘精神内涵，坚定新时代“赶考”初心

深入挖掘红色阵地精神特质，转化为具体实践内涵，引导树立“坚、进、严、实、新”价值追求，坚定新时代“赶考”初心。

1. 培育坚定不移的信仰。充分运用“党史长廊”，诠释“红船精神”、井冈山精神、“两弹一星”精神及抗疫精神等红色精神，始终贯穿坚定理想信念的核心内涵，引导党员干部职工深刻认识信念是希望之光、力量之源，是共产党人的政治灵魂和精神支柱，无论风吹雨打、千难万险，都坚如磐石；教育引导党员干部职工把坚定理想信念的当代价值，体现到始终听党话跟党走、矢志不渝忠于安全的职责使命上来。

2. 铸牢进取奋发的精神。充分运用集中体现习近平新时代中国特色社会主义思想的“金句亭”，诠释新时代、新使命，引导党员干部职工筑牢命运共同体意识，提升“局小胸怀不小”的政治站位，树立“居远追求更远”的目标追求，永葆“只争朝夕再出发”的精神境界，在新时代充分展现“以实为本、以进为荣”的昆机企业精神，团结进取，赓续奋斗。

3. 锻造实干笃行的作风。充分运用“英模回廊”，诠释共产党“实”字当头，“干”字为先的优良传统，引导党员干部职工深刻认识安全工作来不得半点马虎、搞不得半点形式主义，面对全段管辖范围不断扩大等困难，只有更加注重谋事要实、管理要实、培训要实，落标要实，才能守住安全政治红线和职业底线。

4. 树立严管厚爱的导向。充分运用段风文化走廊，教育引导各级管理

人员落实好昆明机务段严而有理、严而有度、严而有方、严而有情的“四严”理念，在全段树立“严爱”管理的鲜明导向，让全段干部职工理解、支持“严爱”管理。

5. 激发革故鼎新的勇气。充分运用“岭风”文化广场、工匠园和劳模大道，诠释“惟改革者进，惟创新者强，惟改革创新者胜”的理念，引导党员干部职工学习新理论，运用新技术、创新新方法，破解新难题，展示新作为。

（二）用好阵地资源，凝聚新时代“前行”力量

坚持用红色阵地固本培元、铸魂育人，凝聚开创未来的前行力量。

1. 主题活动有高度。将参观“岭先”主题教育展馆、“岭航”主题教育阵地作为昆机职工的“必修课”，纳入各类培训课程，增强职工对百年党史和昆机奋斗史的情感认同。把主题党日、“三会一课”等组织生活移到红色阵地，通过“参观＋交流”“讲解＋感悟”的方式，提升思想认识，增强学习实效。利用红色阵地开展“沉浸式”读书班，引导职工身临其境触摸历史脉络、感知历史温度，增强历史使命。“岭先”主题教育展馆、“岭航”主题教育阵地已有 2.6 万余人次参观学习。

2. 品牌打造有特色。开展铁路工业研学 52 次，吸引 3600 余名路外人员走近百年党史、云南铁路发展史，让红色阵地成为认可铁路成就、支持铁路发展的生动平台，促进形成良好的路地关系。常态化组织职工家属到段开展“家属保安全”活动，增强职工家属对铁路工作的理解和支持，汇聚齐心协力保安全的合力。利用红色阵地为职工拍摄主题婚纱照、亲子照 59 人次，内聚人心提高学习教育成效，外塑形象创建红色阵地品牌。

3. 学习教育有方式。以红色精神、段训家风为主题设置课题，开展“讲党课　弘扬奋斗精神”比赛，成立党课巡回小组，深入红果、威舍、开远等 10 个异地点巡回授课，扩大红色阵地影响力。创新运用直播平台开展“线上参观研学”4 次，直播解说“岭先”主题教育展馆、“岭航”主题教育阵地，获 7.2 万人次点赞，有效调动职工学习的积极性。在云岭火车头微信

公众号开辟“四史课堂”“领学讲堂”，依托红色阵地资源，讲述百年党史，传递奋进力量。

4. 思想引领有温度。向全体离退休、在职职工征集历史文物、影像资料、创业故事500余个，让历史活起来。以信号灯、作业服等老物件为题材，创作《两块表》《KD55型蒸汽机车》等“老物件会说话”系列短视频。邀请全国劳动模范钟照阳、老党员王聿诚等离退休职工到段参观段史文化，回忆峥嵘岁月，共话奋斗征程，开展专题讲座，上好“思想政治课”。组织全国五一劳动奖章获得者胡军、国铁集团工匠郭为华等先进典型开展巡回宣讲，讲述成长故事，传授工作经验，引导党员干部职工做到“岗位敬业业业精通，职业平凡凡中不俗”，激发奋斗动力，凝聚前行力量。

（三）注重成效转化，展现新时代“实干”之风

学是基础、悟是核心、干是根本，推动职工思想教育见实效。

1. 坚持学以悟心。通过红色阵地学习百年党史、昆明机务段发展史，把对党忠诚与忠于安全的职责使命相统一。广泛开展“我为安全生产、经营创效建一言、献一策、支一招”活动，发动职工提出“金点子”147条，增强改革发展动力。2024年以来，积极探索复兴号动力集中动车组、和谐型机车特性，新建“电子配件脉动检修线”，打造柴油机精密件检修工作站，研发制动阀件脉动检修线，切实管控机车制动命脉维修质量，机车质量持续排名全路前列，进一步筑牢了安全发展基石。

2. 坚持学以践行。通过红色阵地学习“时代楷模”、昆机工匠的先进典型事迹，激发榜样力量。遵循“合格的徒弟是优秀的师父带出来的”理念，建立党员帮带管理办法，组织优秀党员与新职人员、重点人员及“三支队伍”建立625对“一对一”结对帮带关系，通过同学习、同工作、同生活，潜移默化培养优秀新职人员、改变重点人员。打造“丝路 · 磨憨国门先锋”品牌，展现精英队伍形象，选拔出以李光登、杨珍喜为代表的客货跨境司机树标杆，以点带面展作为、示范带动保安全。

3. 坚持学以重效。通过红色阵地精神滋养，增强了全段党员干部职工

践行“人民铁路为人民”的宗旨意识，把确保“旅客列车安全万无一失”作为神圣职责，推行“高精稳准对”操纵法，狠抓规范操纵保安全，确保瞭望彻底、措施果断，切实践行“荣辱一把闸、守牢安全关”。围绕安全生产、运输经营等重点领域，确定党内立项攻关课题65项，召开立项攻关推进会，下达任务书、立下“军令状”，促进提升攻关质量。其中“新型动集微机电空制动操纵运用攻关”“SS_{3B}机车一分钟开车作业程序”等攻关项目取得实效，推动全段改革发展实现新突破。

三、工作成效

昆明机务段党委坚持用习近平新时代中国特色社会主义思想武装头脑、指导实践、推动工作，把理论武装作为破解发展和管理难题的“金钥匙”，以“领航”全路党员教育示范基地和“岭先”爱国主义教育基地为突破口不断抓实思想政治工作，打造思想统一、意志统一、行动统一，对党忠诚、忠于安全，千百员工如一人的队伍，有效提升了安全管理效能，凝聚全段上下共保安全、共谋发展的合力，推动昆明机务段整体工作迈上了新的台阶。昆明机务段先后获得了全国先进基层党组织、全国铁路先进集体、全国企业文化优秀成果、铁路基层思想政治工作示范点、中国铁路党员教育示范基地等荣誉。截至目前，昆明机务段顺利实现无责任一般C类及以上事故37年，机车质量持续排名全路前列，安全成绩全路领先。

四、工作启示

1. 加强理论武装是做好新时代铁路职工思想政治工作的首要任务。坚持以习近平新时代中国特色社会主义思想为指导，加强对党的理论和路线方针政策的宣传教育，使干部职工从思想深处真正认识到政治理论学习的重要性。通过持续强化思想引导，队伍思想正了、人心齐了，安全也更好管了，为破解前进道路上的各种风险挑战提供了最大的信心和底气。

2. 加强育人铸魂是做好新时代铁路职工思想政治工作的关键所在。传承优良传统，赓续精神血脉，推进育人铸魂，是保证企业持续发展的必然要求。段党委致力于将“领航”“岭先”爱国主义教育阵地打造成引领职工思想、凝聚共干合力的“实境课堂”，为职工上好“思想课”，激励全段干部职工坚定共产主义理想信念，培育高度的政治自觉、思想自觉和行动自觉，不断养成爱党爱国、爱路爱段、爱岗敬业的价值追求。

3. 加强实效性是做好新时代铁路职工思想政治工作的重要原则。做好新时代铁路职工思想政治工作，不能只停留在简单的灌输和空洞的说教上，必须把解决思想问题与解决实际问题结合起来，要牢牢把握目标导向、问题导向和结果导向，着力在政治上引领职工、思想上尊重职工、岗位上塑造职工，才能为企业改革发展汇聚强大精神合力，才能有效凝聚人心、汇聚力量。

（执笔人：祁超、冯芸、许津铭）

用好“三字诀” 画好“同心圆”
推动思想政治工作走深走实

中国铁路昆明局集团有限公司昆明车务段读书铺站党总支

一、基本情况

读书铺站是昆明局集团公司最大的区段站，是连接广昆、成昆、昆玉和南环线的重要枢纽，共办理11个方向的接发列车作业，日均办理车辆数达2970余辆，最高峰时突破3600辆，日均调车钩数240钩。

读书铺站党总支共有职工169名，其中党员59名，设立运转班组6个、减速顶班组1个、货检班组1个，车站人数多、任务重、安全压力大，开展有效的思想政治工作对确保职工队伍稳定和铁路安全尤为重要。读书铺站党总支结合车站特点，不断改进学习方式，通过按月对职工参与学习、讨论和抽问情况进行综合评分，并在车站公告栏公布得分情况，以考核激励提高职工政治学习的积极性与主动性。读书铺站党总支政治理论学习案例被国铁集团评为“2021年铁路基层政治理论工作优秀成果”。

读书铺站是全路唯一一个以“读书”命名的车站，有深厚的文化底蕴。近年来，读书铺站党总支不断创新，主动融入昆明局集团公司“读书铺站区书香浓”读书品牌，围绕读书品牌进一步加强文化建设，开展读书分享活动，带动干部职工“双读双提升”，即“读好政治理论书，提升思想素质；读好专业技术书，提升业务素质”，推动思想政治工作持续走深走实。全站干部职工做到学用结合，严格执行“一口清、一手精、一个样”作业标准，守牢调车安全底线，确保安全生产持续稳定。

二、主要做法

（一）用好“学”字诀，凝聚思想共识

1. 划小单元认真学。读书铺站党总支通过划分习语金句、精神解读、思维导图等点、线、面的学习模块，对习近平新时代中国特色社会主义思想，党的二十大精神、党的二十届三中全会精神，习近平总书记对铁路工作的重要指示批示精神等内容进行集中学习，用通俗易懂的方式带动干部职工学习。利用《习近平新时代中国特色社会主义思想学习问答》《习近平用典》《新时代铁路发展面对面》等书籍，每月划分学习章节，划小理论知识点，将政治理论结合铁路工作实际进行学习，并将学习重点梳理为应知必会知识点，每月下发到各班组，班组长组织职工进行再学习再复习，做到学习有重点、有靶心。

2. 活用载体线上学。针对班制复杂、职工学习不易集中的实际情况，读书铺站党总支加强理论学习矩阵建设，活用“学习强国”App、“昆铁 +”App 与出彩昆车人微信公众平台等线上载体为辅助的理论学习阵地，学习党的新思想新理论、“理论微课 365”与“打卡！政治理论小测验”等内容，把职工吸引到线上，在潜移默化中以理育人、以学促知。落实党员干部 32 学时，职工群众 16 学时的要求，每月“昆铁 +”App 理论学习“必学内容”学习覆盖率均达到 85%以上。此外每季度组织干部职工参加线上政治理论测试，80 分以下进行考核，确保学习效果。

3. 示范带动创新学。每季度参加“读书铺站区书香浓”读书分享活动，由班组成员轮流领学，通过分享书籍、诗词、文章、视频等方式进行政治学习，职工交流学习心得，围绕学习内容进行讨论，丰富学习内

容，提升学习兴趣。利用交班会、政治学习等时机，对应知必会的学习内容开展全覆盖抽问，对95分以上职工进行奖励，对80分以下职工进行考核，不断提高职工政治学习的积极性与主动性。设置“醒石”学习角，放置《习近平的七年知青岁月》《梁家河》等书籍，供职工阅读学习。充分利用红色教育基地资源，让干部职工接受沉浸式、体验式的红色教育，党总支组织党员到中共云南省委一大会址查尼皮参观学习，让政治学习、党性教育“活”起来。

（二）用好“实”字诀，融入中心工作

1. 安全管理有实策。学习的目的在于运用，读书铺站党总支组织干部职工利用“三会一课”、政治学习时机深入学习习近平总书记关于安全生产的重要论述，牢牢把握铁路安全工作的新理念新策略新方法，把理论学习成果转化为推动工作的新举措。利用支委会讨论研究安全管理制度、评选安全标兵、制定奖惩措施，围绕安全管理“怎么管、怎么办、怎么干”进行讨论，做到“保安全、稳思想、强队伍”。坚持关口前移，加强源头治理，不断深化安全风险分级管控和安全隐患排查治理双重预防机制运用，进一步健全人防、物防、技防“三位一体”安全保障体系，对照事故教训举一反三，深入查找同类问题，研判同类风险，消除安全隐患，提升安全管理水平。健全干部监督检查机制，落实“昆铁+”车务安全检查履职平台工作项点和卡控要求，实现对现场作业的“全项目、全时段、全范围、全覆盖”检查，确保关键项点全面受控，值班干部履职到位。

2. 标准作业出实招。以各岗位先进典型为引领，总结提炼赵楠调车作业“三看一接”工作法、李祥值班员防错办工作法、杨林列尾确认无差错工作法，广泛开展“传帮带”，在技术创新上肯钻研、在技能培训上下功夫、在标准执行上作表率，实现“点亮一盏灯、照亮一大片”的辐射效应。读书铺站围绕调车作业要点、劳动人身安全重点，以党内立项攻关、技能系统培训等为载体，组织管理人员、技术骨干、业务能手定期开展技术规章研讨，为《车站行车工作细则》修改提供思路，在接发列车、机车转线作业卡控、施工维修卡控方面拟定10条细化措施，总结提炼读书铺站调车安全“五要诀”，在集团公司全媒体平台推出5集系列报道，引起干部职工热烈反响，给作业人员提供标准指引，营造“学标、对标、贯标、达标”的浓厚氛围。

3.提升效率见实效。读书铺站党总支以“改革创新展作为、提质增效立新功”主题宣讲为契机，组织开展“学思想、强引领、作表率”宣讲会，讲清车站的形势任务，收集职工对提高生产效率的“金点子”，引导职工真抓实干、埋头苦干，职工思想和行动有效统一，“说铁路话、想铁路事、让铁路兴、盼铁路好”成为干部职工共同价值追求。成立两支“党员突击队”进行挖潜提效专项整治能力查定和调研写实，查找编组线和到发线被占用时间长，影响推峰效率、车流集中到达时机车拉运能力不足、车辆技检作业超时等制约读书铺站运输组织效率的问题25个。扎实开展党建联创共建活动，加强与站区车辆、机务、电务、工务等单位的交流协作，重点解决调机、技检、装卸等结合部存在的问题，最大限度压缩作业时间、辅助作业时间、非生产时间和车辆中停时间，充分挖掘机车、驼峰等生产设备潜力，不断提升作业效率。

（三）用好“解”字诀，做实关心关爱

1.“面对面”解愁事。针对诉求型、咨询型思想问题，坚持把讲道理和办实事结合起来，党总支书记带领总支支委开展“见面会谈”，分班组、分重点人进行讲形势问困难、讲机制问意见、讲发展问建议，了解职工的烦心事、操心事、揪心事。针对青年职工提出的交友难问题，党总支积极联系段团委，联合地方医院、事业单位的青年职工开展“青年交友联谊”活动，为单身青年提供交友平台，通过游戏互动、才艺展示等环节，促进单身职工结识朋友，收获爱情。读书铺站党总支紧盯新入路大学生的思想动态，召开“新入路大学生见面会”，邀请优秀党员、先进典型进行宣讲，分享成长故事、讲明努力方向，为青年职工进行职业规划，培养青年成长成才。

2.“一对一”解心事。针对抱怨型、抵触型思想问题，坚持以班组为主体，让思想政治工作在一线班组落实落地，推行班前预想讲风险、班中谈话勤提醒、班后点评抓整改，让思想政治工作贯穿一次作业全过程。强化“一人一事”思想政治工作，把握职工思想苗头初显时、突发事件发生时、思想情绪未爆发时、两违问题刚反馈时的“四个时候”，及时疏解思想。强化谈心走访工作落实，组织总支支委利用包保检查、跟班写实，广泛开展“十必谈”“五必访”活动，让思想政治工作直抵人心。党总支定期排查情绪低落人、牢骚满腹人、临时困难人等重点人员，采取“一对一”结对帮教的办法，及时解开职工思想疙瘩，化解矛盾，理顺情绪，以思想和谐促进车站和谐。

3.“点对点”解难事。针对职工提出的待班室厕所漏水、站区路灯暗、上班停车难等党总支无法独立解决的难事，结合季度“读书铺站区书香浓”读书分享活动与“意见建议大家提”环节，积极建言献策。在集团公司相关部门支持和站区各单位协作下，新建站区公共书屋、改造车站待班室、修缮站区路灯、划分站区停车位，职工提出的难事得到有效解决。针对职工提出的业余生活单一的问题，党总支积极向段工会提报计划，为职工新建文体活动室，提供乒乓球桌、跑步机、台球桌等运动健身器材供职工班后使用。同时，段团委牵头组建文学、摄影、手工、书法、运动5个社团，邀请青年职工到读书铺站区开展社团活动，丰富职工业余生活。

三、工作成效

读书铺站党总支聚焦学习习近平新时代中国特色社会主义思想，压实思想政治工作责任，用好“三字诀”，提升职工的政治能力、业务本领。扎实开展政治理论学习，让车站广大干部职工学得进、听得懂、能理解，不断强化拥护“两个确立”、做到“两个维护”的思想自觉和行动自觉；坚持用党的创新理论武装头脑、指导工作、推动实践，将党的创新理论转化为推动工作发展的新举措、新办法；做实做细关心关爱工作，做好思想动态分析，解决职工群众急难愁盼，提升干部职工的获得感、幸福感、安全感。在车站党总支的带领下，广大干部职工的文化自信明显增强，对车务段的认同更加深刻，精神面貌更加奋发昂扬，团结干事的氛围愈加浓烈。读书铺站党总支荣获全国铁路五四红旗团支部、昆明局集团公司先进党组织、昆明局集团公司先进车间等荣誉。2024 年以来，在确保安全的前提下，读书铺站生产效率得到明显提升，截至 2024 年 10 月 25 日，车站装卸车数比去年同期增长 5%，货物发送量增长 1.7%；车站中转车平均停留时间为 6 小时，比年度计划缩短 0.2 小时，货物作业停留时间 21.2 小时，比年度计划缩短 0.3 小时。

四、工作启示

1. 融入中心工作，助力安全生产。要将思想政治工作主动地融入车站运输组织、作业实施的全过程，紧扣安全生产、紧靠职工群众、紧系作业现场，从职工最关心、最直接、最迫切的利益问题着手。要强化管理体制机制建设、用实安全信息管理平台，引导干部职工认真履职、积极作为，在安全管理上有实策；常态开展案例警示教育、加强岗位技能模拟演练、优化“学标、对标、贯标、达标”工作机制，着力解决职工的“本领恐慌”问题，在标准作业中出实招；以党员突击队攻坚破解难题、强化单位间联劳协作解堵保畅，为完成车站任务目标添砖加瓦，在生产效率上见实效。要把解决思想问题与解决实际困难结合起来，找准思想政治工作服务中心工作的切入点、结合点、共振点，形成“双融双促”的良好格局。

2. 加强关心关爱，解决实际难题。要聚焦青年职工在婚恋交友、学习工作、业余文化生活等方面的利益诉求，因人、因事、因时制宜开展工作。在涉及个人切身利益的改革措施出台时，要注重引导青年职工正确看待个人与集体利益的关系，支持和参与改革；充分运用“互联网 +”思维，采用他们喜闻乐见的方式，形成互动化、个性化的思想政治工作模式，对收集到的职工意见，要汇总梳理，督促整改落实，确保需求和建议有回音有着落；持续推动兴趣小组、文体活动的开展，丰富职工的班后精神文化生活，增强他们对单位的认同感、归属感。要聚焦设施保障，推动功能配套到位，实实在在改善工作环境、生活设施，营造“拴心留人”的干事创业环境，让干部职工干得安心、住得舒心、玩得放心。

3. 创新方式方法，完善学习载体。要从以往“杂锅菜”式的学习内容向单元化、针对性、精准性的学习内容转变，从以往单一灌输的学习方式向互动式启发式教育转变，重视在精神层面的文化交流，让“要我学”变为“我要学”，充分发挥了职工的主观能动性。要以线上、线下相结合的方式，充分发挥“指尖”课堂与“云端”课堂的优势，提升理论学习的便捷性、互动性、时效性，要持续组织先进人物宣讲、好书分享会、诗歌绘画创作等活动，充分利用红色教育基地资源，带领职工走出去体验“沉浸式”学习，保证教育引导的形式多样化，搭建以文化人、以艺通心、以感润心的平台，让车站各班组职工形成比学赶超的良好氛围。

（执笔人：钱克勤、石佳、叶恒）

打造“三个课堂” 助力思想政治工作提质增效

中国铁路昆明局集团有限公司玉溪供电段动力设备车间党总支

一、基本情况

昆明局集团公司玉溪供电段动力设备车间主要负责全段接触网作业车和汽车等动力设备的运行检修维护工作。2023年以来，车间先后培养出全国铁道优秀共青团员1名、全路春运立功竞赛优秀个人1名、昆明局集团公司先进生产工作者1名、昆明局集团公司首席技师2名、技术能手1名、段优秀共产党员2名。车间成立以来，实现了全段轨道作业车安全运行133019公里无责任设备故障及事故、汽车专业行驶979463公里未发生道路交通安全隐患及交通事故的良好成绩。

动力设备车间现有职工52名，其中党员32名，车间党总支下设3个班组党支部，支委2名。

动力设备车间积极推进思想政治工作守正创新发展，不断探索与改进新形势下加强思想政治工作的新方法、新途径，探索形成“动力之声讲堂”党内品牌，通过打造“三个课堂”，创新活动载体和方式方法，将思政工作全面融入车间安全生产，进一步推动思想政治工作做深做实。全面提升了车间干部职工队伍政治素质，不断引导干部职工立足岗位创先争优，在实现“两车”全年安全稳定中充分展示先锋作为。

二、主要做法

（一）聚焦思想政治，打造“理论课堂”

1. 建好学习制度。结合不同班组工作实际，将车间分为 1 个日勤制工区、1 个轮班制工区和 1 个施工流动制工区，结合工区作业特点，分别制定可操作可执行的政治学习制度，对学时要求、学习频次、组织形式等作出详细规定，确保每名职工都能按时参加政治理论学习。以班组为基本学习单元，严格学习考勤制度，将职工政治学习记录纳入班组综合台账管理，由班组党支部书记组建学习小组，负责学习策划、过程管理，及时监督缺席人员进行补课。车间支部委员按照包保分工，列席参加工区政治理论学习，讲解学习重点，带头领学，主动发言，激发职工学习热情，保证学习质量。

2. 强化内容供给。针对车间班组人员分散、集中学习难召集的实际，围绕“多向供给”，抓好全员覆盖学。以深入学习习近平新时代中国特色社会主义思想为主线，持续跟进学习党的二十大和二十届三中全会精神，围绕党的创新理论、党纪法规、形势任务等学习要点，每月对段下发的政治学习内容进行整理，分层级细化学习重点，形成学习清单，确保学习方向不偏、内容不漏。主动对接干部职工的认知习惯和接受方式，用好“学习强国”App、“昆铁 +”App、段网、微信公众平台等线上学习平台，通过制作“电子书屋”台签、编写车间刊物《动力之声》、建立“动力读书角”等方式，不断丰富学习内容供给。结合集中修、春检秋鉴、防洪隐患排查等阶段性重点工作，聚焦广大职工期待需求、疑问困惑，依托班组政治理论学习会，用讲政策、谈形势、说体会的方式，将对理论知识的阐释解读和深化转化延伸到“最后一公里”，让职工听得懂、能领会、可落实，激发职工学习的兴趣和动力。

3. 丰富学习形式。把集中学习作为班组政治学习的“主课堂”，改变

“一人读稿大家听”的政治学习状态，开展“今天我领学”活动，鼓励领学人精心梳理学习内容、准备学习课件，采取领学原文、解读要点、观看视频、组织答题等多种形式开展集中学习。在学习过程中突出讨论环节，组织职工联系岗位实际进行互动交流谈体会，做到季度讨论全覆盖，由过去的“要我学”转变为“我要学”，使班组政治学习有趣、有料、有意义。同时针对施工流动人员，利用空闲时间画小学习单元格，大力推广“5 分钟微党课”“班前一刻钟”等碎片化政治学习模式，组织职工参与线上理论学习小课堂、答题挑战赛、案例展播等活动，确保理论学习入脑入心。

（二）聚焦职工需求，打造“实践课堂”

1. 围绕中心工作，在凝心聚力上下功夫。围绕段、车间年度重点任务开展思想政治工作，在防洪抗汛、车辆年检、春检秋鉴、专业集中修等重点工作时间节点，利用“三会一课”、生产会、分工会等时机，累计开展形势任务宣讲 86 场次。针对重要时间节点，每月设置一个如“汽车道路交通安全如何保”“绩效管理办法解读”“丽香线集中修怎么干”等干部职工最想听、最关注的热点话题，分层开展“微讨论”，进一步凝聚思想共识。聚焦全年生产任务难点，持续开展党内立项攻关，发挥车间技术骨干作用，围绕 DPT 型接触网作业车工作平台多控制模式技术改造、JW-4G 型接触网作业车发动机舱盖板结构改造、JJC 型铁路接触网检修列交流配电柜故障处理及改进等难点问题开展技术攻关，获得昆明局集团公司科技创新项目一等奖，持续凝聚攻坚合力。

2. 关注实事难题，在解决问题上下功夫。坚持把解决职工思想问题和实际问题作为工作的出发点和落脚点，针对管理人员与基层职工交流“迈不开腿、张不开嘴”的问题，以常态化开展“我为群众办实事”活动为抓手，创新打造“服务连线直通车”问题热线，畅通职工意见建议表达渠道。将车间党总支委员和各班组党支部书记等 8 名管理人员设置为服务连线人，针对职工反映问题进行答疑解惑，每月统计接听答疑热线次数，根据意见建议采纳情况，对提出建议人员和服务人员给予每次 50 元的奖励。

2024年以来，车间管理人员接听答疑热线电话85个，答疑解释问题37个，解决新造DPT车型平台无法下降、温泉至麒麟场专用线冒雨巡查道路交通问题、住宿发票报销流程不明确等涉及职工生产生活的难点、堵点问题24个，确保件件有回音、事事有着落。

3. 紧盯关键群体，在稳定队伍上下功夫。每月统筹掌握发生作业“双违”、受到考核处分、伤病住院、家庭变故、结婚生育等各类重点人员信息，安排车间管理人员综合运用现场检查、跟班作业、工作交流等形式，了解职工真实心声，把握职工思想脉搏，力求做到全面、准确、真实、具体。针对车间职工年龄超50岁、患基础病职工群体比重较大的实际，开展职工健康状况排查，通过增加谈心次数、配置应急药品、做好住院慰问等措施，及时了解掌握干部职工健康状况。聚焦青年职工思想状况，通过调研摸底、业务帮扶、组建兴趣小组等方式，因地制宜开展“电子竞技”“趣味运动”“读书分享会”等活动，及时帮助他们化解矛盾、理顺情绪，精准掌握青年职工思想动态，助力青年职工成长成才。

（三）聚焦革命传统，打造“红色课堂”

1. 用好红色资源。红色资源是我们党艰辛而辉煌奋斗历程的见证，是最宝贵的精神财富，车间党总支用好用足“家门口”的红色资源，深入开展新时代爱国主义教育。组织干部职工走进柯渡红军长征纪念馆、朱德故居、石龙坝水电站、中共云南地下党建党旧址等红色教育基地，以及段“沁园”党建文化广场，通过开展红色主题党日、听红色党课、唱红色歌曲等形式，突出红色主题，丰富教育形式，增强党性教育、爱国主义教育的体验度、鲜活度、辐射度，推动思想政治教育走实走深。

2. 讲好红色故事。在班前政治理论学习会中每周设置一次红色教育微讲堂，通过“讲一个红色故事”“读一篇红色经典”“看一段红色纪录片”等形式，充分发挥红色党史的宣传教育功能。结合车间复转军人占比近40%的实际，鼓励复转军人“站上讲台”，讲述参军参战历程、经历的重大历史事件、入党故事以及人民军队光荣传统。以党史知识为主题，举办

“党史知识达人”知识抢答赛、开展“诵读红色经典”读书分享会、制作《中国共产党入党誓词的历史沿革》微党课，创作《手握闸把，传承红色基因》《全会精神指航向》等多形式文艺作品，着力讲好红色故事，以红色教育浸润人心。

3. 赓续红色血脉。针对车间入党积极分子、新发展党员人数较多的实际，车间党总支发扬红色传统，注重在入党启蒙教育中注入红色基因，通过开展革命传统教育、参观红色教育基地、观看红色电影等方式，引导职工积极向党组织靠拢，厚植红色血脉与精神，为新发展党员注入源源不断的红色力量。大力弘扬无私奉献的红色革命精神，持续开展“突击奉献”“创岗建区”“三无竞赛”等创先争优活动，引导党员在急难险重任务中冲锋在前、攻坚克难。2024年以来，围绕“两车”安全、丽香线集中修等中心工作成立党员突击队5次，保质保量完成68辆接触网作业车的检修任务，实现安全行车102475公里，以优良作风和实际行动传承弘扬革命精神。

三、工作成效

动力设备车间党总支坚持打造思想政治工作“三个课堂”，不断提升思想政治工作精准化水平，把思想政治工作抓在日常、做在经常、立在基层，职工思想政治素质得到明显提升，干部职工“四个意识”更加牢固、“四个自信”更加坚定，更加自觉地拥护“两个确立”、做到“两个维护”，善教乐学的政治理论学习氛围日渐浓厚，职工的思想问题和生产生活难题，得到了较好的解决，真正实现了思想政治工作在支部落地，在车间见效。2024年以来，车间也先后荣获了昆明局集团公司先进集体、昆明局集团公司优质党内品牌、段先进党组织、先进车间等荣誉。

四、工作启示

1. 突出思想政治工作的政治性。思想政治工作必须始终坚持党的领导。要持之以恒用习近平新时代中国特色社会主义思想武装头脑、指导实践、推动工作，以思想政治工作凝聚最大共识、汇聚强大力量，引导职工听党话、跟党走，把思想和行动统一到上级各项决策部署上，推动铁路工作更高质量发展。

2. 突出思想政治工作的服务性。思想政治工作必须服从和服务于党的中心工作。要紧紧围绕企业高质量发展主题，围绕安全生产、设备质量的主责主业，深入细致地做好职工的思想工作，充分发挥先进典型示范引领作用，用身边人、身边事感染职工、激励职工，传递企业正能量，引导职工切实把思想统一到企业发展目标上来，凝聚职工的精神力量。

3. 突出思想政治工作的实践性。解决思想问题必须解决实际问题。要坚持以人民为中心的原则，站在职工的立场上，帮助解决职工最关注的思想问题和生产生活问题，让职工切实感受到思想政治工作是与自身密切相关的、是接地气的，以思想政治工作的实践结果，不断增强职工的思想认同。

（执笔人：龚成琦、褚鹏）

实施“三心”工程 推动思想政治工作走深走实

中国铁路昆明局集团有限公司昆明北车辆段读书铺运用车间党总支

一、基本情况

读书铺运用车间成立于2007年，隶属于中国铁路昆明局集团有限公司昆明北车辆段，主要负责成昆线、广昆线、昆玉河线、昆阳线、中老铁路玉磨段货物列车的技术作业。车间下设读书铺、磨憨2个一级列检作业场和白塔村、中谊村、麒麟、青龙寺和大龙山5个技术交接作业场，其中磨憨列检作业场属国境技术交接作业场，负责中老铁路磨憨站货物列车到发、过境交接、货车边线修等技术作业。

车间设有3个班组党支部和11个一线班组，共有干部职工107人，党员36人，35岁以下青年职工72人，占比67%，是全段青年职工比例最高的车间。

2021年以来，随着中老铁路的开通运营，读书铺运用车间党总支始终牢记习近平总书记“把铁路维护好、运营好”的殷殷嘱托，以消除货车安全隐患、保障跨境列车安全畅通为目标，通过实施“三心”工程，进一步统一思想、凝聚共识，有效保障了中老铁路黄金大通道的安全畅通。

二、主要做法

（一）实施“凝心”工程，凝聚共保中老铁路安全畅通的思想共识

1. 以政治引领指引人。车间针对“职工年龄小、党员人数少、政治素质偏低”的特点，坚持以政治引领凝聚保障中老铁路安全畅通的思想共识。以车间党总支为主体，择优遴选 5 名政治素质好、业务能力强的党员理论骨干，创新推出“沉浸式”思想政治教育模式，每季度轮流组织开展形势宣讲和理论授课，充分围绕习近平总书记关于铁路工作特别是关于中老铁路的重要指示批示精神开展学习研讨，课后通过集体读书、观影交流、互动讨论等方式延伸学习感悟；制作推出“深刻领会‘三个务必’的丰富含义”“立足中老铁路　践行使命担当”等 6 个理论微课和专题党课；组织全体党员到磨憨尚勇镇烈士陵园、柯渡长征纪念馆等地开展红色教育；每季度开展“思政星”评比活动，引导车间职工以“胸怀国之大者，勇毅中老铁路”的政治站位与党同心、与段同行，坚决确保中老铁路安全畅通。中老铁路开通以来，车间先后有 19 名青年职工向党组织递交入党申请书，择优发展党员 5 人，保障跨境货物列车安全畅通的先锋力量得到不断增强。

2. 以“辆象”文化感染人。始终把文化育人作为车间开展思想政治工作的有力手段。在磨憨列检作业场打造“辆象”文化家园，融合车辆行业特色和磨憨地域特征，提炼出“辆象”文化理念，“辆象”谐音“亮相”，旨在激励车间职工勇于在中老铁路上亮出保障国门货运安全的责任与担当。同时，将中华优秀传统文化与铁路文化、货车检修文化相融合，提炼“大道至‘检’　内外兼‘修’”文化内涵，引导车间职工不断加强自身内在政治素养和外在业务能力的双重修炼；挖掘“像闸瓦一样耐磨、像垫板一样憨厚”的文化内核，教育职工耐得住磨砺，经得住考验，在磨憨国门与中老铁路共同成长。特别针对车间青年职工占比高的特点，总结出“以争先的姿态、以青春的名义、以硬核的作为、以爱家的团结”4 个层面的“辆象”文化注解，搭建“辆象·我们的使命”“辆象·我们的组织”等 7 个有

形载体，不断激发车间职工全力保障中老铁路货运安全的价值认同、文化认同，以检修“零故障”确保中老铁路黄金大通道货畅其流。

3.以先进典型鼓舞人。坚持先锋引路，在车间广泛宣传昆明北车辆段全国劳动模范、“最美铁路人”陈向华的先进事迹，并聘请其为车间学技练功总教官，通过其成长经历和言传身教，让职工产生思想共鸣，自觉养成“以标准确保安全、用业绩成就人生”的志向和自觉，激励青年职工以劳模为榜样，严守作业标准，维护、运营好中老铁路。同时，始终秉持“为先进典型鼓掌，为进步职工喝彩”的理念，围绕磨憨列检作业场涌现出的全路优秀共产党员吴学峰、集团公司劳动模范叶榕茂、全路青年岗位能手杨磊等先进典型开展表彰宣传，通过拍摄宣传视频、撰写通讯报道、组织座谈分享等方式在车间范围内树立“精兵强将上磨憨、精兵强将出磨憨”的育人导向，立志将磨憨列检作业场打造成车间青年人才的“练兵场”“孵化器”。中老铁路开通以来，车间共有1名青年职工走上段中层管理岗位，2名青年职工走上段专业技术管理岗位，2名青年职工成长为车间管理骨干。

（二）实施“强心”工程，提振共保中老铁路安全畅通的信心决心

1.理论武装强担当。以提升车间政治理论学习质量作为推动车间职工理论武装的重要渠道，把集体学习、集中讨论作为车间政治理论学习的“主课堂”，充分利用“职工轮流领学、面对面互动谈、车间班组随机测、月度考评验证查”的“学、谈、测、查”学习法，通过引导车间职工自主学习、交流促进和效果检验相结合，提升车间职工自主学习意识。同时，充分考虑列检职工“倒班制”作业特点，整合利用“昆铁+”App理论学习模块、段微信公众号等优势资源，通过车间互联网工作群组常态化推送重要会议精神、理论微课等精品内容，引导车间职工充分利用待班、间休等碎片化时间进行学习，采取接龙打卡方式确保学习内容送达率，让“指尖课堂”成为职工及时掌握政策方针、了解形势任务、学习创新理论的有效途径。中老铁路开通以来，车间职工围绕习近平新时代中国特色社会主义思想，党的二十大和二十届二中、三中全会精神以及习近平总书记关于中

老铁路"四好""三路""小而美"重要论述等开展学习讨论26场次，形成心得体会210篇，车间职工政治理论水平得到大幅提升。

2."千锤百炼"提信心。针对作业场职工业务素质和工作经验不足的问题，积极向段申请配备一辆C70E型货车，着力在车间打造"千锤百炼"党员练兵车，制订"千锤百炼"练兵计划，聘请车间全路青年岗位能手杨磊为培训教师，每月组织开展常见故障处置、关键车辆配件检查等实作培训，每季开展单车技检、模拟故障抢修等技术比赛，进一步提升车间职工"看家本领"。同时，组织车间技术业务骨干围绕中老铁路桥隧占比高、长大坡道多、气压变化大等特点开展立项攻关，探索形成"两必看、三必撬、四必换"闸瓦故障处置法、主管裂纹漏泄处置"四步走"法等4项列检工作法，有效提升作业效率和检修质量。磨憨作业场每列技检作业平均用时从45分钟压缩至40分钟，作业效率提升10%，车间职工业务技能水平提升明显，确保中老铁路货运安全畅通的信心更足、决心更强。

3.读书活动促成长。坚持以营造浓厚读书氛围涵养职工阅读习惯，引导车间职工以读书提升知识修养，以读书增长业务才干。在读书铺列检作业场打造"读书"文化墙，以竹简、书本造型融合车辆元素进行设计制作，提炼"锤炼精湛技艺 品读精彩人生"文化内核，挖掘"思想之卷""业务之卷""风气之卷"等"列检人生七本书"文化注解，翻新改造车间小花园读书亭，提炼"立心""立志""立学"读书铭文以及"学理论学业务尽读天下书 提思想提素质勇创不凡业"文化对联，激励熏陶车间职工以读书促进个人成长，以读书成就个人价值。积极向上级工会寻求政策支持，在车间打造省部级职工公共书屋"养心居"，配置各类书籍339册，以及文房四宝、茶具、茶叶等物品设施。组织修订《职工书屋管理办法》，指定专人进行管理，为车间职工常态化阅读看报、书画创作创造有利条件。常态化在车间开展读书活动，组织各班组轮流策划，每月推送一期《我喜爱的好书》新媒体作品，每季开展一次读书分享会。同时，积极承办读书铺站区读书分享活动，联合站区其他车间、部门精心筹备音乐舞台剧、读书达人评比、业务联学、亲子诵读、理论宣讲等活动，引导车间职工以读书推动政治素质与业务水平双提升。

（三）实施“暖心”工程，增强共保中老铁路安全畅通的团结力量

1. 把握思想动态稳根基。将确保车间职工思想稳定作为车间思想政治工作的头等大事，组织车间、班组分层建立职工思想动态重点人员信息库，每月组织各班组党支部书记开展职工思想动态分析，精准掌握职工思想动态变化。要求各班组党支部书记每月与班组职工谈心谈话不少于一次，明确“六必谈”工作要求，做到异地工作职工必须谈、新入路职工必须谈、岗位调整职工必须谈、近期受到考核职工必须谈、家庭突遭变故职工必须谈、经济受困职工必须谈，并结合职工的日常表现、思想状况、家庭情况深入分析问题根源。针对车间青年职工长期驻守边疆实际，每月开展青年职工座谈会，及时了解青年职工思想困惑、生活困难。同时，动态关注车间职工互联网社交平台，及时关注职工不良情绪和思想波动，确保职工思想上苗头性、倾向性问题及时发现、有效化解。中老铁路开通以来，车间职工思想稳定，未发生职工越级上访问题。

2. 民生改善工程暖人心。车间认真贯彻落实习近平总书记关于“小而美”民生项目建设的重要论述，积极围绕职工生产生活设施改善深入车间各列检作业场和车间管辖范围内各厂矿企业驻场点开展调研，在车间实施“小而美”惠民工程，扎实做好车间职工职业生涯全过程的关心关爱。开辟作业场“小菜园”，在磨憨作业场留白区域种植20余株果树、7000余株地被植物以及小葱、大蒜等时令蔬菜，美化作业场环境的同时，为职工自主烹饪食材提供便利；改造作业场“小食堂”，对磨憨现有食堂进行扩容，增配桌椅、锅碗等设施设备，解决过境车辆作业量增加，作业场支援人员就餐困难的问题；改善作业场“小浴场”，开展作业场洗浴设施整治，整修读书铺列检作业场浴室，修理更换老旧破损热水器、花洒等洗浴设施；搭建作业场“小驿站”，为作业场搭建阳光晾衣房，增配衣物风干机、自动售货机等生活设施，满足职工日常生活需求。惠民工程实施以来，车间职工满

意度、归属感与日俱增。

3. 关爱慰问行动聚合力。积极利用段网留言板、车间意见箱、班组工作群等渠道，及时掌握职工群众关心的焦点、难点、困点问题。为有效解决车间职工反映的磨憨作业场气候炎热、蚊虫叮咬、间休不便等10个生产生活问题，积极对接段各职能部门，为作业场职工配发了折叠椅，并定期配送西瓜、冰水等解暑食品以及灭蚊灯、驱蚊水、解暑药等特需用品。同时，广泛组织车间党员职工常态化开展“我为群众办实事”活动，积极开展义务清扫、义务备班以及夏送清凉、冬送温暖等活动，得到车间职工群众的一致好评。此外，积极发挥工会组织优势，开展形式多样的文体活动，有效帮助车间职工增进感情、放松心情。常态开展谈心走访、节日慰问、帮扶救助等工作，有效解决职工现实困难的同时，充分让车间职工感受到组织的关怀与温暖，在车间营造“亲如一家 携手同心”的浓厚氛围，切实增强车间、班组凝聚力、战斗力。

三、工作成效

读书铺运用车间党总支始终坚持把扎实细致的思想政治工作作为推动车间各项工作顺利开展的强大引擎，通过实施“三心”工程，有效激发了车间职工的主人翁意识和责任感，形成了上下一心、同频共振的良好局面。“凝心工程”的开展大大激发了车间职工爱党、爱国、爱岗情怀，车间职工确保中老铁路安全畅通、万无一失的斗志更加昂扬；“强心工程”的开展有效促进了车间职工能力素质的全面成长，车间职工守护中老铁路安全畅通、万无一失的信心更加坚定；“暖心工程”的开展切实摸清了职工所思所想，解决了职工急难愁盼，车间职工守护中老铁路安全畅通、万无一失的合力更加强大。中老铁路开通以来，读书铺运用车间党总支“丝路·磨憨国门保畅先锋”党内品牌荣获集团公司党内优质品牌，车间先后涌现出中国铁路优秀共产党员吴学峰、集团公司劳动模范叶榕茂、全路青年岗位能手杨磊等一大批先进典型，中老铁路累计安全检修过境铁路货车超70万辆，列列安全，辆辆正点。

四、工作启示

1. 做好思想政治工作，坚持思想引领是根本。习近平新时代中国特色社会主义思想是新时代中国共产党的思想旗帜，蕴含着丰富哲理和科学内涵，是基层各项工作的根本遵循。对于车间而言，要持续引导车间职工用习近平新时代中国特色社会主义思想武装头脑、指导实践，为维护好、运营好中老铁路贡献力量。

2. 做好思想政治工作，坚持中心融合是方向。思想政治工作是服务和推动高质量发展的思想引擎，车间中心工作推进到哪里，思想政治工作就延伸到哪里。对于车间而言，要紧密围绕车间安全管理、生产组织等重点工作，针对性开展思想教育、业务培训、文化建设等思想政治工作，才能引导车间干部职工思想统一、目标一致地持续推动车间不断向前发展迈进。

3. 做好思想政治工作，坚持以人为本是关键。无论是理论武装、思想教育，还是关心关爱，都要坚守人民立场，只有把职工的真正需求作为思想政治工作的出发点和落脚点，才能提供更加优质、更加健全的供给，才能更好满足干部职工对美好生活的追求和向往。对于车间而言，要不断创新方式方法，拓宽职工表达诉求的渠道，精准了解职工生活中的思想动态，真正服务好职工、凝聚好职工。

（执笔人：谢旺庭）

压实责任　靶向发力
全面推动基层思想政治工作提质增效

中国铁路兰州局集团有限公司党委宣传部

兰州局集团公司党委认真落实国铁集团党组部署要求，压实党委主体责任，发挥示范点引领作用，常态化开展“思想政治工作一线行”，全面推动基层思想政治工作提质增效。

一、坚持党委领导，压紧压实“责任链”

兰州局集团公司党委宣传部聚焦强化党委主体责任，统筹谋划、整体推动、严督实导，让思想政治工作有人抓、有人管。

1. 周密部署。把加强和改进基层思想政治工作作为一项经常性、基础性工作抓紧抓实。两年来，先后召开 7 次党委会研究年度宣传思想文化工作要点、基层思想政治工作和安全、服务文化示范点评选命名。两次召开兰州局集团公司基层思想政治工作推进会，组织两级领导班子、机关各部门负责人、各单位宣传干部和部分专职党支部书记参加，兰州局集团公司党委书记、董事长总结经验、分析形势、部署工作。

2. 强力推动。把基层思想政治工作贯穿党的建设全过程，每月利用党委书记专题会、党群工作例会听取党委委员落实“一岗双责”及宣传重点工作推进情况。组织召开季度视频对话会，了解党群部门和各单位党委学习宣传党的二十届三中全会和两级领导干部会议精神、做好“一人一事”思想政治工作等推进情况，指出存在问题，提出努力方向。围绕主题宣讲比赛、“90后”青工精神文化生活调研等19项阶段性重点工作，下发4期《兰铁情况通报》进行督办落实。

3. 严格督责。把基层思想政治工作纳入全面从严治党主体责任落实情况监督检查、政治巡察和标准化规范化考评，突出规定动作，结合年度重点任务，细化4类42项检查项点，组织宣传部联合巡察办开展3轮政治巡察、联合组织部开展4次联检互评、联合业务部门每年分系统开展标准化规范化标杆站段考核评比，推动思想政治工作责任清单、基本规范落实落地，切实把“软任务”变成“硬约束”。

二、坚持辐射引领，管好用好“示范点”

兰州局集团公司党委宣传部聚焦发挥示范点引领作用，总结经验、交流共建、打造品牌，让思想政治工作上水平、提质效。

1. 分系统树立标杆。聚焦思想政治工作“四好”目标、安全服务文化“七优”标准，分系统创建49个基层思想政治工作示范点和6个安全文化、6个服务文化示范点。组织各示范点挖掘兰州西机务段“我的这一年”、兰州工务机械段“红娘奖”等55个特色做法，制作3分钟左右的短视频，利用年度推进会、微信公众号进行集中推介，同步编发典型案例汇编，让每个系统都有看齐的标杆、学习的经验。

2. 分片区交流共建。以展示成果、对标先进、查摆不足为目标，分片区召开3场党建和宣传思想工作成果交流会。分片区组织150名党委副书记、宣传干部举行4场基层思想政治工作观摩座谈活动，分享经验，研讨问题，拓宽思路，推动片区、站区和单位之间资源联享、互学互鉴、共建共促。

3. 分领域联创品牌。坚持成熟一项工作、形成一套标准、打造一个品牌，区分安全生产、站车服务、经营创效等领域，组织示范点先后培育迎水桥机务段“雷锋号”机车组、天水车站“东方微笑”等一批品牌，突出业务关联、功能相近，组织品牌带头人开展实地观摩、交叉挂职、业务联学，加强优势互补、联建联创，以品牌名片效应和规模效应带动基层思想政治工作创新发展。

三、坚持常态长效，巩固深化“一线行”

兰州局集团公司党委宣传部聚焦找办法、作示范、办实事、抓落实重点任务，常态化开展“一线行”，让思想政治工作实起来、强起来。

1. 定好任务明责任。聚焦示范宣讲、集体谈心、解决问题、总结案例、结对指导等内容，分类完善两级领导班子成员“四个一”、支部委员“六个一”、宣传干部“七个一”等责任清单，以月度、季度、半年及年度为节点，明确40项具体工作及量化标准，根据各自职责分别制定“任务书”“路线图”，通过实地察看、询问了解、问卷调查、谈心谈话、列席学习等方式开展“一线行”。

2. 建好机制抓落实。建立“机关送课下一线”机制，两级领导班子成员以上率下开展宣讲2600余场次、组织谈心交流900余人次。建立宣传思想文化工作联系包保工作制度，组织宣传部全员包片区、站段党委领导包车间、车间党组织书记包班组，分类列出38个调研要点和67项谈话提纲，近两年来，组织开展5次思想政治工作专项调研，召开18场座谈会，个别访谈169人，网上问卷调查7.06万人次。

3. 办好实事聚合力。坚持解决思想问题和实际问题结合起来，充分利用互联网和办公网，搭建兰州局集团公司“民情民意直通车”职工诉求平台，着力解决职工急难愁盼问题，打通联系服务职工的“最后一公里”，目前平台共办结各类诉求307件，职工评价满意度达96%。通过多措并举、精准发力，基层思想政治工作有效发挥了统一思想、凝聚力量的作用，围绕中心、服务大局的效果得到进一步提升。

（执笔人：朱亮）

定制关心关爱“套餐” 传播思政工作正能量

中国铁路乌鲁木齐局集团有限公司乌鲁木齐西站党委

乌鲁木齐局集团公司乌鲁木齐西站于 1962 年 12 月建站，是乌鲁木齐局集团公司最大的编组站。乌鲁木齐西站现管辖 9 个普速车站，其中一等站 2 个，二等站 3 个，三等站 2 个，五等站 1 个、企业站 1 个。全站设 7 个科室、2 个车间、8 个中间站。现有职工 893 人，其中职工 821 人，劳务工 72 人。因为特殊的地理位置和责任使命，乌鲁木齐西站在高质量共建“一带一路”中发挥着重要作用，也是丝绸之路经济带核心区的重要节点。站党委始终把学习宣传贯彻习近平新时代中国特色社会主义思想、党的二十届三中全会精神作为首要政治任务和最大政治优势，聚焦形势任务、重点人员、青年职工和攻坚重点，通过定制关心关爱“套餐”，传播思政工作正能量，促进各级干部深入一线摸实情、找办法、办实事、解难题。

1. 聚焦“形势任务”关键，上好思想政治“必修课”。“通过此次宣讲，我对乌鲁木齐局集团公司、车站目标任务有了更加清晰的认识，也明白守好安全底线是确保我们工资收入的重要前提。”在运转车间学习室内，刚听完党总支书记张经清向大家宣讲国铁集团、乌鲁木齐局集团公司“9.19”电视电话会议精神后，连结员赵越有感而发，而像这样的宣讲在乌鲁木齐西站是一种常态。2024 年以来，站党委通过“改革创新展作为 提质增效立新功”主题宣讲，面向干部职工宣讲党的二十届三中全会精神、国铁集团领导干部会议精神、乌鲁木齐局集团公司“9.19”电视电话会议精神等，解决干部职工在思想上、行动上存在的模糊认识和行为偏差。聚焦“增强敬畏意识”思想教育，设置“安全如何保”“奖惩办法解读”等职工最想听、最关注的十个热点话题，站领导班子成员按包保分工深入车间、班组开展政策解读、案例讲解、警示教育46场次；以“安全谁受益，我要保安全”为主题，开展贯穿2024年的大讨论活动，全面提升安全警示教育工作成效，提升本质安全水平，努力营造全员参与、合力共为的安全生产氛围。

2. 聚焦“重点人员”关键，让思政工作“有温度”。本着“职工就是家人、职工的事就是自己的事”原则，站领导班子牵头开展全站人员健康状况排摸，对年龄超过55岁的253名职工逐一筛查，为2个车间、8个中间站58名患基础病的职工，区分一、二类人员分别配置心血管系统、降血压用药等应急药品8种62盒。此外，采取增加班子成员访谈次数、深入家庭慰问、向高危群体普及健康知识，组织日勤人员开展健身活动，在职工餐厅推广减脂餐等措施，及时了解掌握人员健康情况，促进队伍稳定。

班组职工李国超患上了成人斯蒂尔病住院，花销很大，妻子常年生病，没有收入来源，还有孩子上学的费用，整个家庭的所有的开销压力，全部重重地压在了他一个人身上，致使家庭经济困难，生活拮据。班组党支部书记在了解情况后，召开支委会讨论研究，为他申请职工困难补助，并嘱咐他勇敢面对，保持良好的心态，积极配合治疗。“感谢党组织对我的关心，为我减轻了治病开销压力，我也会以实际行动好好回馈车站，干好本职工作。”李国超感激地说道。

3. 聚焦“青年职工”关键，让思政工作“零距离”。把“大道理”用青年人的思维方式和语言习惯转化为“小道理”，促进和青年职工之间的交流，也是车站思想政治工作的“小窍门”之一。乌鲁木齐西站青工占比将近50%，为了理顺青工情绪，化解思想波动，站团委精准掌握青工思想变化，因地制宜开展“视频连线报平安”“亲情寄语”“回家看看”等活动，每季度举办一次青工座谈会，邀请包保站领导、党委办公室负责人参会。注重发挥新媒体平台优势，开设“青工解忧站”服务平台，设置《烦恼树洞》《政策解读》《困难诉求》等栏目，进一步畅通青工诉求表达渠道。围绕青工关注的职业发展、兴趣爱好及婚恋交友等重点问题，站团委与路内外单位开展交友联谊活动，进一步解决了青年交友难的问题。2024年以来，乌鲁木齐西站开展各类活动35场次，涉及青工356人次；以“学技提素、思想疏导、情绪解压”为重点，帮助青工提升心理承压和疏导自愈能力，确保青工身心同步健康成长。

“长民，工作这么长时间了，在新疆待得还习惯吗？看你最近有点闷闷不乐的，是有什么心事吗？”昌吉站（隶属乌鲁木齐西站）党支部书记关切地问道。在党支部书记的再三追问下，李长民才不好意思地说道：“其实也没什么，就是……我想家了，想爸妈，想……回去看一下他们。”随后，昌吉站党支部特召开了一次特别的支委会议，专门讨论对李长民的帮扶问题，特批了李长民的年休假，让他能够有充足的时间回家探望家人，解决了李长民的诉求。在探家结束、返回工作岗位后，李长民对待工作也更加上心。

4. 聚焦“年度攻坚”关键，解决职工思想“疑难点”。在坚决打赢疆煤外运上量攻坚战、决战决胜全年目标任务的关键时刻，站领导班子关注重点的思想动态，及时回应职工关切，着力解决职工日常生产生活实际中交流“迈不开腿、张不开嘴”的问题，每月抽出一天接待职工及家属，围绕职工在劳动安全、后勤保障、效率提升等方面提出的意见建议，及时做好政策解读、调研解决。同时注重实时跟踪访谈情况，重点监测人员思想状况、违章违纪典型问题整改效果，协调解决职工急难愁盼问题，消除职工的后顾之忧，努力画出最大“同心圆”，让职工队伍凝聚更大合力、焕发新的活力，达到心齐气顺、共保安全的目标。截至目前，解决职工思想困惑320余件，实际困难160余件。

“火车头候班公寓四楼卫生间饮水机修好了，现在不用再自己带热水。”

这是乌鲁木齐西站党委在收到领导信箱的留言并及时为职工解决了此问题后，职工薛凯乐发自内心的感言。乌鲁木齐西站党委着力从提升饮食品质、改善住宿环境、做好通勤服务等三个方面入手，全力解决职工最关心最直接最现实的问题，切实提升职工归属感、幸福感、获得感，激发全员年底攻坚期间的内生动力。

（执笔人：柳宇、张玉芹、张惠军）

打造“微矩阵” 夯实青工思政工作

中国铁路青藏集团有限公司政研会西宁电务段政研分会

一、基本情况

随着互联网技术的迅猛发展，新媒体已成为人们获取信息、交流思想的重要平台。新媒体矩阵是通过多个新媒体平台进行信息传播和互动，形成多维度、多层次的传播体系。在思想政治工作领域，新媒体矩阵的运用具有重要意义，能够提高思想政治工作的覆盖面和影响力。自2022年3月起，中国铁路青藏集团有限公司西宁电务段党委聚焦西宁电务段青年职工占比将近70%的现状，紧跟新媒体快速发展的形势，依托2020年开通的段企业微信和2022年开通的段微信公众号，深入发掘，精心策划，全面报道，推出了《宁电为你喝彩》《“宁”听“青”语》《漫说宁电》《宁电艺荟》《叮铃铃上课啦》5个重点栏目，累计发布100多期，累计浏览量超十万，形成了引领青工思想、助推青工成长的“微矩阵”。西宁电务段“微矩阵”打破了传统媒体的限制，将信息传递给更广泛的受众，切实发挥新媒体矩阵在思想政治工作当中的重要作用，积极宣传宁电人在安全生产中吃苦耐劳、团结友爱、担当作为、勇于奉献的精彩瞬间，讲述宁电好故事，传播宁电好声音，将思想政治工作干出一番新面貌。

二、主要做法

1. 打造《“宁”听“青”语》栏目，助力铁路青年在青春赛道上追逐梦想。针对部分青年职工存在的进取不足的思想问题，段党委推出《“宁”听“青”语》栏目，把青年人关注的时事热点、生产生活等信息，制作成新媒体产品定期推送，传递正能量和价值观，引导青年职工积极向上、奋发向前。栏目中除了分享优秀干部职工的成长经历、职场经验、人生智慧等方面的故事和思考，同时也会对当前的社会热点问题进行探讨和解读。这些内容对于青年人来说具有很高的参考价值和启示意义。通过栏目引领，越来越多的青年职工不断学习新知识、新技能和新理念，拓宽自己的视野和思路，提高自己的综合素质和能力。同时也帮助青工明确自己的职业发展目标和个人成长目标，制订合理的计划和措施，努力实现自己的目标。

“日落西时，遇见美丽心情，大家好我是本期的主播……。”周四下午五点，微信公众号推送的《“宁”听“青”语》栏目开场声，准时响起在各个职工的手机里。在全段近600名青年职工当中，收听收看新推出的《“宁”听“青”语》栏目已经成为生活中不可或缺的一部分。

2. 推出《宁电为你喝彩》栏目，鼓舞青年职工在青春赛道上绽放风采。段党委始终坚持将镜头对准一线，将话筒递给职工，着力描绘一线职工形象，展现新时代铁路工作者风采，不断筛选一线工作中的先进典型，通过选树先进典型，弘扬组织内部的正能量，倡导积极向上的价值观和文化，引导员工树立正确的人生观和价值观。通过对先进、积极干部职工喝彩，大力宣传在安全生产过程中涌现出的先进个人和集体，在已经推出的20期栏目中，发掘出杨继彪、包正才、罗志超等一批青年榜样，在《宁电为你喝彩》栏目进行报道宣传，发现和培养出一批有潜力的优秀人才，为组织的未来发展储备人才资源。

段党委坚持用身边人、身边事引导干部职工向先进学习，向榜样靠拢，引导青年职工统一思想，积极奋斗，在一批批先进典型的引领下，增强凝聚力和协作精神，激励青年职工的工作积极性和创造性，坚定青工理想信念。

3. 策划《漫说宁电》栏目，电务青工，在“青春赛道”上书写华章。段党委将理想信念的教育、经典理论的学习、上级精神的领悟等枯燥的理论学习策划为以安全生产为焦点，结合思想政治建设重点工作，通过以“宁师傅”和“小电”两个漫画人物，生动地将重点工作和规章制度等以漫画的形式表现，让规章制度更加生动有趣，更容易吸引职工的注意力，从而提高规章制度的学习效果。以寓教于乐的方式，让干部职工自觉接受理解规章制度的内涵和重要性，从而增强职工的自觉性和主动性，促进青年职工主动遵规守纪。

在推出的40多期《漫说宁电》栏目中既有对“微腐败”的警示也有对青藏铁路“西格提质”的解读还有对“地震紧急避险”的提示等，包含了干部职工工作和生活中多方面的信息，更好地为青年职工走康庄大道提供警示与保障。

4. 针对青工渴望展现自身特长的现实情况，量身定制《宁电艺荟》栏目。让指引前行的“白灯”，照亮博学多才的信号青年，在“青春赛道”上展现风采。段党委深挖宁电艺韵，狠抓文艺展示，推进宣传阵地文化繁荣，结合青藏集团公司文学艺术工作者联合会成立及《天路格桑花·艺韵天路》栏目建设，深入挖掘宁电文艺爱好者，展现出一批在美术、书法、文学、摄影、音舞等多门类有深厚底蕴的文艺爱好者，并进行个人报道，共推出8期职工才艺展示推文，引起职工广泛关注。

在《宁电艺荟》栏目中，青年职工可以通过展示自己的特长和风采，增强自己的自信心和归属感，以更饱满的热情、更积极的态度投身到工作当中。同时进一步丰富企业文化建设，为青年职工搭建起展示自我的广阔舞台。

5. 针对青工学习信号技术不系统的情况，及时推出《叮铃铃上课啦》栏目。让敬畏规章的“蓝灯”，照亮脚踏实地的青年职工，在“青春赛道”

上学技练功。根据信号新设备、新技术的大量投入使用，对职工的业务素质有了更高的要求，段党委审时度势，推出《叮铃铃上课啦》栏目，通过栏目定期推送道岔、轨道电路、信号机以及联锁等方面的基本知识，立足于工作实际，始终保持“高标准、严要求”找准差距、补齐短板、明确目标、解决问题。在方便职工随时随地学习新知识、掌握新标准，提升职工业务水平的同时，通过岗位实践，为段信号设备的管理维护夯实坚实的基础。2024 年 5 月以来组织拍摄 17 组教学短视频，在《叮铃铃上课啦》阶段性推送。

青年职工们通过栏目学习，把主要精力集中在钻研业务上，在艰苦环境、危难时刻磨炼顽强意志，砥砺坚韧品质，在学中干，在干中学，用理论武装头脑、指导实践，把学习和思考的成果内化于心，外化于行，真正做到把情况吃透、把问题找准，把措施落实，立足本职工作，提升个人能力。

三、工作成效

段新媒体“微矩阵”搭建以来，全段干部职工思想积极向上，青年职工思潮一浪高过一浪，积极健康向上的主流思想舆论广为弘扬，全段青年凝聚力和向心力极大提升，自尊心和自豪感充分激发，青年职工的信仰、信念、信心极大增强，顽强拼搏、艰苦奋斗的精气神更加提振。

1. 注重思想政治建设，聚焦思想引领力，抓好理想信念这个着力点，旗帜领航、理论铸魂，通过“微矩阵”引领，以强大的思想力量，为青年职工指明前进方向。通过“微矩阵”培育和践行社会主义核心价值观，牢牢把住党的领导是思想政治工作的生命线这一准则，是确保思想政治工作始终沿着正确前进方向的政治保证。西宁电务段党委增强新时代新征程思想政治工作的责任感使命感，通过搭建“微矩阵”，积极引导青年干部职工崇德向善、见贤思齐，树正树牢心中的价值坐标、行为的道德指针，以坚定的理想信念、扎实的理论功底、正确的政治方向，把实现个人理想融入实现高原铁路高质量发展的进程中。在“微矩阵”各类栏目中持续输出“漫说‘微腐败’”“漫说微信涉密‘七种心理’”“号召不做这样的干部”等，为全段青年干部职工夯实理论功底，筑牢思想基石。

2. 注重职工队伍建设，聚焦发展向心力，找准职业规划这个突破点，增长补短、破解难题，通过“微矩阵”引领，以贴切的故事内容，为青年职工厘清个人困惑。通过“微矩阵”积极展现西宁电务段青春干部职工风采，大力弘扬干部职工身边的先进典型、榜样人物的示范引领作用，通过讲述先进典型成长故事，让青年职工学到锦囊妙计、看到航行灯塔、做到对症下药。通过建强宣传阵地、积极营造氛围，让干部职工形成比学赶超的良好工作环境，既增强青年底气又夯实业务基础。结合青年职工正处于“拔节孕穗期”的特点，针对他们的困难和困惑，在“微矩阵”各类栏目中选树推送全路向上向善好青年杨继彪、中国铁路青藏集团有限公司青年岗位能手罗志超等青年职工身边的先进、典型，通过讲述榜样的奋斗故事，让青年职工解决困惑、明确方向、砥砺前行，引导青年志存高远、脚踏实地谋划人生。

3. 注重宣传阵地建设，聚焦品牌影响力，突出阵地效果这个支撑点，推陈出新、与时俱进，通过“微矩阵”引领，以丰富的宣传形式，为青年职工铺就思想通途。通过加强“微矩阵”宣传阵地建设，及时跟进青年职工的思想动态，推出青年职工喜闻乐见、重点关注的特色宣传产品，做到《道岔标准化作业》《段承恩的书法》等每一期重点栏目内容基本实现青年职工全覆盖。同时切实畅通沟通渠道，建立《“宁”听“青”语》投稿平台，及时与一线青年职工进行交流，掌握青年职工思想动态，分析原因，制作产品，及时推送，激励青年职工阳光自信、奋发有为迈向未来，在推进高原铁路现代化建设中，散发青春力量，绽放青春之花。

四、工作启示

1. 固本培元，旗帜鲜明，是切实打造好思想政治工作引领效果的第一要务，必须做到抓载体、抓常态，在深化思想教育上下功夫。强化政治引领，必须坚持把学习贯彻习近平新时代中国特色社会主义思想、坚定理想信念作为思想政治工作的首要任务。基层思想政治工作要以学思践悟的常态化体系化，引导青年党员干部职工深刻领会“两个确立”的决定性意义，增强“四个意识”、坚定“四个自信”、做到“两个维护”。必须坚持广泛覆盖与分类指导相结合，既注重覆盖面，更强调精准度，分层分类，做到“一把钥匙开一把锁”。

2. 开拓创新，精准发力，是积极策划好思想政治工作宁电特色的第一手段，必须做到抓推进、抓落实，在深化工作创新上下功夫。深化政治引领，必须坚持立足宁电特色，继续创新，推出系列作品，做到集中教育与日常教育相结合，既做到大张旗鼓、导向鲜明，更注重春风化雨、润物无声，在身临其境、心灵共鸣的教育中让思想政治工作见成效。同时，要推动思想政治工作融入中心工作、融入经营管理，发挥青年职工作用，加强“青马工程”建设，让青年职工自己参与进来，切身实地参与到思想政治工作当中，打造具有宁电特色的思想政治工作品牌，让思想政治工作在青年职工当中润物无声，生根发芽。

3. 笃行不怠，踔厉奋发，是持续锤炼好建设伟大时代青春力量的第一课题，必须做到抓示范、抓带动，在深化队伍素质上下功夫。夯实政治引领，必须激发青年职工内生动力，练好内功、提升修养，做到信念坚定、对党忠诚，勇于担当、善于作为，严守规矩、不逾底线，勤学苦练、增强本领。当代青年生逢其时，要持续加强先进典型示范引领，激励身边青年职工立足岗位，奋发有为，加快成长。要让青年职工从先进典型的成长历程中汲取经验，不断提高应对挑战、面对风险时化险为夷的本领，为中国式现代化建设贡献青春力量。

（执笔人：拓飞云、王永兰、杨妙林）

精心打造“设晓理”学习品牌
推动党的创新理论走深走实

中国铁路设计集团有限公司党委

一、基本情况

设计集团公司是国铁集团所属的唯一勘察设计企业，成立于1953年，是以铁路、城市轨道交通、公路、市政等工程勘察、设计、咨询、规划、监理、工程总承包、产品产业化为主营业务的大型企业，拥有工程设计及工程勘察综合甲级资质，是国家首批认定的高新技术企业。累计勘察设计铁路通车运营里程近5万公里，约占全国铁路通车运营里程的1/3。

设计集团现拥有员工近5000人，其中“国家卓越工程师”1人，全国勘察设计大师6人，省级勘察设计大师9人，新世纪百千万人才工程国家级人选2人，享受政府特殊津贴专家10人，国铁集团百千万人才33人，省部级以上专家140余人，正高级职称315人，副高级职称2562人，研究生及以上学历2456人，各类注册执业资格1055人次。

设计集团公司共有基层党支部223个，其中两级职能部门党支部74个、项目党支部18个、境外党支部8个，共有党员3458名，占职工总数的68%。其中，98%的党员具有大本及以上学历，研究生及以上学历党员占62%；具备副高级以上职称党员占61%；党员平均年龄不到40岁，“80后”党员占75%，呈现明显的“高学历、专业化、年轻化”特点。

2017年，设计集团公司冠名“中国铁路”，开启由传统勘察设计企业向工程产业集团转型升级的新纪元。2023年，设计集团公司召开第二次党代会，聚焦服务铁路高质量发展，明确提出“为国铁集团和各类客户提供全面、系统、科学的交通基础设施领域投资—建设—运营全产业链的系统集成服务，力争到2035年，把企业高质量建成品质卓越、服务至诚、创新领先、治理现代的世界一流综合型工程产业集团”的战略发展目标。

近年来，设计集团公司党委坚持目标导向、问题导向，聚焦学习贯彻党的十九大、二十大精神，认真贯彻落实国铁集团党组关于加强和改进新时代铁路思想政治工作的部署要求，针对干部职工开展政治理论学习的积极性不够主动、学习研讨氛围不够浓厚、学习成果转化运用不够充分等问题，坚持国铁企业定位，结合科技型企业实际，强化顶层设计、加强组织保障，创新形式精心打造“设晓理”理论学习品牌。

“设晓理”取义晓理明义、知行合一，意为固信念于心、聚革新于力、促实干于行。品牌自创建以来，围绕“学理论、悟思想、促发展”工作内涵，以突出政治引领力、深化品牌聚合力、激发职工创造力为目标，教育引导广大干部职工不断在深化、内化、转化上下功夫，切实把习近平新时代中国特色社会主义思想伟力转化为推动企业高质量发展的实践成效，现已成为设计集团公司抓实政治理论学习的重要阵地。通过突出重点任务、关键环节，从严从实抓好政治理论学习，干部职工政治理论素养显著提升、学思用能力不断增强、干事创业激情有效激发，为全力推动设计集团公司建设成为世界一流综合型工程产业集团提供了坚实的思想保障。

二、主要做法

（一）强化政治引领，加强政治理论武装

1. 强化创新理论学习。始终坚持把深入学习贯彻习近平新时代中国特

色社会主义思想摆在首要位置，切实做到党委会“第一议题”常态学、党委中心组定期专题学、重大主题重点学。探索建立学习“大课堂”“周跟进一月研讨一季联组”“轮值主讲人主讲、参学人员发言”等工作机制和学习模式，有效提升中心组学习质效。始终坚持把党的创新理论作为基层政治学习的重点内容，按照国铁集团党组统一部署，结合设计集团公司实际，认真制订全年学习计划，按季明确必学内容，按月开列学习清单，明确学习范围、学习形式、学习要求，确保职工政治理论学习及时跟进、内容全面。

2. 广泛开展宣传阐释。坚持分众化精准化持续加强理论宣传阐释，引导干部职工增进对党的创新理论的政治认同、思想认同、情感认同。组织领导干部、理论骨干围绕党的二十大和二十届三中全会等重要节点和重大主题撰写理论阐释文章，在《思想政治工作研究》《人民铁道》《铁路文化建设》《铁路政工》等报刊发表理论文章10余篇。结合“思想政治工作一线行”，组织20余名专兼职宣传干部、12名“最美铁设人”深入勘测设计、配合施工、工程总承包、城市轨道交通、工程监理等项目现场开展理论阐释、领读领讲50余场次，通过宣传干部、先进典型与生产一线职工面对面、心贴心地交流，推动党的创新理论深入基层、深入人心。制作精品理论微课“加快构建现代化铁路基础设施体系”在人民铁道微信公众号刊发，实现“0”到“1”的突破，带动所属单位青年理论骨干制作一批理论微视频在微信公众号连续播发。

3. 营造浓厚学习氛围。及时通报党委理论学习中心组学习情况。在局域网信息门户、微信公众号、《铁设人》内部刊物统一开辟“设晓理”理论学习专栏，组织开展“总书记著作金句天天学”等专题活动，分专题刊载宣传战线及各级党组织书记理论文章、学习体会100多篇、理论微课10余部。制作《晓理明义悟思想 知行合一谱新篇——中国铁设精心打造“设晓理”理论学习品牌》视频成果片，在人民铁道网刊发，并通过公司楼宇电视进行展播，营造政治理论学习浓厚氛围。

（二）创新载体方式，提升理论学习质效

1. 丰富学习内容供给。贴合干部职工理论学习实际需求，不断拓宽理论学习的内容和载体，引导干部职工从党的创新理论中悟规律、明方向、增智慧。在设计集团公司局域网《铁设宣传》中开设“学习园地”专栏，第一时间刊载习近平总书记最新重要讲话和重要指示批示精神，分享《求是》《人民日报》等权威媒体的理论文章，方便干部职工干什么学什么、缺什么、补什么。每年一主题开展主题宣讲活动，围绕政治理论学习重点内容，结合全年不同阶段重点工作、基层单位职工思想和生产生活实际，进基层、下现场开展面对面、互动式理论宣讲，以“小角度”讲清党的创新理论“大道理”，以“身边事”讲明企业贯彻落实的“新举措”，打通理论学习“最后一公里”。组织开展政治理论学习比赛、青马讲师理论微课大赛等形式多样的理论学习活动，让干部职工都能亲身参与，推动理论学习“活”起来、“火”起来。

2. 搭建互学互促平台。探索建立联组学习机制，每季度组织专兼职宣传干部开展一次联组学习会，吸纳部分基层一线党支部书记代表参加，党委宣传部负责同志、各科室负责人以及部分理论骨干轮流上台讲解，交流学习感悟、解读文件制度、通报工作要求，为基层理论学习提供务实管用的示范指导，推动宣传思想文化重点工作有序推进，为圆满完成年度中心工作提供坚强思想保证。回应青年职工建议，搭建青年理论学习交流平台，每年组织座谈交流不少于4场次，分别邀请机关部门青年理论骨干、科研领域青年博士群体、规划咨询和设计领域青年技术专家、外业勘测一线优秀青年交流互鉴，分享学习贯彻习近平新时代中国特色社会主义思想的收获与心得，得到青年职工的广泛关注和积极响应。定期策划组织“统战人士座谈会”，邀请有较高威信的民主党派人士分享参加中央统战部党外人士理论培训的体会与收获，畅谈参加学习贯彻习近平新时代中国特色社会主义思想主题教育的学习感悟，引导党外人士围绕大局建言献策、立足岗位建功立业。

3. 强化品牌效益发挥。强化品牌意识，积极宣传品牌建设的重要意义，加强经验交流及媒介宣传，充分发挥品牌凝心聚力、示范引领和辐射效应。以“设晓理”品牌建设为牵引，总结形成“轩学”“解惑茶”“瀚思堂”等6部视频成果片和24项物化成果，在全路进行展示并作交流，获得较高评价。总结提炼“理论轻骑兵”“青声说理”等多项典型案例，强化推介推广，并将相关经验上升为制度办法，使其能够在更大范围内发挥作用。近年来，推动3家单位当选铁路基层思想政治工作示范点。

（三）坚持学以致用，推动学习成果转化

1. 建立健全工作机制。坚持学思用贯通、知信行统一，把学习党的创新理论与推动高质量发展结合起来，探索形成“学习研究、贯彻部署、督办落实、检查评估”工作机制，围绕传达学习、研究贯彻、推进落实、反馈报告、“回头看”各个环节细化工作措施，形成闭环管理，不断提高干部职工的政治判断力、政治领悟力、政治执行力。

2. 推动上级部署落地。全力打造“理论、思考、实践、转化”的学习链条，建立学习贯彻习近平总书记重要指示批示精神工作台账，贯彻落实国铁集团党组重要工作部署工作台账、贯彻落实国铁集团专项工作安排工作台账、承接落实上级规范性文件工作台账并抓好落实，有力推动设计集团公司聚焦服务国家重大战略部署、服务铁路改革发展大局、服务党组科学决策，充分发挥“规划咨询先行、勘察设计智库、科技创新基地、工程总承包平台”四个作用，高质量保证70余项上级重大决策部署落地见效，为勇当服务和支撑中国式现代化的“火车头”贡献铁设力量。

3. 破解企业发展难题。大力弘扬理论联系实际的马克思主义学风，建立“学习理论、调研现状、解决问题、探究对策”工作模式，组织领导干部结合发展实际开展专题调研，着力破解制约高质量发展的堵点痛点难点问题。以习近平新时代中国特色社会主义思想为指导，设计集团公司两级党委选定调研选题230余个，累计解决问题380余件，出台文件160余份，采取改进措施820余项，在破难题、促发展上见到显著成效。2023年，设

计集团公司实现营业收入431亿元，实现利润27亿元，主要指标再创历史新高。

三、工作成效

1. 干部职工政治理论素养显著提升。通过打造“设晓理”理论学习品牌，不断强化理论武装、筑牢思想根基，切实增强政治理论学习的感召力和吸引力。干部职工通过认真学习习近平新时代中国特色社会主义思想，及时跟进学习习近平总书记的重要讲话精神和对铁路工作的重要指示批示精神，不断深化对习近平新时代中国特色社会主义思想精髓要义和丰富内涵的认识和把握，理想信念更加坚定，思想认识不断提高，“四个意识”更加牢固、“四个自信”更加坚定，更加自觉地拥护“两个确立”、做到“两个维护”。

2. 干部职工学思用能力不断增强。通过打造“设晓理”理论学习品牌，借用灵活多样的活动载体，发挥各级领导干部、理论骨干、先进典型、基层专兼职党员干部等群体作用，切实增强政治理论学习的说服力和亲和力。干部职工开展政治理论学习的主动性系统性明显增强，特别是在学深悟透、融会贯通方面有了新的提高，从政治理论学习中找到了推动工作、解决问题的“金钥匙”。

3. 干部职工干事创业激情有效激发。通过打造“设晓理”理论学习品牌，积极拓展工作思路方法，将职工思想政治工作与中心工作深度融合，切实增强政治理论学习的针对性和有效性。干部职工将政治理论学习的成效转化为干事创业的激情，在市场开发、生产经营、科技创新、安全质量、管理改革、党的建设等重点任务中积极开拓创新、展示作为，奋力开创设计集团公司高质量发展新局面，在勇担服务和支撑中国式现代化的“火车头”中屡立新功。

2017年以来，设计集团公司累计勘察设计和总承包铁路通车运营里程近7000公里，占全国铁路通车运营里程的25%，其中高铁5000余公里，占全国高铁通车运营里程的 30%，充分彰显了国铁企业的使命担当。累计实现营业收入近 2000 亿元、利润 100 多亿元、合同额近 3000 亿元。最新 ENR 排名位列全球工程设计公司 150 强第 39 位，国际工程设计企业 225 强第 68 位，全国勘察设计企业工程总承包营收排名第 2 位，企业综合实力和品牌效益显著增强。

“设晓理”理论学习品牌建设经验做法相继在《人民铁道》《中国报道网》等多家媒体刊发，引起广泛关注。在 2024 年召开的全路基层思想政治工作现场推进会上，“设晓理”理论学习品牌建设经验做法进行了交流，得到了与会领导的较好评价。

四、工作启示

1. 必须坚持以理论学习为先。面对新形势新任务，必须坚持以习近平新时代中国特色社会主义思想为指导，切实增强“四个意识”、坚定“四个自信”、做到“两个维护”，牢记“国之大者”，引导干部职工全面系统掌握习近平新时代中国特色社会主义思想的基本观点、科学体系和精神实质，坚持把理论上的清醒作为思想上政治上行动上自觉的前提，在干部职工中形成“只有把马克思主义看家本领学到手、才能更好地改造客观世界、推动发展，在苦干、实干中推动设计集团公司高质量发展”的思想共识。

2. 必须坚持以求真务实为要。面对新形势新任务，必须着力把学习研究、贯彻部署、督办落实、检查评估有机融合联动起来，以求真务实的作风，推动干部职工悟透方法，明晰重点，增强本领。坚持丰富理论产品内容供给，持续深化品牌建设，结合勘察设计、规划咨询、工程总承包、海外业务、工程监理等领域重点任务，贯通用好理论学习收获的思想武器、调查研究收获的对策措施，检查督办收获的成果案例，引导干部职工明确目标要求、找准差距短板，切实增强在全面深化改革创新、推进高质量发展中展示作为的主动性。

3. 必须坚持以知行合一为标。面对新形势新任务，必须始终把政治理论学习同贯彻落实党中央决策部署结合起来，同加快构建现代化铁路基础设施体系结合起来，同有效破解企业改革发展突出问题结合起来，系统提升干部职工运用党的创新理论指导实践、驾驭风险和狠抓落实的能力，立足“服务支撑+市场型”企业定位，锚定建设世界一流综合型工程产业集团战略目标，着眼“服务国家重大战略、服务铁路改革发展大局、服务国铁集团党组科学决策”，充分发挥“勘察设计引领、规划咨询智库、科技创新基地、工程总承包平台”四个作用，切实把理论学习激发出的政治热情转化为推动中心工作的强大动力，实现开展政治理论学习和推进各项中心工作两不误、双促进。

（执笔人：郭景武、秦伟、李菁）

善用“瀚思堂”思想教育平台
推动思想政治工作走深走实

中国铁路设计集团有限公司线路站场枢纽设计研究院党委

一、基本情况

线路站场枢纽设计研究院简称线站院，是设计集团公司直属生产单位，是设计集团公司铁路勘察设计业务的“总体院”“龙头院”，是勘察设计项目总体派出单位。线站院拥有线路、站场、轨道三大专业，牵头高速铁路、城际铁路、普速铁路、市域（郊）铁路、磁浮轨道交通、铁路专用线等项目的勘察设计和咨询工作，承担了工程总承包、产品产业化等多种业务。线站院现有正式职工437人，中共党员325人，下设4个职能室和8个生产所室。线站院党委设委员6名，下设11个党支部。

线站院党委坚持围绕中心、服务大局，紧扣生产经营中心任务开展思想政治工作。2022年，线站院搭建“瀚思堂”职工思想教育平台，取义博采众长、兼收并蓄，旨在通过做好顶层设计，加强信息共享，建立部门联动、上下齐动的思想教育课堂，更好地帮助职工解决思想问题和实际问题，提升服务职工质效，增强思想政治工作的精准性和有效性。

二、主要做法

（一）善用“瀚思堂”平台，激发职工自主学习新动能

1. 抓牢重点内容，让理论学习“有根有魂”。借助“瀚思堂”职工思想教育平台，坚持把习近平新时代中国特色社会主义思想和党的二十大精神、党的二十届三中全会精神作为理论学习的重中之重，推动干部职工把党的创新理论内化为勇当服务和支撑中国式现代化“火车头”的价值追求，转化为努力做好“三个服务”、充分发挥“四个作用”的实际行动。及时将国铁集团工作会议和领导干部会议精神等纳入学习清单，确保干部职工思想和行动紧跟中央步伐、紧跟党组要求，为奋力推动铁路高质量发展、率先实现铁路现代化贡献力量。

2. 抓活工作载体，让理论学习“有声有色”。通过“瀚思堂”职工思想教育平台，活化理论学习形式，加强理论学习引导，提升干部职工对理论学习重要性的认识。院党委每月组织编发自学指导清单，按照“总体型、专业型、创新型”人才特点分众分类供给学习内容并结合线站院是设计集团公司铁路勘察设计项目总体派出单位的特点，开放线上总体总工例会“课堂”，资深总体总工在会上先领学与会议主题相关的党中央方针政策，指导职工充分认识到政治学习与中心工作息息相关，加强对自主学习必要性和紧迫性的认识；定期评比“学习达人”，对政治学习效果突出的职工给予精神奖励，并组织其讲授学习微课，分享提高自主学习质效的经验做法。

3. 抓住关键群体，让理论学习“有序有效”。巧用“瀚思堂”职工思想教育平台，重点抓住专兼职宣传干部、党组织书记和青年业务骨干三个关键群体，通过转发学习资料、开展主题宣讲、讲授党课、开设青年理论学习小组“课堂”等多种方式，加强对职工自主学习的督促提醒，为职工解疑释惑，激发职工自主学习意识，确保理论学习推动有序、力度持续，通过抓住关键群体带动广大干部职工担当奋斗、实干作为。线站院有 1 名职工被评为铁路基层政治理论学习积极分子，1 名职工学习体会入选铁路百篇

网络正能量评论。

（二）善用“瀚思堂”平台，提升职工思想教育有效性

1.上下联动，扎实开展形势任务教育。线站院两级领导人员上下联动，通过“瀚思堂”平台，加强形势任务宣讲，激励干部职工团结奋斗攻坚克难，凝聚高质量发展合力。针对职工对高质量发展面临的形势任务理解不深入、面对挫折容易产生情绪波动的问题，院领导班子成员在“课堂”上结合线站院定位和企业发展需求，深入浅出地进行讲解，教育引导职工坚定发展信心，强化主人翁意识，增强责任感和使命感，立足岗位作贡献。在总体总工例会“课堂”上，资深总体总工作为“讲师”，结合岗位工作实际对党中央重大决策部署、国铁集团系列工作会议精神和任务要求等加强宣讲阐述，引导职工提高站位，围绕中心服务大局，为建设现代化综合交通运输体系、畅通国内大循环、深入实施重大战略等贡献力量。各党支部书记在本所室学习交流“课堂”上开展形势任务大讨论，谈体会感悟和问题不足，引导职工进一步认清当前面临的形势任务和需要努力的方向。

2.聚焦典型，充分发挥引领示范作用。线站院党委将“瀚思堂”作为选树出的先进典型交流平台，通过平台进一步发挥先进典型的引领示范带动作用，形成崇尚先进、学习先进、争当先进的良好氛围。线站院党委组织撰写国家级勘察设计大师王俊峰访谈提纲，弘扬其执着专注、精益求精、一丝不苟、追求卓越的工匠精神；组织制作全国优秀共产党员胡叙洪访谈视频《廉洁在心　方能不惑》，教育引导职工尤其是青年职工廉洁从业，在职业生涯把好总方向盘；组织“最美铁设人”结合各自领域专长开展技术交流培训，分享工作经验，发挥“传帮带”作用；组织优秀共产党员、先进生产者、青年先进典型等讲授微课，结合岗位工作实际，分享自身以技术报国为己任，或长期驻外、或逆行出征、或投身总承包项目、或专注科技创新突破技术难关的故事，以身边人说身边事，进一步调动和发挥职工的积极性、主动性、创造性。

3.结合实际，加强重点群体思想引导。线站院35岁以下青年职工占

比 50%以上，青年群体思想活跃、学习能力强、工作抗压能力相对较弱。线站院党委充分利用“瀚思堂”职工思想教育平台加强青年职工群体思想引导工作，每年 2 次组织青年职工座谈会“课堂”，领导班子成员作为“讲师”，与青年职工开展面对面交流，加强青年职工思想引导，为青年职工答疑解惑。线站院还在五个青年职工占比大的生产所分别建立“线一讲堂”“弯道板论坛”“月台论道”“青全沙龙”“轨道说”等青年学习交流“课堂”，精心策划主题，持续开展适合青年职工特点的教育活动，在每年青年职工入职时，开展入职教育，在青年职工走上专线、总体等重要岗位前，开展岗前教育，并制定《线站院员工培养管理办法》，为青年职工培养提供制度保障。

（三）善用“瀚思堂”平台，搭建职工人文关怀连心桥

1. 畅通渠道，精准掌握职工思想动态。线站院党委通过“瀚思堂”职工思想教育平台，有效拓展了职工思想动态收集渠道，在策划“课堂”讲授主题过程中，注意征集职工关心关注的问题和工作中遇到的急需解决的难题；在各类“课堂”与职工沟通交流的过程中，注意收集掌握职工思想动态，精准把握职工思想脉搏，并结合其他方式了解掌握的职工思想情况，定期开展思想动态专题分析，提出研究对策建议，为两级党组织作出组织决定、研究决策事项提供参考。

2. 精准施策，有效解决职工实际问题。“瀚思堂”职工思想教育平台将思想教育与岗位工作实际紧密结合，将思想政治工作有效融入生产经营中心工作，帮助有效解决实际问题。针对职工参与投标项目经验不足、压力较大的问题，在总体总工例会“课堂”策划投标经验交流主题，由投标经验丰富的总体总工对投标典型案例进行剖析和经验分享，帮助职工进一步提升投标工作能力水平。针对职工可能面临驻外工作有陌生感的问题，相关生产所结合青年学习交流“课堂”，策划“驻外工作生活经验分享”主题，客观实际地为职工呈现驻外现场工作与生活情况。通过驻外职工代表分享经验、与会职工交流发言、所长现场答疑解惑等形式，职工对驻外工

作生活情况有了更加全面正确的认识，能够更好应对驻外工作各项困难挑战。

3.集思广益，持续加强职工关心关爱。线站院党委通过打造“瀚思堂”职工思想教育平台，进一步推动了各职能室和生产所室间的信息共享和部门联动，有助于增强工作合力和关心关爱职工效果。比如，在如何帮助青年职工尽快成长成才方面，各“课堂”间相互配合、分工协作，明确集中培训内容、案例分析内容、导师重点指导内容、职工交流内容等，不同“课堂”相互补充，进一步增强职工学习的积极性和主动性。针对部分职工对职业发展规划认识不清的问题，资深总体总工们在总体总工例会“课堂”上，分别讲授线路专业、站场专业、轨道专业、总体技术发展重点关注问题和方向，帮助职工深入了解职业发展前景，找准适合自身特点的发展定位。

三、工作成效

线站院党委将“翰思堂”职工思想教育平台作为落实思想政治工作的有效抓手，在实践中不断推动工作流程标准化规范化，持续放大工作效能。通过平台进一步引导职工养成自主学习习惯，激发自主学习动能，努力做到让学习成为“一种兴趣、一种习惯、一种精神需要、一种生活方式”。通过持续加强思想教育，线站院职工政治站位进一步提高，能够把个人理想自觉融入铁路高质量发展实践中，积极服务国家战略，牢固树立精品意识、标杆意识，认真落实保开通、抓在建、促开工要求，确保雄商、雄忻、津潍高铁等在建项目满足进度要求；扎实推进重点科研攻关，深化时速400公里高铁、数智铁路、绿色铁路、高速磁浮等领域技术攻关；助力线站院全面超额完成设计集团公司下达的各项任务指标。通过搭建人文关怀连心桥，线站院进一步掌握职工思想动态，能够更好地帮助职工解决急难愁盼问题，有助于构建企业与职工命运共同体，凝聚高质量发展合力。线站院及所属所室近年荣获“铁路基层思想政治工作示范点”“全国铁路文明单位”“天津市规划建设交通系统思想政治工作先进单位”“国铁集团先进党组织”“天津市模范集体”“全国五四红旗团支部”、中华全国铁路总工会“火车头”奖杯、“一星级全国青年文明号”“全国铁路模范职工小家”“全国向上向善好青年集体”等荣誉称号与奖项。线站院多名职工荣获“全国优秀工会积极分子”“铁路青年五四奖章”“2023 年度铁路抗洪救灾先进个人”、中华全国铁路总工会火车头奖章、天津市五一劳动奖章、“天津市优秀工会之友”“全路向上向善好青年”“尼红奖章”等荣誉称号与奖项。

四、工作启示

1. 要坚持以党的创新理论为指导。开展好基层思想政治工作，要坚持以习近平新时代中国特色社会主义思想为指导，致力于巩固马克思主义在意识形态领域的指导地位，巩固全党全国人民团结奋斗的共同思想基础。要坚持不懈加强理论武装工作，准确把握习近平新时代中国特色社会主义思想的科学体系、核心要义、实践要求，熟练掌握这一重要思想的世界观、方法论和贯穿其中的立场、观点、方法，切实增强思想政治工作的方向性、科学性和自觉性，紧紧抓住统一思想、凝聚力量这一中心环节，不断开创思想政治工作新局面，推动思想政治工作走深走实。

2. 要坚持党对一切工作的领导。坚持党对一切工作的领导，是新时代坚持和发展中国特色社会主义的基本方略，是新时代取得伟大历史成就、发生深刻历史性变革最为重要的经验。加强党对思想政治工作的领导，是开展好思想政治工作的有力保障。要将做好思想政治工作作为落实党建工作责任制和意识形态工作责任制的重要任务，党委书记认真落实第一责任人责任，党委委员认真履行“一岗双责”，形成党委统一领导、各部门合力共为的思想政治工作大格局。要指导督促各基层党支部认真落实本支部思想政治工作规范，明确各项主要任务的工作要求、责任人、完成时限等，确保各项工作措施落到实处。

3. 要坚持围绕中心服务大局开展思想政治工作。做好思想政治工作要坚持围绕中心、服务大局，推进思想政治工作向中心工作聚焦，找准思想政治工作与生产经营工作的结合点。要做好理论武装、思想引导、人文关怀、组织保障等工作，引导职工砥砺奋进、创先争优、埋头苦干、担当作为。要结合线站院是设计集团公司铁路勘察设计业务的“总体院”“龙头院”的定位，教育引导党员干部职工不断提高政治站位，胸怀“国之大者”，深入理解把握党中央精神和要求，确保工程建设从规划设计开始就将贯彻落实国家政策和新发展理念融入进来，坚定不移地把服务支撑铁路高质量发展作为首要职责，进一步统一思想和行动，牢固树立“企业与职工命运共同体”理念，主动补知识短板，强能力弱项，锚定奋斗目标，为推动铁路高质量发展，服务和支撑中国式现代化贡献力量。

（执笔人：苏学功、王晓鑫、宗俊雅）